课堂教学技能训练教程

主　　编　王　莉

副 主 编　师玉生　朱红梅　郝德贤

学术顾问　张学新

陕西师范大学出版总社

图书代号　JC16N1395

图书在版编目(CIP)数据

课堂教学技能训练教程／王莉主编. —西安：陕西
师范大学出版总社有限公司，2016.11
ISBN 978-7-5613-8162-5

Ⅰ．①课…　Ⅱ．①王…　Ⅲ．①课堂教学—教学法—
高等学校—教材　Ⅳ．①G424.21

中国版本图书馆 CIP 数据核字(2015)第 094871 号

课堂教学技能训练教程
KETANG JIAOXUE JINENG XUNLIAN JIAOCHENG

王　莉　主编

责任编辑	张旭升	
责任校对	王东升	
封面设计	安　梁	
出版发行	陕西师范大学出版总社	
	（西安市长安南路 199 号　邮编 710062）	
网　　址	http://www.snupg.com	
经　　销	新华书店	
印　　刷	陕西省富平县万象印务有限公司	
开　　本	787mm×1092mm　1/16	
印　　张	25	
字　　数	547 千	
版　　次	2016 年 11 月第 1 版	
印　　次	2016 年 11 月第 1 次印刷	
书　　号	ISBN 978-7-5613-8162-5	
定　　价	55.00 元	

读者购书、书店添货或发现印装质量问题，请与本社高等教育出版中心联系。
电话：(029)85303622(传真)　85307864

前　言

一、本教材编写缘起

随着新一轮基础教育课程改革的深入开展,不仅要求教师树立新的课程理念、转换角色、改变旧的教学方式,而且对教师的教学基本技能也提出了新要求。教学技能是教师必备的基本素质,也是实施素质教育的基础。教师教学技能是教师业务素质的行为表现,是教师业务素质的重要组成部分,是每一位教师必备的职业技能之一,同时,也是师范院校师资培养的内容。若教师没有熟练的教学技能,再好的素质教育思想也难以在课堂教学中得到贯彻和体现。

课堂教学改革一直被认为是教育教学改革的主阵地,随着社会信息化和教师专业化的发展,重新审视教师素养与实践,关注课堂教学技能,成为探求提高课堂教学有效性的必然趋势。而教师教学技能是教师实施教学的基本技能,教师只有掌握了一定的教学技能,并在教学中能够根据教学任务与目标、教学情境与学生实际情况灵活运用,这才是一个教师专业成长的重要标志。

教师教育专业学生课堂教学技能的训练一直受到教育主管部门的重视。1994年3月,国家教委师范司颁布了《高等师范学校学生的教师职业技能训练大纲(试行)》,要求学生在教育学、心理学等教育理论指导下,以专业知识为基础,掌握从事学科教学的基本要求,形成从事学科教学工作的技能。这些技能包括:教学设计技能、应用教学媒体技能、课堂教学技能、组织与指导课外活动技能、教学研究技能等。基础教育课程改革对教师课堂教学技能提出了大量新要求,注入了新内涵。为促进幼儿园、中小学教师专业发展,建设高素质幼儿园、中小学教师队伍,2012年2月10日,教育部下发《教育部关于印发〈幼儿园教师专业标准(试行)〉〈小学教师专业标准(试行)〉和〈中学教师专业标准(试行)〉的通知》(教师〔2012〕1号)。从文件的内容可以看出,要求教师具有专业理念与师德、专业知识与专业能力。我们对未来教师进行课堂教学技能的训练,就应该以此为参照点,深入研究当前教学实践中课堂教学技能的本质属性和特点,确保大学生在走向教师岗位之前形成与现代基础教育教学改革相适应的教学技能,接受先进的教学技能训练,增强人才培养的社会适应性和超前性。

另外,根据国家教育体制改革精神,我国教师资格考试进行了重大改革——全面推行全国统考,同时,教育部颁布《中小学教师资格考试暂行办法》和《中小学教师资格定期注册暂行办法》,明确了2015年前全面实施教师资格考试,申请教师资格时须参加国家教师资格考试,于2016年全国范围内执行。国家教师资格证书考试制度改革的基本精神是"国标、省考、县聘、校用"。考试实行笔试和面试相结合,小学教师笔试考三科、中学教师考四科,包括《综合素质》《教育基础知识》《学科知识与教学能力》《试讲》等,考试科目增加,考试范围和内容更广。因此,在国家教师资格考试制度全面改革的背景下,本教材也为高师院校和综合性大学的学生毕业后考取教师资格证书提供了教学技能的全方位的训练。

总之,加强师范生的课堂教学技能训练是必要而有意义的。本着对他们进行教学技能的培养,以使他们将来能顺利地完成从学生到教师角色的转换、较好地适应课堂教学的目的,我们编写了《课堂教学技能训练教程》这本教材。

二、本教材的内容及结构框架

根据新课程对教师提出的新要求和国家教师资格考试的实际需要,我们精选三个阶段的教学技能,写入本课程的教学大纲,形成课堂教学技能训练课程的教学内容,对即将踏上教师岗位的学生进行有目的、有计划、有步骤的系统、专业的技能训练。按照各项技能的逻辑关系和学生掌握的先后顺序,将本教材课程的教学内容分为三大篇,具体包括:

1.教学设计篇

课堂教学设计篇包括教学设计基本理论、教学目标设计与训练、教材分析与课程资源开发能力训练、教学方法选用技能、教学方案的编写技能,以及对分课堂的操作模式与实践等。

2.教学实施篇

课堂教学实施篇包括导入与结束技能、教学语言与讲授技能、课堂提问技能、板书技能、学习策略的指导与训练、课堂观察技能、课堂变化技能、教师课堂教学礼仪的养成与训练、课堂教学管理技能等。

3.教学评价与反思篇

教学评价与反思篇包括课堂教学效果评价技能,学生学习结果的测量与评价技能,听课、说课与评课技能,教学反思技能,教学研究技能等。

本教材中每种技能的展开,遵循的顺序是先理论介绍和说明,再技能训练。在体例安排上,为了方便教学,每章前都设有"内容导航""学习目标",以起到学习指引作用。每章中间都根据不同的教学技能设计相应的"实战演练",切实有效地对学生进行技能的训练。在每章后都安排有"拓展阅读""学习资源",以帮助学生进一步深化对本章内容的理解,并通过对相关课外学习资料的阅读,来开阔视野。

三、教学建议

由于课堂教学技能训练是一门以技能训练为主的课程,因此,在教学中要注意:

第一,要引导学生掌握课堂教学技能形成的一般规律。一是课堂教学技能的掌握要重视"知"与"行"的联系。因为要掌握某种课堂教学技能,必须领会这种教学技能的基本知识,弄清它的本质意义和适用范围,了解其组成要素和操作程序及要领。这是技能形成的基础。而技能总是在练习与应用中形成和发展的,一些优秀教师在教学中表现出来的精妙娴熟的教学技能,都是在实践中经过严格训练才形成的。所以,要想掌握各种课堂教学技能,也只有在掌握各种教学技能的抽象和概括意义、组成要素、操作程序与要领的基础上,通过教学实践的磨砺、锤炼,才能为教师教育类专业学生所理解和"内化",才能逐渐转化为个体的教学经验系统。二是掌握课堂教学技能要处理好"学"与"练"的关系。就技能的来源而言,教学技能既表现为个体的经验,又是人类经验的结晶。它植根于个体经验,又不是个体经验的简单描述,而是在千百万教师经验的基础上,经过反复筛选和实践检验而高度概括化、系统化的理论系统。教学技能需要"学"。教学技能和其他技能一样,要经过选择活动方式和练习才能熟练运用。在本课程中,针对每种技能都安排了训练内容,要切实强化训练过程中学生的主体意识,让学生在动手写、动脑想、动口说的过程中,亲身体验个性教学技能的要求,在实践中反思存在的问题,经过不断实践与训练,提升教学技能的水平。

第二,发挥微格教学训练的作用。微格教学运用现代化的视听技术,将复杂的教师职业技能分解为容易掌握的单项技能,然后进行逐项训练。学生在接受技能训练的过程中,不仅可以亲身进行教学实践,还可以在教学完之后观看教学录像,运用所学过的教育教学理论对教学录像中所展示的教学活动进行集体评议并进行自我反思。这种理论与实践相结合的教学技能训练模式,对于教师教育专业学生的课堂教学技能的形成与提高具有极大的促进作用。

第三,提供具体的教学示范。在过去培养师范生或在职教师时,提供教学示范的方法往往是去听老教师的课或看教学录像。但在一节课的教学中,讲课教师可能用到多种教学技能,而对于学生来讲,在观摩课的教学中,有时很难分清示范教师在何时使用了何种教学技能。但在微格教学中,这种示范就非常有效。其可以用录像的方法提供教学示范,学生可以在教师的指导下反复观看录像,以此做深入细致的学习研究。用录像的方法提供示范,不仅可以对示范进行精心选择,而且还可以提供多个不同风格的优秀示范或相反的示范,使学生从各方面汲取营养,以形成自己的风格和特点,从而提高学生从教的教学技能水平。

四、教材编写分工

本教材是集体智慧的结晶,全书由王莉担任主编,师玉生、朱红梅、郝德贤三位教师担任副主编,学术顾问张学新亦有参与。具体编写分工如下:

王莉(第一章、第二章、第四章、第五章、第十一章、第二十章)

师玉生(第七章、第八章、第九章、第十章、第十六章、第十七章)

朱红梅(第十二章、第十三章、第十五章、第十八章)

郝德贤(第三章、第十四章、第十九章)

张学新、师玉生(第六章)

初稿完成之后,我们进行了自改、互改等环节的修改,最后由主编王莉对全书进行了统一修改和定稿。

五、声明和致谢

在本教材编写过程中,参阅了大量相关的研究、文献,在此谨向相关编写者表示诚挚的感谢。在引文出处方面,我们力求全面、详尽地注释,但难免仍有纰漏,在此恳请相关作者谅解,同时希望相关作者能给予反馈,以便作为修订时更改之需。

本教材的最终完成,首先要感谢本书的学术顾问——复旦大学的张学新教授。张学新教授于美国普林斯顿大学获得博士学位,并在耶鲁大学攻读了博士后。现为复旦大学心理系教授、博士生导师,主要研究领域为心理学、脑科学与认知神经科学。学术成果丰硕,主要成果有:一是发现了中文特有的脑电波N200,揭示了中国文字的独特性;二是提出汉字拼义理论,破解汉字拉丁化百年争鸣,高度提升中文的国际地位;三是根据心理学自适应测试理论,提出开放式海量高考的战略性构想,设计了个性化、真正体现素质教育的全新高考模式;四是提出“回声论证”,指出意识体验(Qualia)是自然科学诠释世界的基本单元,因而也不能再用科学去解释,论证了意识对科学的超越性,化解了自笛卡尔以来影响深远的身心二元对立的谬误,等等。张学新教授在百忙之中能够对本教材的编写及修改提出前瞻性和建设性的意见与建议,使得本教材在质量上能够得以保障。在此,编写组全体教师向张学新教授表示诚挚的感谢!

本教材的最终完成,也是编写组全体教师辛勤付出的结果。在教材编写过程中,编写组教师兢兢业业,力图把每一个细节都做到完美,正是这种精益求精的精神,才使得教材的编写工作顺利完成。在此,向他们表示感谢!

教材的编写和出版,得到了河西学院2013年教材立项,以及河西学院教师教育学院院长王大顺教授的大力支持,王大顺教授还给予了建设性的建议,在此亦一并表示诚挚的感谢。

由于编者水平有限,本教材必定仍存在问题和缺憾,敬请各位同人和同学在使用过程中多提宝贵意见,以便将来有机会修正和完善。

王　莉

河西学院教师教育学院

2016 年 6 月 27 日

目　录

教学设计篇

教学实施篇

教学设计篇

第一章　教学设计基本理论

【内容导航】
※ 教学设计概述
※ 教学设计的理论模式

【学习目标】
1. 能够解释教学设计的概念。
2. 能够举例说明教学设计的特征。
3. 能说明教学设计的理论基础。
4. 能够根据迪克和凯瑞的教学设计过程模型图,用自己的话解释图中的9个教学设计步骤。

第一节　教学设计概述

一、教学设计的概念

教学设计起源于心理学研究人员努力将心理学原理转化为教育应用技术的追求。目前,对教学设计内涵的理解有以下几点共识:

首先,教学设计的目的是优化教学;

其次,教学设计运用的是系统方法;

最后,教学设计要遵循教育教学的基本原理,即设计包括整个教学过程和学习过程。

因此,我们可以将教学设计系统定义为:运用系统方法,通过对教学过程、教学要素、教学环境等进行系统分析,确定需要解决的教学问题,提出相应的解决策略,最终实现优化整个教学,能同时促进教和学,并顺利达到教学目标的教学活动过程。①

二、教学设计的特征

教学设计在优化教师教学、为学习者提供有利的教学条件和教学策略方面具有重要意义,对于教学质量和教学效率的提高也有着一定的影响,其基本特征表现如下:

---

① 李经天,王小兰:《教师教学技能训练教程》,华中科技大学出版社2012年版,第58页。

（一）教学设计的系统性

教学设计过程是一个科学的逻辑的过程,体现了教学设计工作的系统性。在进行教学设计时,需要在分析、论证所存在的教学问题的基础上设定目标,然后密切围绕既定目标设计教学的各个环节,从而保证"目标、策略、评价"三者的一致性。教学设计从教学系统的整体功能出发,综合考虑教师、学生、教材、媒体、评价等各个方面在教学中的地位与作用,使之相辅相成,互相促进,产生整体效应。教学设计过程的系统性决定了教学设计的各个环节相互联系、相互制约。[①]

（二）教学设计的灵活性

教学设计要求教学程序化、合理化和最优化,但同时也不否定教学实践的自由和教师的创造性。因此,在进行教学设计时,我们应根据不同的情况和要求,决定从何处着手工作,重点解决哪些环节的问题,略去一些不必要开展或无法开展的工作步骤或突出某一环节等,要因地制宜、灵活地进行教学设计。

（三）教学设计的可操作性

教学设计把抽象的理论转化为具体的可操作的步骤和行为,将学习者面临的学习问题作为出发点,确定问题的性质,探寻问题解决的办法,最终达到解决问题的目的。

（四）教学设计的针对性

教学设计的目的是对教学活动诸要素的合理规划与组织,使其更加优化组合,使学习者获得知识、技能,提高学习效率和兴趣。教学设计以学习者为出发点,从教什么入手,分析学习需要、学习内容和学习者以及设计中教师对学生的要求、教师的期待、将要采取的措施等,而这些都是根据具体的教学情境来进行设计和策划的。

三、教学设计的理论基础

（一）系统论和传播学及其对教学设计的影响[②]

系统论(Systems Theory)的起源可以追溯到 20 世纪二三十年代。美籍奥地利生物学家贝塔朗菲(BertalLanffy)倡导的机体论为其萌芽。1968 年,他出版专著《一般系统论:基础、发展和应用》,全面而深入地论述了一般系统论的意义及其进展、系统的概念及其数学描述、开放系统模型;探讨了物理系统与生物学中的系统问题、人类科学中的系统概念以及心理学和精神病学的一般系统等问题。传播学的创始人是美国学者施拉姆(W. Schramm)。

1. 系统论与教学设计

林崇德主编的《心理学大辞典》中对系统论的定义是:"研究一般系统模式、原则和规律,并对其功能进行数字描述的科学。其主要任务是研究系统整体与各组成要素之间的相互关系,说明其结构、功能、行为和态度,以把握系统整体,达到最优目标。"系统论遵循

---

① 皮连生:《教学设计:心理学的理论与技术》,高等教育出版社 2000 年版,第 5 页。

② 节选自皮连生:《教学设计》,高等教育出版社 2009 年版,第 32—38 页。

三项原则:整体性原则、最优化原则和模型化原则。

系统分析方法是一种系统思维方法,是"运用系统理论,以系统观点,运用适当策略和步骤来解决复杂问题的方法"。

教学设计中的系统观主要表现在两方面:一是把教学看成是由许多因素构成的系统;二是运用系统方法来处理教学问题。

(1)教学系统。教学系统(Instructional System)是由一定数量的相互联系的组成部分(如教师、学习者、教学内容、教学媒体、教学方法、教学环境等)有机结合起来具有某种教学功能的综合体。教学系统的具体形式见图1.1。

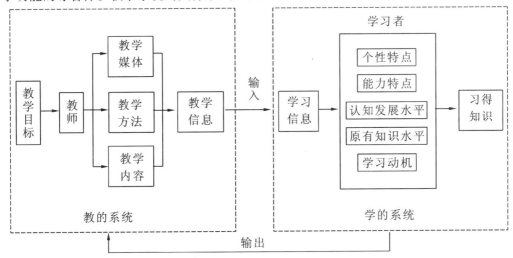

图 1.1　教与学的系统

在"教"这一系统中,其构成要素之间不同的联系方式就形成不同的教学过程结构;不同的教学过程结构将具有不同的教学功能,产生不同的教学效果。教学设计的重要内容之一,就是要根据教学目标即预期的学习结果,设计不同的教学过程结构,即设计教师、内容、媒体、方法等要素之间的不同联系方式,从而达到最优化的效果。

如果我们把学习者看作是一个系统,学习者的学习过程实际上就是教学环境对这个系统(学习者)进行作用(输入)和系统(学习者)对环境做出反应(输出)的过程。因此,学习过程是一个开放系统,也是一个动态过程。

教学系统的一个特点是它的整体性,即其各个部分是有机地构成一个整体,各个环节相互关联,缺一不可,否则这个系统就不能有效地运转。

(2)教学系统方法。教学系统方法(Systems Approach to Instruction)指运用系统方法解决教学问题的过程。它综合考虑某一特定教学传播情境下所涉及的复杂因素,设计具有整体功能的教学系统,是一项现代教学技术。教学系统方法的基本出发点是它的整体性,它要求从整体出发,从整体与部分(或要素)之间、整体与环境之间的相互联系、相互制约中,综合地考虑对象,立足整体,统筹全局,择优选取总体上最好的方案,以达到优化或满意地处理问题的效果。

2. 传播学与教学设计

传播学中的"传播"一词译自英文 communication,台湾心理学家张春兴在其所编著的《张氏心理学辞典》中把 communication 定义为"经由言语或其他符号将一方之信息、意见、态度、知识以至情感等传至另一方的历程,谓之沟通,亦称传播。沟通多半有固定对象,传播时的对象却未必固定。沟通时可为双向,也可为单向;传播时多为单向方式"。传递者、信息和接收者是一般传播过程的三要素。

传播学是研究人类一切传播行为,传播过程及其发生、发展规律的各种学说。史密斯和雷根(Smith & Regen)认为,对教学设计产生重大影响的两个传播理论都产生于20世纪40年代,一个是香农和韦弗(C. Shannon, & W. Weaver)的数学理论和模型,另一个是维纳(Wiener)的反馈控制论。

1948年拉斯韦尔(Lass well)在《社会传播的构造与功能》一书中,用"5W"公式简明地表述了一般传播过程中的五个基本要素和直线型的传播模式(见图1.2)。

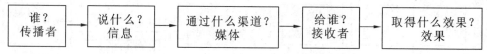

图1.2 "5W"模式及相应的传播过程要素

用"5W"公式分析教学过程,可以看到教学传播过程至少涉及以下要素。这些要素自然成为研究教学过程、解决教学问题的教学设计所应关心和考虑的重要因素。

Who	谁	教师或其他教学信息源
Says what	说什么	教学内容
In which channel	通过什么渠道	教学媒体
To whom	对谁说	教学对象
With what effect	产生什么效果	教学评价

1960年,伯罗(D. K. Berlo)在拉斯韦尔研究的基础上,提出了SMCR的传播过程模式(图1.3),进一步揭示出教学信息传播过程的复杂性。

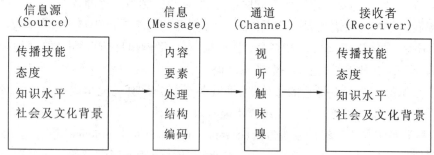

图1.3 SMCR 传播过程模式

SMCR模式更明确和形象地说明传播的最终效果不是由教学传播过程的某一要素决定的,而是由组成信息传播过程的四个要素及其之间的相互关系共同决定的,揭示了教学过程各要素间的动态联系。

从信息源(教师)来看,至少有以下四个因素影响教学信息传递的效果:

（1）传播技能。如教师的书写、表达的技能等。这些技能的掌握程度将直接影响教学效果。

（2）态度。包括对自我的态度、对所教内容的态度、对教学对象的态度等。如果一个教师对自己所教学科毫无兴趣和信心，则很难设想其教学会有好的效果。

（3）知识水平。一般来说，教师教授自己不懂或不甚了解的内容肯定无法收到好的教学效果。但是，有时在知识传授上不适当地讲得过多或过分专业化，也会"曲高和寡"，难以为学习者所理解。因此，教师不仅要了解"教材"，也要懂得"教法"。

（4）社会及文化背景。教师本人的社会阶层及文化背景，对他们对内容的选择和理解、传播方法、传播目的的确定以及对事物的认识等，均具有一定的影响。

从接收者（学习者）角度看，学习者先前的知识结构状况、学习的兴趣、动机、智力水平、认知发展水平等因素，都对信息的传播、接收和理解起决定作用。另外，学习者的身心状态，如疲劳、焦虑、情绪等，也对教学传播过程有影响。

从信息（教学内容）来看，也有诸多因素影响传播的效果。如教学内容如何安排才能既合乎科学体系又能适合教学对象的生理、心理特点，符合人的认识规律，教学选择什么内容、侧重哪些知识点和技能才能达到教学目标，用什么符号（文字、图像、体态语、音乐等）来传递信息才能获得最佳效果，这些都是教学设计者需要考虑的问题。

从信息传播的通道（教学方法和手段）来看，不同媒体的选择以及它们与所传递信息的匹配程度，会造成对人们感觉的不同刺激，从而影响传播效果。应针对不同的信息选择不同的传播手段，以取得最佳传播效果。如要了解一静止物，观看幻灯、图片常可获得满意效果；而要学会一种体育动作，用录像、电影手段则比用文字描述或幻灯、静止图片等媒体显然效果更佳。

因此，可以看出，教学传播过程是一个涉及众多相互联系和相互制约的复杂因素的动态过程。教学设计需要考虑的因素与此十分相似，不仅要注意该系统中的各构成要素，还要对各要素间的相互关系给予关注，并运用系统方法在众多因素的动态联系中探索真正导致实际教学效果的原因，从而最终确定合理的教学方案。其目标必须明确而具体，需要教师的不断控制、评价和修正，更需要学习者的积极参与。

（二）教学设计的科学学习论和教学论基础[①]

1.教学设计的科学学习论基础

加涅（R. M. Gagne,1916—2002）的学习条件论综合了学习心理学中的各家学说，提出了学习结果的分类，然后选择最适当的理论分别阐明了他所区分的不同类型的学习结果的学习过程和有效学习的条件。所以，对教学设计者来说，首先需要掌握的是加涅的学习条件理论，然后了解与每一学习结果类型最有关的学习理论。

加涅的学习理论改变了以往学习理论研究只注重学习的某一方面的局限，其学习理论是一个全面的学习理论。该理论可以概括为如下三个方面：

（1）学习结果分类。加涅原先将人和动物的学习从低级到高级分为八类。在1972

---

① 皮连生：《教学设计》，高等教育出版社2009年版，第41—50页。

年,他在原先的学习分类理论基础上,将他的学习分类加以调整,把最低级的1—4级水平的学习作为人和动物学习的共同基础。在此基础上,人类获得五种学习结果:言语信息、智慧技能、认知策略(含元认知)、动作技能、态度。

(2)认知学习的信息加工过程。加涅采用信息加工观揭示认知学习的一般过程(图1.4)。

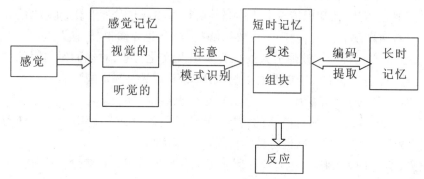

图1.4 信息加工理论中通常描绘的信息流程

从图1.4可见,外部信息进入学生的头脑后,要经历三种记忆:感觉记忆、短时记忆和长时记忆。加涅认为,人类的信息加工一般要经历如下流程:①作用于学习者感受器的刺激所产生的神经活动模式被感觉简要地"登记"(即感觉记忆)。②接着信息被转换成另一种形式并记录在短时记忆中,在这里贮存的是原始刺激的突出特征。从可以在脑中保存的项目的数目来说,短时记忆的容量是有限的。但被保存的项目可得到内部的复述而继续保存。③在下一阶段,当信息进入长时记忆存储时,发生了一种叫语义编码的重要转换。正如其名称所示,在这种转换中,信息根据其意义储存。④当要求学习者做出行为表现时,所存储的信息或技能必须被搜索并被提取出来。⑤接着,通过反应生成器,信息可能会被直接转换成行动。⑥通常,所提取的信息被送到(短时记忆)中,在这里,所提取的信息与其他输入的信息整合在一起从而能对新习得的性能进行编码。⑦学习者的行为表现本身引发了一种依赖于外部反馈的过程(包括熟悉的强化过程)。⑧除学习顺序本身外,学习与记忆的认知理论还提出了元认知控制过程的存在。这里选择并启动与学习和记忆相关的认知策略的过程。这类控制过程修正了学习者的其他信息流程。例如,控制过程可以选择一种不断复述短时记忆内容的策略,或者对所学句子展开想象的认知策略。控制过程可以对注意、输入信息的编码和所存储信息的提取施加控制。

(3)学习的条件。加涅的学习条件的理论分别论述言语信息、智慧技能、认知策略、动作技能和态度学习的内部和外部条件。例如,言语信息学习的实质是以命题呈现的新信息进入原有命题网络并重新编码。所以,言语信息学习的内部条件是认知结构中具有经过编码贮存的认知图式(或心理模型)。外部条件是呈现经过组织的新信息。对于智慧技能来说,低一级的智慧技能是高一级的智慧技能学习的先决的内部条件;外部条件是呈现概念或原理的定义、例子等。教学呈现的学习外部条件被加涅称为教学事件。

2. 教学设计的教学论基础

关于教学设计理论,加涅的任务分析教学论普遍被认可,这里仅介绍他的教学事件理论。

加涅把教学呈现的学习的外部条件称为教学事件。教学事件研究所关注的是如何通过一系列外部事件引起学生的内部的认知加工活动。这是一般教学论的教学过程研究所涉及的课题。加涅认为,学习有独立的过程,而教是帮助学习,没有独立过程。所以要研究教的过程,首先要知道学习的过程。加涅接受信息加工心理学的观点,用信息加工心理学的观点解释学生学习的一般过程。加涅认为教学是"经过设计的、外在于学习者的一套支持内部学习过程的事件"。根据上述内部加工过程,加涅提出了如下一般的九个教学事件:引起注意、告知学习者目标、激活先前的学习、呈现刺激材料、提供学习指导、引出行为表现、提供反馈、测量行为表现、促进保持和迁移。

总之,完整的教学过程包括九个教学事件,在具体运用时,必须考虑学生的特点和教学目标的类型。但有一点是必须记住的:加涅认为,除了第一个教学事件在不同教学任务中是相同的之外,其余八个事件,对于不同的教学目标来说都是不同的。所以,加涅称他的教学论为任务分析教学论。

(三)建构主义的学习观与教学观

1. 建构主义的学习观

(1)知识观。建构主义者(特别是激进的部分)一般强调,知识并不是对现实的准确表征,它只是一种解释、一种假设,它并不是问题的最终答案;相反,它会随着人类的进步而不断地被"革命"掉,并随之出现新的假设;而且,知识并不能精确地概括世界的法则。另外,建构主义认为,知识不可能以实体的形式存在于具体个体之外。

建构主义的这种知识观尽管不免过于激进,但它向传统的教学和课程理论提出了巨大挑战,值得我们深思。按照这种观点,课本知识只是一种关于各种现象的较为可靠的假设,而不是解释现实的"模板"。科学知识包含真理性,但不是绝对正确的最终答案,它只是对现实的一种更可能正确的解释。而且,更重要的是,这些知识在被个体接受之前,它对个体来说是毫无权威可言的,不能把知识作为预先决定了的东西教给学生,不要用我们对知识正确性的强调作为让个体接受它的理由,不能用科学家、教师、课本的权威来压服学生,学生对知识的"接受"只能靠他自己的建构来完成,以他们自己的经验、信念为背景来分析知识的合理性。学生的学习不仅是对新知识的理解,更是对新知识的分析、检验和批判。另外,知识在各种情况下应用并不是简单套用,具体情境总有自己的特异性,所以,学习知识不能满足于教条式的掌握,而是需要不断深化,把握它在具体情境中的复杂变化,使学习走向"思维中的具体"。

(2)学习观。建构主义认为,学习不是知识由教师向学生的传递,而是学生自己建构自己知识的过程,这种建构不可能由其他人代替。这意味着学习是主动的,学习者不是被动的刺激接受者,他要对外部信息做主动的选择和加工,因而不是行为主义所描述的刺激—反应(S—R)过程。而且,知识或意义也不是简单由外部信息决定的,外部信息本身没有意义,意义是学习者通过新旧知识经验间反复的、双向的相互作用过程而建构成的。其中,每个学习者都在以自己原有的经验系统为基础对新的信息进行编码,建构自己的理解,而且原有知识又因为新经验的进入而发生调整和改变,所以,学习并不简单的只是信息的积累,它同时包含由于新、旧经验的冲突而引发的观念转变和结构重组。学习过程并不简单的只是信息的输入、存储和提取,而是新、旧经验之间的双向的相互作用过程。因此,建构主义又与认知主义的信息加工论有所不同。

(3)学生观。建构主义者强调,学生并不是空着脑袋走进教室的,他们在日常的生活和学习中已形成了丰富的经验。即使有些问题他们还没有接触过,往往也可以基于相关的经验,依靠其认知能力(理智),形成对问题的某种解释。所以,教学不能无视学生的这些经验,而是要把学生现有的知识经验作为新知识的生长点,引导学生从原有的知识经验中"生长"出新的知识经验。教学不是知识的传递,而是知识的处理和转换。教师不是简单的知识呈现者,他应该重视学生自己对各种现象的理解,倾听他们现在的看法,洞察他们这些想法的由来,以此为根据,引导学生丰富或调整自己的理解。这也不是通过简单的"告诉"就能奏效的,而是需要与学生共同针对某些问题进行探索,并在此过程中相互交流和质疑,了解彼此的想法,做出某些调整。由于经验背景的差异,学习者对问题的理解常常各异,在学习者的共同体之中,这些差异本身便构成了一种宝贵的学习资源。

2.建构主义的教学观[1]

(1)教学目标。建构主义者没有提出完整的教学目标,但他们集中强调高级的认知目标。例如,范德比尔特大学的认知技术小组(Cognition and Technology Group at Vander-bilt,CTGV)将思维活动界定为建构主义的首要目的。认知技术小组特别要求学生写出有说服力的论文,进行日常的推理,在科学调查中解释资料与理论如何联系在一起,提出合理解决需要数学推理的中等复杂问题的方法。斯皮罗(Spiro)等强调培养学生后结构主义思维,即一种反思批判思维的需要。乔纳森(Jonathan)提倡解决结构不良问题的能力,纳尔森(L. M. Nelson 1999)强调在复杂领域获得内容知识及批判性思维和合作技能。

(2)学习条件。加涅的教学论重点阐明如何为不同类型的学习结果(教学目标)创设不同的条件。相比较而言,建构主义者没有学习结果分类的思想,其教学目标是单一的所谓灵活思维能力,所以,他们为学习创设的条件都是针对这样的能力提出的。各种建构主义学习观关于学习条件的共同观点,即强调复杂的学习环境和真实的学习任务,强调社会协商和相互作用,强调用多种方式表征与呈现教学内容,强调学生理解并意识到知识建构的过程和以学生为中心的教学。这些都是建构主义者在教学中需要创造的学习条件。

(3)教学方法。建构主义者的教学目标强调在真实情境中运用知识的能力,与其目标相对应,其教学方法强调学生的探究、发现、合作、协商和参加社会实践,具体方法有认知学徒制、抛锚式教学、以问题为基础的学习等。

表1.1直观概括地呈现了建构主义教学观的教学目标、学习条件、教学方法的主要内容。

---

① 皮连生:《教学设计》,高等教育出版社2009年版,第57—59页。

表1.1　建构主义教学观小结

教学目标	学习条件	教学方法
推理、批判性思维	包含真实活动的适当复杂的现实环境	微型世界、基于问题的学习
保持、理解和运用	社会协商	合作学习、虚拟对话
认知灵活性	多种观点与多种学习方式	超媒性
自我调节	学生在学习中的主体性	开放的学习环境、合作学习 基于问题的学习
有意识的反思、认识的灵活性	知识建构中的自我意识	虚拟对话、角色扮演、辩论、合作学习

第二节　教学设计的理论模式

在具体的教学设计过程中，由于设计者依据的理论出发点不同，面临的教学任务、教学情境各异，因而采取的设计方法和步骤就会有一定的差异，这种差异进而导致了许多教学设计模式的产生。下面介绍几种有代表性的教学设计模式。

一、国外主要的教学设计模式

(一)迪克和凯瑞的教学设计过程模型[①]

迪克和凯瑞(Dick & Carey)模型是典型的传统教学设计模型,他们所提出的教学设计过程模型(简称迪克教学设计过程模型或迪克模型)包括九个环节和最后的信息反馈成分。这些环节是教学设计者在进行有效教学设计时需运用的一些步骤和技术(如图1.5):

(1)确定教学目标;

(2)进行教学分析;

(3)分析学生与情境;

(4)陈述行为目标;

(5)编制标准参照测验;

(6)选择或开发教学策略;

(7)设计和选择教学材料;

(8)设计和进行形成性评价;

(9)设计和进行总结性评价;

(10)修改教学。

---

① 节选自皮连生:《教学设计》,高等教育出版社2009年版,第8—9页。

迪克和凯瑞的系统教学设计模式以教学理论为基础构建,其核心观点为:教学是由学习者、教师、教学材料及学习环境等共同构成的系统,因此,教学过程是一个引发和促进学习的过程,是在课程规定教学目标、教学内容的前提下,教师要怎么样才能去组织教学,传递教学信息给学习者的过程。该模式与教师的现实教学贴近,是教学设计领域经典的模式。

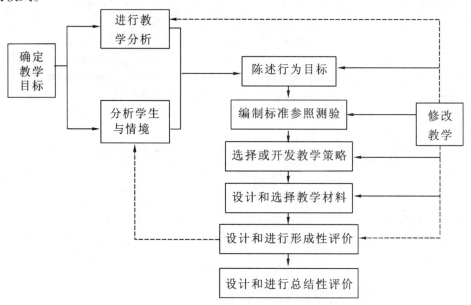

图1.5 迪克和凯瑞的教学设计过程模型

(二)马杰模式①

美国著名的教学设计研究专家马杰(R. Mager)认为,在一个教学设计里,至少强调三个环节的进行:一是教学目标,即"我们去哪里?",这要求我们要明确教学目标,对学习结果进行分类,对教学任务进行分析。二是教学过程,即"我们怎么去?",要求对学与教的过程、结果与策略要相匹配,不同的学习要有不同的方法、策略和媒体适应。三是教学评价,即"我们达到没有?",要根据目标对具体的业绩表现进行评估。为此,马杰提出如图1.6所示的教学设计过程,这是一个目标导向的设计模式,所有的教学活动都可以在此图的基础上拓展和创新。因此,我们可以把这一模式看作教学设计的一个基础范式。

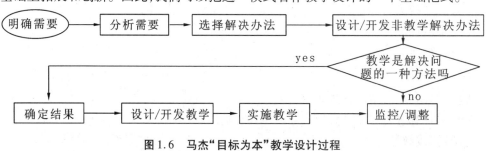

图1.6 马杰"目标为本"教学设计过程

———————
① 盛群力等:《教学设计》,高等教育出版社2005年版,第29页。

（三）系统分析模式①

系统分析模式将教学过程看作一个输入（Input）—产出（Output）的系统过程，"输入"是学生，"产出"是受过教育的人。这一模式强调以系统分析（Systems Analysis）的方法对教学系统的输入—产出过程及系统的组成因素进行全面分析、组合，借此获得最佳的教学设计方案。为进一步完善这一设计模式并使之更富有操作性，心理学家加涅和布利格斯（Gagne & Briggs）提出了系统分析模式应遵循的 10 个基本步骤：

（1）分析和确定现实的需要；

（2）确定教学的一般目标及特定目标；

（3）设计诊断或评估的方法；

（4）形成教学策略，选择教学媒体；

（5）开发、选择教学材料；

（6）设计教学环境；

（7）教师方面的准备；

（8）小型实验，形成性评价及修改；

（9）总结性评价；

（10）系统的建立和推广。

其中，前七个步骤是对教学的预先设计，后三个步骤则着眼于设计方案的验证、评价和修订。这一模式的基本特点是将教学设计建立在对教学过程的系统分析基础上，综合考虑教学系统的各种构成要素，为教学系统"产出"的最优化寻求最佳的设计方案。

（四）肯普（Kemp）的教学设计过程模式

肯普的教学设计过程模式的设计步骤是非直线型的，设计者根据教学的实际需要，可以从整个设计过程中的任何一个步骤起步，向前或向后。过程模式的设计步骤主要有以下七项：

（1）确定教学目的和课题，主要是解决在教学中主要完成什么样的问题；

（2）列出学生的重要特点，如学生的一般特征、能力、兴趣和需求等；

（3）确定学习目标；

（4）确定学习目标的主题内容，主要是将学习目标具体化和操作化，如列出所学的事实、概念、原理等；

（5）预测学生已有的学习准备状况，如已有的知识经验水平和学习能力等，以便为学生的学习导向、定步，以及对教学方案内容做必要的修改、调整；

（6）构思教学活动，运用教学资源，主要是确定完成教学目标用什么样的教学方法和教学资源最合适；

（7）评定学生学习，评价和修正教学方案。

这一模式的基本特点是灵活、实用，教学设计人员可以根据教学情境的需要有侧重

---

① 卫建国、张海珠：《教学技能导论》，北京师范大学出版社 2012 年版，第 70 页。

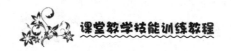

地设计教学方案。

二、我国的教学设计模式

(一)邵瑞珍的完整教学设计过程模式

我国心理学家邵瑞珍教授等从现代教育技术学的角度将完整的教学过程分析如图1.7,这一过程可以看作教学设计的过程。

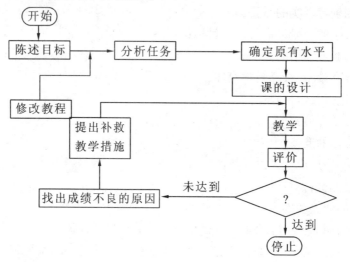

图1.7 完整教学设计过程的基本环节("?"表示目的是否达到)

(1)陈述目标。尽量用可观察和可测量的行为术语陈述预期学生要获得的学习结果。

(2)分析任务。分析从学生的原有水平到达教学目标之间所需要的从属的知识和技能,并确定它们之间的层次关系。

(3)确定学生原有水平。学生原有水平是达到教学目的的出发点,根据学生的原有基础确定达到教学目标的起点能力。

(4)课的设计。根据教师在任务分析中所确定的概念和技能,选择适当的教学手段和活动的准备。此阶段的设计必须建立在任务分析的基础之上。

(5)教学。指课堂上教师和学生之间的信息传播与反馈的过程,其一般模式是呈现教材—学生反应—强化与校正性反馈。这一步是第四步的实施或执行。

(6)评价。对照教师提供的教学目标,确定每一个学生是否达到规定的教学目标。如果教学目标已达到,则一次完整的教学过程已经完成,这一新的学习结果就成为下一轮教学的起点(原有水平)。如果未达到教学目标,就找出原因,提出补救教学措施和修改教程,重新进行任务分析工作。这里可能出现两种情况:一是原先的任务分析是正确的,问题出在课堂上师生相互作用过程中,如学生未认真参与教学活动,补救办法是加强对学生的学习态度教育,让学生重新参与教学活动,直到目标达到为止;另一种情况是在任务分析阶段有错误,如教师分析任务时可能忽略了在达到终点目标之前的必要的准备性知识或技能,补救办法是补上必要的先决知识或技能,然后再进入正式的教学流程。

(二)盛群力系统设计教学基本模式[①]

图 1.8 是浙江大学盛群力教授在 2005 年版的《教学设计》一书中提出的系统设计教学基本模式,该模式简明扼要,能够一目了然地指导教师保持简明、清晰的思路开展教学设计。本模式的特点在于把备课、上课、说课、评课这些教师基本教学活动融合于设计体系中,与我国教师教学习惯思维和教学活动方式相统一,容易掌握和操作。

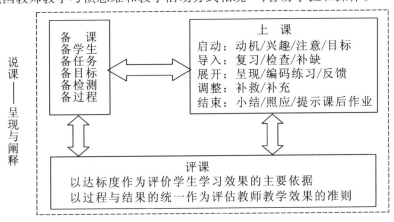

图 1.8 盛群力系统设计教学基本模式

【拓展阅读】

新课程教学设计的基本理念[②]

一、教学设计要以"为了每一位学生的发展"为唯一宗旨

新一轮基础教育课程改革把"学生发展"作为基本的课程理念。"学生的发展"既指全体学生的发展,又指全面和谐的发展、终身持续的发展、活泼主动的发展和个性特长的发展。在此背景下,教师的课堂教学设计应体现这一思想,对传统的课堂教学进行更富教育意义的设计,为每位学生的发展创造合适的"学习的条件"。要尊重学生的独特差异,在课堂教学设计中,要保留一定的时间和机会让学生捕捉、表达自己的感受和体会。在教学设计中,不仅要针对不同的学习内容设计不同的学习方式和活动方式,还要在同一学习任务中考虑到学生之间学习方式的差异,让不同的学生有着不同的尝试机会。

二、教学设计要为学生自主、合作、探究的学习提供空间

传统的课堂教学,学生主要是"听中学"和"看中学"——学生听教师讲解,看教师提供的教具、图片或录像,在听或看的过程中思考记忆。新课程的实施特别要求改变学生的学习方式,确立学生在课程中的主体地位,建立自主、探索、发现、研究以及合作学习的机制。而要真正转变学生的学习方式,教师必须在课堂教学中加以引导、扶持。所以,课堂教学设计要为学生的自主学习、合作学习、探究学习创造机会,使课堂教学不但要成为

---

① 盛群力等:《教学设计》,高等教育出版社 2005 年版,第 33—34 页。

② 节选自张占亮:《师范生教育教学技能训练教程》,高等教育出版社 2012 年版,第 56—57 页。

学生学会知识的过程,还要成为学生形成科学、合理的学习方式的训练基地。教学设计中应当创设一定的情境,提供相应的教学条件,通过教材呈现方式的变革、活动任务的"交付"、教学方式与师生互动方式的变化,最大限度地组织学生亲历探究过程,在动手、动口、动脑和"做中学""用中学"的协作参与中,发展学生的个性和能力。

三、教学设计要以实现"三维目标"为向导

新课程改革把"过程与方法"也作为课程的目标之一,在具体的教学设计中,要注意培养学生收集和处理信息的能力、获取新知识的能力、分析和解决问题的能力和团结协作的能力,让学生在活动中、在操作实验或深入实际生活的过程中学习,让学生从自己的直接经验中学习,或者从他人的经验(例如对某些事实或现象的介绍资料)中通过再发现来学习。另外,在课堂教学设计中,还要渗透情感、态度、价值观的教育,使教学过程不仅是一个完成知识授受的过程,而且还是一个蕴含着丰富情感、人生哲理的教育性的动态过程,使学生在学得知识的同时学会做人,形成健康的心理素质、高尚的审美情趣和科学的世界观、人生观、价值观,成为有理想、有道德、有文化、有纪律的一代新人。

四、课堂教学设计要处理好预设与生成的关系

在课堂教学设计中,把教学过程考虑得细一点,把可能出现的问题估计得充分一点,尤其是涉及多种教育资源的整合时,多一些事前的准备,应该说都是必要的。但是,教学设计方案在实际操作的过程中,往往要围绕学生、学情做必要的情境化的调整。从这个角度上说,教师不但要在课堂教学设计上下功夫,还应该着力提高自己的教学应变能力,以便在实际教学活动中自如地处理各种"意外事件"。另外,新课程背景下的课堂教学设计不可能完全抛弃传统,可以在传统教学的基础上拓展、完善。改进课堂教学设计主要应从两方面进行:一是突破偏重教师讲解的教学的单一模式,依据不同的学科、不同的教学内容、不同的课程目标,灵活选择恰当的教学模式,丰富教学的形式;二是对传统教学进行内涵拓展,渗透新课程理念。

【学习资源】

[1]加涅.教学设计原理·5版[M].王小明等,译.上海:华东师范大学出版社,2007.

[2]皮连生.教学设计·2版[M].北京:高等教育出版社,2009.

[3]皮连生.教学设计:心理学的理论与技术[M].北京:高等教育出版社,2000.

[4]W·迪克.系统化教学设计·6版[M].庞维国,译.上海:华东师范大学出版社,2007.

[5]P.L.史密斯,T.J.雷根.教学设计·3版[M].庞维国,屈程,韩贵宁,等,译.上海:华东师范大学出版社,2008.

[6]坦尼森,肖特,西尔,等.教学设计的国际观.第1册:理论·研究·模型[M].任友群等,译.北京:教育科学出版社,2005.

[7]陈晓慧.教学设计[M].第2版.北京:电子工业出版社,2009.

[8]杨开城.教学设计:一种技术学的视角[M].北京:电子工业出版社,2010.

[9]李经天,王小兰.教师教学技能训练教程[M].武汉:华中科技大学出版社,2012.

[10]盛群力.教学设计[M].北京:高等教育出版社,2005.

[11]邵瑞珍.教育心理学[M].上海:上海教育出版社,1988.

[12]卫建国,张海珠.教学技能导论[M].北京:北京师范大学出版社,2012.

[13]吴萍.新编教师教学技能训练教程[M].北京:北京师范大学出版社,2011.

[14]汪海.教学设计:促进教师专业发展的实践力量[J].教育科学研究,2012(6).

第二章　教学目标设计与训练

【内容导航】

※ 教学目标概述

※ 教学目标设计与训练

【学习目标】

1. 能解释教学目标的含义。

2. 能简要说明布卢姆教育目标分类学的主要内容。

3. 能举例说明新课程三个维度教学目标的内涵及其之间的关系,并能就具体的教学目标区分知识与技能、过程与方法、情感态度价值观三个维度。

4. 在学习了确立教学目标的原则和依据等知识点的基础上,能够运用目标陈述的技术和方法对一些不合规范的教学目标进行改写,并能为自己的课堂教学确立并陈述明确、具体、可观测的教学目标。

第一节　教学目标概述

一、教学目标的含义

制订教学目标是课堂教学设计的第一步,是教师完成教学任务所要达到的要求或标准,同时也起到指导教师课堂教学实践活动的作用。

在学校教育目的的指导下,在课堂教学中,教师需要确定将完成的具体教学目标,这样可以帮助教师选择教学内容和确定教学效果。教学目标是对教学活动预期结果的标准和要求的规定或设想。教学活动的效果主要体现在学生的身心发展变化上。教学目标是通过一定的教学活动准备在学生身上实现的预期变化,如获得某种语言知识,掌握基本的读、写、算技能,产生特定的态度和情感,认同某些价值观等。

理解教学目标的含义,应注意把握如下三个特征:第一,教学目标是教师与学生合作实现的共同目标,既是教授目标,又是学习目标,最终表现为教学活动所引起的学生身心的预期变化;第二,教学目标是人们对教学活动结果主观上的一种期望,说明教学是一种受自觉目的支配的活动;第三,教学目标是可以测度的,教师可以编制各种测试题目,对教学目标的达成程度进行定性或定量的测度。[1]

---

[1] 王本陆:《课程与教学论》(第2版),高等教育出版社2009年版,第153页。

二、教学目标的分类

教学目标分类就是运用分类学的理论把各项教学目标由最高的类,依次分为较低的类乃至更低的类,形成一个逐渐具体的多层次系统的过程。这是实现教学目标系列化、细目化和可操作化的基本途径。

布卢姆(B. S. Bloom)等人于 20 世纪五六十年代提出教育目标分类框架,将总的教学目标分为三个领域,即认知领域、情感领域和心因动作技能领域。

(一)认知领域目标分类①

认知领域目标分类以布卢姆认知领域的教育目标分类最为著名。该分类有两个版本。第一个版本于 1956 年正式公布(下面简称"原认知目标分类学");第二个版本于 2001 年公布(简称"修订的认知目标分类学")。

1. 原认知领域的教育目标分类学

原认知目标分类学关于知识与能力测量的基本观点是:如果测验情境与学习情境基本相似,那么这样的测验所测量的是知识;如果测验情境与学习情境发生变化,那么这样的测验所测量的是水平不同的能力。原认知目标分类学将认知领域的教育目标分为六级:知识、领会、运用、分析、综合和评价。后五级为程度不同的智慧能力(或智慧技能)。

原认知目标分类学从操作上界定了知识与智慧能力,能较好地指导学习结果的测量与评价,有助于克服教育测量中偏重知识回忆的弊病,受到世界上许多国家教育界的欢迎。该分类学被翻译成 20 多种文字出版,广泛传播,被认为是 20 世纪对美国教育产生最大影响的教育理论之一。

该分类学的不足之处是,由于时代的局限,心理学尚未解决知识的心理本质及其如何转化为能力的问题,所以,该分类学可以指导教育的测量和评价,但难以指导学习和教学过程的设计。

2. 修订的布卢姆认知目标分类学

1994 年安德森(L. W. Anderson)和索斯尼克(L. A. Sosniak)出版了《布卢姆教育目标分类学——40 年的回顾》一书。次年他与克拉斯沃尔邀请 8 位美国有名的认知心理学家、教育与心理测量专家和课程与教学专家开会商讨修订布卢姆原认知目标分类学的工作。经过多年集体努力并得到有经验的中小学教师的支持,修订工作于 2001 年完成,并出版了《学习、教学和评估的分类学:布卢姆教育目标分类学的修订版》(*A Taxonomy for Learning, Teaching and Assessing: A Revision of Bloom's Taxonomy of Educational Objectives*)一书(中译本由皮连生等译,华东师范大学出版社,2007 年出版)。修订本吸收了 40 多年来认知心理学研究的成果,较好地从心理机制上解决了知识与能力关系问题。它将认知领域的学习归结为四类知识的学习,其中四类知识是:

A. 事实性知识——知晓一门学科或解决学科中的问题所必须获得的基本成分。其中,又分术语知识和具体细节与要素知识。

---

① 皮连生:《教学设计》,高等教育出版社 2009 年版,第 75—78 页。

B. 概念性知识——能使各成分共同作用的一个大结构中基本成分之间的关系的知识。其中,又分为分类知识,概念和原理知识,理论、模型与结构知识。

C. 程序性知识——知晓如何做事,探究方法,运用技能、算法、技术和方法的标准。其中,又分为特殊学科的技能和算法知识、特殊学科的技术和方法知识、决定何时运用适当程序的标准的知识。

D. 元认知知识(又称反省认知知识)——一般认知的知识和有关自己认知意识的知识。其中,又分为策略性知识、关于任务的知识和自我知识。

修订本作者认为,学生学习任何学科的知识(相当于智育)都可归结为以上四类知识的学习。这样教师就不必在广义知识学习之外去发展学生的能力(即观察力、记忆力、想象力和思维能力)了。

但在实施教学之前,上述知识是外在于学习者的,是被列入课程的人类共享的知识。教学的任务就是使这些外在的知识转化为学生个体的知识。学生个体获得外在的知识的过程要经历记忆、理解、运用、分析、评价和创造这样由低至高的六级水平的认知过程。修订本作者认为,每一类知识的掌握都可按上述认知过程的水平加以划分。这样就构成了认知领域教育目标知识类型与认知过程水平两个维度的目标分类表(见表2.1)。

表2.1　修订的两维目标分类表

知识维度	认知过程维度					
	1.记忆	2.理解	3.运用	4.分析	5.评价	6.创造
A.事实性知识						
B.概念性知识						
C.程序性知识						
D.元认知知识						

这就是说,教师在教学之前,应对所教内容按知识类型和掌握的水平两个维度制订教学目标,用以指导学习、教学和评估。

例如,小学低年级20以内加法的教学,在我国它是小学一年级教学任务,在美国它是小学二年级教学任务。学生的原有水平是通过扳手指,会计算10以内加法,现在要在三个星期内学会不用扳手指,利用口诀快速进行"两个数之和"是18以内的口算和笔算加法。

教师确定这个单元的主要目标是:直接的目标是学生将能在不借助手指操作条件下回忆加法事实(总和不超过18);长期目标是帮助学生一方面理解(在某些情形下)记忆的效率,另一方面获得各种记忆策略的运用知识。具体地说,学生能计算如下横式和竖式的加法:$6+7=?$,$5+7+3=?$ 或

修订本作者认为,上述目标可以归入修订的两维目标分类表中:

目标1:是回忆加法事实(和不超过18),即记忆事实性知识。

目标2:是理解(在某些条件下)记忆的效率,即理解反省认知知识。

目标3:是获得各种记忆策略的运用知识,即运用程序性知识。

为什么把目标3看成程序性知识,而不是反省认知知识呢? 修订本作者认为,这里的"策略"是针对记忆"数学事实的"(包括加、减、乘、除),策略的概括程度有限。反省认知成分来自学生对理解什么策略对他们个人而言是最为有效和无效的。表2.2呈现了上述3个目标在分类表上的位置。

表2.2　基于陈述的目标按分类表对加法事实教学目标的分析

知识维度	认知过程维度					
	1.记忆	2.理解	3.运用	4.分析	5.评价	6.创造
A.事实性知识	目标1					
B.概念性知识						
C.程序性知识			目标3			
D.元认知知识		目标2				

以布卢姆为代表的教育目标分类理论,纠正了传统教学偏重认识层面的失误,兼顾了认知、情感和动作技能三大层面。不仅如此,这一理论还对每一领域的具体目标进行了细分,使教师既能全面掌握各个层面的教学目标,又能明确教学的一般程序与具体步骤。它采用具体明确的行为动词叙述教学目标,为教学评价提供了客观依据,促进了标准参照测验的发展。但是,布卢姆的教育目标分类学把完整、统一的教学目标割裂成细化的单元,忽略了认知、情感和动作技能之间的内在联系,不利于教师对教学进行整体构思。

(二)情感领域目标分类学[①]

情感领域的教育目标分类学由克拉斯沃尔(D. R. Krathwohl)主持,他于1964年公布了《教育目标分类学,第2分册:情感领域》(Taxonomy of Educational Objectives—The Classification of Educational Goals, Handbook Ⅱ: Affective Domain)。其分类依据是价值内化的程度。这一领域的目标由低级到高级共分五级。

1.接受(注意)

指学生愿意注意特殊的现象或刺激(如课堂活动、教科书、文体活动等)。

2.反应

指学生主动参与。这类目标与教师通常所说的"兴趣"类似,强调对特殊活动的选择与满足。

3.价值化

指学生将特殊的对象、现象或行为与一定的价值标准相联系。这一阶段的学习结果所涉及的行为的一致性和稳定性使得这种价值标准清晰可辨。价值化与教师通常所说的"态度"和"欣赏"类似。

---

① 皮连生:《教学设计》,高等教育出版社2009年版,第78—79页。

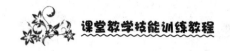

4. 组织

指将许多不同的价值标准组合在一起,克服它们之间的矛盾、冲突,并开始建立内在一致的价值体系。重点是将许多价值标准进行比较、关联和系统化。

5. 价值与价值体系的性格化

指个人能用新的价值标准长时期控制自己的行为。其行为是普遍的、一致的和可以预期的。这一水平的学习结果包括范围广泛的活动,但强调学生行为的典型性和性格化。这一阶段的教学目标着重于学生的一般适应模式(包括个人的、社会的和情绪的)。

(三)动作技能领域目标分类

1972 年辛普森(W. J. Simpson)和哈罗(A. Harrow)出版了动作技能目标分类的专著。该分类将动作技能教育目标分成七级。

1. 知觉

指运用感官获得信息以指导动作。

2. 定向

指对稳定的活动的准备,包括心理定向(心理准备)、生理定向(生理准备)和情绪准备(愿意活动)。知觉是其先决条件。

3. 有指导的反应

指复杂动作技能学习的早期阶段,包括模仿和尝试错误。通过教师或一套适当标准可判断操作的适当性。

4. 机械动作

指学习者的反应已成为习惯,能以某种熟练和自信水平完成动作。这一阶段的学习结果涉及各种形式的操作技能,但动作模式并不复杂。

5. 复杂的外显反应

指包含复杂动作模式的熟练的动作操作。操作的熟练性以迅速、精确和轻松为指标。

6. 适应

指技能的高度发展水平。学习者能修正自己的动作模式以适应特殊的装置或能满足具体情境的需要。

7. 创新

指创造新的动作模式以适合具体情境。强调以高度发展的技能为基础的创造能力。

三、新课程改革背景下三维教学目标的认识

(一)新课程改革背景下三维教学目标的内涵[①]

教育部《基础教育课程改革纲要(试行)》(教基〔2001〕17 号)中,要求制订课程标准"应体现国家对不同阶段的学生在知识与技能、过程与方法、情感态度与价值观等方面的

---

① 李同胜、王统永:《课堂教学技能训练教程》,山东人民出版社 2012 年版,第 19—20 页。

基本要求"，"引导学生树立正确的世界观、人生观和价值观;要倡导科学精神、科学态度和科学方法,引导学生创新与实践"。据此,新课程改革背景下的教学目标由相互联系的三个维度构成,即知识与技能、过程与方法、情感态度价值观。尽管不同学科维度的划分不同,具体的内涵也有差异,但其基本构成要素是一致的。

1. 知识与技能

知识与技能目标又称结果性目标,是使某一学科领域得以确立的基本组成要素,反映的是学生可观察、可测量的学习结果,是三维目标中直指学习内容的目标维度,是其他两维目标得以实现的载体。

这里"知识"与"技能"是两个并列的概念,所表现的是学生行为变化的两个不同领域。具体地说,知识是解答"是什么"的问题,是人们对某一学科领域中诸要素及其关系的认识。技能是解决"怎么做"的问题,是人们以某一学科领域的知识为基础,有效解决特定问题的程序和方法。技能又分为动作技能和心智技能。

如"给出有关战争的是非题,学生能做出正确的判断",所反映的是学生应掌握的知识目标;"能够规范书写课文中的×××等几个生字",反映的则是技能目标。

2. 过程与方法

这是学生达成"知识与技能"目标(结果性目标)所要经历的过程及所要运用的思想方法、思考策略等,是现代教学理论重视学生思维过程和能力培养理念下的目标追求。

这里,"过程"是指学生有效掌握知识和技能的过程、形成积极的情感态度的过程,其核心是思维和交往。传统教学中学生的学习也是存在"过程"的,不过这个过程只是单纯地机械识记、反复诵读、呆读死记等。俗话说"经历就是财富",过程是需要经历、体验的。由于学生学习活动过程中的经历、体验、感受本身就是学生成长所需要的,所以新课程提出并强调学生在学习活动中的过程目标及要求,注重学生从已知状态到目标状态转化的思维过程,注重知识的发生过程、技能的形成过程,倡导学生的自主探索和思想交流。

"方法"与"过程"是两个并列的概念,但二者紧密联系。"方法"是学生学习过程中的思考策略、探究发现策略、问题解决策略等,核心是学生掌握知识、技能的过程中所依托的思维方法和行为策略。"方法"是有层次的,在课堂教学中主要是微观层次的要求,即具体学科内容中思维策略的运用,如数学学习中的数学思想方法等。

3. 情感态度与价值观

这是由情感、行为取向(态度)和认知(价值观)三个部分组成的有机整体,也就是伴随着学习"过程"的经历和思考"方法"的运用而达到的学生在情感体验、行为取向(态度)和价值认知(价值观)三个方面的变化。

要注意的是,课堂教学中"情感态度与价值观"目标的核心是依托学科内容形成的目标要求,诸如对学科本身的热爱、对学科内容意义价值的理解、对学习的自信等,而不是空洞的所谓"思想品德""综合素质"等。

在课堂教学设计过程中,一课时的教学目标未必同时具备上述所有内容,要根据学科特点和教学要求,灵活确定每一课时的教学目标。

(二)三个维度教学目标之间的关系①

1.三维目标是一个不可分割的整体

知识与技能维度的目标立足于让学生"学会",在于提高学生的学业水平;过程与方法维度的目标立足于让学生"会学",致力于提升学生的学习能力;情感态度与价值观维度的目标立足于让学生"乐学""爱学",趋向于健全学生的人格。三者是以人的全面发展为指向的统一整体,是现代教育"培养完整的人"的具体体现。它不仅关注学生是否学会,而且以学生是否经历思考的过程、掌握科学的方法、体验愉悦的情感、形成正确的态度与价值观念为目标追求。

2.三维目标是新课程目标的三个维度,而不是三种类型

三个维度指的是同一个事物的三个方面,如同一个长方形都有长、宽、高三个维度一样。学生学习任何知识和技能都要运用一定的方法,不管是好方法还是不好的方法;都要经历一个过程,不管是主动探究还是消极接受;在这个过程中,学生总会伴随一定的情感和态度,不管是积极的情感还是消极的情感,不管是敷衍的态度还是认真的态度;总会有一定的价值取向,不管是正确的还是不正确的。

3.三维目标在课堂教学中是统一实现的

不可能完成了一维目标再落实另一维目标,它们是联系在一起的。三维目标在实施中,以结果性目标(知识与技能)的实现为导向,以"过程"的经历和"方法"的运用为载体,以积极的情感体验为纽带,伴随着态度转变和价值认知的发生,共处于统一的学习活动过程之中。

第二节　教学目标设计与训练

美国当代著名教学目标研究专家马杰曾说过:"如果能够提供给学生优良的教学目标,学生经常自己就可以学得会。"②这句略带"神话"色彩的话强调了教学目标的重要地位与作用。教学目标是课堂教学的灵魂,是实现有效教学的前提和保障。具体明确且操作性强的教学目标,是保证课堂教学有效开展的重要条件之一。

---

① 李同胜、王统永:《课堂教学技能训练教程》,山东人民出版社 2012 年版,第 21 页。
② 高艳:《论教学目标的设计与编写》,载《中国成人教育》2001 年第 4 期。

一、确立教学目标

(一)确立教学目标的原则①

1. 系统性原则

确立教学目标要遵循系统性原则,处理好以下四个方面的关系:

一是要考虑整个教学目标体系中横向和纵向的联系;

二是要把具体的教学内容置于整个课程的知识系统中去分析它的意义和价值;

三是要综合考虑和分析教学系统各要素;

四是要体现"知识与技能""过程与方法""情感态度与价值观"三个维度的有机整合。

【实战演练】

阅读下面的案例,读完请思考:案例中的教师在确立教学目标时出现了什么问题?

北师大版实验教材一年级下册的统计一课,只需要初步体验收集、整理数据的过程,而二年级上册的统计一课则强调学生充分地思考和尝试调查方法。另外,除了一年级的简单回答问题之外,还增加了猜测活动。如一位教师在执教一年级下册的统计一课时,把二年级统计一课所应达到的所有教学目标在课中全部体现,甚至个别的处理还有"拔高""深挖"之意。②

2. 主体性原则

学生是课堂教学的主体,教学目标的陈述要从学生的角度出发,体现教学过程由教师本位向学生本位的转变。行为主体的变化不是简单的叙写方式表面形式的变化。格朗兰德(N. E. Gronlund)指出:"依据教师打算做什么来陈述目标和依据教师希望学生取得的学习结果来陈述目标,两者的区别是很重要的。"正确的表述应是对学生学习可能发生的行为变化进行预设。

3. 层次性原则

教学目标是有层次的,教学目标从属于单元教学目标,从属于课程目标和教育目的,上一级目标制约下一级目标,下一级目标体现上一级目标。教学目标是一个共同的、统一的基本要求。但学生是有个体差异的,在确立教学目标的时候,要考虑教学目标应是大多数学生通过努力能够达到的标准,而不是最高标准。

4. 可测性原则

教学目标是全体学生在教学过程结束后应达到的基本标准,必须具有可测性。目标的表述要明确、具体,避免含糊不清和不切实际的语言表述。

【实战演练】

请阅读下面的案例,读完请思考:教学目标一和教学目标二的区别在哪里? 哪个更

---

① 李胜利:《让教学更有效:名师提高教学质量的七个关键环节》,西南师范大学出版社 2012 年版,第 72—75 页。

② 许爱华:《新课程背景下如何创造性地使用教材》,载《小学教学参考》2008 年第 14 期。

能体现可测性原则？为什么？

一位教师在执教《秦始皇兵马俑》第二课时,其教学目标经历了如下变化:

教学目标一:

(1)理解"神态各异、栩栩如生、虎视眈眈"等词的意思,了解课文第3、4自然段的写作顺序和兵马俑军阵的布局。

(2)研读课文,深入了解秦始皇兵马俑的阵容、神态。

(3)有感情地诵读课文,感受古代劳动人民的伟大。

教学目标二:

(1)能联系上下文说出"神态各异、栩栩如生、虎视眈眈"等词的意思;能用自己的话说出第3、4自然段的写作顺序和兵马俑军阵的布局。

(2)能正确、流利地朗读描写兵马俑阵容、神态的语句;并通过朗读表达自己对秦始皇兵马俑威武雄壮的阵容、栩栩如生的神态的体会;会根据课文内容合理想象,仿写其他兵马俑栩栩如生的神态。

(3)能用自己的话简要表达对古代劳动人民的崇敬和民族自豪感。①

5.动态性原则

教学目标是综合考虑各因素后在上课之前制定的,学生是动态的,课堂总是变化的,教师意料之外的事情时有发生,在师生的双边活动中,常常会出现偏离原来设计的教学目标的情况。因此,我们在制订教学目标时,要考虑预设目标与实际结果之间可能会出现的差异。教师在落实教学目标的具体教学过程中应有一定的弹性空间,不要机械死板地执行预定教学目标,而要根据学生的即时表现,适时地对教学目标做些微调,使教学目标在动态中生成。

【实战演练】

阅读下面的案例,体会教师在确立教学目标时是如何体现动态性原则的。

我在学生已学习"除数是小数的除法"的基础上,进行了一节巩固练习课,出示3道算式题让学生独立完成:366÷3.2,0.224÷2.8,0.7÷0.6。一生提问:"第三小题除不尽,是不是题目出错?"另一个学生突然大叫起来:"这商后面有无数个6?"这时,大家议论更多了。我最后决定不再上练习课,而是将错就错,直接上"循环小数"。因为在三道题的对比中,学生已认识循环小数和它的特征,这比课本上安排一个算式引出循环小数更好。②

(二)确立教学目标的依据③

1.研究课程标准

---

① 莫国夫:《效度:阅读教学目标研制的应有追求——关于教学目标的教研笔记》,载《教学月刊(小学版)》2010年第3期。

② 张丽芳:《关注动态生成 彰显课堂精彩》,载《小学教学参考》2008年第35期。

③ 李胜利:《让教学更有效:名师提高教学质量的七个关键环节》,西南师范大学出版社2012年版,第78—84页。

首先,要认真学习课程标准中的课程总目标和分目标,弄清在"知识与技能""过程与方法""情感态度与价值观"三个方面,总目标和分目标提出了哪些目标要求。

其次,在课程目标的指导下,分析课程标准第三部分"内容标准"中列出的具体内容标准和活动建议,把教材内容与课程标准中相关"内容标准"一一对应。

在进行"内容标准"的细化时,要选择适当的行为动词来表述细化之后的教学目标。有的课程标准后面有行为动词表,就要查阅行为动词表,选择恰当的行为动词表述教学目标。

2.分析学生实际

设计教学目标不仅要根据课程标准,更重要的是要根据学生的学情来确定。学生是课堂教学的主体,确立教学目标必须从学生的实际出发,通过课前调查、访谈、观察等了解学生的个体差异,分析学生的现状以及学生的知识起点,确定教学目标。

教学活动是一个师生交流的动态生命历程,生命主体的丰富复杂性和教学内容的多元开放性增加了预设目标在落实过程中的变数。在教学中,随时都会出现与预设目标不一致的情况,需要教师及时调整预设目标,使教学目标更加贴近学生学习的实际。因此,教学目标设计必须具有高度的前瞻性与应变性,使预设目标与生成目标有机结合。

即使在同一个班级,由于不同学生的学习水平、能力是有差异的,所以,为所有学生制定的同一目标势必会造成一部分学生"吃不了",而另一部分学生却"吃不饱"。因此,教师在制订教学目标时,应关注全体学生,留有一定的弹性空间。

【实战演练】

阅读下面的案例,交流话题:《识字6》教学目标与学情的第一次定位存在什么问题?第二次定位与第一次相比,有哪些变化?

在一次语文学科专题调研中,我们教研组的一位教师执教了苏教版一年级下册《识字6》一课。

《识字6》教学目标与学情的第一次定位:

1.教学目标

学会本课8个生字,认识1个偏旁,理解本课新词;仔细观察图画,认识图上描绘的事物,并与所学的词语联系起来;诵读课文,积累词语,体会农村夏夜的情趣。

2.制订依据

(1)内容分析。这篇识字课文将与夏天夜晚的情景有关的词语串起来,让学生诵读。第一行词语表现夜晚天上的景物,第二行是描写人物的词语,第三行词语描写夏天特有的事物,第四行词语说的是天上的星座。全文如一首夏夜的赞歌,教师可以由图入境,促进学生想象,带着学生去欣赏、感受乡村夏夜的美景,唱响乡村夏夜的赞歌。

(2)学生实际。经过一个阶段的学习,学生已经初步掌握了一些识字方法,对识字充满了兴趣。只是在之前的识字课文中,出现的比较多的是独体字,学生才初步接触合体字,在本课的学习中将继续积累识字方法。另外,本课的内容比较适合学生的年龄特征,满足了学生了解乡村夏夜美景的学习欲望。在欣赏美景的基础上,进行语言实践并进一步识字,在积累语言的同时提高学生对事物的认识能力,比较符合学生的认知规律。教学时,教师要充分激发学生的想象力,把学生带入情境,在玩中学,在学中乐。

《识字6》教学目标、教学内容与学情的第二次定位:

1. 教学目标

自主学习本课的8个生字,初步学习利用"编写儿歌识字法"识记生字,巩固"结构识字法""换偏旁识字法""部件合成识字法",提高对生字的认识和辨别能力以及对汉字的鉴赏能力;借助图片和生活情境,认识、理解"竹椅""蒲扇""北斗星"等生活中不常见的事物,培养善于观察、善于体验的学习习惯,激发探究自然奥秘的热情;在诵读中感受韵文的韵律美,在想象中表达感受,并尝试编写韵文诗,增强对汉语言文字美的鉴赏能力。

2. 制订依据

(1)内容分析。本课要求掌握8个生字,其中"星""丁""女""斗"4个字,学生早已认识并已掌握,而且会口头运用,但"奶""扇""牵""织"4个字,学生初次接触,户字头是新授的部首,带有户字头的字是半包围结构也是新知识。"织"和"奶"的部首虽然是旧知识,但学生要做到书写美观是很困难的,需要教师进一步指导,才能借此提高学生对汉字的鉴赏能力。"牵"是上中下结构的字,虽然在本册教材中第二次出现,但还是学生学习的一个难点。韵文中还出现了"蒲扇""竹椅""萤火虫"等学生现实生活中较少接触到的事物,教材提供了图片,帮助学生借助生活情境体验,但准确理解新词会是学习中的又一难点。学生对韵文中的"北斗星""萤火虫"等事物有着天生的好奇感,这就为教学过程中拓展学生学习和想象的空间提供了有利条件。牵牛和织女的传说能有效地吸引学生的注意力,便于教师充分利用学生喜欢听故事的特点,让学生在故事中了解两个名词的来源,增强识字的趣味,让他们初步感受民间传说的神奇,感受美好的情感。

(2)学生实际。经过一年级上学期的学习,学生已经熟练掌握了利用笔画名称识独体字、利用部件合成识形声字等方法,基本掌握了"换偏旁识字法""加减笔画识字法"等;有待学习的是"编写儿歌识字法"。学生认识和辨别半包围结构的字的能力较弱,对"上中下结构"的概念认识模糊,书写绞丝旁、女字旁这样的部首只能做到正确,而70%做不到美观;对"蒲扇""竹椅""萤火虫"没有感性认识,对"北斗星"有一定了解,但主动观察、体验的意识不强,机会也不多。学生对韵文具有浓厚的学习兴趣,能主动地借助拼音诵读韵文,对理解和记忆生字新词总能保持积极的态度,对新鲜事物有较强的好奇心,有主动表达感受的愿望,但缺乏完整的语言表达意识,主动、准确使用新词的能力存在较大的差异。[①]

3. 研读学科教材

教材是教学的依据,也是教师确立教学目标的基础,教师研读教材的深度和广度,与确立的教学目标的有效性有着密切关系。教学目标要尽可能准确、明白地反映教学内容的主要特点,不要泛泛而谈。教材重点是确立教学目标的重要依据,务必深入学习、认真研读,抓准重、难点。要从整体上了解教材的主要内容和结构体系。分析教材的编排特点,领会教材的编排意图,弄清教学内容在本单元、本册教材、本课程中的地位和作用,了

---

① 节选自沈奇、白改侠:《重塑教学目标,提升教学价值》,载《福建教育》2009年第2期。

解教材前后、左右的联系,把握教学内容的深度和广度,进而提出恰当、准确的教学目标。

【实战演练】

阅读下面的案例,小组内交流:案例中的教师为什么会陷入困境? 如何解决这个问题?

有一位教师上公开课,他在细阅教材之后,最终选择了七年级下的最后一课《实话实说话"流行"》。按照常规,他又翻阅了《历史与社会课程标准(二)》,找到了与教材相对应的内容目标:

(1)面对同一个事物,思考我们现在的认识同小时候的差异,体察生活阅历对个人成长的影响;

(2)归纳自己同长辈在生活情趣、情感与价值观等方面的相同点与不同点;

(3)比较自己与他人、团体或媒体对某一问题意见的差异,尝试对产生这种差异的原因进行解释。

然而,随着对课标的领会不断深入,对教材剖析逐渐深化,这位教师却陷入了困境。①

二、教学目标陈述的训练

(一)目标陈述的基本要求

1.目标应陈述预期的学生学习的结果

目标要描述通过教学后学生在知识、技能、学习方法和情感态度等方面的变化。教学目标不应该描述教师做什么,如"帮助学生学习……""通过……使……""培养……能力"等,这类陈述说的是教师做什么,不是学生学习的结果;目标也不应该陈述学生学习什么,如"学习雷锋的为人民服务的精神",这样的陈述不表示学生学习的结果,也不符合目标陈述的要求。既然学习过程不能做目标,那么,如"让学生经历……过程"之类的说法不能称作目标。由于我国的教学论主要是哲学和经验取向的,很少有人认真研究如何通过目标的科学陈述,促使教学科学化和教师的教学行为规范化。

【实战演练】

下面是一位数学教师陈述的教学目标,请你加以评析。

教学目标:学习长方形的面积的计算方法。

2.目标的陈述应有助于导学、导教、导测评

所谓"导学"就是目标能够明确告诉学生,通过学习,他应该学会做什么;所谓"导教",就是目标中应暗含要教学生的知识、技能、认知策略是什么;所谓"导测评",就是目标应暗含观察学生学习结果的条件。

【实战演练】

下面是一位政治课教师为"犯罪的概念与特征"陈述的两个目标,请分析这两个目标能否起到导学、导教、导测评的作用,并陈述理由。

(1)能用自己的话陈述"犯罪"的三个特征;

---

① 牛学文:《中学社会科有效教学策略》,载《教学月刊(中学版)》2010年第2期。

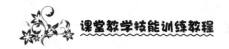

（2）对给予的"犯罪"和"违法"的案例，学生能识别"违法"和"犯罪"行为，并能陈述理由。

（二）教学目标陈述的基本要素

一般说来，一个完整的教学目标陈述要包含下列四个要素：

1. 行为主体

行为主体指的是学习者。教学目标陈述的是学生预期的学习结果，是通过教学活动学生要发生的行为或表现的变化，而不是陈述教师的教学预期或计划、打算。规范的教学目标开头应该是"学生……"，因此，教学目标的行为主体是学生，合适的教学目标是针对学生而设定的，不能忽视学生的学习主体地位。

2. 行为动词

行为动词用以描述学生所形成的可观察、可测量的具体行为。分为含糊的与明确的动词。含糊的动词有"知道""了解""欣赏""喜欢""摘要""相信"等；明确的动词有"写出""背出""列出""选出""认出""辨别""比较""解决""设计""对比"等。

3. 情境或条件

情境或条件指影响学生产生学习结果的特定的限制或范围等。一般说来，学生学习结果的实现都存在一定的限制条件，特别是对课堂教学来说，目标往往是具体的，是在一定条件下学生的细微变化。如"借助工具书""无需参考资料的帮助""根据地图""看完全文后""心算加法，10 个问题能答对八个"等。

对条件的表述有四种类型：

（1）使用手册与辅助手段或者不允许使用。例如："在一张空白的世界地图上标出……"

（2）提供信息和提示。例如："给出一张历史人物表……"

（3）实用工具和特殊设备或者不用。例如："不用计算器，计算……"

（4）完成行为的情景。例如："在课堂讨论时，叙述……要点。"

4. 表现程度

表现程度是指学生对目标所达到的最低表现水准，用以评价学生学习表现或学习结果所达到的程度，如"至少五个主要步骤""90% 都对""完全无误""四项理由中之三项""1 分钟内"等。与行为条件相对应，学生课堂中的活动表现或行为变化是特定的、具体的，笼统的或过高、或过低的程度预期都无益于学生的学习和教学的顺利开展。

标准的说明，可以是定量的或定性的，也可以二者都有。一般行为标准分为三类：一是完成行为的时间限制；二是准确性，即正确操作、运算的百分比或数字；三是成功的特征。①

【实战演练】

1. 请将下面五个表述完整的教学目标的行为主体、行为动词、行为条件、表现程度四个要素标示出来。

---

① 廖丽芳：《教师课堂教学技术与艺术》，东北师范大学出版社 2010 年版，第 161—162 页。

（1）在指认和书写中,学生能迅速无误地读出和写出10个生字。

（2）中等生至少能够举出3个具体实例,说明分数的3个基本性质。

（3）复述课文内容,学生的口述要具体涉及事情的时间、地点和事情的起因、经过、结果。

（4）给学生一篇英语短文,学生在5分钟内不靠帮助或参考书,能够理解文章大意并能够翻译为中文,正确率为80%。

（5）给出6道因式分解习题,学生能够在15分钟内完成4道解答并且没有错误。

2.阅读下面的教学目标,根据教学目标陈述的基本要素分析每一个教学目标的问题所在,并对其不当之处给出重新陈述。

（1）教学目标:学生要理解如何给各类简单句加标点。

（2）教学目标:学生要能够打乒乓球。

（3）教学目标:通过本课学习,使学生能够掌握显微镜的结构。

三、教学目标设计应注意的问题

（一）教学目标的主体是学习者

教学目标是否达成,最终检验的是学生是否达到了预期的学习结果,而不是教师有没有完成教学任务。因此,目标的设计应以学生为出发点,目标行为的主体是学生,而不是教师。例如,"学完本教材后,学生能运用 $s = a \times b$ 的面积公式计算给予的长方形面积",这一目标中的行为主体是学生。这一目标陈述的是预期学生学习的结果,即能应用规则做事。但在一定的上下文中,"学完本教材后"这一修饰语和主语"学生"可以省略,有时"能"这个字也可省略。因为读者从上下文中可以推出目标中的主语和限制条件。

（二）用经过心理学界定的动词和名词陈述目标

合格的目标陈述必须有一个动词和一个名词(或名词词组)。动词可以区分为行为动词和非行为动词:所谓行为动词,指的是动词所描写的行为是可以观察的、外显的,如背诵、指认、默写、口算等是行为动词;而许多动词描述的动作是看不见的,如思考、体验、热爱等则是非行为动词。这样,完全用行为动词陈述目标是有一定困难的,但是,我们可以借助心理学界定的动词来描述目标。例如,加涅提出了九个描述全部习得的性能的动词。在认知领域的七个动词是:区分、识别、分类、演示、生成、采用、陈述。它们分别代表如下七种能力:辨别、具体概念、定义性概念、规则、高级规则、认知策略、言语信息。布卢姆修订的目标分类中提出了表示六级认知水平的六个动词,即:识记、理解、运用、分析、评价和创造。此外,在每一认知水平内还有更具体的代表能力的动词,如反映记忆水平的动词有:回忆和再认,反映理解水平的动词有释义、举例、分类、概要、推论、比较、说明等。为此,应尽量避免未经心理学界定的动词陈述目标。

还有学者参考了国家新课程标准中从知识、技能和体验三个方面列出来的可参考动词,并列出了相应的行为动词表,以供教师陈述教学目标时,采用更具体的行为动词来进行表述(具体见表2.3、表2.4)①。

表2.3　编写知识技能目标可参考的动词

学习水平	特征	可参考行为动词
了解	对信息的再认和回忆	背诵、回忆、为……下定义、说出……的名称、复述、排列、辨认、选出、举例说明、列举、标明、描述、识别、再认
理解	用自己的语言理解信息,与已有的知识建立联系	解释、举例说明、阐明、比较、分类、归纳、概述、概括、判断、区别、提供、把……转换、猜测、预测、鉴别、选择、估计、引申、摘要、改写、推断、检索、搜集、整理
应用	将知识应用于实际情境	运用、应用、使用、计算、质疑、辩护、设计、解决、撰写、拟定、检验、总结、推广、示范、改变、修改、定计划、制订……的方案、解答、证明
模仿	在原型示范和具体指导下完成操作	模拟、重复、再现、模仿、例证、临摹、扩展、缩写
操作	独立完成操作进行调整与改进,尝试与已有技能建立联系	完成、表现、制定、解决、拟定、安装、绘制、测量、尝试、试验
迁移	在新的情境下运用已有技能	联系、转换、灵活应用、举一反三、触类旁通

表2.4　编写情感态度与价值观目标可参考选用的动词

学习水平	特征	可参考选择的动词
经历	独立从事或合作参与相关活动,建立感性认识	经历、感受、参加、参与、尝试、寻找、讲座交流、合作、分享、访问、考虑、见解、体验
反应	在经历基础上表达感受、态度和进行价值判断	遵守、拒绝、认可、认同、承认、接受、同意、反对、愿意、欣赏、称赞、喜欢、讨厌、感兴趣、关心、关注、重视、采用、采纳、支持、尊重、爱护、珍惜、蔑视、怀疑、摒弃、抵制、克服
领悟	具有相对稳定的态度,表现出持续的行为,即有个性化的价值观念	形成、养成、具有、热爱、树立、建立、坚持、保持、确立、追求

(三)教学目标的陈述应力求明确、具体,可以观察和测量

　　教学目标必须以直接、具体和可观察的方式来表达学习结果,尽量避免用含糊的和不切实际的语言陈述目标。如"通过训练进一步培养学生的语感",这是一个十分含糊的和不切实际的目标,这里的学习结果无法观察和测量。因此,教师必须审视每一项目标,

---

　　① 李金枝、李佳:《三维教学目标陈述的可操作性建议》,载《教育理论与实践》2013年第5期。

并且自问:"我能观察到学生在做这件事吗?"编制测验题目,用它来测量学习者完成任务的情况,是评价所写目标清晰度和可行性的一种好方法。教师在陈述目标时,要以精确的语言来编写行为结果,使观察和测量尽量切实可行。

(四)要注意目标的层次性

任何一项知识、能力、方法都有一定的层级结构,情感态度与价值观虽然不像知识能力那样有结构性,但也具有一定的层次体系。因而,在设计目标时,一定要考虑不同学段的具体要求,编制有层次的目标,教学才会有序进行。

总之,教学目标的行为主体是学生,陈述的是预期学生学习的结果,包括认知、情感、动作技能三个领域;目标的陈述应该力求明确、具体、显而易见和可以观察、测量,尽量避免用含糊不清和不切实际的语言,且要注意目标的层次性。

【实战演练】

1. 按照教学目标陈述的原则和注意事项,改写下列教学目标。

(1)小学数学"三角形内角和"的教学目标设计

①通过测量、撕拼、折叠等方法,探索和发现三角形三个内角的度数和等于180度。

②已知三角形两个角的度数,会求出第三个角的度数。

③在探索过程中发现数学知识的趣味性。

(2)小学语文《匆匆》的教学目标设计

①学会本课6个生字,正确读写下列词语,联系上下文理解带点词语:饭碗、伶俐、徘徊、确乎、涔涔、潸潸、赤裸裸。

②理解课文内容,紧扣"匆匆",抓住文中重点词句,体会作者的思想感情。

(3)小学语文《丰碑》的教学目标设计

①了解红军长征背景,说说红军行军途中军需处长被严寒冻死的感人事迹。

②抓住人物语言、动作、神态自读自悟,体会军需处长的献身精神及将军对军需处长的崇敬之情,理解"丰碑"的含义。

③体会正面描写与侧面描写相结合表达中心的写作方法,并在写作中学会运用这种写作方法。

④学会生字、新词,背诵第7自然段和最后三个自然段。

(4)初中地理《人类的居住地——聚落》的教学目标设计

①区分城市聚落与乡村聚落的差异,理解聚落形成与发展的主要因素。

②能够运用图片描述城市景观和乡村景观的差别,收集不同聚落的图片,分析聚落与自然环境、社会环境的关系。

③正确认识人类活动与地理环境的关系,树立正确的人地观;懂得保护世界文化遗产的意义,激发热爱家乡传统民居文化的热情。

(5)小学品德与社会《小窗口大世界》的教学目标设计

①通过本课学习,让学生知道报纸、电视、广播、互联网等都是大众媒体。

②透过大众媒体这个小窗口,可以了解国家和世界上发生的事情,可以了解神奇多彩的大千世界,丰富人们的知识,即时地获取对我们生活有用的信息。

③引导学生在现实生活中,养成看报纸、听广播、上网查询资料等关心国内外大事的好习惯。

(6)初中英语《Where's the post office?》的教学目标设计

①掌握表示地点的词汇。

②掌握 where 引导的特殊疑问词。

③能够简单描绘地点方位。

④能够画出简单的示意图。

2.阅读下面 6 例陈述的教学目标,并对每一实例进行评析。

例 1.教学课题:《小壁虎借尾巴》(小学二年级下学期语文课)

教学目标:

(1)拼音:利用拼音读准生字的音;能看着课后练习中的拼音读出并写出句子。

(2)字词。

①能写、默读课文中 12 个生字和 6 个词,并能说出这些字词在课文中所指的意思;

②能口头解释"摇着尾巴""甩着尾巴"和"摆着尾巴"三个带点动词的不同含义。

(3)句式:能按下面的句式造句或仿写句子:"谁—看见—谁(什么)—在哪里—怎么样地—干什么"。

(4)课文理解。

①能独立找出课文中分别描写鱼、牛、燕子尾巴作用的句子;

②找出并说出课文 3、4、5 段在形式和内容上的异同点。

(5)课文朗读和背诵:能流利朗读全文并能够背诵课文 3、4、5 自然段。

例 2.教学课题:神态与动作描写训练(初中一年级下学期语文课)

教学目标:

(1)能从学过的课文中找出对人物神态与动作描写的词语。

(2)能大体上分析所提供的材料中对人物神态、动作描写的作用。

(3)能正确修改学生习作中一些人物神态、动作描写上的不妥之处。

(4)能根据所给的材料较形象地续写一段描写神态、动作的文字。

例 3.教学课题:朗读技能中的"重音"指导

教学目标:

(1)提供带有重音符号和其他符号的句子,学生能指出重音符号。

(2)能根据所要表达的思想感情给课文中的一些句子标上重音符号;对已学过的课文中的句子标上适当的重音符号,并根据重音定义陈述理由。

(3)能用"加大音量,延长音节"的方法,正确读出已加上重音符号的句子。

例 4.教学课题:长方形的面积(小学四年级下学期数学课)

教学目标:

(1)能借助透明方格胶片或带有方格的面积图,说明长方形面积等于它的长乘宽的理由。

(2)对给予的长方形图形和实物,能正确计算它们的面积。

例5.教学课题:力的图示(八年级物理课)

教学目标:

(1)能说出力的三要素。

(2)对提供的实例,能用力的三要素来分析力的作用效果。

(3)对提供的实例,能用力的图示法正确做出力的图示。

例6.教学课题:(中国)地形特点(八年级第一学期地理课)

教学目标:

(1)能用自己的话说出中国地形三大特点及其影响。

①地势由西向东变化特点及其对河流的影响;

②沿海大陆架分布特点及其对经济的影响;

③地形类型分布特点及其对经济的影响。

(2)对给予的某一维度地形剖面图,能填写不同剖面所代表的地形类型。

(3)能说出"山地"和"山区"两个术语含义的异同。

3.任选所学专业小学或中学教材中的一节课,设计其教学目标。

【拓展阅读】

三维教学目标陈述的可操作性建议①

自2001年新课程实施以来,传统的教学目标变成了三维教学目标,即知识与技能、过程与方法、情感态度与价值观。其中,知识与技能整合了传统教学目标中的"双基"基本内容,即每门学科的基本知识和基本技能;过程与方法即让学生了解学科知识形成的过程、亲历探究知识的过程,学会发现问题、思考问题和解决问题的方法,并形成创新精神和实践能力等;情感态度与价值观是让学生形成积极的学习态度和健康向上的人生态度,具有科学精神和正确的世界观、人生观和价值观,成为具有社会责任感和使命感的公民。这三者之间互相联系、互相渗透、密不可分。

三维教学目标是学生所要达到的学习结果,在教学过程中起着导向性作用。然而,目前教师在教案中所陈述的教学目标多是20世纪70年代以前的表述方式,课堂教学过程也只凭教师经验操作,教学目标形同虚设。对于教学目标在陈述过程中出现的问题,笔者提出以下两点建议:

(一)增加三维教学目标的层次性

针对教学目标陈述的问题,笔者认为,应该把课堂教学目标的维度进行分层,并提供相应的行为动词,以克服教师在设计教学目标时的随意性和盲目性。在教学实践中,教师可以逐条对照,进一步加强教学目标的可操作性。

笔者在三维教学目标的基础上,增加相应的亚层次,把知识与技能增加为"知道""理解""掌握""评价""模仿""操作"和"迁移",把过程与方法增加为"经历""感知""探究",把情感态度与价值观增加为"体验""反应""领悟""评价""组织"和"性格化"。这

---

① 节选自李金枝、李佳:《三维教学目标陈述的可操作性建议》,载《教育理论与实践》2013年第5期。

样,就可以让教师给学生提供更加具体的知识,也有利于教师对学生进行测量和评价。

(二)使用不同方法陈述三维教学目标

对于新课程标准中的三维教学目标,教师可以分别采用行为性目标表述、生成性目标表述和表现性目标表述三种方法来正确表述教学目标。

1. 行为性目标表述

知识与技能侧重于学生对知识的把握,是可以测量的。因此,教师可以使用可测量、可观察的行为来陈述教学目标。马杰认为,表述好一个行为目标应该包括三个基本要素:行为、条件和标准。行为是指学习者通过教学后能够做什么;条件是指需要什么样的条件来产生上述行为;标准是指规定符合行为的最低标准是什么。

现代教育学者认为在"知识与技能"目标陈述的实际应用过程中需要加入对教育对象的描述,即三要素变成了四要素:行为主体(Audience)、行为动词(Behavior)、行为条件(Condition)和表现程度(Degree),简称为 ABCD 模式。

A——行为主体,即应该写明教学的主体。

B——行为动词,即应该写明学习完之后学生能干什么。

C——行为条件,即应该写明上述行为是在什么样的条件下产生的。

D——表现程度,即应该写明学生对目标所达到的最低表现水准。

2. 生成性目标表述

三维目标中的过程与方法目标旨在让学生了解学科知识的形成过程,亲历探究知识的全过程,让学生学会发现问题、思考问题和解决问题的方法。对于这一教学目标,笔者建议使用生成性教学目标。生成性教学目标是随教学情境、教学过程的发展而展开的,它最大的特点是充分考虑学生兴趣的变化和学习能力的形成。杜威认为,目的不是预先规定的,而是在过程中内在地被决定的。这与生成性教学目标的表述是一致的。

3. 表现性目标表述

情感态度与价值观目标是让学生形成积极的学习态度和健康向上的人生态度,具有科学精神和正确的世界观、人生观和价值观。此教学目标注重让学生进行内部体验,笔者建议使用表现性教学目标来陈述学生的教学目标。表现性教学目标是学生在具体的教育情境和教学活动中的个性化表现,旨在培养学生的创造性,强调学生学习的过程及结果的个性化,注重学生的内部感受,适合情感态度与价值观目标的表述。虽然表现性陈述目标明确规定了学生应参加的活动,但不要求精确规定每个学生应从这些活动中获得什么成果。

【学习资源】

[1]李同胜,王统永.课堂教学技能训练教程[M].济南:山东人民出版社,2012.

[2]吉菁,韩向明.加涅学习结果分类理论对确定课堂教学目标的启示[J].教育理论与实践,2002(S1).

[3]官辉.新课程背景下课堂教学目标的设计与实施[J].现代教育科学,2009(2).

[4]谭小林.课堂教学设计中教学目标的确定与陈述[J].当代教育科学,2003(10).

[5]王延玲,吕宪军.论教学目标设计理论与实践的应用研究[J].东北师范大学学报(哲学社会科学版),2004(1).

[6]陈吉利,黄克斌,徐小双.新课程理念下的教学目标设计[J].教育理论与实践,2012(8).

[7]高艳.论教学目标的设计与编写[J].中国成人教育,2001(4).

[8]吴伟昌.新课程语文课堂教学目标设计的表述方法[J].上海教育科研,2009(8).

第三章 教材分析与课程资源开发能力训练

【内容导航】

※ 教材分析概述

※ 教材分析的内容与方法训练

※ 课程资源开发的基本原理

※ 课程资源开发能力的培养与训练

【学习目标】

1. 能够说明教材的基本属性与基本结构。

2. 能够说明教材分析的内涵及其影响因素。

3. 能从教材结构、教材内容、教材要素三个层面说明教材分析的对象与内容。

4. 能比较分析教材与课程资源的关系。

5. 能够从学科教学特点来分析课程资源开发的原则与过程。

6. 能结合具体的学科教材,用比较法分析教材的基本特点;能利用系统论的思想分析教材与其他教学要素之间的关系以及教材的学科地位与作用;能利用知识结构图分析教材的知识结构体系;能利用教材重点与难点提炼的方法分析教材的重点与难点;能利用删减、补充、取舍、深化等策略对教材的内容进行分析与处理;能够结合实例,模仿撰写教材分析。

7. 能在提高课程资源开发意识的基础上,在实践训练的过程中掌握课程资源的收集、筛选、整合与创生的方法。

在学校教育教学活动中,教材是师生教学活动的基本依据和素材,教材就好似一条纽带,将教师和学生紧紧地联系在一起。特别是在教师的日常教学工作中,教材总是与其相依相伴、形影不离。但是教材作为一种静态的教学资源,并不能自动转化为教师教的资源和学生学的资源,教材要实现其教学意义和功能,还必须建立在教师对其领悟、分析和处理的基础之上。在新一轮国家基础教育课程改革的背景下,倡导教师从"教教材"的角色转向"用教材教"的角色,这种变化看似是一种语序的变化,但其实有更深刻的内涵:一方面,"用教材教"意在变革教师的教材观,即教材只是重要的课程资源之一而非全部;另一方面,从"教教材"转向"用教材教"重要的变化是赋予了教师开发与处理教材的权力,即教师应该运用教材创造性地进行教学。要实现教师进行创造性的教学,学会分析教材、处理教材,具备驾驭教材的能力是前提条件。所以,在新一轮国家基础教育课程改革的背景下,学会分析与处理教材是教师教学准备环节中一项非常重要的工作。对教材的分析与处理不仅是教师进行教学设计、编写教案、制订教学计划的基础,而且也是备好课、上好课,达到预期教学目的的前提和关键,对顺利完成教学任务具有十分重要的意义。同时,教材分析的过程也是教师不断提高其业务水准和加深对教育理论理解的过程,对提高教学质量、提高教师自身的素质都具有十分重要的意义。

课程资源是在我国新一轮基础教育课程改革中提出的重要概念,课程资源决定着课程实施,课程资源开发利用的程度决定着课程实施的效能与水平以及课程目标实现的范围与水平,而课程资源开发利用的程度又取决于教师开发利用课程资源的能力。课程资源开发利用的能力已经成为教师所应具备的一种核心的专业能力。

第一节　教材分析概述

对教材的基本认知是教师分析教材的前提条件,也是教师学会分析教材的理论基础。这是因为教材分析不仅仅需要基本技能,更需要建立在教师有正确的教材观、对教材属性的准确理解,以及对教材基本结构认知的基础之上。

一、教材的认识

(一)教材的概念

关于对教材概念的界定与认识,人们往往从不同的立场与视角出发,对其理解也存在很大的差异性。通过对有关文献资料的查阅与分析可以发现,以下四个视角最具有代表性:

1. 教材即教科书

教科书也称课本,是根据各科教学大纲(或课程标准)编写的教学用书,是教材的主体,是师生教学的主要材料,是考核教学成绩的主要依据,是学生课外扩大知识领域的重要基础。通常按学年或学期分册,划分单元或章节,主要由课文、注释、插图、实验和习题等构成,其中课文是最基本的部分。这种观点将教材界定为教科书是普遍意义上对教材的理解,也是最能被接受的观点,是对教材的狭义理解。

2. 教材即教学材料

"教材是由一定育人目标、学习内容和学习活动方式分门别类组成的可供学生阅读、视听和借以操作的材料。它既是教师进行教学的基本材料,又是学生认识世界的媒体。"[①]将教材界定为教学材料是广义上对教材的理解,这种观点认为教材不仅仅包括教科书,除此之外,只要在教学活动中被师生广泛使用、有助于教学目标实现的任何资料和工具都属于教材的范畴。

---

① 廖哲勋:《课程学》,华中师范大学出版社1991版,第197页。

3. 教材即教学内容或教学科目

传统的教育观认为教材是历史积累的人类经验，教材即各种学科科目的内容或材料。将教材理解为教学内容是出于教育要素研究的视角考虑，认为教师、教材、学生并列为教育教学活动的必备三要素。教材是教学内容的载体，是根据一定的学科任务，编选和组织的具有一定深度和范围的知识技能体系。

4. 教材即教学媒介或手段

这种观点认为教材即传授知识技能的事实，它是介于教育者与被教育者之间的媒介。教材的本质就是教师和学生传递信息的工具与手段，教材的功能就是传授知识、培养人才，教材产生与发展的根源就是解决教与学之间的矛盾。

从以上这几种具有代表性的观点来分析，不同的理解视角反映了人们对教材概念理解的不确定性和多样性，也表明了教材自身的复杂性与特殊性。当然，这种复杂性与特殊性也为教师分析与处理教材带来了难度。基于此，选择一个明确而又清晰地理解教材的视角，对教师分析教材具有理清思路、有的放矢之效。鉴于教科书与其他教学材料相比在教师日常教育教学活动中的重要作用，在本章后面的论述与分析中，我们将重点探讨狭义的教材观，即教师对教科书的分析。

（二）教材的基本属性

事物的属性反映了其本质特征，也是事物之间相互比较、相互区别的重要标识。它是从一类事物中抽象与概化出来的共性认识。对教材基本属性的认识有助于教师了解教材的一般原理，是教师学会分析教材、处理教材的前提条件。作为教育教学活动的重要要素，教材在经历长期发展与演变的过程中，从其要素、目的、功能等方面形成了工具性、系统性、科学性、教育性、教学性、规范性、艺术性、实践性、发展性、民族性与国际性等特点。①

（三）教材的基本结构

结构反映了事物包含的各组织要素及其之间的相互关系。对某一事物结构的认识符合系统论的认识要求。虽然每一门学科的教材知识点不同、学科体系不同、学科内容的呈现方式也不尽相同，但是每一门学科的教材从其组织单位、构成成分及表现系统方面却有其共性，这些共性就属于教材的基本结构。对教材基本结构的认识是教材编制的基础，同时也是教师分析和处理教材的基础。

1. 教材的组织单位

从教育学的视角来分析，"课"（Lesson）被认为是教材的基本单位，承载学科信息的教材均可以划分为若干"课"。但准确地说，教材的基本单位应该是"单元"（Unit）。这是因为，以"单元"为组织单位来呈现教学内容是现代学科教材组织的共同选择；以"单元"为教材组织单位便于学科任教教师掌握学科的教学内容体系，对所任教的科目内容要点的组织安排有清晰的认知，同时便于教师把握学科知识的重点与难点；以"单元"作为教

---

① 曾天山：《教材论》，江西教育出版社1997年版，第12—13页。

材的组织单位更符合学生的认知发展特点,即以单元作为呈现学科内容的方式,更利于学生发生认知迁移。

2. 教材的基本构成成分及其教学要求

无论是以"课"为教材组织单位还是以"单元"为教材组织单位,每一门学科的教材都有其基本的构成成分,对这些构成成分的认识是教师把握某一门学科体系的切入点,同时也是教师分析与处理教材的关键。特别是在新课程改革背景下,提倡教师树立"一纲多本"的教学观,并能在自己的教学中付诸行动。即某一学科的教师应该用全国统一的学科课程标准或教学大纲作为教学的重要依据,但是,可供教师使用的教材却可以有很多版本,教师可以择优选取教学素材。"一纲多本"的教学实质上隐含着对教师在教学活动中创造性地使用教材的要求,而创造性的教学建立在教师对每一门学科的教材的基本构成成分及其所包含的基本知识点的准确把握上。因此,教师分析教材需要先认识教材的基本要素与构成成分。

(1)术语。术语是指各门学科中的专门用语。术语可以是词,也可以是词组,用来正确标记生产技术、科学、艺术、社会生活等各个专门领域中的事物、现象、特性、关系和过程。术语是各门学科中的专门用语,所以又具有专业性;术语的语义范围准确,所以具有科学性;术语与一般词汇的最大不同点在于它的单义性,即在某一特定专业范围内是单义的;在某一门科学或学科中,每个术语的地位只有在这一专业的整个概念系统中才能加以规定,所以具有系统性。

(2)事实。事实承载了本学科的史料性、事件性及发展性的信息。无论是语文、政治、历史、地理等描述性或解释性学科的教材,还是数学、物理、化学、生物等抽象和概括性学科的教材,都存在大量的事实性信息。这些事实就是历史上或社会上发生过的事件过程或者是实验中进行的过程与结果。比如,文学常识、历史事件、地理分布情况、物理、化学实验过程与结果等都属于有事实依据的材料。

(3)概念。教材中另外一个非常重要的构成成分就是概念。概念与术语的区别在于:概念是反映客观事物本质的思维形式,是对教材中大量事实资料的理性加工,是具有抽象性质的理性认识形式;术语则比较简练,只是代表或者标记概念的一个符号而已。概念的内涵是影响概念学习难易的重要因素,概念内涵愈简单、明确,愈好学习。

(4)原理。原理是自然科学和社会科学中最具有普遍意义的基本规律。科学的原理以大量的实践为基础,故其正确性能被实验所检验与确定。从科学的原理出发,可以推衍出各种具体的定理、命题等,从而对进一步实践起指导作用。教材中的"原理"可以表现为公理、定理、定律等。原理都是已经被验证了的、公认的、不需再加以论证的命题,是教材科学性的一个重要支柱。

(5)内在联系。教材中的术语、事实、概念、原理并不是单一的存在,而是相互之间存在一种内在的联系。教师分析教材的重要工作就是发现这些要素之间的关联性,教学过程重要的任务就是建立起事实、概念和原理的内部结构、内在联系,这是教材内容的本质。

3. 教材的表现系统

所谓教材的表现系统是指教材中的每一课、每一单元类似的表现形式。对教材表现系统的理解和掌握有助于让教师从整体上认识教材，更有助于教师能在分析教材时迅速、准确地把握分析教材的基本维度。每一门学科的教材，其表现系统主要由课题系统、图像系统与作业系统组成。①

（1）课题系统。课题系统主要以文字系统（包括数字）的形式储存和传递教学信息。它以文字的讲解描述和说明为主，本身蕴含着丰富的智力因素。

（2）图像系统。图像系统是以具有直观形象特点的图示、照片、绘画等形式储存和传递教学信息。

（3）作业系统。作业系统以指导学生进行独立思考和实践性活动的方式来传递教学信息，亦称技能与实践系统。

二、教材分析的内涵

教师从教材的基本单位、属性特征、构成成分等方面认知教材的结构为分析教材做了充分的准备。那么，什么是教材分析呢？从教师进行教材分析的心理过程来看，教材分析就是将教材分解开来，认识它的每个部分或每个层次的实质，乃至整个教材的实质，然后通过综合，获得对教材整体的深刻认识的思辨过程。② 从教师分析教材的可观测行为来看，教材分析就是指教师按照教学大纲的要求，通过通读教材，熟悉教材的基本内容、知识的编排体系、领会教材编写内容的一个过程。③ 具体来说，教材分析就是教师与教材编写者对话，在此基础之上对教材的解读、研究、开发与创造使用的过程。

（一）教材分析是教师与教材编写者对话的过程

对教材的功能有这么一种认识，即认为"教材是无言的大师""教材是沉默的大师"，其意思是教材往往反映了教材编写者的教育理解与教育意图，而这种教育理解与教育意图往往隐含在教材中，并不易被察觉。教师分析教材就是要体会、理解教材编写者的意图，与教材编写者通过教材进行对话。教师要准确地理解教材编写者的意图，要顺利地与教材编写者对话，就应该学会对教材进行解读与分析。

（二）教材分析是教师研究教材的过程

教师在使用教材的过程中，从来就不是传声筒的角色，他总会以自己的方式对教材进行研读。教材中呈现内容的方式是否符合学生的认知特点？教材中传递的信息与学生的生活经验到底有什么关系？使用现行的教材会有什么风险与问题？在我的教学中如何避免这些问题的出现？等等，当教师对这些问题进行思考或分析时就是教师有意识地对教材进行研究。而研究教材的实质就是在教学中对教材做出合理的选择与取舍。

---

① 曾天山：《教材论》，江西教育出版社1997年版，第19—20页。

② 贾荣固：《教材分析与处理的策略》，载《大连教育学院学报》1998年第4期。

③ 刘志安、赵巨东：《论分析教材的方法》，载《内蒙古工业大学学报（社会科学版）》2003年第1期。

(三)教材分析是教师开发教学资源的过程

传统的教学中,教师是与教材分离的。"教师教什么",一般情况下教师并没有决定权,这使得不少教师在离开了教科书后就不知道该怎么教了,教师的教学与教材的分离导致了教学的机械与僵化。而在基础教育课程改革的背景下,倡导教师应该具备教学资源开发的能力,即教师要有意识地对教材进行分析,并能在分析的基础上进行教学资源的整合。这样教师就被赋予了"二次开发"教材的权力。而教师具有开发教材权力的真正表现就是能在分析教材的过程中进行教学资源整合。

三、教师分析教材的影响因素

(一)课程标准

学科课程标准是国家关于学科教学的指导性、纲领性文件,是教材编写,教师进行教学、评估和考试命题的依据。课程标准之于教材分析的影响体现在两个方面:一方面课程标准是教师分析教材的重要依据;另一方面,教师对教材分析的重要内容就是发现教材与课程标准的关系,从中领会课程标准关于学科教学理念、目标、具体内容、实施建议与评价建议在教学中的体现,并能按照学科课程标准的要求恰当地处理与使用教材。教师要分析教材与学科课程标准的关系,除了要仔细研读课程标准,熟悉课程标准对教学从理念、目标、内容、实施建议等方面的要求外,还要转化自己的角色,从教材编写者的角度分析教材。从编写者的角度分析教材,了解教材的编排体系,理解编写意图,有利于全面地把握教材。

(二)学科知识体系

教材承载着某一学科的知识体系。学科知识体系的安排顺序、结构逻辑、难易程度都会影响教师对教材的认知与分析。比如,当教材进行改革以后,有部分教师会对教材的革新出现一些不适感,其中非常重要的原因就是学科知识体系的些许变化给教师带来的一种影响。教师只有积极、主动地适应学科知识体系的变化,在分析教材时才能看清教材的知识结构和体系,才能把各部分教材内容放在学科知识体系中来理解。

(三)教材的特点

教材的特点既是教师认知教材的过程中需要分析的内容,又是影响教师分析教材的重要因素。主要表现在教材内容的难易程度影响着教师对其进行分析。教材的难易程度不仅影响着学生的学习,而且也影响着教师对其进行分析与处理的过程与策略。教材的结构安排也是影响教师分析教材的重要因素。教材结构安排是按照学科逻辑结构还是学生的认知结构安排会对教师分析教材产生不同的影响。

(四)学生

学生是任何教学活动中不得不考虑的首要影响因素。学生是一个个活生生的个体,其本身具有一定的经验基础,也具备极强的可塑性。在日常教学中,教师在分析与处理教材时,通常要关注并考虑学生智力水平、知识基础、认知方式、学习习惯以及生活经历等方面的特点。现在的学生获取信息的渠道越来越广泛,很多学生平时在课外接触的知识也越来越多,这些知识与生活经验为其课堂学习已经做了重要的铺垫。教师在分析教材时就必须考虑这一现状:学生有可能知道什么?已经具备了什么经验?教材中哪些内容还是学生所不熟悉的?学生的生活经验与教材中的知识点是什么关系?如何使学生的生活经验与教材中的知识相互建立关系?对这些问题思考的实质就是学生作为影响因素对教师分析教材所产生的影响。

(五)教师

教材作为重要的教学资源,具有价值潜在性的特点。教师只有在对教材充分地认知、分析和处理使用的基础上,才能发挥其教育意义。教师作为教材分析的主体,其教材观、个人教学经验、自身知识基础、教学能力、教学态度和信念、教学风格与习惯、教学研究意识等对其教材分析能力的提升都具有重要影响。教师已有的关于教材处理的经验也是影响教师分析教材的重要因素。教师分析教材不仅仅是对教材的认识过程,还在于教材分析可以影响到其在教学实践中的体验,实践中的体验在一定程度上又能反馈于后续的教材分析经历,所以,教学实践中所累积的经验及教师自身的能力水平将影响教师分析教材的水平。

第二节　教材分析的内容与方法训练

教师要通过教材分析,有针对性地进行教学设计,为教学活动做充分的准备,首先就需要了解教材分析的框架与内容。教材分析的内容就是回答教材分析"分析什么""从哪些方面分析教材"的问题。教师对教材的分析主要应分析不同版本教材的整体特点、不同章节教材在整册教材中的地位与作用、教材知识结构体系、教材的重点与难点、教材与其他教学要素的关系、教材内容的处理策略等。

一、分析不同版本教材的整体特点

教材是学科教学内容的主要载体,而学科教学内容会随着科技与社会的发展、学生的发展需求,以及教育教学改革的需要不断变化,所以,教材的变革是教育改革中非常重要的组成部分。当教材经过改革发生了变化,教师理解教材的特点就非常重要。教师对教材特点的分析能使教师明确教材的教育功能和教学目标,认清教育改革方向,体会教材的编写思路和特色,了解教材的结构体系,在教学实践活动中贯彻新的教学理念,进行教学改革。分析教材特点的主要方法是比较分析法,教师可以对自己所任教学科的教材进行横向比较,也可以进行纵向比较。

(一)横向比较

所谓横向比较,是指教师可以通过比较不同版本的教材来分析教材的特点。在新课程改革背景下,教师所任教学科的教材有不同版本,对不同版本教材的分析有助于教师掌握不同版本教材的特色、不同版本教材对教学的适切性、不同版本教材对教师的教学要求与不同版本教材的局限性等。对这些内容的分析有助于形成教师的教学资源开发意识,并能在教学过程中有针对性地进行教材选择。

(二)纵向比较

所谓纵向比较,是指教师可以通过历史分析法,对同一版本或不同版本新旧教材的差异性进行对比分析,在对比分析的过程中发现新旧教材的变化与发展趋势:新教材与旧教材相比删减及增加的内容是什么? 新教材与旧教材相比对教学的要求有哪些变化? 通过对这些分析的再一次分析,可以让教师在继承发展的变化中很快地适应新教材的教学。

【实战演练】

阅读资料《不同版本教材的特点分析》,结合自己的学科专业背景,查找并阅读九年义务教育阶段某一学科两种不同版本教材(建议选择人民教育出版社与北京师范大学出版社的教材),选择其中某一册教材尝试对不同版本的教材进行比较分析,并模仿案例,撰写教材分析的文本。

不同版本教材的特点分析①

2001 年语文出版社的新编语文初一教材与 1992 年人民教育出版社旧版语文初一教材不管从形式上还是从内容上都有较为明显的区别(下文均用新旧教材称代)。

形式上,旧教材采用了阅读、写作与语法知识介绍混编的方式,而听说训练只是作为作文训练的一个部分,表现为:一单元内有作文训练就无听说训练,反之亦然。新教材则采用了每单元都有阅读、写作、口语交际并加了写字部分,从而突出了语文作为工具性的"说""写"能力。特别是其中的"说"已不再是旧教材中较为简单枯燥的"听说训练",而是采用了更生动、更具有生活情趣和学生喜闻乐见并能积极参与的"口语交际"。"口语交际"的设立,可以说是新教材的特色之一,它将有可能极大提高学生的口头表达能力、听懂并分析和提炼说者内容要点的能力。而旧教材中的"听说训练"则只是较为简单的口语及听力训练而已。以新教材第一单元的"口语交际"和旧教材第五单元的"听说训练"(这也是旧教材中的第一次"听说训练",从上四单元都是作文训练)为例来分析,旧教材的预备活动是进行声母、韵母和绕口令的练习,题目有三:"(一)利用上课开始的三五分钟,轮流到讲台前给全班同学复述一条当天早晨的广播新闻;(二)利用早读时间在黑板上写一个成语,然后向全班讲解;(三)教师要同学到台前回答问题,其他同学补充更正。"而新教材的"口语交际"则改成了"自我介绍与提问",其内容包括:"一、在语文课上做自我介绍:可以说自己的姓名、籍贯、性格特点、兴趣爱好,也可以说自己的特长、理想,还可以说自己的特殊经历。二、听介绍的同学向做介绍的同学提出问题,进一步了解有关情况。其要求是:一、用普通话介绍,注意说话层次,表情自然。二、听介绍的同学要保持安静,要通过自己的目光、神情给介绍的同学以鼓励,要专心,注意听出内容要点。

---

① 节选自郭光启:《把握语文教学特点,提高学生语文素养——初一语文新旧教材比较浅析》,载《福建教育学院学报》2003 年第 1 期。

三、向做介绍的同学提问是为了增加了解,增进友谊,所提问题要简洁明确。"

通过以上新、旧教材对口语训练要求的分析,我们可以看出,旧教材中的听说训练只不过是语文课的一种附属产物,是依附于语文阅读课的一种较为简短的练习。而在新教材中,口语交际已上升为语文课的一种新的教学形式。它采用的已不再是用课前几分钟或早读课时的一种短时间的练习,而是做为语言学习的一种方法,让学生充分展现自我。这样做能极大提高学生口语交际能力,能使学生在学校中就养成一种自我的评价和与人交往的能力。这对他们今后进入社会将是十分有益的。同时,这样的口语交际课也使得课堂气氛更为活跃,也能更好地增进同学们之间的相互了解,加深友谊。教学实践证明,口语交际课已成为学生最爱上,教学气氛最热烈、最融洽的语文课之一。

总之,新教材在形式上有较大的改进,它将教学目标的三个维度(知识能力、过程与方法、情感态度与价值观)有机地融合于教学内容的五个方面(识字写字、阅读、写作、口语交际和综合性学习),关注学生终身学习的需要,关注学生的整体发展,强调基础性、现代性、开放性、综合性。结构清晰,给人以简洁、明快之感。纠正了过于重知识,轻能力,过于重阅读、写作,轻口语交际和写字,过于重书本知识,轻实践活动的不良倾向。

二、分析不同章节教材在整册教材中的地位与作用

分析章节教材在整册教材中的地位和作用,就是利用联系的观点、综合分析的方法,从整体到局部,分析教材所涉及的具体内容在整个教材体系中的地位及所起到的作用。一般来说,处于重要地位的章节或单元内容,在整个教材中所占的比重也较大,这些内容或是前面所学知识的深入或延伸,或是进一步学习以后知识的基础,或是新旧知识的连接点和承接点。对于这些章节和单元的内容,在分析教材的时候,必须予以足够的重视,如果掉以轻心或是草率行事,将会影响到以后有关内容的学习。

对教材地位和作用的分析,需要教师用系统论作为指导思想,一方面,要分析内容所处的"地理位置"以及这样安排的意义。这就要求教师不仅要描述该教材内容应安排在哪里,更要分析教材是基于怎样考虑将这一内容安排在这里。在分析教材安排时,教师应重点分析本单元或本节教材的前面已经安排了哪些知识与技能基础;本单元或本节课包含了哪些内容,这些内容之间有何关系;本单元或本节教材的内容与后续学习的内容有怎样的联系,或者在后续学习中还有怎样的发展。另一方面,要分析本单元或本节教材中内容的学习需要让学生掌握哪些方面的知识、技能或者研究方法,将发展学生哪些方面的能力,这些知识为学生的学习和终身发展有何重要的作用,对学生改变学习方式有哪些重要的意义,这一知识对人类生产、科技发展、资源环境等一个或者多个方面有何重要意义。

【实战演练】

阅读教材分析案例——《面积和面积单位》一节在教材中的地位与作用分析,结合所学学科专业,选择九年义务教育阶段与自己学科专业相同的学科教材中的某一单元(或章节)作为分析资料,尝试分析本单元(或章节)在整册教材或整个学段的地位与作用。

面积和面积单位说课稿①

《面积和面积单位》属于空间与图形领域,是三年级下册第六单元《面积》的教学内容。这一单元主要包括:面积和面积单位;长方形、正方形的面积计算;面积单位的进率;常用的土地面积单位四部分。作为单元的第一课时,面积和面积单位是在学生初步掌握长度和长度单位、长方形和正方形的特征及其周长计算的基础上进行教学的,在空间形式上经历了"从线到面"的飞跃,是从一维空间向二维空间转化的开始,更是后面学习面积计算的基础,是小学阶段几何教学的基础知识。

面积概念是本单元的一个重要起始概念。为了帮助学生建立面积概念,教材非常重视展现面积概念的形成过程,注重常用面积单位表象的形成,注重在直观操作及形式多样的活动中体验,进而形成表象。从教材内容的整体安排看,其顺序是先认识面积,包括物体表面的大小和封闭图形的大小,再归纳面积的概念,认识常用的面积单位。包含统一面积单位的必要性,为什么用边长是"1"的正方形作面积单位及认识常用的面积单位。

三、分析教材知识结构体系

每一门学科的教材都是由学科中的不同领域所组成,即便同一领域,也分别由不同的分支内容组成,这些不同的领域之间是相互渗透的,甚至是互为基础的。根据学生的认知特点以及学科内容内在逻辑顺序,教材中的内容安排需要考虑不同领域、不同知识点的先后顺序。教师对教材体系结构的分析就是在整体上体会教材所涉及知识的发展脉络,领悟各部分知识的内在联系,明确各部分知识在教材整体中的地位和作用,分析教材是按什么样的体系展开的。所以,教师对教材结构的分析不仅要从整体上认识整个教材系统的体系结构,而且还需要对每章节内容的体系结构进行分析。在分析教材结构时,重点应该思考:这一章节的体系是怎么编排的?前后章节的体系安排有什么关系?单元之内的知识点有什么层次?为什么要这样安排教学内容的先后关系?这样的体系结构安排对学生学习、认知迁移有什么作用?只有弄清楚教材中的体系结构,才能领悟教材中各部分知识的内在联系,才能在教学的过程中容易让学生发现知识的内在联系。

在教材知识结构体系的安排上,通常有两种组织方法:一种是直线式,即不同学段、不同年级、不同学期的教材在呈现学科知识结构时组织成为一条在逻辑上前后联系的"直线",前后教材基本上不重复;另一种是螺旋式,即教材内容在呈现学科知识结构时在不同学段、不同年级与不同学期逐步扩大范围、增加难度,前后学期、学年教材在学科教学体系上没有太大变化,但是学习内容的难度随着学生认知水平的提高会有所增加。教师对教材知识结构体系的分析既要注意学科本身的知识结构,又要注意不同学段知识结构体系的衔接。

---

① 节选自邱文杰:《面积和面积单位说课稿》,http://www.docin.com/p-658682764.html.

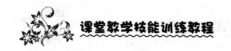

【实战演练】

阅读下面关于《科学》实验教材结构分析的案例,根据自己的学科专业,选择九年义务教育阶段本学科的某一册教材,利用画知识树的方法来分析本单元的知识结构,并说明在九年义务教育阶段,本学科教材的知识结构的安排方式属于直线式还是螺旋式,比较、分析这两种知识结构安排方式的异同。

华东师大版《科学》实验教材结构分析①

一、各册教材的整体思路与体系结构

华东师大版《科学》实验教材共分六册,义务教育阶段7—9年级每学期各一册。

就全套书的体系来说,在引论性的"走近科学"以后,首先是对自然界整体概貌的现象描绘和组成它的三基元——物质、能量与信息的初步揭示,然后是对物质运动与相互作用的初步认识和深入探讨,最后则是对人、自然与社会的再认识,进而增强学生对科学、技术与社会互动关系的感受。

第一册教材共划分为两大部分。第一部分作为全套教材的首章:"走近科学",其内容目标主要是引导学生对科学产生兴趣,对什么是科学,如何探究自然有所了解,对反映自然界的三个基本概念或者说三个基元——物质、能量与信息有初步了解。第二部分是对自然概貌的描绘,从宇宙、太阳、地球到生物,其目标主要是让学生对自然界有一个整体的认识,初步感受到自然、生物与人类是紧密相连的,三者必须协调相处,保护自然、保护生物多样性也就是保护人类自身。

第二册教材是对物质世界的初步认识。其中第一部分,对构成自然界的物质要素,即人类赖以生存、发展的基本物质条件——水、空气、阳光与土壤,以单元性结构分别列章,让学生通过学习,对这些身边常见的物质及其性质有所了解,并加深人类和自然是一个整体、我们必须与自然协调相处的认识。第二部分由宏观深入到微观,初步探究从生物体、系统、器官、组织到细胞的结构层次,初步认识物质从元素、分子、原子、原子核、质子、中子、电子到夸克的结构系统,以及物质的一般物理、化学性质。在这里,生物系统也是一种物质系统,它与其他物质系统一样也是具有层次的,自然界是多样统一的。这应当成为教师进行教学设计的一个重要指导思想。

第三册教材是对物质运动和相互作用的初步认识。它以结构性的整合形式,把有密切逻辑联系的概念与原理整合在一起,从最简单的物质运动形式——机械运动入手(包括机械运动和力、运动过程的分析、压强与浮力),由简单到复杂,由宏观到微观,进而深入到非生命物质内部比较复杂的化学运动——化学反应,最后主要是以人体与绿色植物为代表的高级、复杂的生命运动——生命活动中的新陈代谢。通过全册教材的学习,使学生对自然界的物质运动与相互作用初步形成整体认识——自然界的物质处于永不停息的运动变化之中,不同的物质形态和运动形式之间存在相互作用。

第四册教材是对物质运动与相互作用的进一步认识。全册教材主要以自然界物质

① 刘万红:《华东师大版〈科学〉实验教材结构分析》,载《基础教育课程》2008 年第 3 期。

三基元之一的"信息"贯穿其中。从第一章到第六章,把生命现象与非生命现象联结起来,由人体的感觉入手,初步探讨声音与光信息的产生、传输、接收和它们的一些特性与应用;再由一些基本的电磁现象的规律与应用到现代通信技术,揭示电信息的产生、传播与接收;最后是关于依赖神经系统与内分泌系统的功能,实现生物信息在生物体内的传递与调节。第七、八章是关于生物体的生殖与发育,主要包括人类、动物和绿色植物的生殖与发育,从生殖与发育的过程是遗传信息从亲代向子代传递的过程这一认识出发,学习生物体的生殖与发育过程,了解生殖与发育方式也具有多样性,并学会或理解一些实际应用知识。

第五册教材是对能量、物质的进一步认识。第一部分是第一、二章,主要以组成自然界三基元之一的"物质"贯穿其中,让学生学习常见的无机化合物酸、碱、盐的主要性质及其在日常生活中的应用和对人类的影响,以及常见的有机物,如对生命活动具有重要意义的葡萄糖、淀粉、脂肪、蛋白质等,以及对经济发展与环境具有重要影响的矿物资源与有机合成材料,将之与前几册学过的水、空气、金属等一起,使学生形成对自然界物质组成的总体认识。第三章到第六章则主要以组成自然界三基元之一的"能量"贯穿其中,包括能量、能量转化与守恒、能源与社会几个方面。通过探究活动与具体实例,让学生了解各种形式的能并懂得对它们的利用,认识能的多样性;在认识机械能守恒基础上,初步认识能量转化与守恒定律,了解各类能源特点,并联系实际,会用能量转化与守恒的观点审视各种物质运动形态的变化,增强节能与环保意识,进一步从整体上认识自然的统一性并形成可持续发展观念。

第六册教材是对人、自然与社会关系的再认识。首先纵向上从宇宙起源与演化、恒星的演化、太阳系的起源与演化、地球的演化、生命的起源、生物的进化到生物圈的形成,以及星际航行与空间技术,让学生大致了解并领悟人、其他生物和大自然的关系以及人类对开拓宇宙空间的概貌与前景。再从横向上展示自然界物质之间的转化与循环,包括金属、金属氧化物、碱之间,非金属、非金属氧化物、酸之间的转化;碳循环、氧循环与氮循环;以及作为自然界空气、水等物质要素运动变化的综合反映的天气与气候,让学生进一步认识人与自然的统一,领悟人与自然间的紧密关系。

接着再由自然转向生物与人类自身,从分子生物学的角度通俗易懂地揭示生物体的遗传与变异这一关系生物与人类赖以生存与延续的现象的内在机制及其应用;接着结合社会生活实际密切相关的问题,由人体保健与环境,到科学与人类社会的发展,以科学对人类社会影响的视角,把人类及其活动放到整个生物圈中去认识,提高保护生态平衡、保护环境的自觉性和对人类社会可持续发展重大意义的领悟,确立可持续发展需要依靠科学技术支撑的观念,更具体地提高学生对人、自然与社会之间不可分割的紧密关系的认识。

二、各章的模块组合

从教材结构上分析,大体上有这样一些性质的模块:第一种模块是专业知识要求层次较低的综合模块,例如,走近科学、空气、水、阳光、土壤等单元,每单元涉及的知识都是综合性的,但难度不大。

第二种模块是物质科学中的主题结构模块，又分为物理和化学的主题结构模块，例如，机械运动和力、压强、电与磁、化学反应、酸与碱、声与听觉等单元，这些单元具有物质科学领域的主结构界限。

第三种模块是生命科学中的主题结构模块，例如，地球上的生物、生物的主要类群、人体的新陈代谢等单元，这些单元具有生命科学领域的主结构界限。

第四种模块是地球宇宙、空间科学的主题结构模块，例如，星空巡礼、昼夜与四季、地球、变化的地形等单元，这些单元具有地球宇宙、空间科学领域的主结构界限。

第五种模块是学科间渗透、综合度较高的模块，例如有关环境、资源、技术与社会等单元。

以上每个模块都有科学的整体观念、探究的过程贯穿其中，各分科科学内容也有一定程度的渗透和融合。

四、分析教材的重点与难点

教学过程中教师对教学重点与难点的把握是评价教学的重要指标。有效的课堂教学很重要的一个评价标准就是能突出教学重点、突破教学难点。教师在课堂教学过程中要实现突出重点、突破难点的目标，其功夫首要体现在对教材中知识点的分析和把握上，教材分析如果界定在单元教材分析或章节教材分析的层面，其核心内容或任务就是要教师分析、发现教材中的重点与难点。

（一）教材重点的分析

教材中的重点知识是指在全部知识体系中占据重要地位的、学生在已有的知识基础上能够接受的基本概念和基本内容。确定重点的方法主要有以下四种：①

（1）要明确重点的相对性；

（2）根据教材的主次确定重点；

（3）根据教材的难易程度确定重点；

（4）根据学生的已知或未知情况确定重点。

（二）教材难点的分析

教材中的难点是指教材中的重要障碍，一般是学生难以接受和掌握的、教师难以处理和讲清楚的概念和内容。难点的形成主要有以下几个方面的原因：一是教材中的知识远离学生的生活实际，学生缺乏相应的感性知识；二是在学科体系中，有的知识点本身较为抽象，学生难于理解；三是一个大的知识点又包含多个知识点，知识点过于集中且相互之间关系错综复杂，学生容易混淆；四是知识点相互之间联系不够紧密，使得学生前后知识不能顺利地发生迁移，导致学生发现不了知识的个体意义。

教师分析教材中的难点时要充分明确重点与难点的差异，认识到重点与难点的划分

① 白晓明、陈国明、叶成华等：《教师新基本功教育丛书之四：教材分析与教案编写》，宁波出版社2002年版，第25—26页。

基础是不同的。划分教材中重点的依据主要是本知识点在学科体系中的重要性,以及知识点对学生后续学科学习的重要影响;划分教材中难点的依据则主要是学生已有的学习基础、学习水平,以及学习能力对掌握新知识点的难易程度。

【实战演练】

阅读下面的案例——小学体育教材难点的分类及教法,自选九年义务教育阶段某一学科教材中的一节教学内容进行教学方案设计的说课汇报,在说课的过程中重点对自己的关于教材重点与难点的分析与处理进行说明。

小学体育教材难点的分类及教法①

通过教学实践及对教材进行钻研,我认为小学体育教材的难点大致可分为技术、素质、心理、战术和组织教学等五类。对不同类型的难点必须采用不同的教学方法,才能收到良好的教学效果。

教材的技术难点及其教法。教材的技术难点,如发力、用力顺序、动作的方向路线、动作的幅度等,都很抽象,学生不易理解,如跳跃中的起跳,途中跑的后蹬和前摆,投掷中的最后用力等。有些教材看起来没有什么过高的技术需求,但是学起来不易掌握。如一年级队列教材中的教法,有路线的奔跑游戏等。解决技术方面的难点,首先要用简单通俗的语言,正确的示范动作,使学生明确技术概念。其次是运用从分解到完整的循序渐进的教法,然后反复练习,巩固技术动作,如教学一年级转法时,应让学生明确方向的概念。在教学中叫学生把写字的手举起来,学生都举起右手,这时告诉他们这只手是右手,靠右手的那边是右方,反复练习几次后,再叫学生把不写字的手举起来,明确左方,在明确方向概念后再教转法。

教材的素质难点及其教法。教材的素质难点指爬竿等,完成这类教材的关键是要提高相应的素质。如靠倒立只要发展学生的支撑力量就能完成。解决这类教材难点的方法是适当增加练习的时间,提高场地器材的利用率,提高练习的密度,提高身体素质。素质提高了,教学任务也就容易完成。

教材中的心理难点及其教法。有些教材在技术上、素质上的要求都不高,但有的学生就是不敢做,因为这类教材带有一定的危险性,使学生产生恐惧心理,这类教材的难点主要表现在心理上。教师在教这类教材时,要设法克服学生的心理障碍,鼓励学生勇于克服困难,解决思想上的顾虑。跪跳起属于素质方面的难点,跪跳下属于心理上的难点。我在教跪跳下时的教学顺序是这样安排的:教师讲解示范后,指定一个身材不高,体能较弱,但勇于尝试的学生试跳(有把握能完成动作的)。完成后教师带头向他鼓掌祝贺,其原因是他勇敢顽强,如果大家都有这样的精神,每个同学就都能出色地完成任务。学生听到鼓励,看到平时不如自己的同学都完成了动作,害怕的心理就消除了一大半,纷纷要求试做。这时,教师继续鼓励大家说,同学们都很勇敢,现在由小到大在教师保护下练习。练习几次后过渡到由同学保护练习,逐步脱离保护进行练习,再提高到较高的要求。

教材的战术难点及其教法。有些教材的难点是战术方面的,此类教材大多是攻防和

---

① 谢建国:《小学体育教材难点的分类及教法》,载《教育评论》2000年第6期。

对抗性的游戏。例如，"打活动目标"这个游戏易学易做，但学生做起来不是拿起球来瞄准，就是互相争球，拖延了时间，使防守队员无所事事，密度、强度都上不去，学生的某些思想品质也得不到培养，其主要原因是学生没有战术意识。了解这一情况后，我在教学前加上个辅导练习，把学生分成四个小组，分别站成四个圆圈，先练习传接球，不设防守队员。经过一定时间练习后，鼓励学生要发扬集体主义精神，把球传给最有利于进攻的同学打，然后设防守队员。在活动中我有意识地表扬配合好的学生，这样一来，战术意识逐步形成，克服了单干倾向，发扬了集体主义精神，活动的密度、强度也提高了。因此，在这类教材的教学中，要讲清运用战术的意义和教会一些简单的战术，才能使教学顺利开展并取得良好的效果。

教材的组织教学难点及其教法。有些教材深受学生欢迎，但做起来容易乱，学生容易兴奋，甚至有时失去控制不听指挥，由于组织不严密而出现不应发生的事情。这类教材的难点主要表现在组织教学上，如多器械的投掷练习，及"大鱼网""冲过战壕""冲过火力网"等游戏。在进行这类教材教学时，应特别注意组织教学的合理性，要明确规则，严格执行。选择领导人要得当，方向路线要明确，队形要合理。解决了组织教学的难点，就可以教好这类教材。

五、分析教材与其他教学要素的关系

教学活动是诸多要素相互影响、相互作用的过程。教材是教师教的活动与学生学的活动之间的媒介桥梁，其对教学的影响需要体现在与其他教学要素共同作用的过程中。所以，教师对教材的分析不能仅仅停留在教材内容的层面，还需要分析教材与其他教学要素的相互关系。

（一）分析教材与学生的关系

教师如何把"教材"变成"学材"是现代教学论的重要思想。教师要把"教材"变为"学材"，体现在教材分析的层面就是教材的分析应以学生为基础，教师分析教材的重要任务就是发现教材与学生的关系。教师对教材与学生的关系的分析主要从学生认知教材的基础与教材与学生生活经验的关系作为切入点。

（二）分析教材与教师的关系

教师在分析教材时虽然很少能意识到自身与教材的关系，但是教材分析的过程与结果却无不受到这种关系的影响。教师是视教材如"圣经"还是仅仅把教材看作重要教学资源，教师是作为教材的传声筒还是能灵活地运用教材，看似体现在教师运用教材与课堂教学过程中，实质上在教师分析教材的过程中就已有所显现。教师分析教材与自身关系就是分析自身的教学经验、教学风格、教学方法等因素对教材的驾驭能力。

（三）分析教材与课堂教学环境的关系

对课堂教学过程的思考是教师对教材分析的重要切入点。教师在分析教材时，教材与课堂教学环境的关系是重要项目之一。这是因为课堂教学环境是教师运用教材进行教学的重要影响因素，比如，教材中所需要的教学环境在现实的课堂教学中能否实现，教材中的内容呈现是否有足够的、充裕的时间、场地、实验条件、教学手段与资源等,都是教师在分析教材时应该分析的教学影响因素。教师对课堂教学环境全面的分析,并与教材分析做相应的匹配就是教师对教学的预设,对这些关系的分析使得教师的教学"未雨绸缪"。

(四)分析学科教材之间关系

现代科学发展的结果之一就是学科之间相互融合、相互渗透的关系越来越明显,体现在学校教育教学活动中亦是如此,特别是学科教学中一般都会有综合实践的学习领域,这就需要教师在教学活动过程中应该充分考虑学科间知识的相互整合,培养学生的综合能力;体现在教材分析上,需要教师用系统论的思想作为基础,考虑不同学科教材之间的关系,并能具备处理不同学科教材关系的能力。

【实战演练】

教育科学出版社出版的三年级上册科学教材中有《蜗牛》一课。按正常进度一般排在 10 月份左右。但 10 月的北方,已较难找到蜗牛。如果让你进行教材分析,你打算如何分析教材,请写出你对教材分析与处理的策略。

六、分析教材内容的处理策略

教师对教材的处理主要包括对教材结构处理、教材内容处理、教材图像系统与作业系统处理等方面。其中,教材内容处理最为关键。对教材内容的处理可以从教材内容的精简、教材内容的补充、教材内容顺序的调整几个方面操作。

(一)教材内容的精简

针对教材内容前后重复、教材内容脱离学生生活实际而难以实现灵活教学、教学信息量过大与教学课时严重不足所产生的矛盾等情况,就需要教师对教材内容进行精简。教材的精简不提倡教师"照本宣科",但也绝对不提倡教师脱离教材教学,而是要对教材的内容精简得恰到好处。这就要求教师必须熟悉各个学段的教材,不同年级的教材,并了解相邻学科的有关内容。特别需要说明的是,教材中有的知识点可能在不同年级、不同学科、不同单元出现,但是这些知识点不一定在绝对意义上是重复的,这些知识点对学生学习来说,有可能会出现前后学习的扩大、加深等作用,切忌把这些知识点当成学生已经掌握的知识点,从而进行不必要的精简,使得学生不能发现知识点的前后关系。

(二)教材内容的补充

对教材的内容有时需要精简,有时又需要补充,两者是对立统一的,都是为了提高教学质量。补充的情况较为复杂,主要可以从以下几个方面来讨论:一是补释术语;二是补图形之不足;三是补充实际事例;四是加生动的描述。①

---

① 白晓明、陈国明、叶成华等:《教师新基本功教育丛书之四:教材分析与教案编写》,宁波出版社 2002 年版,第 29—30 页,所参考资料还有"增补必要的基础知识""加线近的说明"这两个方面。

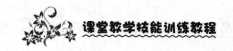

（三）教材内容顺序的调整

教材内容顺序的调整是指改变教材的原有陈述顺序,使之有利于教材的展开或学生的接受。一是课本中已有的内容,或因安排欠妥,或因叙述不明,需要进行调整或剪裁,整理成前后连续、条理分明、层次清楚、符合逻辑顺序,以利教学;二是为了内容的完整性。但无论怎样调整都要符合学科的科学性。

【实战演练】

阅读下面关于教材分析处理的策略案例,请根据自己所学学科专业与九年义务教育阶段学科教材的特点,总结出2—3种关于教材处理的方法。

教材处理的几种常用方法①

认真钻研教材,科学地运用教材,是进行教学改革的前提,是提高课堂教学质量的关键。叶圣陶曾经说过:"教材只能作为授课的依据,要教得好,使学生受到实益,还得靠教师的善于应用。"下面结合教材实例,介绍几种处理教材的常用方法。

一、重组法——合理重组,构成知识网络

数学教材具有严密的逻辑性,教材内容的前后顺序一般不可以随意调动,但在教学"循环小数"与"圆的认识"时,我对教材做了些调整与重组,却收到了意想不到的效果。教材是这样安排的:

【循环小数】先通过例7和例8教学循环小数的概念和特点,接着通过例9教学循环小数取近似值的方法,最后通过两个数相除时商的两种情况,介绍有限小数和无限小数的概念。——若按此顺序,很难在一节课内完成以上教学内容,达成教学目标。

【圆的认识】先从日常生活的常见物体中引出圆,再凭借圆形物体画出圆,然后依次认识圆心、半径、直径,最后再介绍圆的画法。——这样安排,教师就要组织两次画圆的教学环节,而且也影响学生对直径与半径之间关系的掌握。

从知识结构的整体思路出发,在实际教学中,我对以上教材都进行了两方面的调整或重组:

【循环小数】一是把例9中的循环小数取近似值的方法放在第二课时进行,二是利用复习题先引出有限小数和无限小数的概念,后教学循环小数的概念与特点——例7和例8。这样不仅降低了难度,顺利地完成了教学任务,而且使学生自然而然地形成了小数的概念系统:

$$小数\begin{cases}有限小数 \\ 无限小数\begin{cases}无限循环小数 \\ 无限不循环小数\end{cases}\end{cases}$$

【圆的认识】一是把"圆形物体画圆法"放到"圆的画法"这个板块中,使其与"圆的认识"组合成两大板块,这样既可以节约教学时间,又可以使教学思路简洁明晰,还便于教师组织学生开展探索多种画圆方法的教学活动;二是把认识"圆心、半径、直径"的顺序调

---

① 顾国瑜:《教材处理的几种常用方法》,载《教学与管理》2003年第11期。

整为认识"圆心、直径、半径",这样可以使学生在理解直径的基础上,很容易地理解半径的概念和直径与半径之间的关系。

二、换例法——适当换例,增强教学效果

例题是数学教材的核心内容,概念的形成、规律的揭示,往往要通过例题的教学来进行。有时,为使学生更快更牢固地掌握知识,教师依据自己对教材的理解,结合学生实际情况,可以突破对例题的设计,对例题进行换例。

例如教学"乘法分配律",教材的例题是:"小强摆小木块,每行摆 5 个白木块,3 个红木块,摆了 4 行。小强一共摆了多少个木块(用两种方法解答)?"在教学中,让学生动手操作,直观感知,用两种解法的相同结果来说明 $(5+3)×4$ 与 $5×4+3×4$ 这两个算式具有相等关系,再通过引导学生观察几组相同形式的算式来发现并总结出乘法分配律。但教学结果表明,总有部分学生难以理解也无法应用这个规律。教师不得不通过反复的讲解和大量的习题训练才能达成教学目标。究其原因,主要是由于这个例题抛弃了旧知,没有使新知在旧知的基础上生发延伸开来,特别是没有从运算的意义——乘法的意义和加法的意义——这个最根本的基础上来帮助学生理解乘法分配律的内在实质。为此,在教学中我对例题进行了换例:"小红有 2 角和 5 角的钱币各 4 张,问小红一共有多少钱(用两种方法解答)?"这样一换,使学生在理解 $2×4+5×4=(2+5)×4$ 这个等式时,通过操作直观地看出 4 个 2(2 角)加上 4 个 5(5 角)的和正好等于 4 个 7(7 角),同样在引导学生观察其他算式时,如 $20×(15+9)=20×15+20×9$ 的关系时,可以很明确地引导学生说出因为左边的算式是 24 个 20,右边的算式是 15 个 20 加上 9 个 20 的和,也是 24 个 20,所以相等的结论,这样就充分揭示了乘法分配律的内涵,教学效果十分显著。

七、教材分析结果的表达

表达分析结果是教师进行教材分析重要的步骤,教师对教材分析结果的表达可以有以下两个重要的策略:

一是教材分析结果作为教师日常的教学工作,如同教案一样要求有专门的文本表达,即教材分析结果同教案撰写一样,作为独立的文本来撰写。这种表达方式建议在开学初,教师对整册教材进行分析或单元教材分析时使用。

二是在教案的撰写过程中表达教材分析结果。目前,在教师的教案中会有教学重点与难点的分析,但是教学重点与难点的分析仅仅只是教材分析的一项内容,教材分析的范畴与项目要比重点与难点分析更为广泛。所以,在教案的文本撰写中设置专门的教材分析模块很有必要,这样可以使教材分析与教学目标设计、教学方法设计、教学过程设计等同等重要,并能从教材分析的内容、要素、方法、结果等方面有专门要求,使得教材分析规范化。

第三节　课程资源开发的基本原理

一、课程资源的内涵

(一)课程资源的概念

从词意上分析,"资"是指资财、资助、供给,"源"是指水流所从出。资源的本质是指事物的来源或一种事物对其他事物来说是必不可少的条件。比如,人要生存,空气、粮食、水等基本要素都是必不可少的、必须要满足的资源。基于此,课程资源即满足课程活动与教学活动开展所需要的一切资源,是"课程设计、实施和评价等整个课程编制过程中可资利用的一切人力、物力以及自然资源的总和。包括教材以及学校、家庭和社会中所有有助于提高学生素质的各种资源。课程资源既是知识、信息和经验的载体,也是课程实施的媒介"[①]。

(二)课程资源的特点

1.多样性

从课程资源的概念来理解,只要能保证教育教学活动正常进行的人、财、物等都可以称之为课程资源,所以,课程资源不单单指教科书,也绝不仅仅限于学校内的各种资源。只要有利于课程实施、有利于达到课程目标和实现教育目的的教育资源都可以成为课程资源。课程资源的多样性还体现在课程资源的构成种类、分布形态以及开发与利用的途径等方面。

2.多质性

不同的资源在不同的环境中其发挥的作用也不尽相同,同样,同一课程资源对于不同的课程来说有不同的用途和价值,因此,课程资源具有多质性的特点。比如,一棵郁郁葱葱、枝繁叶茂的大树在生物课上可以作为学生认识植物种类的资源,在语文课上可以作为学生写作的资源,在音乐课上可以作为学生歌唱赞美的资源,在美术课上可以作为学生描摹的写生资源。

3.价值潜在性

虽然可应用于教学活动的课程资源十分丰富,其存在方式也多种多样,但只有那些真正被吸收到课堂、在教师的课堂教学活动中被充分利用、与教育教学活动联系起来的课程资源才具有教育的价值和意义。

(三)课程资源的分类[②]

1.校内课程资源与校外课程资源

---

① 徐继存、段兆兵、陈琼:《论课程资源及其开发与利用》,载《学科教育》2002 年第 2 期。
② 余文森:《新课程背景下的公共教育学教程》,高等教育出版社 2004 版,第 200—201 页。

根据课程资源的分布空间可以把课程资源划分为校内课程资源与校外课程资源。校内课程资源主要包括校内的各种设施和场所,校内人力人文资源,与教育教学密切相关的各种活动。校内课程资源是实现课程目标、促进学生全面发展的最基本、最便利的资源。校外课程资源主要包括家庭、社区以及整个社会中各种可用于教育教学活动的设施和条件。其中,社区的图书馆、科技馆、博物馆、纪念馆、气象台、农村和部队以及科研院所等都是宝贵的课程资源,学生家长与学生家庭的图书、报刊、电脑、学习工具等也是不可忽视的课程资源,丰富的自然资源也是我们开发与利用的重要课程资源。

2.素材性课程资源与条件性课程资源

根据课程资源在教育教学活动中所发挥的功能及其所用的标准,可以把课程资源划分为素材性课程资源与条件性课程资源。素材性课程资源包括知识、技能、经验、活动方式与方法、情感、态度、价值观等方面的因素。素材性资源的特点是作用于课程,并且能够成为课程的素材或来源。条件性课程资源包括直接决定课程实施范围和水平的人力、物力、财力、时间、地点、场地、媒介、设施环境以及对课程认识状况等因素。其特点则是作用于课程却并不是形成课程本身的直接来源,但它在很大程度上决定着课程的实施范围和水平。

3.文字课程资源、实物课程资源和活动课程资源

根据物理特性和呈现方式,课程资源可以划分为文字课程资源、实物课程资源和活动课程资源。文字课程资源是指以教科书为主的印刷品等,记录着人类的思想,蕴含着人类的智慧,保存着人类的文化,延续着人类的文明。文字课程资源是最重要的课程资源。实物课程资源以多种形式呈现,一类是自然物质,如动植物、化石、湿地等;一类是人类在生产生活过程中创造出来的,如建筑、机械工具等;一类是为教育教学活动等专门制作的,如笔墨纸砚、模型本、挂图、仪器等。实物课程资源具有直观、形象、具体的特点。活动课程资源内容广泛,包括教师的言语活动和体态语言、班级集体和学生社团的活动,各种集会和文艺演出、社会调查和实践活动,以及师生之间和学生之间的交往,等等。活动课程资源有利于打破单一的课堂接受教学模式,使学生在掌握知识的过程中,增进社会适应性和社会交往,养成健全的人格。

二、课程资源开发概述

(一)教师作为课程资源开发者的意义

在新一轮国家基础教育课程改革的背景下,倡导教师扮演课程资源的开发者的角色。这是因为课程资源开发是教师专业成长的重要推动力,有利于促进教师教育认识水平的提升,促进教师专业能力和技能的发展,促进教师知识结构的优化,促进教师合作意识的增强以及教师角色和工作方式的转变等。

(二)课程资源开发的内涵

课程资源的特点之一是其价值潜在性,即课程资源并不能自发地发挥其作用,而只有经过开发主体对其发现、选择、加工、整合、利用后才能发挥其价值。课程资源开发就

是依据一定的价值准则,课程资源开发主体在教育目标以及课程标准的指导下,考虑学科教学特点,对潜在的影响课程活动的各种可以利用的资源进行发现、选择、分类、加工以及整合,以备教学活动之所需。不同层面的课程资源开发,其主体也不同。比如,国家课程编制与课程修订层面的主体主要是国家或中央教育行政部门,而课程实施或教学层面的课程资源开发主体则主要是指学校或教师。出于技能训练的目的,本教材后续内容主要分析教师作为主体的课程资源开发。

(三)课程资源开发的原则

1. 开放性原则

课程资源的类型、存在方式、开发途径多种多样,只要有助于教育教学目标实现,能为教学活动的顺利开展起作用的资源都有可能在经过选择、分析、加工整理后成为影响课堂教学的因素。因此,课程资源的开发与利用要有开放的理念、开放的视野、开放的时空、开放的技术与方法等。

2. 优化原则

课程资源的开发要在可能的范围内充分考虑学科的特点、课程资源开发的重点与方向,针对不同的课程,精选那些对学生终身发展具有决定意义的课程资源。要实现优化原则,课程资源的开发与利用就必须在明确课程目标的前提下,认真分析与课程目标相关的各类课程资源,认识和掌握各类课程资源的性质和特点,以保证课程资源开发的针对性和优化原则。

3. 发展性原则

为什么要开发课程资源是课程资源开发首先要回答的问题。课程资源开发的根本目的不是为了体现学校特色,也不是为了教师把课程资源开发作为秀场。课程资源开发与利用的根本性目的是为了促进学生素质的发展,提高其自身的能力及社会适应性。课程资源的开发要以促进学生及社会的发展为出发点,不能仅为课程资源形式上的丰富而开发课程资源。

4. 高效能原则

课程资源开发需要投入一定的人力、物力以及精力,既然有投资,就得考虑效能,这就是课程资源开发的高效能原则。无目的、无效率的开发只会造成课程资源,以及时间、人力、财力、物力的浪费,还可能达不到良好的实施效果。因此,课程资源的开发和利用要进行合理的规划,要尽可能用最少的开支与精力达到最理想的效果,提高课程资源的利用率。

5. 适应性原则

课程资源的存在丰富多样,但是针对不同的地域、学校、学科、教师和学生,可供开发的课程资源具有很大的差异性,这就决定了课程资源的开发和利用离不开具体的情境。首先,课程资源开发要体现地域特色。其次,不同学校有不同的办学特色与学校文化。课程资源开发应该充分考虑学校的实际情况、学校特色、学科特性、教师风格;最后,在开发课程资源时还要充分考虑适应学生的具体情况。课程资源的开发与利用不仅要考虑典型或普通学生的共性情况,更要考虑特定学生对象的特殊情况。

第四节　课程资源开发能力的培养与训练

对课程资源开发过程的认识不仅能为教师进行课程资源开发提供理论依据,更有助于教师有针对性地对其课程资源开发能力进行训练。下面将重点从课程资源开发的过程、课程资源开发意识培养、课程资源开发的信息收集与处理、课程资源筛选、课程资源整合、课程资源创生等方面对教师课程资源开发能力予以训练。

一、课程资源开发的过程

课程资源开发是一项系统性的工作,课程资源开发的过程受不同环节相互作用的影响。教师课程资源开发能力体现在课程资源开发的实践过程中,在课程资源开发的不同环节需要教师具备不同的能力。一般情况下,课程资源开发的过程主要包括以下的环节。

1. 课程资源的普查

课程资源在哪里? 对这个问题的回答是教师进行课程资源开发的前提条件。课程资源的普查就是教师寻找课程资源的环节。所谓普查,即教师根据教学需要,在尽量不受主观判断因素的作用下,对潜在的课程资源从数量、存在状态、利用条件等方面进行最大范围的摸底与寻找的过程。教师对课程资源的普查可以根据课程资源的分类依据以及课程资源的分布空间等维度来进行。

2. 课程资源的积累

许多教师常常受困于课程资源的缺失,非常重要的原因之一就是没有课程资源的积累。课程资源普查的目的就是积累课程资源,最好能建立起学科课程资源的数据库。课程资源的积累依赖于教师日常对课程资源的收集与整理。教师应该有计划地对自己所任教学科的课程资源有意识、有目的地进行储备,以备不时之需。

3. 课程资源的筛选

可供教师应用的资源很丰富,但并非所有的资源都属于课程资源,只有那些具有教育价值和课程意义的资源才有开发和利用的必要性。影响教育教学活动目标实现的课程资源种类、数量、存在形式繁多,课程设计与课程实施过程中只能吸纳其中最有效的一部分。这就要求教师在日积月累所建立起来的课程资源库中选取最有利用价值的那一部分。对课程资源的分类、甄别、选择的过程就是课程资源的筛选环节。

4. 课程资源的加工

课程资源只为教师的教学提供了素材,其更多的是一种自然状态下的存在,所以,课程资源要发挥其价值,还需要依靠教师对其进行加工。教师对课程资源的加工包括分析课程资源与教学要求的适切度,对课程资源进行整合与修饰、创生与舍弃等工作。只有加工后的课程资源才能符合教学实际的需求。

5.课程资源的运用

课程资源开发的最后环节是教师在教学过程中运用课程资源,这也是课程资源开发的目的。课程资源的开发是手段,课程资源的运用才是目的。教师在运用课程资源的过程中,应该结合具体的教学实际,考虑学生已有的知识经验背景,根据课堂教学的生成性事件灵活地运用课程资源。

二、课程资源开发意识的养成与训练

(一)什么是课程资源开发的意识

从严格意义上讲,意识与能力是有鲜明的区别的,教师具备课程资源开发的意识不等同就具备了课程资源开发的能力,但具有课程资源开发意识是提升教师课程资源开发能力的前提条件。课程资源开发意识是教师的一种专业意识,属于课程意识的范畴。课程意识是"教师对课程系统的基本认识,是对课程设计与实施的基本反映。它包括教师对课程本质、课程结构与功能、特定课程的性质与价值、课程目标、课程内容、课程的学习活动方式、课程评价,以及课程设计与课程实施等方面的基本看法、核心理念,以及在课程实施中的指导思想"①。基于此,课程资源开发意识即教师对课程资源开发的基本认识,包括教师对什么是课程资源、课程资源的功能、课程资源的性质与种类,以及对课程资源开发的本质、课程资源开发的目的、课程资源开发的要素、课程资源开发的必要性、课程资源开发的过程等方面的基本看法和观念。

(二)新课程改革背景下教师应具有两种基本的课程资源开发意识

1.教材是重要的课程资源之一

这句话的本质隐含着教材与课程资源的关系,包含两层意思:一是强调"重要",即教材在课程资源体系中的重要性;二是强调"之一",即教材并非课程资源的全部,除了教材,课程资源的种类还有很多。

2.教师与学生也属于课程资源

在所有的社会活动中,"人"是最活跃、最有灵性的影响因素,同样,在教育活动中,教师与学生既是构成要素,也是影响因素。教师与学生既是课程资源开发的主体,其本身也是重要的课程资源。

(三)教师课程资源开发意识的养成策略

1.切实转变课程观

课程资源意识的形成是建立在教师自觉地、有意识地观念转变的基础之上。合理的课程观对教师课程资源意识、课程资源开发与利用行为起着先导作用,只有课程观发生

---

① 郭元祥:《教师的课程意识及其生成》,载《教育研究》2003 年第 6 期。

了变化,教师的课程资源意识才能形成。相反,如果教师还停留在"课程就是教材""教材就是'圣经'"等意识层面,课程资源的开发就成了一句空话。在基础教育课程改革背景下,要求教师转变狭隘的课程观,确立整合的课程观、生成的课程观、实践的课程观,从而为课程资源开发奠定理念基础。

2. 重塑课程改革中的教师角色

教师要具备课程资源开发的意识,需要明确自我与课程的关系,以及明白自身在课程改革中所应担当的角色。教师应该是课程改革的参与者、课程方案的设计者、课程资源的开发者与课程改革的实施者。但长期以来教师已经习惯于作为课程实施忠实执行者的角色,相应地其他角色越来越弱化,意识越来越淡薄。所以,教师要有课程资源开发的意识,就必须确立教师与课程改革的关系,重塑教师在课程改革中的多种角色。

3. 自觉学习教育理论

课程资源开发是一项实践性与技术性较强的专业工作,有其特定的程序与方法,课程资源开发的过程需要一定的教育理论特别是课程理论作为指导。教师养成自我课程资源意识的重要途径就是不断加强教育理论学习,特别是课程理论的学习。对课程理论的学习有助于教师掌握课程资源开发的原理,有助于教师学习课程资源开发的方法与技术,为其进行课程资源开发的实践工作奠定理论基础。

4. 投身课程资源开发活动,积极反思教学实践

观念与意识可以影响人的实践活动,实践活动也可以丰富认识、转变观念。课程资源开发意识的养成过程是教师对自我课程资源意识的辩证否定过程,这种辩证否定的过程就是教师积极反思的过程。所以,教师要积极投身课程资源开发活动,通过自觉反思,逐步养成课程资源开发的意识。

【实战演练】

阅读案例《没有风琴就不能上音乐课?》,请谈谈你对课程资源开发意识的理解,并思考你所任教的学科,除了教材,可供你利用的课程资源还有哪些? 请逐一列举。

没有风琴就不能上音乐课?[①]

有一篇名为《赴贵州支教引发的思考》的文章写到:"老师们告诉我,由于条件所限,很多村小都没有配备风琴,音乐课往往被想当然地取消了。我请老师们一起思考:是不是没有风琴就不能上音乐课? 村中有哪些资源可以用来上音乐课呢? 我说,也许在你的村庄里有一位老人,很喜欢拉二胡,我们能不能请他来教我们的学生欣赏《二泉映月》《江河水》? 当地乡亲们耳熟能详的民歌、地方戏曲是不是也可以在教室内外、村头、打谷场作为教学内容? 除了二胡,还有笛、箫这些民间非常普及的乐器……"这时,老师们就开始一个接一个地说:唢呐、芦笙、口琴……忽然,我听到树叶、手指,心中大喜。我说:"如果树叶、手指都能作为音乐课的资源,那将来谁还能说没有风琴就不能上音乐课?"

---

① 刘旭东、张宁娟、马丽:《校本课程与课程资源开发》,中国人事出版社 2002 年版,第 168 页。

三、课程资源开发的信息收集与处理能力的培养与训练

（一）什么是课程资源信息收集与信息处理能力

课程资源的积累依赖于教师对有关构成课程资源信息的收集与处理，所以，信息收集与处理是课程资源开发与利用的重要环节。课程资源的数量、有效性决定了课程资源开发的广度与深度。教师具备课程资源信息收集与处理能力是其课程资源开发能力的重要体现。

学会信息收集与处理是信息化社会个体所应具备的基本能力。信息收集是指根据一定目的、汇集原始信息的过程，即把反映某一方面活动变化和特征的信息资源用相应的介质贮存的过程。"信息处理是指对信息进行操作的一系列活动，如收集、加工、传递、计算、存储、检索、分类、排序等活动。"[①]课程资源开发需要教师首先确定"资源在哪里？""如何找到教学所需要的资源？""找到的资源如何进行加工？"等问题。对这些问题的解决就属于教师收集信息与处理信息能力的体现。

（二）课程资源开发信息收集与处理的途径与方法

1. 课程资源信息感知的策略

教师对课程资源信息的感知受其生活阅历、教学经验、知识结构等方面的影响较大。教师要有意识地培养自身课程资源信息感知能力：一是在观察的基础上，善于发现教学与自然、社会以及生活的关系，从而发现课程资源的丰富性；二是勤于思考，不断反思总结自身的教学经验，从而提高信息感知能力；三是消除思维定势，打开功能固着的心理阻塞，从而发现事物之间的相关性。

2. 现代化课程资源信息查阅的途径

课程资源信息种类繁多，每一种课程资源信息查阅的途径与方式也不尽相同。随着网络信息及其利用的普及，利用网络信息收集课程资源已经成为教师收集现代化课程资源信息的主要途径。这里重点介绍网络课程资源信息的检索方法：①利用专业网站或专题网站进行课程资源信息的检索与阅读；②利用搜索引擎查阅课程资源信息；③利用专业数据库查阅课程资源信息；④通过卫星接收系统接受课程资源信息。

3. 课程资源信息存储的方法[②]

对收集到的课程资源信息进行处理的粗加工方式是存储。课程资源信息存储的途径与方法主要有：

（1）及时记录。要养成良好的课程资源信息存储习惯，首先要随身携带一个记事本，记录观察到的现象、思考到的问题，以及通过视频、音频获得的信息。对于记录观察到的

---

① 周广强、赵英伟：《新课程资源开发与利用能力的培养与训练》，东北师范大学出版社 2004 年版，第 64 页。

② 周广强、赵英伟：《新课程资源开发与利用能力的培养与训练》，东北师范大学出版社 2004 年版，第 84—85 页。

现象,要注意写清楚时间、地点和内容;对于记录反思的问题要写清楚反思的原因、过程和结论;对于视频、音频信息要详细复述其内容,保证信息的系统性和完整性。

(2)及时制作信息简报。在我们获取的信息中,有相当一部分来源于书籍、报刊等文本资料,如果完全采取抄录的形式,要耗费大量的时间,所以,就可以采取制作简报的形式来存储;在办公条件允许的情况下,还可以通过扫描、复印等手段,统一打印到 A4 纸上,装订起来;但在办公条件不完全具备时,对于自己的藏书,可以制作信息提要,写清书名、版本、出版社和页码。

(3)建立文件夹。随着网络技术和视频技术的发展,来源于互联网和电视的资源会越来越多,对于这些资源可以采取在微机上建立自己的文件夹的形式保存。要注意的是,在计算机上储存资料,要考虑硬盘的空间,文本资料一般不要保存整个网页,只保存其文本内容。对于视频信息,要考虑将来是否做演示用,如果做演示用,要采用无损压缩格式,同时要养成及时备份的好习惯。

(4)学会舍弃。大量的资料堆积并不是信息资源的丰富,课程资源信息丰富的标准是有价值的资源的存储量。过多地积累无关或过时资料,反而会影响教师提取有价值的信息。因此,要为保存的课程资源信息制定一个标准,当资料超过"保质期"就要大胆地舍弃。

(5)经常翻阅回味收集的信息。教师收集到课程资源信息,即使是认为有价值的,也是一些"毛坯",这些"毛坯"必须经过思维加工才能在课程开发或实施中应用。要想有效地加工这些信息,首先要读懂信息。所以,要经常翻阅收集到的信息,从表面内容中读出其中隐含的内容,这样才能真正达到信息收集的目的。

【实战演练】
根据课程资源信息查阅的途径与方法,利用网络建立个人的学科课程资源信息库,并以"我是如何收集网络课程资源的"为主题与同伴分享建立课程资源信息库的经验。

四、课程资源筛选能力的培养与训练

(一)什么是课程资源筛选能力

课程资源是课程赖以生存的基础,但是,课程资源不能全部进入课程活动与课程实施过程,因为课程资源的无限性与教学时间的有效性之间的矛盾决定了只有那些最能实现课程与教学目标的资源才有可能进入课程。那么,究竟哪些课程资源才是具有开发和利用价值的?哪些课程资源最有助于教师教学与学生的学习?对这些问题的回答与解决就需要教师具备课程资源的甄别与筛选能力,所以,课程资源的甄别与筛选是课程资源开发与利用的基本环节。课程资源筛选能力是教师面对多样性的课程资源情景所具有的甄别、判断、取舍、选择等方面的能力。教师课程资源筛选能力提高的主要途径是掌握课程资源筛选的标准。

(二)课程资源筛选的标准

1.课程资源筛选的理论标准
教师对课程资源的选择需要通过筛选机制过滤才能确定。从课程理论的角度讲,对课程资源的筛选"至少要经过三个筛子的过滤筛选才能确定课程资源的开发价值。第一个筛子是教育哲学,即课程资源要有利于实现教育的理想和办学的宗旨,反映社会的发展需要和进步方向。第二个筛子是学习理论,即课程资源要与学生学习的内部条件相一致,符合学生身心发展的特点,满足学生的兴趣爱好和发展需求。第三个筛子是教学理论,即课程资源要与教师教育教学修养的现实水平相适应"①。这三个筛子既是课程资源筛选的理论依据,也是教师进行课程资源筛选的思维过程。

2.课程资源筛选的实践标准

在实践应用层面,课程资源的筛选就是教师对其取舍的过程。教师舍弃、保存课程资源的主要标准有:第一,课程资源的优先性。即在可能的课程资源范围内和在充分考虑课程成本的前提下突出重点,精选那些对学生终身发展具有决定意义的课程资源,使之优先得到运用。第二,课程资源的真实性。在信息化社会里,人们往往会面临信息选择困难,课程资源的筛选需要教师具备去伪存真的能力,从众多课程资源中有辨别信息真伪的敏锐视角。第三,课程资源的科学性。科学性是指经过筛选后的课程资源必须是科学的课程资源,即在学校传播过程中能经得起科学验证。

【实战演练】

以"欢迎您!远方的客人"为活动课主题,列举关于介绍自己家乡的活动课的课程资源,并从课程资源重要性的角度对这些课程资源进行排序,并说明排序理由。

五、课程资源整合能力的培养与训练

(一)什么是课程资源整合

课程资源以不同的形态、不同的方式存在着,要在教学活动中发挥各种课程资源的优势,就需要教师具备课程资源整合的能力。课程资源整合是指为了实现课程教学目标,教师在课程资源开发的过程中有意识地对影响课程实施的各种资源进行有机的结合,从而最大程度上实现各种课程资源的价值与效益。课程资源整合的实质是教师对课程资源的加工过程,体现了课程资源开发与利用的优化原则。课程资源整合的形式主要包括教材内部资源的整合、教材与其他课程资源的整合、学生生活经验与课程内容的整合、教师的教学经验与各种课程资源的整合、信息化资源的整合等方面。

(二)课程资源整合的策略

1.根据教学实际,调整课程内部体系

每一门课程的体系安排都是在综合考虑学科知识的逻辑顺序、学生的认识顺序和心理发展顺序而形成的,即便合理的课程体系安排也很难满足千变万化的教学实际。因此,对课程资源的整合,教师要依据课程标准规定的课程目标,对课程资源进行初步的分析和研究(特别是对教材),包括对知识的编排顺序、教学情境、文化背景、技能和具体目标的要求等做详细的分析,并在此基础上提出整合的方案;在深入理解和全面把握学科

---

① 吴刚平:《课程资源的开发与利用》,载《全球教育展望》2001 年第 8 期。

课程体系的基础上,根据自己所教学生的身心发展规律和认知特点,合理调整课程体系,形成自己的教学思路,促使学生积极、主动地建构知识,全面实现课程教学的目标。

2.考虑学生学习需求,以学生为本整合课程资源

有的教师在利用课程资源的过程中存在"生搬硬套""拿来即用""盲目跟风"的做法,这都是缺乏对课程资源整合处理的表现。课程资源整合的实质是对各种资源的优化,课程资源优化的依据是学生的学习需求。课程资源的整合要求以学生生活经验为基础,无论哪种课程资源对其整合利用都需要考虑学生的学习需求以及生活经验。

3.取长补短,优势互补,发挥各种课程资源的优势

每一种课程资源都有其鲜明的特点,有其潜在优势,也有其局限性。比如,教科书的优势在于能完整地呈现学科的教学体系,但是从资源的性质来看其属于学生学习的平面媒体,教材中的内容不能通过色、形、动画等立体的方式传递信息,且距离学生的生活实际与生活经验具有一定的距离。而教师利用现代化的教学手段,比如,多媒体教学则能较好地避免教科书的局限性。课程资源整合的目的就是最大限度地发挥各种课程资源的优势,取长补短,实现有效教学。

【实战演练】

阅读案例《一堂别开生面的语文课》,请分析:案例中的奚老师在本节课的教学活动中整合了哪些课程资源? 这样的课程资源整合"妙"在何处? 对你进行课程资源整合有何启发?

一堂别开生面的语文课①

教学片段:

(我曾赴浙江绍兴参加"全国著名特级教师语文课观摩讲习会"活动,为期一周。语文教学大师们先进的教学理念让人回味无穷,精湛的教学艺术更令人折服。回校以后,深受启发的我决定"现学现卖",精心构思,上一堂特别的语文课。)

师:同学们,老师出差一星期,你们想念我吗?

生:(齐声)想!

师:今天见到老师,你们可有问题要问?

生:有! 我们有很多问题想问您。

师:那好,老师今天就召开一个"记者招待会",接受各位小记者的提问。大家可要畅所欲言!

生:老师,这么长时间你去哪儿了?

生:你去那儿干什么?

生:那儿的学生是否跟我们一样聪明?

(对以上三个问题老师逐个回答,但较简单。)

生:(显然还不满足。)老师,你能为我们具体介绍这个地方吗? 我们从来没去过那儿。

---

① 节选自傅道春、齐晓东:《新课程中教学技能的变化》,首都师范大学出版社2003年版,第98—99页。

师:好!绍兴是个历史文化名城,那儿人才辈出,名流荟萃……(简要介绍)我国著名的文学家、思想家鲁迅就是绍兴人。对于鲁迅,我想你们是有所了解的。

生:对,我们学过他的一篇课文《三味书屋》,写的就是鲁迅的故事。

生:鲁迅小时候曾在三味书屋读书。

生:鲁迅小时候读书很认真,曾在书桌上刻了个"早"字,鞭策自己时时早、事事早。

师:作为大文学家、思想家的鲁迅,一生创作了许多文学作品,其中我最喜欢的一篇小说就是《孔乙己》。小说中的孔乙己是一个读书人,但在参加科举考试……(具体讲述孔乙己的故事,学生听得津津有味。)

师:现在,鲁迅先生虽然离开了我们,但《孔乙己》这篇小说却流传至今,成为经典著作,供我们后人学习。其中写到的"孔乙己茴香豆"已成为绍兴的一大特产,深受前去观光的中外游客的青睐。这回,奚老师特意买了一袋,作为送给大家的一份礼物。(老师拿出茴香豆,分别发给学生们品尝。有的学生很小心地捡起一颗,端详一番,然后慢慢放进嘴里,轻轻地嚼着;有的则显得有些激动,抓起一把就塞进嘴里,撑得鼓鼓的嘴巴只能使劲地嚼动……过了一会儿,"真香!""真好吃!"的赞叹之声便开始不绝于耳。)

师:谁来说一说你品尝到的茴香豆?

生:(分别从茴香豆的形状、颜色、味道等方面介绍,形象生动。)

师:(课堂总结)今天的语文课就上到这儿,作业是完成一则日记,题目可以是《孔乙己茴香豆》,也可以是《奚老师回来了》,还可以是《一堂别开生面的语文课》。行吗?

生:(大声回答)行!

师:下课!同学们,再见!

过后,同学们在习作中写道:"我以前从没上过这样的语文课,今天真高兴啊!""今天,出差的奚老师终于回来了,她给我们上课的时候,我有一种全新的感觉。""这节语文课真令人难忘啊!""对于孔乙己,我不太喜欢。但是,'孔乙己茴香豆',我却吃了还想吃。下次有机会,我一定要去绍兴玩玩,去鲁迅的故居看看。"

六、课程资源创生能力的培养与训练

(一)什么是课程资源创生能力

原生态的课程资源一般都是教师对其进行开发后才能在教学活动中被利用。"同一种课程资源被不同教师运用往往会发挥出不同的效果","不同课程资源的融合、重组后会产生新的课程资源",这些现象的发生有一个共同的原因,即课程资源的开发与利用与教师的创造性及其对课程资源的创生能力有着重要的关系。课程资源创生能力是指教师根据自己积累的课程资源,以及自己的知识经验与能力优势对课程资源的自觉变革、重组、建构和创造的能力。其核心理念是课程资源的开发与利用应该发挥教师的主体性与创造性。课程资源的创生能力要在具体的教学情境中体现,所以,课程资源的创生能力体现了教师运用课程资源来驾驭教学的能力,是教师在教学活动中的主体地位及其能动性的重要标志。具备课程资源的创生能力有助于教师创造性地教学,更有助于变革传统的"教教材"的课堂教学过程。

(二)课程资源创生的方法

1. 抓住教学活动中的生成性事件创生课程资源

教学活动是有目标、有计划的活动,教学的运行需要一定的程序,这属于教学活动的预设特点。但教学活动在师生交往的过程中更有许多突发性事件、生成性的事件发生。这些突发性事件与生成性事件体现了师生在课堂中的生命力与活力,对这些突发性事件、生成性事件的解决考验着教师的教学经验与教学智慧。如果教师在教学活动中能善于抓住这些一闪即逝的事件或灵感,这些生成性的事件本身就有可能变为具有教育价值和教育意义的课程资源。

2. 通过交流互动创生课程资源

课程资源的创生是教师运用新思想进行课程资源开发与利用的过程。人的新思想往往是在与他人交流互动的过程中产生的。所以,人际间的交流互动是课程资源创生的有效途径和方法。教师通过互动交流创生课程资源有两个途径:一是通过教师之间的互动交流创生课程资源,比如,目前中小学倡导的教师间的集体备课、同课异构等教研活动就有利于通过教师间的合作与交流来创生课程资源。二是通过教师与学生之间的交流互动创生课程资源。通过交流互动创生课程资源需要教师具备开放的心态、合作的意识与善于学习的能力。

3. 在观摩学习的过程中创生课程资源

课程资源的创生能力体现了教师的创新能力,而创新能力需要教师在不断地学习、实践与反思的过程中获得。教师在观摩学习的过程中可以对自己教育教学活动与他人的教育教学活动进行类比,通过类比发现自己与他人在教育教学方面的异同,这些异同就是新思想、新方法与新资源产生的根源,也是课程资源创生的基础。

【拓展阅读】

提高师范生的课程资源开发利用能力的对策①

(一)培养课程资源开发利用的意识

意识是行动的主导,要具备课程资源开发利用的能力,首先需要教师树立新的理念。教师是课程资源开发利用的主体,他们如果只是一般性地了解课程资源知识是不够的,而是必须要对课程资源开发利用的价值有深刻的认识,获得主动开发利用课程资源的思想动力。一方面要认识到课程资源利用开发对教师的工作提出了更高的要求,是教师专业发展的重要途径。只有学会开发利用社会资源、自然资源和信息资源等各种课程资源的教师才是一个合格的教师。另一方面要认识到只有课程资源的开发利用,才能使学生得到发展,它可以给学生提供课本和教辅资料所无法提供的信息,包括学生的生活经验、感受、兴趣、爱好、知识、能力等,有利于建构学生的认知结构。

(二)提倡课程实施的"生成取向"

教师创生课程实质上就是对各种课程资源的有效开发利用。课程资源的有效开发

---

① 节选自施平:《课程资源开发利用:师范教育急需培养的专业能力》,载《教育与职业》2011年第3期。

利用,也就是在课程实施过程中,教师能够将课程资源整合、生成为课程内容,并服务于教学目标的达成和学生的全面发展。影响课程资源的有效开发利用的关键因素是课程实施者即教师的课程实施取向,课程实施取向决定着课程资源开发的广度和深度。传统的课程实施取向是一种"忠实取向",课程实施忠实于课程计划、教学大纲和教科书所规定的内容,教师和学生的知识、经验是不能进入课程实施的,因此教师不需要具备课程开发利用的意识和能力。新的课程改革倡导的课程实施取向是一种"生成取向",认为课程是教师和学生一起创造的,课程内容是由符合课程目标要求的系统的间接知识以及教师和学生的某些直接经验组成的。这种取向呼唤课堂焕发出生命的活力,期盼课堂教学的动态生成,教师只有把自己和学生的经验、智慧、理解、感受、问题、困惑、情感、态度、价值观等课程资源以及学生应掌握的学科知识与基本技能融入课堂教学,才能实现生成取向的课程实施。

师范院校的学生接受了长时间的中小学教育,再加上高校的课堂学习也多为"老师讲,学生听"的模式,其课程实施的价值取向也大多是"忠实取向",因此,改变他们的这一价值取向是非常关键的。在对师范生进行新一轮基础教育课程改革理论培训时,应以课程资源的开发利用为核心,对师范生进行课程资源开发利用的培训和训练,以提高师范生开发利用课程资源的意识,提高师范生开发利用课程资源的能力。特别应结合学科教学论的学习,加强对课堂教学案例的分析与讨论。通过分析优秀的新课程课堂教学案例,使学生认识到在课堂上除了要有教材知识外,还应该有教师的个人知识和师生互动产生的知识,这三种知识来源于三种基本的素材性资源。通过让师范生分析教材知识、教师个人知识和师生互动产生的知识在课堂教学案例中的呈现、比例以及交融等情况,使他们切实体会课程资源的多样性和丰富性。此外,还可以让师范生分析新课改前的课堂教学案例,让他们通过对比发现,传统的课堂教学非常强调学生对教科书内容的学习和吸收,因而教材知识占绝对优势,很少有教师的个人知识,几乎没有师生互动产生的新知识;而在新课程的教学中,教材知识的比例相对减少,教师的个人知识和师生互动产生的知识比例增大,从而增强了课堂教学的活力,极大地激发了教师和学生的创造热情。教师已不再是教材的忠实执行者,而是课程和教材的积极创建者。课堂教学案例分析的具体性和生动性,可以增强师范生对课程资源开发利用的体验与认同,强化他们开发利用课程资源的意识,也能对培养他们开发利用课程资源的能力起到很好的促进作用。

(三)要求学生在教育实习中撰写教学备忘录和教学反思录

教育实习是教师专业发展的起始阶段,对师范生课程意识、课程角色和课程行为的形成发挥着极其重要的作用,对师范生课程资源开发利用能力的形成起着关键的作用。因此,教育实习评价应特别注重对实习教师课程资源的开发利用能力的考核,以强化他们开发利用课程资源的意识,提高他们开发利用课程的能力。为了强化师范生的课程资源开发利用的能力,必须改变过去让师范生在实习前就开始备课、写教案的惯例,而是首先让师范生撰写教学备忘录。师范生在没有到实习学校之前所写的"教案"其实并不是真正的教案,此时他们并不了解学生和课堂的情况。写教学备忘录就是师范生将备课中的所感所得进行记录和整理。这一阶段的教学备忘录主要包括三个方面的内容:一是师范生本人对实习课文的个性化解读,要求师范生完全依靠自己的阅读,与作者"对话",表达自己对课文的感受和理解;二是"教参"对实习课文分析的解读,要求师范生阅读"教参",与编者"对话",写出自己对"教参"的分析;三是对其他有关资料的摘抄与索引,也就是要求师范生进一步拓宽视野,关注课本和"教参"之外的知识。在进入实习学校后,则要求实习生完成教学备忘录的第四个方面的内容,即研究学生。"研究学生的所有方法和形式都应当服从于一个既定的目的:判明他们的实际学习可能性"。要求实习生把教学对象分成优秀学生、平均程度学生、学习困难学生三类来研究,并分析不同类别的学生对将要学习的知识与技能的准备状态,充分发掘学生这一重要的课程资源。

让实习生撰写教学备忘录的目的在于,既要求实习生把教材作为重要的课程资源和教学的主要依据,又要促使实习生超越教材,形成一种开放的态度,积极发掘教材之外的课程资源,将教师和学生生活中的素材性资源纳入备课的视野,做到活用教材。在实习生完成教学备忘录各项内容的基础上,还应要求实习生从教学备忘录的各方面内容的关系中寻找教学设计的切入点,并将此作为自己实习的教学起点,设计自己的教学方案,完成教案的撰写。在实习生撰写教案的过程中,要求他们的课堂教学内容必须由教材知识、个人知识和预设的师生互动产生的知识三方面组成。这就不仅提高了实习生的课程实施设计的针对性,而且调动了多方面的课程资源,为提高课堂教学效率奠定了良好的基础。教学备忘录是一种宏观的备课记录,它不仅为教案这种微观备课记录的撰写提供了大量的资料,而且对课堂教学进行了更多的预设,为课堂教学的灵活生成准备了充分的课程资源。事实证明,教学备忘录的撰写能够使实习生在上课时更加地游刃有余、收放自如。

【学习资源】

[1]曾天山.教材论[M].南昌:江西教育出版社,1997.

[2]白晓明,陈国明,叶成华,等.教师新基本功教育丛书之四:教材分析与教案编写[M].宁波:宁波出版社,2002.

[3]林崇德.教师教学技能导读[M].北京:华艺出版社,2001.

[4]黄显华,霍秉坤.寻找课程论和教科书设计的理论基础[M].北京:人民教育出版社,2001.

[5]程晓堂,孙晓慧.英语教材分析与设计[M].北京:外语教学与研究出版社,2002.

[6]谢利民,钱扑.中小学教材比较研究[M].北京:中国人民大学出版社,2009.

[7]范印哲.教材设计与编写[M].北京:高等教育出版社,1998.

[8]杨启亮.教材的功能:一种超越知识观的解释[J].课程·教材·教法,2002(12).

[9]任丹凤.论教材的知识结构[J].课程·教材·教法,2003(2).

[10]胡定荣.教材分析:要素、关系和组织原理[J].课程·教材·教法,2013(2).

[11]郭晓明,蒋红斌.论知识在教材中的存在方式[J].课程·教材·教法,2004(4).

[12]吕宪军,王延玲.新课程标准和教材的分析与把握[J].中国教育学刊,2004(2).

[13]贾荣固.教材分析与处理的策略[J].大连教育学院学报,1998(4).

[14]刘志安,赵巨东.论分析教材的方法[J].内蒙古工业大学学报(社会科学版),2003(1).

[15]周广强,赵英伟.新课程资源开发与利用能力的培养与训练[M].长春:东北师范大学出版社,2004.

[16]刘旭东,张宁娟,马丽.校本课程与课程资源开发[M].北京:中国人事出版社,2002.

[17]范兆雄.课程资源概论[M].北京:中国社会科学出版社,2002.

[18]教育部基础教育司.走进新课程:与课程实施者对话[M].北京:北京师范大学出版社,2002.

[19]徐继存,段兆兵,陈琼.论课程资源及其与开发利用[J].学科教育,2002(2).

第四章　教学方法选用技能训练

【内容导航】

※ 教学方法概述

※ 教学方法选用技能训练

【学习目标】

1. 能解释教学方法的概念。

2. 能举例说明教学方法的分类,选择与运用的因素、依据与原则。

3. 能在举例说明讲授法、谈话法、讨论法、练习法、读书指导法、演示法、实验法、自主学习法、合作式教学法、探究式教学法等教学方法的运用步骤与注意事项的技能要点的基础上,在课堂教学中进行上述各种教学方法的设计并在具体情境中运用。

第一节　教学方法概述

一、教学方法的概念

教学方法古已有之,有了教学行为,也就产生了相应的教学方法。教学方法是为实现既定的教学目标,在教学过程中师生共同活动时所采用的一系列办法和措施。要理解教学方法的概念,关键是要把握以下几个要点:[①]

第一,教学方法是以教学目标为指向的。教学方法自始至终是围绕教学目标展开的,目标不同,方法可能也就大相径庭;即使目标相同,也可选择不同的方法来达到目标。

第二,教学方法是在教学过程中展开的。教学方法是与教学的实际进程紧密结合在一起的,离开了教学进程,方法也就不成其为教学方法。

第三,教学方法是教师和学生之间相互联系的活动方式,是师生双边活动的过程。

二、教学方法的分类

对教学方法的分类主要涉及两个问题:一是教学方法分类的标准、依据和基础是什么。这是对教学方法分类最困难的一个问题。二是根据每一具体的分类标准,怎样划分教学方法的具体内容。[②] 下面是教学方法的分类。

---

① 郑金洲:《教学方法应用指导》,华东师范大学出版社 2006 年版,第4—5 页。

② 王本陆:《课程与教学论》(2 版),高等教育出版社 2009 年版,第 198 页。

(一)按教学方法的外部形态分类

根据教学方法的外部形态及教师在课堂教学中使用的手段来分类,教学方法主要有下面五种。

1. 以语言教授为主的教学方法

这是指教师和学生主要以语言,尤其是口头语言作为媒介来进行教学的教学方法。这类方法主要包括讲授法、谈话法、讨论法和读书指导法。

2. 以直接感知为主的教学方法

这是指在教学过程中教师主要通过实物、教具、示范性实验或带领学生进行教学性参观等方式来进行教学,而学生主要以直接感知的方式来进行学习的教学方法。直接感知的教学方法主要包括演示法和参观法等。

3. 以实践训练为主的教学方法

这是指在教学过程中主要以形成学生技能、技巧和行为习惯等的实际训练为主要形式的教学方法。实践性教学方法主要包括实验法、练习法和实习法等。

4. 以引导探究为主的教学方法

这是指在教师的指导下,以学生自行的探究和发现为主的教学方法,具有商榷、探究、尝试和深化等特点。引导探究的教学方法主要包括发现法、探究法等。

5. 以欣赏活动为主的教学方法

这是指教师在教学中创设一定的情境,或利用一定的教材内容和艺术形式,使学生通过体验客观事物的真善美,陶冶他们的性情,培养他们正确的态度、兴趣、理想和审美能力的方法。以欣赏活动为主的方法主要是欣赏法。

(二)按照期望获得的学习结果的类别分类[①]

1. 与获得认知类学习结果有关的教学方法

这类教学方法主要有讲授法、演示法、谈话法、讨论法、练习法、实验法及实习作业法等七种。

2. 与获得动作技能有关的教学方法

这类教学方法主要有示范—模仿法和练习—反馈法。

3. 与情境、态度有关的教学方法

这类教学方法主要直接强化法和间接强化法。

三、教学方法的选择与运用

(一)制约教学方法选择的因素

教学方法是随着社会的发展以及教学实践和理论的发展而发展的。教学方法的产生与发展,受内外部因素的影响。

外部因素有社会生产力和科学技术的发展水平,经济、政治制度与体制,文化传

---

① 乌美娜:《教学设计》,高等教育出版社 1994 年版,第 174—177 页。

统等。

内部因素有间接因素和直接因素。间接因素包括根据教育目的而制定的各专业培养目标,根据教育理论和社会需要而制定的教学原则,教师对学生学习的规律性的认识以及对师生关系、课堂气氛的理解,学校与地方可能提供的条件,预计可能取得的效果等;直接因素主要有教学目的和任务、本门学科的具体内容及教学方法的特点、教学时限、教师素质、学生可接受的水平等。

(二)选择与运用教学方法的依据

选择与运用教学方法的主要依据是教学规律和教学原则、教学目的和任务、学科特点和具体教学内容、学生特征、教师自身的特征、教学的组织形式、时间及设施等。

(三)选择与运用教学方法的原则

1.多样性原则

教学方法的两重性要求教学中选取与运用多样的教学方法,实现教学方法的整合。多种教学方法的整合,首先,是由教学内容、教学对象、教学环境条件以及教师素质的不同所决定的;其次,是由学生积极参与教学活动的需要所决定的;最后,是由各种教学方法的性质和作用所决定的。因此,教师要博采众长,综合地运用教学方法。

2.综合性原则

综合性原则是要求在教学中全面地、整体地、辩证统一地看待教学方法。首先,表现在教法与学法上的统一;其次,表现在方法体系上,选择运用教学方法,必须把握教学方法整体系统,在教学中才能做到有针对性的选择和合理的配合;最后,要充分发挥教学方法的多种功能。

3.灵活性原则

教学方法的丰富性,教学活动的多变性,决定了教学方法选择的灵活性原则。不同的教学方法及其不同组合有时可以达到同样的目的,所以,方法具有替补的可能性,教学中要根据情况灵活地选择运用。教学活动也是多变的,要求教师能够做到随机应变。

4.创造性原则

创造性原则要求在教学中对已有教学方法进行改造、组合,使之发生随机变化,从而发挥最大功能。这就要求教师发挥其长处,发挥自己擅长的教育技巧,通过各种途径,实现教学方法的创造:其一,可以通过要素变化实现教学方法的创造;其二,通过方法的组合来实现教学方法的创造;其三,通过张扬教师的个性实现教学方法的创造。

第二节　教学方法选用技能训练

目前中小学常用的教学方法有讲授法、谈话法、讨论法、练习法、读书指导法、演示法、实验法,以及在新课改理念下出现的自主学习、合作式教学法、探究式教学法等。

一、讲授法及其训练[①]

讲授法是教师通过语言系统连贯地向学生传授科学文化知识、思想理念,并促进他们的智能与品德发展的方法。由于语言是传递经验和交流思想的主要工具,故讲授是教学的一种主要方法,运用其他的方法,都需要配合一定的讲授。

(一)运用讲授法的基本步骤

根据讲授本身的特点和讲授科目、内容的不同,可以把讲授法分为讲述、讲解、讲读和讲演四种类型。[②]

在教学过程中运用的讲述大体可分为三个阶段:

第一阶段:准备阶段。首先,教师需要制订明确的学习目标;其次,拟定和准备教学内容;最后,分析学生背景。

第二阶段:讲述的实施。讲述的过程主要包括三个步骤:首先是导入。该步骤所占时间较短,一般不会超过 5 分钟,其作用是引起学生的注意和引发学习动机,也可将学生已有知识与新知识建立起内在的联系。其次是讲述。即按讲述提纲所罗列的内容逐一讲解。讲述的内容要尽可能地与学生原有的知识基础发生联系,符合学生的接受能力。同时,讲述要带有启发性。最后是总结。结合讲解内容的要点,将主要内容或结论再次展示给学生,使学生能够加深对这些问题的认识,形成对讲述内容的完整印象。

第三阶段:教学后的反思。教学后的反思,需要认真考虑的方面包括:讲述中是否真正把学生的动机激发出来了,激发的程度如何;教学目标是否达成了,是全部达成还是基本达成;内容的讲述是否层次分明、系统完整;语言的表达在哪些方面还需要进一步改进;教学手段的运用是否恰当;学生的反应是否积极等。这些问题的反思,能在一定程度上保证教师清醒地认识自己讲述的利弊得失,从而为今后的教学打下坚实的基础。

(二)运用讲授法的注意事项

为了提高讲授的效果,教师在运用讲授法时应注意以下的问题:

1. 注意讲授的科学性和思想性

这是对教师采用讲授法最基本的要求。科学性是思想性的前提和基础,而思想性是科学性的内在属性。因此,教师在讲授时首先要保证讲授内容的科学性,即教师在课堂上所讲的每一个概念,甚至每一句话都应该是准确无误的,都应该是经过实践检验被证明是正确的东西。另外,教师在讲授时还应充分挖掘教材内容中蕴藏的思想品德教育的因素,在学科教学中渗透思想品德教育。

2. 注意讲授时的启发性

教师在运用讲授法时要坚持启发的原则,在讲授过程中通过设置一些符合学生"最近发展区"的问题情境,以启动学生的思维,并使他们积极主动地开展认识活动,达到掌

---

① 郑金洲:《教学方法应用指导》,华东师范大学出版社 2006 年版,第 31—33 页。

② 王本陆:《课程与教学论》(2 版),高等教育出版社 2009 年版,第 199 页。

握知识,发展智力和能力的目的。

3.注意讲授的语言艺术

讲授主要是以口头语言为媒介来进行的,因此采用讲授法对教师的语言表达能力和语言艺术提出了很高的要求。教师在讲授时应努力做到语言清晰、准确、简练、形象、条理清楚,同时讲授的音量、速度要适度,注意音调的抑扬顿挫。另外还有必要以姿势辅助说话,从而提高语言的感染力。

【实战演练】

按照讲授法的要求编写讲课稿,以所在班级同学作为听讲对象,讲授完听取他们的改进建议。

二、问答法及其训练

问答法也叫谈话法,是教师按一定的教学要求向学生提出问题让学生回答,通过问答、对话的形式来引导学生思考、探究,获取或巩固知识,促进学生智能发展的方法。问答法特别有助于激发学生的思维,调动学生的积极性,培养他们独立思考、与人交往及语言表述的能力。

(一)运用问答法的基本步骤

1.学生自学或教师讲授

在正式进行问答之前要具备一个问答的前提,即学生应该具备了一定的知识(这些知识是提出问题和回答问题的知识储备),这些知识可以通过学生的自学,也可以通过教师的讲授来获得。

2.创设问题情境

问题情境是指学生在教学中所面临的一种"有目的的但不知如何达到"的心理困境。问题情境作为一种心理困境,它包括当前学习任务中的新的未知东西、学生探究新知的动机和学生解决当前任务的潜在可能性等成分。创设问题情境是问答法的一个关键环节。

3.提出问题

这是在学生具备有关的知识,因而具备回答问题的潜在可能性的基础之上,提出要思考和回答的问题。可以由教师提出问题,也可以由学生提出问题。其中,以教师向学生提出问题较为多见。

4.回答问题

这是在提出问题之后,被提问者回答所提出的问题。可以是教师提出问题之后,学生回答问题;也可以是学生提出问题之后,教师回答学生的问题;还可以是学生提出了问题之后,其他学生回答(即学生之间的相互问答)。其中,以教师提出问题学生回答的情况居多。

5.总结

这是在教师或学生回答问题之后,尤其是学生回答教师提出的问题之后,教师对学生的回答做出反应,并进行处理、归纳、小结的过程。

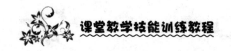

(二)运用问答法的注意事项

1.要准备好问题和谈话计划

在上课之前,教师要根据教学内容和学生已有经验、知识,准备好问题以及问题出现的顺序,特别是如何从一个问题过渡到另一个问题要引起重视。

2.要善问

向学生提出的问题要具体、明确、有趣味、有启发性,能引起、激活与深化学生的思考;要耐心等到学生的回答;若有困难,要注意启发;切忌学生一答不上来便立刻换优秀生来回答,伤害学生对话的积极性。

3.问题要面向全体学生

总体来说,对低年级学生而言,低难度问题有效;对高年级学生而言,高认知水平问题更有效。教师在提问时,应该考虑到所有学生的认知水平,根据学生的层次差异,可以用不同的方式来表达同一问题。

4.问题要清晰、明了

对于那些含糊不清的、笼统的、过于抽象的问题,学生理解起来就显得比较困难。为了保证问题的清晰性,教师在提问时,一次至多提两三个问题,且这些问题是相关的;切忌一次提出多个问题,或问题之间缺乏内在的一致性与连贯性。

5.提问的频率要适当

在教学中,究竟是采取高频率还是低频率的提问策略,最终取决于问题的类型以及教学现场的实际情况。如果是师生对话,教师提问的次数可以考虑多一些,如果是生生对话,教师提问的次数可以考虑少一些,否则可能扰乱学生的思维,影响他们参与的积极性。

6.要及时发现教学中存在的新问题

在教学中,学生可能并没有寻找到教师预设的答案,可能会出现一些对问题的新理解,也可能因学习准备不足并没有真正投入到问题的探讨之中,教师要对教学中可能出现的不同情形进行预想,并思考不同情况出现后的对策。在实际教学中,也要做好随机应变的心理准备。

7.要做好归纳、小结

当问题基本解决后,教师要及时归纳或小结,使学生的知识系统化、科学化,注意纠正一些不正确的认识,帮助他们准确地掌握知识。

【实战演练】

1.选择一教学材料运用问答法进行教学设计,并在全班内试讲,注意把握教学实施中存在的问题及解决方法。

2.下面这个教学案例中教师运用了问答法进行教学,根据运用问答法的要求及注意事项,请对该案例中教师运用问答法的教学实施进行评析。

《智取生辰纲》教学实录(片段)①

师:同学们刚才在小组内交流了本课中心问题:"智"表现在哪里? 发言非常踊跃。

---

① 叶澜:《"新基础教育"发展性研究报告集》,中国轻工业出版社2004年版,第113页。

希望大家讨论时也能积极参与,大胆发表自己的见解。

生1:七条好汉都是绿林中人,武艺高强,照理说也可以强夺。但他们的对手杨志也武艺高强,硬拼胜算的把握不大。设下这样的圈套却可以巧夺。吴用想到用计来夺取生辰纲,这本身就可以体现"智"。

师:有道理,能够想到这样做本身就可以体现智慧过人。其他同学也来谈谈自己的见解吧。

生2:请大家看课文第12节,从"付了钱,一个汉子……"到"……拔腿追上去",其实这就是好汉们乘机在酒中下蒙汗药的过程。我们可以想象,他们当时下药时配合十分默契。从这一段文字中,我们也可以看出吴用计策的巧妙,从而体现出"智取"。

生3:我对他的发言有补充。读过《水浒传》原著的同学都知道,七个人先吃了一桶,刘唐掀起桶盖,又舀了半瓢吃,故意让杨志他们看到,要他们认为第二桶中也没有下药。然后,吴用趁人不备到树林里取出药来放在瓢里,舀第二桶酒喝时,把药下到酒中。最后伪装舀酒吃时,白胜劈手夺下瓢。从这个故事情节中,不但可以看出"智取",而且可以看出七条好汉配合十分紧密、默契。

师:(板书:配合紧密、默契,引诱上当)你的发言很精彩,能够结合原著中内容阐述自己的观点和看法。这说明你课余花时间去仔细阅读过《水浒传》。希望有更多的同学能像他一样。

生4:我认为七条好汉这样的做法可以说是故意的,是要演一出戏给杨志看。再联系上文第七小节,这里其中一个汉子问话其实是故意的,目的是打消杨志的疑心。因为他们了解杨志并非等闲之辈,而且生性多疑。从这一问中也可以表现出七条好汉的"智",我来读一读。(读)

生5:他分析得很有道理,但没有读出故意问的语气。我来试一试。(读)

生6:与前面那位同学比,他读出了假问的语气,我愿意学一学。(读)

生7:听了前面几位同学的发言,我也发现课文第八小节中七条汉子七嘴八舌说的话可以说是"假话",故意说给杨志他们听的。目的也是为了打消他们的疑心。杨志果然松了一口气,可见好汉们的智慧。

师:能够在别人发言的基础上有更新更深的思考,并大胆表达是很了不起的。那么,除了好汉们的表现以外,还有什么地方能表现出"智"呢?

生8:我认为好汉们选择在黄泥冈下手也能够表现出"智"。从课文第四节可以知道,黄泥冈地势险峻,很少有人经过。杨志押送生辰纲要经过很多地方,黄泥冈是最佳之地,最容易下手。

师:(板书:路险)选择在黄泥冈下手是利用地利。(板书:地利)充分体现了七条好汉的"智",你的理解不错。

……

三、讨论法及其训练

讨论法是学生在教师指导下为解决某个问题而进行探讨、辨明其是非真伪,以获取

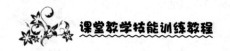

知识的方法。

(一)运用讨论法的基本步骤

1. 确定讨论目标

在组织讨论前,教师要明了讨论预期要达到的目标。一般说来,讨论教学要达到的目标可分为两类:一类是学术目标,只让学生通过小组团队的分工合作、相互依赖、相互鼓励,共同完成学习任务,实现学习目标,从而激发个体的学习愿望,并获得对学习乐趣的体验。学术目标的确定要依据学生的学习水平,要与教学任务相适应。另一类是社交技巧目标,这类目标是为了加强学习过程中学生之间的合作,包括表达沟通和分享的技巧、主动探索的技巧、独立思考与问题解决的技巧等。

2. 选择讨论内容

一般说来,讨论内容选取的原则是着眼于学生的生活基础,以挑战学生的智慧、引导学生积极探索、激发学生学习的欲望为目的。

3. 根据需要合理分组

不同类型的讨论教学对于小组人数的要求是不一样的。教师在对学生进行分组时,应该考虑以下问题:一是应该把学生按照能力相近还是按照能力相差较大来分组;二是应该让学生自己选择合作伙伴还是由教师安排;三是小组活动应该持续多长时间;四是学生对分组有何意见;五是所选择的分组方式能否实现学习目的和任务;等等。在考虑好这些问题之后,教师就可以着手进行分组了。

4. 明确讨论形式

在确定了目标和内容的基础上,教师应该考虑用何种方式组织讨论。在教学过程中,教师可以尝试利用开放式、半开放式和集中式三种途径来组织教学内容。①

5. 组织实施讨论

在组织实施讨论时,教师要注意讨论环境的创设。讨论环境的创设更多地体现在学生座位位置的改变上。一般而言,两人配对、四人相邻讨论,对空间场地的变化要求不是很高,较容易实现。但无论怎样设计,须注意的问题是,座位空间的排列要能够使教师很容易地靠近每一个小组,方便教师对讨论进行及时的指导与监控;要使小组成员能够围成一圈并且相互靠近,从而使他们能够相互有效地交流而又不至于打扰其他小组,不必为了参加小组的活动而不停地跑动。

6. 进行概括总结

在学生讨论之后,一般要由教师进行概括性总结。在概括性总结中,教师要将学生的不同认识加以罗列并进行有针对性的分析,要将学生的视角或思维引向深入,要根据讨论中出现的不同情况加以评点。有了这一环节,学生才能对问题形成较为清晰的认识,也能逐渐理出头绪。

---

① 张文周:《小组合作——研究性学习的基本组织形式》,http://www. being. org. cn/inquiry/hezuo. htm.

(二)运用讨论法的注意事项

1.注意讨论法使用的对象和范围

运用讨论法进行教学时,学生必须在掌握知识方面达到一定的广度和深度,对低年级的学生不宜经常采用讨论法。

2.注意讨论法使用的时间和频率

讨论法不宜在平时的教学中经常使用,一般是在一个比较大的教学单元结束后采用讨论法效果较好。

3.注意组织好讨论的过程

首先要做好讨论前的准备工作,包括编制好讨论提纲,设计好讨论问题等,以使讨论能够有目的、有组织、有计划地进行。其次,教师要引导好讨论的过程,包括营造好讨论氛围,鼓励学生积极思考、踊跃发言;同时,还要引导好学生的讨论不偏离主题。最后,做好讨论的总结工作,学生发言完毕,教师要对学生的各种意见和观点进行分析和综合,并做出科学的结论。

【实战演练】

1.将全班同学分成若干个学习小组,以小组为单位组织讨论教学,每位同学轮流承担教师角色,按照讨论法的要求组织一次教学。

2.下面这个教学案例中教师运用了讨论法进行教学,请对该案例中教师运用问答法的教学实施进行评析。

我该怎样消费①

在学习课文《我爱我家》一节谈及父母的辛劳和对家庭的责任时,学生表现得较为淡漠,我倍感诧异,难道是优越的环境淡化了家庭在他们心中的位置?我临时决定在班上对寄宿的学生做一次课堂调查:同学在校一个月需花费父母多少钱?调查结果显示,学生一个月的消费一般在300元至400元之间,有部分学生的消费水平高出100元至200元。这引起我的思考,一个吃、住都在学校里的学生,该如何消费呢?我便组织学生来谈一谈对于父母每个月对他们的物质上的付出有什么想法,该确立怎样的消费观?也欢迎非寄宿同学参与讨论。

全班分成几大组,在进行热烈的讨论后,学生纷纷举手发表自己的看法。坐在第一排的一位戴眼镜的小男生黄非首先站起来,他说:"老师,我觉得我们在学校里生活,爸爸妈妈给我们生活费是理所当然的。"

"开学时我妈在我的银行卡里一下就加进去2000块钱,让我该花钱的时候别省着。"另外一位同学吴克俊接上话茬。

两位同学的发言刚完,教室里就热闹开来……由于部分家长对孩子在经济方面的要求有求必应,使得这些孩子没有正确的金钱观和消费观。因而我有些担心:接下去这舆论会导向哪里呢?……家里既办厂又开服装店的学生戈益宜,他清脆的噪音回荡在教室

---

① 节选自韩震、梁侠:《走进课堂:初中历史与社会新课程案例与评析》,高等教育出版社2003年版,第83—84页。

里:"我爸爸妈妈都很忙,平时照顾不到我,上次我回家爸爸给了我400元生活费,我拿出其中的100元为爸爸买了生日礼物。"嗯!原来也有懂事的孩子!我正惊喜着呢,这时本学科课代表,一位秀气的女生章静仪站起来说:"我很向往去日本东京玩,我爸爸答应等我长大了带我去,但我知道那需要很多钱,所以现在在学校里,除了该用的钱,剩余的我都放进储钱罐,将来可以做路费呢。"

对于以上的言论我没有发表任何看法,而是让学生们来谈谈他们的认识。林海默抢先说道:"我觉得父母不要给孩子太多的钱,够花就行了,给的钱多了,不花手里就痒痒。"顾乐乐发表的看法是:"如果花钱是合理的,也不能算是浪费,譬如买学习方面的书籍,有的书价格贵着呢。"肤色黝黑的班长金晓洋慢条斯理地开了腔:"我认为父母非常辛苦,他们的钱是来之不易的,我们在学校里读书一年要花掉很多钱,所以,我们花钱不应该大手大脚,作为家庭里最小的成员,能为父母减轻一些负担,就是为家里尽了一份责任。"

"可是能花钱才会挣钱呀。"倔强的黄非并不承认班长的权威。这倒有点出乎我的意料……

"但是你还不挣钱呢。"黄非的观点很快遭到反驳。

"不挣钱就不能花钱吗?只要家庭经济能力承受得起,就没什么了不起的。再说,如果大家都不花钱,那工厂里生产的产品卖给谁?国家还鼓励消费扩大内需呢,这样才能发展经济。"黄非并不服气,振振有词道。

有一些学生微露赞许之意,黄非的观点还是有一定的市场的,可见如今的孩子个性之强,接受新思想新观点的能力一点也不比成人差。

"你现在的身份是学生,你并没有创造任何财富,你所花的都是父母的劳动所得,如果你花的是自己的钱,那另当别论,再说节俭乃是社会公认的美德。"班长坚持己见,但显然他不想反驳"能挣会花"这个成人型的观点。

"我不否认学生应该节俭,我们现在是由父母供养,但是我们应该适应社会的变化,提高自己各方面的能力,将来为家庭创造更多的财富,也为社会创造更多的财富,同时我们也要充分享受生活。"这下绝大多数的学生表示赞同。

四、练习法及其训练[①]

练习法是学生在教师指导下运用知识去反复完成一定的操作,或解决某类作业与习题,以加深理解和形成技能技巧的方法。

(一)运用练习法的基本步骤

练习法大体分为以下几个步骤进行:

1.引起动机

教师应向学生介绍本节课的价值和重要性,引发学生学习动机,促使他们专心致志地学习。

---

① 郑金洲:《教学方法应用指导》,华东师大范大学出版社2006年版,第51—52页。

2. 练习说明

说明练习注意事项、练习主要内容、练习要达到的主要目标等。

3. 反复练习

要多给学生提供练习机会。练习的方式有两种：一是分步练习，将所要学习的知识与技能，分为几个组成部分进行练习。当第一步练习掌握后，再练习第二步，直至完成所有内容。然后再把各步连接起来，直到掌握为止。二是整体练习，练习时不分步骤、段落，而把相关知识和技能作为整体进行反复练习，直到掌握为止。学生在练习的过程中，教师通过观察等手段加以指导。

4. 评估练习效果

教师通过观察、研讨、小测验等方法对学生练习情况进行评估，指出练习中存在的问题，强化练习效果。

（二）运用练习法的注意事项

1. 明确练习的目的与任务

教师要让学生清楚地认识到为什么进行练习，通过练习要达到什么样的结果或标准。这对增进学生练习的主动性和积极性，提高练习的效果具有重要意义。

2. 科学、合理地组织学生练习

在练习过程中，教师要引导学生掌握科学的练习方法与合理地安排练习时间。根据学生身心发展规律，教师每次给学生安排的练习时间不宜过长，并且应把集中练习和分散练习结合起来。同时，教师还应该指导学生采用多种练习的形式和方法，以保持学生对练习的兴趣和注意力，提高练习效果。

3. 提供适当的反馈

在练习过程中或练习之后，教师应注意为学生及时提供反馈信息，让学生明了自己是否已掌握了该项知识或技能。教师的及时反馈可增强练习的联结，强化练习的效果。

【实战演练】

选择某一学科的某一节教学内容，尝试设计一项练习，并按照练习法的操作步骤和要求进行课堂教学，教学后对练习应用情况进行反思并改进。

五、演示法及其训练

演示法是教师通过展示实物、直观教具、实验或播放有关教学内容的软件、特制的课件，使学生认识事物、获得知识或巩固知识的方法。演示法是一种辅助性教学方法，要和讲授法、问答法等教学方法结合使用。演示法的特点就在于能够加强教学的直观性。

（一）运用演示法的基本步骤

1. 提出问题

在这一环节，教师要注意营造演示的氛围，激发学生的学习动机，同时提出演示的主题，向学生介绍演示主题的重要性，让学生进入到参与演示教学的状态。

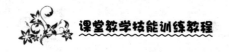

2.说明演示的目的、要求与过程

在这个环节中,教师要说明演示达到的目的,介绍演示中涉及的相关知识,说明演示的要求和过程,让学生知道要观察什么,怎样观察,需要考虑哪些问题等,让学生在观察演示前对演示主题有一定的了解。

3.进行演示

在这一环节,教师进行操作演示,完成演示的整个程序,使学生对演示主题形成整体性认识。如有必要,可以进行第二次或第三次演示,将演示的整体内容分成几个组成部分,逐一分解并做适当讲解与指点。

4.练习强化

在这个环节,教师可以提出问题,让学生围绕演示主题做进一步思考,也可以让学生自己动手操作,按照教师演示的步骤进行练习以巩固演示的效果。

(二)运用演示法的注意事项

教师的演示可分为演示前的准备、实施演示和演示后的总结与概括等三个阶段,因此,教师在这三个阶段对相关的事项要分别予以注意。

1.准备阶段的注意事项

一要制定出较为详尽的演示计划;二要注意演示时教师与学生的位置;三是演示前要进行详细说明。

2.实施阶段的注意事项

演示实施阶段对学生掌握相关技能与程序来说至关重要,通过演示,学生能了解技能的操作、明白操作的基本要领。在这一环节,教师须注意:一要引起学生的注意;二要注意演示步骤;三是演示时讲解要简洁、明确。

3.演示后的注意事项

在演示程序结束后,为了巩固学生的学习,教师应进行相关的跟进工作,如提问、复习重复演示的各部分,检查学生是否明白演示,让学生自己提出疑问,对演示要点进行概括与总结,增进学生对相关技能的进一步了解。

【实战演练】

下面是一个运用演示法进行教学的案例,对该案例中演示法的运用情况进行分析评判,并谈谈如果自己任教这堂课的话,会如何设计和实施演示教学。

演示法在"地球自转、公转"教学中的运用[①]

"地球运动的基本形式——自转、公转"一节属地球概论范畴,是高中地理中的难点之一。由于高一学生刚刚接触立体几何,空间想象等抽象思维能力不是很强,特别是涉及球体的有关知识和内容,很多同学更是难以理解。为此,本人对该部分内容,进行了反复思考和研究,结合学生实际情况,采取演示法与创设情境,指导学生动手操作、作图、练习等方法交替使用,相互补充,收到了一定的教学效果。

① 赵慧:《演示法在"地球自转、公转"教学中的运用》,载《职教论坛》2003年第8期。

一、演示与创设问题情境相结合,层层深入,以境诱思

关于地球自转部分,可先放映一段有关"地球自转、公转"的光盘,给学生以初步的感性认识。但看完之后,很多同学感到模糊,对地球自转方向自西向东不理解。他们对此有疑惑是正常的,尤其对光盘中所讲的"地球自转的方向自西向东"与现实生活中的东西南北向很难统一起来,因为在实际生活中人们无法直接感受地球的自转;更无法想象漫无边际的太空中的东西南北方向,因为他们难以找到相应的参照物。这需要老师做进一步的讲述。

将事先剪好的人状小纸片粘贴于地球仪上,以灯泡比作太阳,让学生结合刚才的放映内容,将小纸人比作他们自己。接着,将地球仪侧面对着学生,沿地球自转方向慢慢转动,引导学生想象自己跟着地球在自转。

这时老师解释:日常生活中大家都有这种体会:坐在开动的汽车上,看到路旁的树都迅速地向后跑。其实树并没有动,是汽车在动。同样,我们生活在地球上并没有感觉到地球在自转而仅看到太阳在运动,为什么? 这也是人的错觉,这是物体的相对运动。

老师可以提问:"有一诗句:坐地日行八万里,巡天遥看一千河。用地理知识应怎么解释呢?"引导学生做出解释:地球每天自转一周360度,赤道约80000里,在赤道上的人一天跟着地球自转行程80000里。

接着,老师可演示两种特殊情况,即将地球仪两极先后对着学生,并分别按自转方向转动。并问:"从南极上空看,地球做何种方向转动?从北极上空看结果如何?"(总结:从南极上空看,地球做顺时针方向旋转,北极则为逆时针。)

对于地球公转是自西向东方向,老师在演示时,关键是让学生确定观察点,即必须从地球北极上空向下看,地球沿逆时针方向绕太阳运转。

通过演示和创设循序渐进的问题情境相结合的方法讲授,主要是设法让他们结合所放映的内容和固有的知识与经验,努力置自己于太空中地球自转的情境想象之中。这样以境诱思,由浅入深,步步提问,水到渠成,不仅有利于学生理解知识,也有利于培养他们的空间想象能力。

二、演示与指导学生操作相结合,启发观察思考

关于地球自转、公转中涉及角速度、线速度的内容,原属高中物理中的概念,此时也未涉及。学生感到生疏,不易理解。对此教师可设法让学生参与具体操作,引导他们边操作边思考,让他们在操作中领悟、消化知识。步骤如下:

1.让每位学生取出事先制好的两块相同直径的半圆硬纸片,跟着老师一起以该直径为轴旋转两块纸片。老师边演示边讲解,为学生建立二面角的感性认识。接着指导学生在两半圆硬纸片上分别于0°、30°N、60°N上做出二面角。强调二面角两边必须垂直于半圆直径(可参看教材图),这样可以使学生建立二面角的感性知识。

2.师生共同旋转地球仪并结合教材图让学生观察两条经线之间的不同纬度的二面角是否有变化。

3.引导学生观察并比较:地球仪上不同纬度的纬线在长度上有何不同? 有何变化规律? 为什么?

4. 师生共同旋转地球仪并引导学生继续观察:地球自转在不同地点线速度有何变化? 有何规律? 为什么?

三、演示与指导学生做图相结合,增强理解效果

在教学中发现,对某些抽象问题单单靠演示和指导学生观察还不够,老师还应边示范边指导他们动手作图,这样将演示和作图密切结合,有助于他们理解消化并留下深刻印象。下面以讲授"黄赤交角和二分二至"内容为例,步骤如下:

1. 演示地球仪围绕灯泡公转,让学生重点观察地球公转路线所在的平面,接着指导学生做一水平平面,即地球公转轨道面(黄道平面)。

2. 在演示中引导学生仔细观察地球仪在公转过程中的两个特点:一是地轴始终指向同一方向;二是地球永远是倾斜的(即地轴并不垂直于黄道平面而是与其有一个66°34′的交角)。指导学生在黄道平面上做交角为66°34′的地轴线。

3. 演示并引导学生观察:由于地轴与黄道平面交角为66°34′,所以与地轴垂直的赤道平面和黄道平面之间的夹角应为23°26′(即黄赤交角23°26′),指导学生做出赤道平面。

通过以上三步可得出黄赤交角示意图。

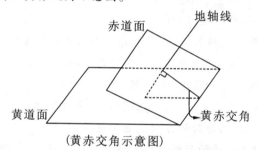

(黄赤交角示意图)

4. 演示地球仪公转,并让学生着重观察:太阳垂直照射点在地球表面的移动变化情况(强调这是由于黄赤交角的存在和不变造成的),从而引出二分二至四个主要节气及相应的日期。接着,指导学生做出二分二至时地球在公转轨道上的位置图,并重点检查学生在地轴倾向、四个主要节气位置、公转方向的认识上有无错误。

四、演示与练习相结合,及时巩固知识

通过大量的演示、操作、作图,学生对地球自转、公转的知识有一定的理解,为检验他们所掌握的程度,老师还应随即辅之以适当的练习。这也是地理教学中常用的方法。笔者这里强调的是练习的设计应该有代表性和启发性。

根据学生在每部分练习过程中存在的问题,再进行必要的演示与讲解,或者指导他们自己操作、体会,相互讨论。

六、实验法及其训练

实验法是在教师指导下,学生运用一定的仪器设备独立进行作业,观察事物和过程的发生和变化,探求事物的规律,以获得知识和技能的方法。采用实验法进行教学有助于学生直观地了解事物之间的因果联系以及事物发生发展过程的规律,也有助于培养学

生的动手操作能力、探究意识和对科学研究的兴趣等。

(一)运用实验法的基本步骤

1. 做好实验准备

教师在实验前要做好实验的充分准备工作,一要准备好实验的仪器设备、实验用品、器具等;二要做好实验计划,包括实验内容、步骤及结果。

2. 说明实验的目的、要求与过程

在这个环节中,教师要说明实验的原理、过程、方法和需注意的事项,让学生在实验前对实验目标、实验内容和实验步骤有一定的了解。

3. 进行实验

在这一环节,教师进行实验演示,完成实验的全部操作,使学生对实验形成整体性认识。在实验操作中,教师对于实验的每一步骤都要进行适当的讲解,以使学生理解得更全面。

4. 实验总结

实验结束后,教师要以实验的过程和正确的结论为重点进行小结,巩固学生对实验的理解,并指导学生写好实验报告。

(二)运用实验法的注意事项

1. 做好实验前的准备

主要包括准备好实验的仪器设备,让学生明确实验的目的,必要时教师还可做示范性实验。

2. 加强实验过程的指导

在实验过程中,教师要加强指导,确保实验的程序科学、操作规范、结论正确。同时,要特别注意提醒学生注意实验时的安全。

3. 做好实验后的小结

实验结束后,教师要对实验进行小结,并指导学生写好实验报告。

【实战演练】

根据实验法的有关要求,请对下面的两个教学案例进行比较与评析。

【案例1】

馒头在口腔中的变化①

一、教学目标

1. 知识、技能目标。

(1)通过探究实验使学生了解食物中的淀粉在口腔中发生了变化。

(2)通过探究实验使学生知道淀粉在口腔中发生变化与牙齿的咀嚼、舌头的搅拌以及唾液的分泌都有关。

(3)培养学生学会如何设计探究实验来检验自己的假设。

---

① 节选自季美兰:《生物探究性实验教学例析》,载《中小学教材教学》2004 年第 30 期。

2.能力目标。

(1)培养学生实验设计、仔细观察、善于思考、与人合作的能力。

(2)发展学生的创新思维,提高创新意识和实践能力。

3.情感态度目标。

(1)学会体验和领悟科学的思想观念和科学研究事物的方法,同时获取新知识。

(2)在探究实验过程中得到成功的体验,增强对学科的兴趣和自信心。

二、教学过程

1.亲身体验,提出问题。每个学生取一块馒头细细品尝,然后提出问题:馒头为什么会变甜?

2.思考分析,提出假设。学生思考分析馒头在口腔中的经历,提出假设:馒头变甜与牙齿的咀嚼、舌头的搅拌以及唾液的分泌都有关,馒头变甜是其中的淀粉发生了变化。

3.小组讨论,制订计划。学生分小组展开讨论,设计探究实验方案。

4.小组交流,完善计划。小组交流,各抒己见,教师适时指点,使问题一一得到解决,并要注意:

(1)实验要设计对照组。根据提出的假设,这个实验中有三个变量:牙齿的咀嚼、舌的搅拌、唾液,所以对照组(1试管)同时提供这三个条件,而三个实验组则分别只提供其中两个条件,缺另外一个条件(弥补了教材中只有两个实验组的不足)。

(2)获得较多的纯净唾液是实验成功的关键。

(3)实验要模拟人的口腔环境,即提供37℃左右的水浴并保持一段时间。

(4)馒头的主要成分是淀粉,可以用碘液来检测淀粉的变化。

5.小组合作,主动探究。有三个小组在小组交流的基础上有所创新:除了设置1、2、3、4试管外,还分别增加了5试管(与1试管相似,但放入的是一半清水一半唾液,旨在探究唾液的浓度是否会影响淀粉的分解)、6试管(与1试管一样,但放入100℃的水浴中加热,旨在探究高温下唾液是否会发生作用)。

6.分析结果,得出结论。分析各试管内的颜色变化,最终得出结论:淀粉在口腔中发生变化与牙齿的咀嚼、舌头的搅拌以及唾液的分泌都有关。

7.师生反思,总结规律。教师对各小组做出实验评价,肯定学生在探究实验课堂上所表现出来的科学素养,指出学生探究实验过程中不规范的例子(有的组在试管上没有贴标签做标记,有的组试管内注入的液体量多少不等),并引导学生总结出探究实验的方法:

(1)提出问题;

(2)做出假设;

(3)设计实验(要有对照组);

(4)预测实验效果;

(5)观察实验结果;

(6)分析结果,得出结论。

学生也对此次探究实验谈了体会,有的小组得出:做探究实验时,要注意科学的严谨性。除了所要探究的因素,其他条件要在相同的环境下进行。有的小组提出:为了让唾液、牙齿、舌头在口腔中发挥最大的作用,我们平时吃饭时要注意细嚼慢咽。有的小组发现唾液被稀释后,对淀粉的分解作用降低,从而补充:平时吃饭,不要一边吃饭一边喝水,这样不利于消化。

【案例2】

运用实验法帮助学生解题①

"在一只底面半径是 30 厘米的圆柱形水桶中,有一段半径是 10 厘米的圆柱形钢材完全浸没在水中,当钢材从水中取出时,桶里的水面下降了 5 厘米。这段钢材有多长?"这道题的教学难点是让学生理解钢材的体积实际上就是水下降的体积。如何在"钢材的体积"与"水下降的体积"这两者之间建立起联系,对学生来说是一个比较困难的问题。为此,我在教学时引导学生观察实验:将一段圆柱形钢材放进一个盛水的圆柱形烧杯里,使圆柱形钢材完全浸没在水中,让学生观察演示过程,教师将钢材从烧杯中取出,让学生观察水面的变化过程,并思考下面的问题:在没有拿出钢材时,水面在什么位置? 当拿出钢材后,水面发生了怎样的变化? 为什么会有这样的变化? 钢材的体积与水下降的体积有怎样的关系?

学生通过观察思考,发现钢材取出后,烧杯里的水下降了的那一部分是一个小圆柱,而这个小圆柱的体积与圆柱形钢材的体积相等。这样学生顺利地解决了圆柱形钢材的体积问题,进而迅速求出了钢材的长。

七、读书指导法及其训练

读书指导法是教师指导学生通过阅读教科书、参考书以获取或巩固知识的方法。学生掌握书本知识,固然有赖于教师的讲授,但还必须依靠他们自己去阅读、领会才能消化、巩固和扩大知识。

(一)运用读书指导法的基本步骤

在课堂教学中,指导学生读书,包括指导学生预习、复习、阅读参考书、自学教材等。

1. 指导预习

教师要向学生提出要求,进行启发,扫除某些阅读障碍,使学生通过阅读初步了解课文,为学习新课做好准备。

2. 指导复习

教师要提出明确的阅读任务、布置一定的作业,以便加深对阅读内容的理解和巩固。

3. 指导阅读参考书

教师要精选适合的读物与内容,因人而异地提出要求,并给予一定的指导。

4. 指导学生自学教材

要在教师的启发与指导下,学生以自学的形式学习新课。它有助于调动学生学习的

---

① 节选自赵云峰:《谈小学数学中的难点教学》,载《云南教育(小学教师)》2011 年第 6 期。

积极性和培养、提高学生的自学能力。

（二）运用读书指导法的注意事项

1. 培养学生的阅读兴趣与爱好

教师要在平时的教学中培养学生的阅读兴趣与爱好,使学生喜欢读书,这是读书指导法得以顺利进行的前提条件。

2. 教给学生科学的阅读方法

教师要教给学生科学的阅读方法,比如,指导学生阅读过程中在书上做记号,划重点,谈见解,写眉批、旁注和批注等,做好读书笔记,使学生在阅读过程中对内容进行一定的思维加工,以提高学习效果。

【实战演练】

下面是几种读书方法的介绍,请根据介绍的读书方法,根据学习者的年龄特点,推荐某一本书或一篇课文或某一学习材料进行阅读,读完之后交流读书心得,并将这些方法在平时的读书中加以运用。

介绍几种读书方法[①]

（1）"三到""四遍"读书法

所谓"三到",是指在阅读的全过程中,做到眼到、心到、手到。眼到、心到即边读边想,读思结合;手到就是用各种自学符号,点划摘记,以加强记忆,加深理解,促进思考。"三到"之中,心到最重要。

所谓"四遍",是指在阅读顺序上要由浅入深地反复阅读几次,以求逐步读懂学会。第一遍,了解全貌,胸有全局,登高观景,重在看"全"。第二遍,了解结构,分析层次,逐层观景,重在各"层"。第三遍,把握重点,观赏奇景,重在举"要"。第四遍,理解记忆,探求联系,重在内"联"。用这种方法读书,才能读出新的境界。

（2）研究结构读书法

所谓研究结构读书法,即根据某一课构成的各部分及其作用去分别阅读课文的方法。这种读书方法分以下各层:读标题,包括框、节、课的标题,了解全课的框架结构,脉络体系。读提要,明确中心,把握纲要。读前言,弄清任务的提出,知识的内在联系。读概念,掌握科学理论机体的细胞,认清其本质。读原理,掌握基本立场、观点和方法,指导实践。读引文,强化论点,提高可信度。读事例,充实论据,帮助理解。读注解,排除障碍,加深理解。读后记,掌握结论,或抓住"下回分解"的问题。读思考题,理解编者要求,检查学习效果。通过这样分解结构的阅读,再综合理解,便能准确地把握全课的体系、层次和精神实质,以便用所学理论指导行动。

（3）粗、选、精读书法

粗、选、精读书法就是粗读、选读、精读三种读书法。既可各自独立使用,又可三者结合使用。粗读又称初读,就是指把某本书或书的某些章节与大小标题全浏览一遍,以便对整本书或某章节有个轮廓性了解。选读又称跳读,就是指对一本书不是从头到尾地

---

① 张媛、蔡明:《教学方法研究》,河南大学出版社2001年版,第64—66页。

读,而是有选择地读。精读又称细读,就是指为了巩固知识,加深理解或进一步搞清某个问题而深入、细致地阅读。

(4)要会做课外读书笔记

课外读书笔记的形式很多,主要有批注式、摘录式、提要式、索引式、心得式笔记等。批注式笔记是把书中重要的句子、段落或疑问之处,标以圈、点、叉、杠等符号,也可在书页的天头地脚写注、做批语。

摘录式笔记是把书中与自己钻研有关的思想观点、重要的事实根据和结论、精彩的句子和段落、原始材料等分门别类抄录下来,并注明材料来源,以备查对,准确引用。

提要式笔记,就是用自己的语言做概括性记录,即把一本书或一课、一节的中心思想、精神实质,用自己的话提纲挈领地记下来。记这种笔记应注意条理清楚,叙述简略,还应指出原书的参考价值。

索引式笔记,可搜集文章的标题,抄写有关书目和好句子,搞好索引目录,以供查找。

心得式笔记,可以是体会,也可以是札记。在读了某一本书,某一结论或某一句话后,经过仔细回味和头脑的思考加工,当感想、收获形成较为深刻的认识以后,及时地记录下来。这种笔记还应该特别注意那些属于思路、设想、灵感等闪光的火花。因为许多事情往往百思不得其解,而有时会忽然得到启发。对于这些,哪怕是一星半点也不要轻易放过,它很可能正是你今后深入思考解决问题的阶梯。

此外,做学习卡片,实际上也是课外读书笔记的一种形式。卡片的优点大体上与活页纸相同。它有相当的灵活性,可供随时取用。这种卡片,可供读书、看报与阅读各种杂志时使用,为了便于分类,一张卡片只能写一项内容,宜细不宜粗。

八、自主学习及其训练

自主学习就是学生在学习活动之前自己能够确定学习目标,制订学习计划,做好具体的学习准备,在活动中能够对学习进展、学习方法做出自我监控、自我反馈和自我调节,在学习活动后能够对学习结果进行自我检查、自我总结、自我评价和自我补救。可以将自主学习概括为:建立在自我意识发展基础上的"能学",建立在学生具有内在的学习动机基础上的"想学",建立在学生掌握了一定的学习策略的基础上的"会学",建立在意志努力基础上的"坚持学"。

(一)自主学习的基本步骤[①]

自主学习与其他教学方法不同,它是以学生自主、主动、独立为特征的,因而并不见得有单一的操作方式与运行步骤。在一定程度上,具备了自主学习相关特征的教学,都可称之为自主学习,这样的学习难以用固定的步骤来限定。

我国一些研究者提出的课堂教学模式,也具有一定的自主学习特征。如自学辅导教学。这种模式强调的是学生在教师的指导下自学教材内容,自己练习、检查并改正错误,培养学生的自学能力。自学辅导教学的步骤具体有五步。

---

① 郑金洲:《教学方法应用指导》,华东师范大学出版社2006年版,第152—153页。

第一步:启发引导——在开始上课后 5 分钟左右的时间内,教师从旧知识引出新问题,激发学生的求知欲望,并使学生了解学习目标;

第二步:阅读课本——学生按照各自的速度阅读教材;

第三步:自做练习——学生在完成阅读后就开始尝试完成课后练习;

第四步:知道练习结果——在做完练习后,学生自己对答案;

第五步:教师小结——在前四个步骤中,教师都不干预学生的学习活动,不打断学生的思维,但必须保持在课堂上巡视,辅导后进生,检查学生的练习,了解全班的学习情况,及时发现问题。在下课前 10 分钟左右,教师针对前一阶段所发现的问题,向学生进行解答,并将学生的知识系统化。

(二)运用自主学习进行教学的注意事项

1. 创设良好的课堂环境

创设良好的环境,是促进课堂教学情境下学生自主学习的第一步,也是关键的一步。研究表明,积极的课堂环境能激发并促进学生的自主学习。自主学习的外在环境主要包括校园的布局、清洁、绿化,课堂的光照、座位安排,以及学生自主学习时需要的学习材料、辅助设备,等等。好的外在环境,能让学生感受到身心舒适,同时排除许多无关干扰,让学生全身心投入到学习中去。

2. 提供合适的学习材料

自主学习的材料主要包括教材、学习辅助材料等。其中教材是学生学习的重要根据,在学习中占有重要地位。在自主学习中,它更处于重中之重的地位,是学生最主要的学习资源之一。为了便于学生自主学习,教师就要做到不迷信教材,对教材进行一些个性化的处理,比如,简略化教材、结构化教材、简易化教材,或者丰富化教材。

3. 营造良好的课堂心理氛围

教师要营造良好的课堂心理氛围,可从三方面入手:一是培养学生的情绪安全感;二是建立融洽、平等的课堂人际关系;三是让学生都能体验到成功。

4. 采取多种指导方式

在不同的学习情境中,教师要采用不同的指导方式:首先,对不同年龄阶段的学生采用不同的指导方式;其次,教师在课堂中不仅要指导学生进行个别学习,还要指导他们进行集体学习;最后,教师要针对学生的不同能力进行个别指导。

5. 鼓励学生参与课堂管理

在提倡自主学习的课堂教学中,课堂教学的基本方式已经改变,不再以教师的“讲”为中心,而是以学生自主的“学”为中心,因此,课堂管理的方式也应产生一定的改变,需要让学生参与课堂管理。

【实战演练】

阅读下面的案例①,并评议案例中教师对学生自主学习教学过程的设计。

教学目的:以阅读材料的内容为基础,结合个人的经历和感受,讨论有关学校教育的

① 郑金洲:《教学方法应用指导》,华东师范大学出版社 2006 年版,第 143—145 页。

问题。重点训练阅读和表达能力。

教学过程:

1.导入:教师提出以下问题,让学生简要回答:我们为什么上学? 学校教育的主要目的是什么? 谁应该为学生的教育负责?

2.教师布置阅读任务:学生阅读一篇题为"Why Go to School?"的短文。要求学生一边阅读,一边标出他们完全赞同和不太赞同的观点。

3.学生以组为单位(4~5人一组),交流意见,特别是与短文中观点不一致的意见。组长负责记录小组中较为集中的意见。

4.各组向全班汇报交流、讨论的结果。教师在黑板上做简单的记录。

5.选择几种有争议的观点,问全班学生谁同意这些观点,谁反对这些观点。

6.重新分组:就某一问题,持相同观点的学生组成一组(4~5人为宜),然后讨论为什么支持(或反对)某一观点,列出几条理由。

7.各组派一名代表汇报结果。

8.就某一问题进行辩论。

Why Go to School

School is one of the first social situations that you go to outside your family. Your attitudes are deeply shaped by the type of education you receive, by the personalities of your school and its teachers, and by the suitability of the education for your career objectives. Although your first responses to your early educational environment were probably influenced by the attitudes of your family and friends, your later responses to life itself will be greatly affected by how and where you were educated.

Both you and your school are responsible for your education; it is a two - way street. Many people today's educational system does not meet the needs of its students. If this is true, then the entire system of our education must be examined and reorganized. If the statement is false, then it is the responsibility of the educational system to make people believe the system is a good one. No educational system, however, can do a good job for you, the student, unless you yourself make contribution to the educational process.

The main objective of a school should be to teach you to think for yourself, to find your own value, and to develop your potential. School is not a place where you simply learn the ideas of other people or the knowledge written in books.

In school, you must always ask yourself questions like these: Whose values am I learning? Where do the teachers' ideas come from? Is everything introduced in the teaching materials right and appropriate for me?

The best school is not the one that force you, the student, to fit it, but the one that tries its best to fit you. So does your school fit your interests and your needs.

(摘自《高中英语实验教材课程标准》,人民教育出版社)

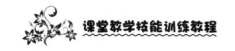

九、合作教学法及其训练

合作教学法是针对教学条件下学习的组织活动形式而言的,相对的是个体学习。合作教学法是指在小组或团队中为了完成共同的任务,经历动手实践、自主探索和合作交流的过程,有明确责任分工的互助性学习。

(一)运用合作教学法的基本步骤①

合作教学法的运用要经过以下几个步骤:

1. 精心进行教学设计

教学设计在合作学习中有着重要的意义,在教学设计中,教师既要根据教学内容和学生实际进行设计,同时在准备教案时,还要将分组活动的目的、形式、内容、时间,活动的工具材料和活动的要求等精心考虑并反映在教案中。

2. 合理划分学习小组

教师要对合作学习小组的划分进行周密考虑与安排。合作学习小组的划分一般可以依据学生的年龄、性别、学习能力、知识水平和技能等条件,采取同质划分或异质划分的方式。无论怎样划分,都应该有助于小组成员积极、主动地参与学习过程,并能使小组成员彼此协作、相互支持,以提高个人的学习成效和达成小组的学习目标。

3. 明确各成员任务分工

这一环节,小组中的各个成员应明确分工,各尽其职。教师要确定教学目标任务,帮助小组设计教学情境,进行学习指导,参与小组讨论,指导小组开展活动,要求小组长反馈情况,指导、鼓励后进生学习,对课堂所有活动全面组织,做好组织者、帮助者、监控者和参与者,及时给予学生科学的评估,使他们体验到成功与快乐。

4. 实施小组合作学习

各小组按照预先布置的学习任务,进行讨论、探索。在实践中,充分体现组内合作和组间竞争,每人都有机会做主持人,负责本组内的交流、讨论发言、汇报等环节的顺利开展。教师巡回指导,并深入到某些小组与学生一起参与学习活动。有了一定的学习结果后,各组主持人汇报本组学习情况,讲析教学内容,组内成员可以补充或组间有不同意见可以辩论。

5. 进行归纳点评

在学生进行小组交流的基础上,教师可进一步归纳讲解。讲解要做到画龙点睛、言简意赅,针对教学内容,根据学生合作学习情况进行补充、概括,帮助学生建构知识结构,完善认知结构,同时培养学生正确的学习方法。也可以根据学生学习情况进行适当的评价。

(二)运用合作教学法的注意事项②

1. 引导学生认识合作学习的意义

合作学习要想达到较好的效果,其前提是让学生理解什么是合作学习及进行合作学

---

① 郑金洲:《教学方法应用指导》,华东师范大学出版社 2006 年版,第 175—177 页。
② 郑金洲:《教学方法应用指导》,华东师范大学出版社 2006 年版,第 178—181 页。

习的意义。通过教师的引导,学生能够认识到,合作学习是由几个人共同完成一项学习任务,小组中的每一个人都是学习伙伴,都是合作者。合作学习能培养学生的团队精神和集体责任感,通过小组成员之间的相互帮助、合作,在完成学习任务的过程中感受小组集体的力量。

2. 选择适宜的学习任务

什么样的教学任务适宜合作学习方式? 国外的研究认为,合作学习方式适宜于较为复杂或较高层次的认知学习任务,适宜于绝大多数的关于情感、态度、价值观的学习任务。另外,如果教学目标本身包含了人际交往品质与能力培养的话,那么,就更需要采用合作学习的方式。

3. 对学生进行合理分工

合作学习需要所有的学生都要参与进来,每个人有不同的分工,面对不同的分工,每个人都需要有独立的思考。大家的任务虽是共同的,但每个人所承担的责任是不同的,每个人的任务都是完成小组总学习任务的一部分。

4. 确定合适的合作方法

合作学习要富有成效,关键在于教师要教给学生合作学习的方法。在每个人经过独立思考后,可以以小组中某位成员或某小组的意见为靶子,引导其他同学对他们的意见发表见解。在这种具有团体性质的争论下,学生更容易发现差异,发生思维的碰撞,从而对问题的认识更加深刻。

5. 给学生留有充足的学习时间

教师采用小组合作学习方式教学,如果提出了很多或较难的问题与学习要求,就要留给小组学习和讨论的充足时间,真正落实小组合作学习目标,提高小组合作学习的实效性。

6. 强化教师的指导角色

小组讨论的时候,教师应该深入到小组当中,应该以听、看为主,把注意力集中在了解上,在此基础上迅速思考应该做哪些调整。这样的小组合作学习才可能是有效的和扎实的。在合作学习活动结束后,不但要让小组交流学习结果,还要交流组员之间的合作情况;教师要进行相应的评价,在评价时,要重视学生在合作中的情感、态度和价值观。

【实战演练】

阅读下列的教学案例,请思考以下问题:

(1)从下面的两个案例中,你对合作学习的运用有了哪些认识?

(2)下面的两个案例从合作学习的角度来分析,优点在哪里?

(3)如果你是案例中的教师,你打算怎样设计这堂课?

【案例1】

难忘的启蒙

第一节课由老师先给同学们出题,第二节课让每个组的同学到台上来向全班同学展示合作学习成果。第一节课一开始,先解题、审题,然后分组,每组要明确本组的主要学习任务(全文 10 个自然段,每组分别学 2~3 个自然段)。基本的学习任务和要求是:

（1）有感情地朗读课文；

（2）有感情地背诵其中的一个自然段；

（3）概括所学段落的主要内容；

（4）讲述一个重要的认识或体会；

（5）给其他组各提一个他们所学内容的问题。

展示学习成果时，组长是主持人。第一项"有感情地朗读课文"和第二项"有感情地背诵课文"，由听课的老师或同学随机叫同学来读。因此，小组学习时，人人都得练。第三项"概括所学段落的主要内容"和第四项"讲述一个重要的认识或体会"由大家一起研究讨论，再由组长指定一人汇报，汇报的人在大家研究时要把大伙的意见记在纸上，集中集体的智慧。最后一项由组长安排三个同学分别提三个不同的问题。教师把要求和安排讲清楚后，学生开始分组学习。在这种情境下，每个小组的同学都在认真地默读、思考、朗读、讨论，课堂气氛十分热烈。

【案例2】

《将相和》语文合作学习

一、创设情境

师：同学们，看过电影大片吗？想当回导演导一部电影吗？今天咱们都来当一回导演，导一部历史大片，大家知道片名吗？（揭题：完璧归赵）谁知道剧本在哪儿？对，就是课文的第一个小故事。

二、合作学习

（合作准备。）

1. 学生熟悉剧本。

2. 师：分析了剧本，你觉得一个人完成任务有困难吗？（大部分学生回答：有！）那么你觉得有实力的自编自导，有困难的找人合作，当然剧组的人数由你们自定。

3. 学生自由组合。（有三组两人的，有一组六人的，其余都是四人的。）

4. 师：好了，我们剧组成立，开始开拍了。我看你们这样兴奋，心也有点痒痒的，我就当回总导演吧！今天你们轮流当导演，轮流当演员，总导演会安排你们拍四个场景，你们在每个场景的拍摄中轮流变换角色，明白吗？（生：明白！）

场景一：接到秦国的信，赵王和大臣们议论开了……

（1）学生自由指定第一轮的导演，展开合作学习。

（2）教师巡视各小组，引导个别小组开展合作学习。

（3）汇报交流，表演对话。

（有一个小组由于导演对于要求理解不透，虽然把整个故事演完了，但效果不佳。）

（4）师生评价。

（5）师：看来个别导演调控出了问题，导致演出效果不理想。看来当导演的一定要调控好，我建议整个剧组要通力合作，帮导演出主意。

场景二：蔺相如决定赴秦国完成此重任，在大殿上陈词。

（1）小剧组准备，导演换第二个同学，在前一次基础上改进合作方法。

（2）小组汇报。（抽不同的组）

①向全班交流表演内容，主要是说清本小组是怎样表演、怎样陈词的。

②表演：（以两人合作表演居多，一人旁白，一人演蔺相如。）

③评价：（师：告诉大家，你们感受到的是怎样的蔺相如？）

④随机指导朗读蔺相如的语言，让每个人都尝试演一演蔺相如。

场景三：蔺相如来到秦国，与秦王据理力争……

（1）师：总导演有话讲，这儿的对话主要有三处，有能力的剧组演三组对话，有困难的完成两组或一组对话。

（2）自由准备。

（3）交流（抽剩余的小组）。

①讲述小组中导演的安排统筹过程。如一小组导演介绍他们的合作过程：

A.熟悉剧本 B.确定演员及分工 C.组内交流 D.排练，加进自己的语言

②表演。

③评价。

（老师着重问学生：你们这一回又看到了一个怎样的蔺相如？让学生着重谈其他组合作效果如何，合作的亮点在什么地方。）

④老师小结：看来，表演时可以加进自己的语言。这其实就是你们对剧本各自不同的理解和感受，这也是我们合作表演的另一种方法。

场景四：蔺相如完璧归赵，回到赵国，赵王和大臣们又议论开了……

（1）师：时间关系，这一场景留给大家一起合作完成，马上思考，马上演。

（2）表演。

（学生纷纷举手，一一表演带有个性的人物。而众人的表演又恰恰形成了一幅君臣谈笑风生般的历史画面。）

三、作业

请你写出人物评析。

蔺相如：

秦王：

赵王：

十、探究式教学法及其训练

探究式教学法是一种按照教学规律进行的，在教师指导下，学生学习探究知识、提高能力的教学方法。作为一种新颖的教学方法，它有一定的理论依据，有行之有效的教学步骤。一般要求学生分成小组，在教师的指导下，就某一"学习问题"自觉地、主动地进行探索学习，在这一过程中培养学生创新意识和实践能力。[1]

---

[1] 余文森，林高明：《经典教学法50例》，福建教育出版社2010年版，第150页。

（一）运用探究式教学法的基本步骤

探究式教学法的运用主要分为四个步骤①：

1. 创设情境，引导探究

教师在教学中，可根据教材内容创设生活情境，激起学生的学习兴趣，为他们的探究活动做铺垫。学生在探究中，能把学、思、疑、问联接在一起，就会给自学探究增添无限的乐趣和动力。

2. 解疑导拨，合作探究

学生探究是学中有探，探中有学，一般问题均可以在边学边探中自行解决，不理解或解决不了的疑难问题，可集中在这一阶段解决。面对学生的疑问，教师不必过早解释，只要综合大家的提问，提出一两个重点问题组织学生合作探究即可。

3. 明理强化，创新发展

这一步既是对探究成绩的巩固，又是对探究效果的检验，其作用在于帮助学生学会方法。首先，教师要根据教材要求和学生合作探究情况，简要归纳、概括讨论要点。然后，要求学生运用自学和讨论探究获得的知识，学会举一反三，解决类似或相关的问题。

4. 激励评价，深入探究

这一阶段既要总结前三步探究活动的基本收获，对学生积极主动参与探究给予充分肯定，又要得出结论，为学生今后解决类似或相关问题导向指路。其作用在于进一步让学生牢记探究的方法，养成自主探究的习惯，把学习探究变成自己生活的第一乐趣。

（二）运用探究式教学法的注意事项

随着新课改的推进，探究学习的范围越来越大，在运用中，教师应注意以下问题②：

1. 面向全体学生，并关注个别差异

教师要给每个学生提供参与探究的机会，尤其是那些在班级或小组中较少发言的学生，应给予他们特别的关照和积极的鼓励，使他们有机会、有信心参与到探究中来。同时，教师要注意观察每个学生的行为，防止一部分优秀的探究者控制和把持局面，要让每个学生都对探究活动有所贡献，让每个学生分享和承担探究的权利和义务。

2. 注重为学生提供相关的支持条件

探究教学往往需要更多的时间，需要小班额教学，需要充足的材料等。从时间方面说，需要给学生留出充裕的时间去做实验，去野外考察，或者去思考、总结个人经验，去进行相互交流；还需要给学生留出时间让他们以不同的组合方式去进行多种多样的活动。因此，对课程中的知识总量必须加以控制，以便为科学探究活动留出足够的时间。

3. 探究问题的设计应联系社会生活实际

要注意了解学生关注和感兴趣的问题是什么，要关注这些真正来自于学生和属于学生的问题，联系学生生活和社会实际。

---

① 余文森、林高明：《经典教学法50例》，福建教育出版社2010年版，第150—151页。
② 郑金洲：《教学方法应用指导》，华东师范大学出版社2006年版，第204—208页。

4. 注重发挥教师自身的指导作用

探究学习强调学生的自主性，但并不忽视教师的指导。应该特别强调教师适时的、必要的、谨慎的、有效的指导，以追求真正从探究中有所收获。因此，教师如何指导学生的探究，从哪些方面去指导，采用何种方式与途径指导、指导内容等等相关问题，都是教师在教学中需要考虑的。

5. 要珍视学生已有的个人知识和原始概念，引导学生积极反思

每个学生从诞生的那一刻起就没有停止过探究，当然，学生自发的探究停留在较低的水平上，他们的探究能力有限，探究的过程与使用的方法也较为粗糙，问题较多。但是学生获得了关于身边世界大量的、丰富的初步经验，具有了一定的个人见解、观点和认识。学生的这些原始的观念是通过探究获得的，他们珍视这些原始观念，这些个人知识对学生来说也是最有价值和意义的。

6. 要注重分析探究中学生独特的感受、体验和理解

探究活动中，一方面，学生会有不同的感受和体验，对问题也会有不同的理解和看法。这些都是学生亲历探究所获得的，应该珍视。另一方面，学生的思维与认知常常更加敏锐，更处于自然，更接近真实，且在不受众多背景性信息干扰的情况下往往具有独特的视角。因此，要尊重学生在学习过程中的独特的感受、体验和理解。

7. 要加强学生之间的合作与交流

探究过程中需要学生们合作、解释和进行各种协调一致的尝试，这些合作与交流的实践和经验，可以帮助他们学习按照一定规则开展讨论的艺术，学会准确地与他人交流，这种客观、开放精神的形成并非易事，要靠长期的教育才能得到。

8. 注意对不同学段的学生提出不同的探究要求

在这方面，科学探究领域的研究已经比较深入，如小学阶段，学生的科学探究活动主要是以系统地观察，对常见物体的摆弄、测量为基础，还包括对物体及其属性的检验和定性描述，从事分组和分类的活动，思考这些物体之间的共同之处和不同之处。对初中学生科学探究活动的要求有所提高，除了学会系统地观察外，还应该能够进行精确测定，并会确定和控制变量，学会运用计算机查询、检索、收集、存储、组织、总结、解释数据，并在此基础上预测和建构模型等等，学会通过批判并培养逻辑性思维，建立证据和解释之间的关系。

【实战演练】

阅读下面探究学习的案例①，思考以下问题：

(1) 该案例探究问题的设计是否合理？为什么？

(2) 案例中老师的组织是否得当？如果不得当的话，还需要做哪些改进？

(3) 如果你是案例中的教师，你会怎样安排这次探究教学？

新西兰的中学科学课程中，每学期都有两周共10节课的时间，供学生进行专题学习活动。案例的时间是1988年7月临近期末之时，地点是新西兰汉密尔顿市（Hamilton）一

---

① 郑金洲：《教学方法应用指导》，华东师范大学出版社2006年版，第212—214页。

所普通公立中学的初三班。

活动开始之前，教师只是简单地做了交代，之后的两周是专题学习时间，请全班学生共同做一个探究，做什么，怎么做都由学生们决定，只要与科学有关系，又有条件能做好就行了。老师建议，学生们可先分组设想有什么可以做的课题，然后再一起讨论决定研究课题。按照老师的建议，第一、二节课，全班学生(28人)分成8组提设想，大家海阔天空地想出了20多个题目，然后再分为4组进行讨论，每组选定一个自认为最合适的课题，最后由每组选出一名代表报告他们的课题和设想，全班同学一起比较、评议，再投票决定选择哪一课题。在这两节课中，老师在各个组巡回，主要是听学生的讨论，有时向学生提出一些实际问题，启发学生思考课题的实际可行性，例如，做你们建议的课题需要些什么器材？要多长时间？花多少钱？有没有安全问题？有一组学生想分析橄榄球运动员在比赛过程中的碰撞问题，请老师帮忙出主意。老师就要他们想想物体的碰撞有多少种情况，橄榄球运动员的碰撞属于什么情况，碰撞有什么规律，到什么书上可以找到有关的资料，等等。

经过这样的讨论和投票，学生们决定做"市场上哪个牌子的洗衣粉洗涤效果最好"这一课题。接下来的两节课，学生们分组讨论探究的方案，在许多问题上都发生了激烈的争论。如，市场上最常见的洗衣粉有哪些，要用什么规格的洗衣机进行洗涤，用什么样的洗涤程序，水温多少，洗衣粉应放多少，用什么样的布作为洗涤对象，等等。各小组讨论的问题不尽相同，也不全面，但全班的问题汇在一起，就把有可能发生的情况都考虑到了。如，在讨论洗什么的问题时，开始有人提议洗校服，但是，校服有新旧、大小的差异，不行，被否决了；后来又提议用一般衣服、几块不同的旧布，由于难以控制实验条件也被否决了。不过，同学们也觉得，用布比用衣服容易保证实验条件相同，因此决定用布，并不断补充控制条件：布都是新的，颜色相同，大小一样，再弄得一样脏。但都用浅色布也不行，不能全面说明洗涤效果。最后，他们买了五块颜色和深浅不同的布，裁成同样大小，弄得同样脏，然后用相同型号的洗衣机在同样的水量、温度、程序、洗衣粉量之下洗涤。又如，在比较洗涤效果时，应把布一起放在光线相同的地方，相互比较，再与一小块没有弄脏过的同颜色新布作比较，等等。

根据超市提供的资料，学生们选了4种销量最大的洗衣粉进行比较。因为学校里没有4台相同的洗衣机，就让几位同学带回家中去洗，还派了监督人，保证洗的方法、程序符合预先计划安排。第一次洗出来的结果怎样也看不出差别，有的同学就打算下结论。这时，老师就提醒大家注意，是否这样一次实验就可以下结论了，全班又进行讨论。大多数同学认为只做一次实验，洗衣粉的用量只有一种，下结论太早了，于是决定逐步减少洗衣粉的量，再重复做实验。前几次结果都看不出差别，直至第四次才看出差别。

然后，老师要求每个小组写一份研究报告，要写明研究的问题，为什么要做这一研究，做的方法和过程，对比的方法和过程，得到什么结论。报告是集体讨论写出来的，全部张贴在教室里，让学生们比较，哪一份有什么优点，选出最好的一份，并让这个小组把别人的优点都吸收过来，得出一份代表全班的报告。利用教师周会的时间，该小组的三名学生向全校老师做了一次很生动的报告。一个月后，新学期开始了，老师提醒学生看看上学期的活动有没有影响。怎样做老师没有说，同学们经过讨论，决定对老师们进行调查。他们在校门口给老师发调查表，内容是"你最近有没有买洗衣粉？如果买了，买的是什么牌子？"结果，买洗衣粉的老师中有80%买了他们证明洗涤效果最好的那种。

【拓展阅读】

教师教学方式转变的方向和措施①

一、以讲授法为主，综合运用多种教学方法是教师教学方式转变的方向

任何教学方法均有其不同的特点，都是在特定的条件下发挥独特的功效，任何一种教学方法都不能认为在任何条件下它就是最佳的教学方法，况且在一堂课中要达成的教学目标不是单一的，影响教学方法选择的因素也是多种多样的，因此，无论什么学科，在实际教学过程中，每一堂课的教学都应当采用多种教学方法，并注意这些方法的有机结合和综合运用，让这些方法达到一种最优组合，最大限度发挥每一种教学方法的作用。

提倡教师教学方式的转变，主要是改变教师教学方式单一的局面，实现教学方式的多样化，即在以讲授法为主的传统教学方式基础上，增加合作学习、探究学习等新方法所占的比重。不过，在教师教学方式由单一转向多样时，要明确这些方法是有主从之分的。总体而言，应以讲授法为主，合作学习、探究学习等新的方法为辅。王策三先生曾经说过："讲授法的采用是教育历史上重大发明和进步，已经实行了好几百年，特别是一个多世纪来虽受多方非议和猛烈抨击，至今仍然是全世界中小学教学的基本方法，怎么可能一夜之间说废就废了呢？我们可以预言，除非学校消亡，在可见的未来，特别是在我们国家，在中小学（不是幼儿园，不是研究生教育）讲授法不会消失，而且是主要方法。谓予不信，请拭目以待。"这番话十分在理，也为教学方式的改革指明了方向。

总之，不同的教学方法有不同的价值，所以，教学方式改革的方向应是以讲授法为主，综合运用多种教学方法，而且要对这些方法进行优化组合。只有综合运用多种教学方法，才能够博采众长，融各种方法于一体，使它们的优点得到充分发扬，而缺点在一定程度上得以避免；综合运用多种教学方法，才能把多种类型的感觉、知觉都运用到教学过程中来，有利于学生掌握知识、发展智力；此外，多种教学方法的运用对于引起学生学习的兴趣和求知欲，维持学生的注意也有好处，并且容易激发教师教学的热情。

教学方法最佳搭配方式见下图：

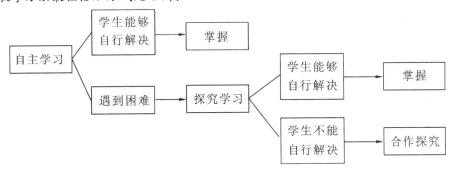

基本思路是，首先引导学生自主学习，把"先讲后学"变为"先学后讲"，学生没有自学时老师就不要讲，学生通过自学已经解决的，老师不需要讲；学生自学时遇到困惑时先尝试通过小组合作探究解决，如果能够解决的，老师不用讲；小组合作探究仍不能解决

---

① 节选自申大魁、田建荣：《教师教学方式转变的方向和措施》，载《学术探索》2013年第6期。

的,就是课堂上要解决和突破的重难点,老师要重点讲。

提倡以讲授法为主,也不是说每堂课都要以讲授法为主。讲授法是作为"一般教学方法"而言,教师只有将它与具体的学科、具体的内容相结合,它才能作为一种"一般教学方法"发挥其基础作用。

讲授法固然重要,但教师不能只会讲。中国教师的现状是太爱讲、太能讲,讲得太多。老师常把自己的讲解视为学生获取知识的唯一途径。应该能不讲就不讲,能少讲就少讲,学会留"空白"。只有教师少讲,学生才有开展多种活动的时间,学生才能真的多学、会学,才能实现"教是为了不教"的目标。

二、讲授法的价值决定了教学方式应以讲授法为主

讲授主要是语言活动,讲授法就是能最大限度使用和发挥语言功能的教学方式,讲授法在教学中有其他方法难以替代的价值。一方面,讲授法能够很好地培养和发展学生的高级心理能力,特别是抽象思维能力;另一方面,语言是思维和交流的工具,相对于其他载体而言,语言是知识最主要的载体,通过讲授法,可以使学生在较短的时间内学习大量的知识,极大地提高知识传授的效率,如果教师的教学方式不以讲授法为主,学生就不可能在有限的时间内学完所要求的学习内容,这是显而易见的。另外,讲授法适应性强,方便、灵活,无论是在课堂还是在室外、野外都可运用,并能根据教学目的的要求、教学条件、教学对象任意修改讲授内容,还能够根据学生听讲时的反馈信息及时调整讲授内容的深浅度以及讲授的速度、节奏。因此,一个优秀的教师,一定是一个能够成功运用讲授法的教师。因此,为了让讲授法在新课程改革中发挥更大的作用,教师要不断改善讲授技巧,提高讲授水平。

新课程改革提出了"三维目标",即知识与技能,过程与方法,情感、态度与价值观。思维目标的提出,旨在改变单纯传授知识的片面性,重视学习的方法和过程,重视培养学生的情感,出发点无疑是正确的。可是,从"三维目标"各自的地位和它们之间的关系来看,"知识与技能"目标应该是基础性目标,要坚持以"知识与技能"为基础,在此基础上追求全面发展的目标。

【学习资源】

[1]王道俊,郭文安.教育学[M].6版.北京:人民教育出版社,2009.

[2]郑金洲.教学方法应用指导[M].上海:华东师范大学出版社,2006.

[3]王本陆.课程与教学论[M].2版.北京:高等教育出版社,2009.

[4]廖丽芳.教师课堂教学技术与艺术[M].长春:东北师范大学出版社,2010.

[5]张媛,蔡明.教学方法研究[M].开封:河南大学出版社,2001.

[6]余文森,林高明.经典教学法50例[M].福州:福建教育出版社,2010.

[7]任长松.探究式学习:18条原则(上)[J].教育理论与实践,2002(1).

[8]任长松.探究式学习:18条原则(下)[J].教育理论与实践,2002(2).

[9]申大魁,田建荣.教师教学方式转变的方向和措施[J].学术探索,2013(6).

[10]吴刚平.知识分类视野下的记中学、做中学与悟中学[J].全球教育展望,2013(6).

第五章　教学方案编写技能训练

【内容导航】

※ 教学方案编写概述

※ 教学方案编写技能训练

【学习目标】

1. 能够举例说明教学方案编写的一般程序、基本原则和要求。

2. 在熟悉学期教学进度计划、单元(课题)教学计划和课时教学方案编写要点的基础上,能制订符合要求的学期教学进度计划和单元(课题)教学计划,并能自选中小学任意学科的一节课,编写不同格式要求的教案。

第一节　教学方案编写概述

一、教学方案的含义[①]

教学方案简称教案,是教师组织教学的必备教学文件,是教师授课的重要依据,是保证教学质量、提高课堂教学效果的基本保障。教案设计是教师对教学设计的一种整体表述,是教学设计的最终书面形式。

编写教学方案可以使教师理清授课思路,提炼教材中心,指导教学实施,保证授课质量;可以使教师积累素材,总结经验,提高水平,改进工作;可以使教师统一教学要求和教学进展,加强教学质量监控;有利于课程建设,有利于教学水平的提高。

二、教学方案编写的一般程序和原则

(一)教学方案编写的一般程序[②]

(1)钻研课程标准和教材;

(2)分析学生;

(3)查阅资料和汲取教学经验;

(4)确定教学目标任务;

---

① 陈秀玲:《语文教学技能训练》,华中师范大学出版社2010年版,第101—102页。

② 蔡慧琴、饶玲、叶存洪等:《有效课堂教学策略》,重庆大学出版社2008年版,第68—69页。

（5）确定教学重点和难点；

（6）选择教学方法；

（7）准备教具、教学媒体等；

（8）设计教学过程；

（9）教学反思。

（二）教学方案编写的原则

1. 科学性原则

这里的科学性包括知识的科学性和教学规律的科学性，其含义有二：一是要防止出现知识性错误；二是教学方法要科学，要有针对性。

2. 差异性原则

目前很多学校提倡集体备课，其目的是为了实现备课成果的交流、互补与共享，实现教学资源的优化配置。然而，这种共享的资源并不适合每一个教师，也不可能适用于每一个班级，因此，照抄照搬是不可取的。教师备课在借鉴他人备课成果的同时，还应针对所教班级学生的特点，发挥自己的特长，充分注重这两方面的差异性，彰显自己的特色。

3. 实用性原则

教案设计的目的在于促进教学过程的顺利进行，保证教学秩序井然。因此，科学、独特、实用是教学方案编写的总体要求。

4. 变化性原则

从某种意义上说，教学方案是对教学过程的预设，但教学过程本身具有非预设性的特质，学情的变化往往导致教师预先设计好的教学方案难以按部就班地实施。所以，在编写教学方案时，要灵活机动，充分考虑到教学进程的变化，切忌机械、教条化。

5. 创新性原则

任何一个适应具体教学情境的教学方案设计，都应该具有某种创新性。教案设计既要能反映教师备课活动中创造性思维和实践活动，又能反映教师教学思想的个性和教学艺术的风格。

三、教学方案编写的要求

编写教学方案的目的是为了实施课堂教学，因而，在编写教学方案时既要遵从一定的规范，又可结合教师自身经验、教学内容、教学手段等灵活变化。

（一）教学方案要从对教师"教"的构思，转向对学生"学"的引导

教师不仅要传授知识和技能，而且要指导学习方法，要注重知识的生成过程，结论应由学生自己去发现。另外，还要注重培养学生健康的情感、态度和价值观，让更多的学生参与教学过程，以促进每一位学生的充分发展。

（二）教学方案设计要大胆创新，不迷信教参，应多方开发和利用课程资源

过去教师往往过分依赖教参，成为教参的"忠实执行者"，不敢越雷池半步。现在教师进行教学设计时首先要了解学生的学习意向、认知基础、生活经验、年龄特点和学习障

碍等,要多方扩充信息,不断充实、完备教学资料,跳出只教教材的圈子;其次,要引导学生体验和领悟教材的精髓,让教材成为学生挖掘"源头活水"的工具。

(三)基于不同内容,灵活选择格式

不同学科、不同的课程内容,教学的侧重点、重难点不同,编写教学方案时可采用不同的格式。比如,语文学科重在语言的分析、欣赏、积累、借鉴与运用,数学学科重在计算、推理、逻辑运算。在编写教学方案时,语文学科更多的是文字式、提纲式、随笔式,数学学科则可以是表格式、框图式等。就课型来看,有新授课、习题课、复习课、实验课。新授课要重视授课的逻辑层次、重难点的突破,教学方案编写重在新知识点的学习;习题课要选择不同的题型,侧重于多种解题方法和技巧的编写;复习课要重视零散知识点的系统整理,重视知识的结构体系;实验课要重视实验的目的、原理、方法、步骤,使用仪器的注意事项、实验数据的处理以及实验结果的分析等。根据每种课型的不同侧重点,灵活选用教学方案的格式。

(四)依据自身经验,合理安排详略

一份完整的教学方案包括多个方面,其中,最核心的是教学目标、教学要点、教学过程与教学反思(教学后记),这四项是每个教学方案应该呈现的,其他各项则可省略。这四项也可依据教师自身经验,合理安排详略。无论是详细教学方案,还是简单教学方案,在教学目标、教学内容、教学方法、教学过程等方面都要进行弹性化设计。这就要求编写教学方案时,一方面,要显示高度的灵活性,以保证在教学时可调整、可变化;另一方面,课堂教学的目的不是让学生记忆结论性的知识,而是培养学生一定的能力,学生在情感、态度、价值观上能有自觉深入的变化。因而,教学方案的编制要立足于课堂的动态生成,以学生的自主建构、主动探究为主线,给课堂生成留足空间。

(五)要重视教学的反思总结工作

教学工作是一项"没有最好,只有更好"的工作,教师要想不断提高教学水平,就要不断进行反思总结,写好教学后记或教学反思。其形式、内容多样,不受任何限制,可总结成功的经验或失败的教训,可修改、补充教案,也可撰写案例分析等。这些记录可以作为研究教学的第一手材料。

(六)引入信息技术,创建电子教案

随着信息技术的发展,信息技术越来越多地应用于教学领域。互联网的成熟、校园网的建立、网上教学资料的丰富、电脑的普及,使得传统的手写纸质教案正在为电子教案所替代。电子教案是利用计算机技术将用于课堂教学的文字、图片、声音、影像等信息,记录在光、电、磁等介质中,并借助于特定的电子设备来复制、读取和传输。[1] 电子教案既包括传统教案的一些环节,如教材分析、学生分析、教学目标、教学要点、教学过程、教学反思等,又包括课件、教学资料等内容。

---

[1] 张清学:《电子教案是现代教师教学的必备条件》,载《教学与管理》2010年第7期。

第二节 教学方案编写技能训练

教学方案包括学期教学进度计划、单元(课题)教学计划和课时教学方案三种形式。三种方案的编写,是一个由一般到局部,由笼统到具体,由粗到细,逐步细化和深入的过程。

一、学期教学计划的编写及其训练

学期教学进度计划是指教师对自己所任课程在一个学期中教学工作的全面计划和通盘安排,是完成学期教学目标所确定的工作范围和教学进度的实施方案。

学期教学进度计划的制订必须根据学校培养目标和课程教学大纲的要求,在认真钻研教材、了解学生基本特点的前提下进行教学进度的具体安排。一般来说,学期教学进度计划的内容包括以下方面:教材分析、学生情况分析、本学期课程教学目标、主要教学措施、教学进度安排表等。其中,教学进度安排表是学期教学计划的主体。在这个进度计划安排中,通常要以周为单位安排课题内容、教学时数、教学活动、作业要求等项目。

【实战演练】

阅读下面的《一年级语文下册学期教学计划》,根据学期教学进度计划的内容要求,尝试对你所感兴趣的学科仿照编写学期教学进度计划一份。

一年级语文下册学期教学计划①

一、学生基本情况分析(从略)

二、教材分析 (从略)

三、教学总目标(听说读写能力的安排)

(一)识字与写字

1.喜欢学习汉字,有主动识字的愿望。

2.认识常用汉字550个,其中250个会写。

3.掌握汉字的基本笔画和常用的偏旁部首,能按笔顺规则用硬笔写字,注意间架结构。初步感受汉字的形体美。

4.养成正确的写字姿势和良好的写字习惯,书写规范、端正、整洁。

5.初步认识大写字母,熟记《汉语拼音字母表》。

6.能用音序法查字典,学习独立识字。

(二)阅读

1.喜欢阅读,感受阅读的乐趣。

2.学习用普通话正确、流利、有感情地朗读课文。

---

① 节选自 http://www.5ykj.com/Article/xxywjxjhzj/98917.htm.

3.借助读物中的图画阅读。

4.结合上下文和生活实际了解课文中词句的意思,在阅读中积累词语。

5.阅读浅近的童话、语言、故事,向往美好的情境,关系自然和生命,对感兴趣的人物和事件有自己的感受和想法,并乐于与人交流。

6.诵读儿歌、童谣、浅近的古诗,展开想象,获得初步的情感体验,感受语言的优美。

7.认识课文中出现的常用标点符号。在阅读中,体会句号、问号、感叹号所表达的不同语气。

8.积累自己喜欢的成语或格言警句。背诵优秀诗词文15篇(段),课外阅读总量不少于1万字。

(三)写话

对写话有兴趣,能简单写自己想说的话。

(四)口语交际

1.学讲普通话,逐步养成用普通话的习惯。

2.能认真同别人讲话,努力了解讲话的主要内容。

3.听故事、看音像作品,能复述大意和精彩情节。

4.能较完整地讲述小故事,能简要讲述自己感兴趣的见闻。

5.与别人交谈,态度自然大方,有礼貌。

6.有表达的自信心。积极参加讨论,对感兴趣的话题发表自己的意见。

(五)综合性学习

1.对周围事物有好奇心,能就感兴趣的内容提出问题,结合课内外阅读,共同讨论。

2.结合语文学习,观察大自然,用口头或图文等方式表达自己的观察所得。

3.热心参加校园、社区活动。结合活动,用口头或图文等方式表达自己的见闻和想法。

四、教学重难点

重点:教学重点是识字、写字和朗读,以及学习方法和情感、态度、价值观的培养。

难点:

(1)在进行课文教学时,要重视学生个人的阅读感受,除了讨论书中的思考题外,还要给学生质疑问难的机会,给学生充分发表自己见解的机会。(2)学生与别人能大胆、自信地交流。(3)增强学生在生活中学语文、用语文的意识。

五、突破重、难点措施

1.在语言环境中把字的音、形、义结合起来,联系生活实际识字。

2.注意引导学生通过观察图画和实物,把识字和认识事物有机结合起来。

3.采用多种形式,注意加强生字的复习与巩固。

4.在阅读教学中要避免单调枯燥的技术性指导,而是要引导学生入情入境,如给画面配音、分角色朗读、表演读,等等。

5.注重开发学生的创造潜能,促进学生的持续发展。

六、教学措施(从略)

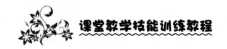

七、主要的教学措施和教改思路

1.教师要熟知教材,掌握教材的教学思路,同时加强学生语文基础知识的训练,特别是重视识字和写字的训练,加强写一手好字的思想教育。

2.端正教学思想,勇于探索新的教学模式,特别是"以学习者为中心的四种教学模式"和"先学后教,当堂训练"的教学模式,努力在教学过程中实践,总结经验。学生是学习的主人,要注意激发学生的学习兴趣,调动其积极性;要加强学生自主的语文实践活动,把学习的主动权还给学生;要注重教给学生学习方法,引导他们在实践中主动地获取知识,形成能力。

3.重视培养能力。学生获得知识是必要的,但培养能力更重要。一个学生如果没有自学能力和运用知识解决实际问题的能力,他的终身发展将受到限制。我们从新世纪人才的培养目标出发,必须重视对学生能力的培养。就第二册语文教学来说,要着重培养学生识字能力、理解词句的能力、朗读能力、口语交际能力和初步的自学能力。在教学中,要承认学生的个体差异,大胆探索"先学后教,当堂训练"的新型教学法,以满足不同程度学生对语文学习的需求,不要一刀切,力求使每个学生都有较大发展。

4.提高语文教学效率。学生经过上学期的学习,已经掌握了一些汉字知识和识字方法,教学中要注意放手让学生借助拼音读准字音,利用学过的偏旁部件和熟字分析记忆字形,结合词句和生活实际理解字义,教师只对难点做指导和讲解。这样,不仅可以节省教学时间,还可以培养学生的识字能力。低年级的阅读教学一定要体现以读为主,开展好"书香伴我行"活动,让学生多读书,多背诵古诗,不断增加语言积累,同时进行一些看图说话的练习。

5.开展丰富多彩的语文实践活动。语文实践活动通过有计划、有步骤的自主学习和实践,使学生各方面的语文能力得到训练。语文实践活动,内容上要与课内教学密切联系,形式上要活泼有趣,使学生乐于参加。可以把表演、竞赛、游戏引进课堂,也可以组织学生走出课堂进行活动,使学生在反复实践中巩固所学知识,逐步提高语文能力。

6.重视良好的学习习惯的培养。

7.做好个别学生的教育。

8.充分利用教材中精美的图画、儿歌来激发学生的学习兴趣。

9.把课堂还给学生,以学生为主体,鼓励学生在课堂上人人开口,做课堂的小主人,以充分调动学生学习的主动性和积极性。

10.在课堂上扶、放结合,要大胆地放、巧妙地扶,并且让学生在学习的过程中不仅学会,还要会学,及时让学生总结学习方法,培养学生爱学习、乐学习的兴趣,使他们乐于学习。

11.对学习能力较强的学生,可多介绍一些课外阅读书籍供他们阅读,拓宽学生的视野和想象空间,让他们发表自己的见解和感受。

12.学习能力较弱的学生,要因材施教,不用一把尺子衡量他们,注重培养他们的学习兴趣,教给他们正确的学习方法,培养他们良好的学习习惯。

八、教学进度表

周次	教学内容及所用时间（课时）	总课时	备注
1	期初教育(2) 识字1(2) 1.柳树醒了(2)	6	
2	2.春雨的色彩(2) 3.邓小平爷爷植树(2) 语文园地一(2) 机动(3)	9	
3	4.古诗两首(2) 识字2(1) 5.看电视(2) 6.胖乎乎的小手(2) 机动(2)	9	
4	7.棉鞋里的阳光(2) 8.月亮的心愿(3) 语文园地二(3) 机动(1)	9	
5	识字3(2) 9.两只鸟蛋(2) 10.松鼠和松果(2) 机动(3)	9	
6	11.美丽的小路(2) 12.失物招领(2) 语文园地三(3) 识字4(1) 机动(1)	9	
7	识字4(1) 13.古诗两首(2) 14.荷叶圆圆(2) 15.夏夜多美(2) 机动(1)	9	
8	16.要下雨了(2) 17.小壁虎借尾巴(3) 语文园地四(3) 机动(1)	9	
9	18.四个太阳(2) 19.乌鸦喝水(2) 识字5(2) 机动(1)	7	
	清明节放假一天		
10	20.司马光(2) 21.称象(3) 语文园地五(3) 机动(1)	9	
11	识字6(2) 22.吃水不忘挖井人(3) 23.王二小(3) 机动(1)	9	
12	24.画家乡(3) 25.快乐的节日(2) 语文园地六(3) 机动(1)	9	
13	识字7(2) 26.小白兔和小灰兔(2) 27.两只小狮子(2) 机动(1)	7	
	劳动节放假一天		
14	28.小伙伴(2) 29.手捧空花盆的孩子(2) 语文园地七(3) 机动(2)	9	
15	识字8(2) 30.棉花姑娘(2) 31.地球爷爷的手(2) 机动(3)	9	
16	32.兰兰过桥(2) 33.火车的故事(2) 34.小蝌蚪找妈妈(3) 机动(1)	9	
17	语文园地八(3) 选学课文2.好孩子(2) 象鼻桥(2) 机动(2)	9	
18	4.咕咚(2) 5.小猴子下山(2) 复习机动(5)	9	
19	期末复习	9	
20	期末复习	7	
	端午节放假一天		
21	期末复习、测试		

二、单元（课题）教学计划的编写及其训练

单元（课题）教学计划是指教师以所任课程的教学单元（课题）为基本单位，为该单元（课题）教学工作的进行而设计的实施方案。一般来说，一个教学单元（课题）可能需要连续几堂课才能完成。因此，单元（课题）教学计划就可能要对连续几堂课的教学活动进行规划。

单元（课题）教学计划的内容包括：单元（课题）名称、本单元（课题）的教学目标、重点与难点、课型及教学方法、教学内容及课时安排等。其格式可参考表5.1和表5.2格式。[1]

---

[1] 郑金洲：《新编教学工作技能训练》，华师范大学出版社2007年版，第26—27页。

表 5.1　单元(课题)教学进度计划表

单元(课题)名称		课型	
教学目标			
教学重点、难点 和关键点			
教学方法			
课时安排			
备　注			

表 5.2　单元(课题)教学设计示例

教学目标:1. …… 2. …… 3. …… 4. ……
教学进程或步骤:共 10 课时 起领课 1 课时,内容要点_____ 基本课型_____ 基本教法_____ 起读课 3 课时,内容要点_____ 基本课型_____ 基本教法_____ 自读课 2 课时,内容要点_____ 基本课型_____ 基本教法_____ 比读课 1 课时,内容要点_____ 基本课型_____ 基本教法_____ 写作课 2 课时,内容要点_____ 基本课型_____ 基本教法_____ 总结课 1 课时,内容要点_____

【实战演练】

选择某一学科某一教学单元,对该单元教学计划进行设计,并在小组内进行交流研讨。

三、课时教学方案的编写及其训练

课时教学方案"是教师以课时为基本单位,比较周密、详尽地设计如何组织和指导学生完成课堂学习任务的书面计划"[①]。这是教师进行教学设计的最后一个环节,也是教师教学设计中最为全面系统、深入具体的一步。它是教师上课的直接依据,是保证教师有计划、有步骤上好课的必要手段。

"教案内容主要由以下四部分组成:一是概况,包括课题、教学班级、教学时间、教学目标、教学重点和难点、课的类型、教学方法、教具等;二是教学进程或教学过程,包括教学步骤及其时间分配、教学内容的分析和教学方法的运用等;三是板书设计或多媒体手段设计;四是教学后记或教学反思,即教师课后的小结或教学心得。"[②]

教学方案的具体格式及内容如表 5.3、表 5.4、表 5.5。[③]

① 王相文、王松泉、韩雪屏:《语文课程教学技能》,高等教育出版社 2007 年版,第 30 页。

② 郑金洲:《新编教学工作技能训练》,华东师范大学出版社 2007 年版,第 27 页。

③ 刘幸东等:《师范生教学技能训练教程》,中国石油大学出版社 2008 年版,第 46—47 页。

表5.3 几种教案格式

教案格式一（详案）	教案格式二（公开课）
课题	课题
教学目标	教学地点、时间、班级、执教人、单位
教材分析（简析）	教学目标
教学重点、难点、关键	教学重点、难点、关键
课型和教法	课型和教法
教具和教室	教具
教学过程	教学过程
教学后记	
教案格式三（新型教案）	**教案格式四（简案）**
课题	课题
预期目标	教学目标
设计要旨	教学过程
实施要领	
教学反思（学习诊断）	

表5.4 几种教学目标（教学目的）的划分

教学目标划分一	教学目标划分二
认知目标	认知与技能
技能目标	教学思考
情感目标	解决问题
能力目标	情感与态度
教学目标划分三	**教学目标划分四**
应掌握的知识	要使学生了解……，认识……，理解……
应发展的能力	要使学生掌握……，灵活运用……
应培养的情感	要使学生经历……，体验……
（预期目标的体现）	要使学生在德育、情感等方面获得……

表5.5 教学过程的设计（一般的新授课）

原来的教学环节	新的教学环节一
复习旧知识	复习思考
导入新课	创设情境
讲解新课	探究新课
巩固练习	巩固反思
布置作业	小结与作业

新的教学环节二	新的教学环节三
准备活动	创设情境
激疑活动	利用情境,解决问题
进入新课	例题分析,熟悉问题
应用知识,体验成功	基础训练,强化问题
归纳总结	课堂小结,回顾问题
反馈与反思	课外作业,巩固问题
布置作业	

说明:课型、教法不同,教学环节的设计和安排也不同。新旧教学环节的明显变化是,原来的教学环节设计突出以教师为中心,以教材为中心,多体现在做"答"上;新的教学环节设计突出以学生为主体,以学生为中心,多体现在做"问"上,这是一个很大的教学观念的转变。

【实战演练】

1.阅读下面的教学案例,按照教案的格式要求改写、补充一篇完整的教案。

设思维之境　享数学之美——《因数与倍数》教学片段与评析①

(1)在知识链接中,激活思维

【片段1】认识因数与倍数

师:用 12 个小正方形摆出一个长方形,你打算怎样摆? 用乘法算式表示行吗?

生:1 × 12 = 12

师:猜猜看,他是怎样摆的?

生:12 个小正方形摆成一行,或者是摆成一列。(课件演示验证)

师:还可以怎样摆?

生:2 × 6 = 12,摆成 2 行,每行 6 个;或摆成 2 列,每列 6 个。

生:还可以是 3 × 4 = 12,每行 4 个,摆 3 行。

师:3 × 4 = 12,数学上我们还可以说 3 是 12 的因数,4 也是 12 的因数;12 是 3 的倍数,12 也是 4 的倍数。你能不能结合另外两道算式说说谁是谁的因数或倍数?

教学伊始,直接创设摆长方形的数学活动。通过这一表象操作,激活学生的形象思维,而透过数学潜在的"形"与"数"的关系,为下面研究"因数与倍数"概念,由形象思维转入抽象思维打下了良好基础,有效地实现了原有知识与新学知识之间的链接。"在儿童心灵深处,有一种根深蒂固的需要,就是希望自己是一个发现者、研究者、探索者。"恰当的数学问题就具有这一神奇功能,它能满足儿童精神世界的需要,诱发儿童探索与学习的欲望,从而激活学生的思维。

(2)在新知探究中发展思维

【片段2】找 36 的因数

师:请同学们把你找到的因数写在横线上,要是能把找的方法写下来就更好了。

---

① http://www.xxsx.cn/item.aspx? sid = 11&iid = 2486.

师：(出示一个同学的答案：1、36、2、18、3、12、4、9、6)这个同学把 36 的所有因数都找出来了吗？

生：全部找出来了。

师：作为四年级的同学一下找出了 36 的所有因数真了不起！你知道这个同学是怎么找出 36 的因数的？看着这个答案你能猜出一点吗？(再引导学生观察)

生：两个数乘起来都是 36。

师：换句话说，这个同学是一对一对找的。实话告诉我，刚才有没有一个一个找的？(少数学生举手)比较一下，哪种方法更快些？

生：一对一对找更快些。

师：这个同学除了一对一对找以外，还有一个诀窍你发现了吗？

生：他是有规律找的，先用 1 试的，试过 1 之后试 2，接着再试 3……

师：我们把这个同学的找法表述出来，看看他是怎么想的。(先从小往大写，比如：1×36,2×18,3×12,4×9,6×6)

师：这个同学用乘法一对一找出了 36 的因数，其他同学还有什么补充吗？

生：可以用 36 除以 1 至 9 各自然数，能除尽的就是 36 的因数。

师：你用了哪几道除法算式？能不能有序地给大家报一报？

生：$36 \div 1 = 36, 36 \div 3 = 12, 36 \div 4 = 9, 36 \div 2 = 18, 36 \div 6 = 6$。

师：认真听了吗？给他提点建议会更好！

生：他没有按顺序找，应该是 $36 \div 1 = 36$, $36 \div 2 = 18, 36 \div 3 = 12, 36 \div 4 = 9$, $36 \div 6 = 6$。

师：找一个数的因数用乘、除法都行，但须按一定的顺序。为什么写到 $36 \div 6 = 6$ 就不接着往下写，可接着试 7、8、9……呀？

生：如果再接着写就与前面重复了。

这是本节课新知探究阶段的思维交流。既是不断深化理解因数与倍数知识的过程，又是培养学生良好思维品质的过程。给学生独立思考的空间，提出了各自的解法或见解，是思维独创性的培养；引导学生一对一对有序地找，或从 1 开始，用除法一个个去试，是思维条理性的培养；既有迁移于摆方块的形象思维，又有直接运用除法算式的抽象思维，或乘除法口诀的综合运用等，在感受解法多样性中，培养了学生思维的灵活性。

(3)在巩固运用中，游戏思维

【片段 3】"计数器"中的奥秘

师：老师给同学们带来了计数器，(课件出示标有个位与十位的计数器和 9 颗珠子)数一数有几颗珠子？

生：9 颗珠子。

师：假如把 9 颗珠子分别放到十位与个位上，就可以放出一些两位数，如 18(课件演示),你还可以放出哪些两位数?

生:27,36,45……(课件显示全部答案)

师:它们与9之间都有些特殊的关系,谁发现了?

生:它们都是9的倍数。

师:9颗珠子摆出的都是9的倍数,8颗珠子摆出的都是8的倍数吗?7颗珠子、6颗珠子呢? 同学们下课后慢慢研究,你会发现自然数里有许多特殊规律。

这个片段的数学活动,像是师生间的一场思维游戏。习题设计的巧妙性与开放性,所蕴含思维的丰富性与挑战性,均为学生的探索与发展营造了广阔的思维空间。在熟悉的计数器面前,想象与实验、归纳与演绎,感受着数学的奥妙。区区数题,犹如马良神笔,绽放出绚丽夺目的思维之花、精神之花,令我们深刻体验了苏霍姆林斯基的又一句名言:"儿童学习的源泉——就在于儿童脑力劳动的特点本身,在于思维的感情色彩,在于智力的感受,如果这个源泉消失了,无论什么也不能使孩子拿起书本来。"

(4)在文化浸润中,开阔思维

【片段4】认识"完美数"

师:古代数学家把6叫作"完美数",请你写出6的所有因数。

生:1,2,3,6。

师:将6去掉,其余3个因数相加,1+2+3=6,又回到了6。

师:从1至400的自然数中,这样的数还有1个,它比20大,比30小,分小组找出另一个完美数。(1+2+4+7+14=28)

师:人们找出了496、8128、33550336、8589869056……但是并没有到此为止,新的研究和探索还将继续下去。

片段4是本节课中又一处耐人寻味的教学亮点。完美数,是一个自然数因数的特殊性质,找完美数,就必须要找一个数的因数。看似一个简单的别样练习,却立刻激活了学生兴奋的神经,让学生沐浴在数学文化的历史长河中,感受着数学的神奇美妙与博大精深,体验着数学家们探索数学的执着与快慰。

恩格斯说过:"思维是人类文化历史长河中一朵美丽的浪花。"课堂教学中,有效地引导学生思维,不仅可以启迪智慧,也能激发或抚慰人的情怀,使人赏心悦目、动人心弦,给人以美的享受。

2.评析下列初中科学课教学案例①,按照本章要求编写出教案。

初中科学八年级下册第四章第一节"指南针为什么能指方向"是一堂带有实验的课,其中"磁化"是一个重要的教学内容。按照以往的教学方式,教师通常拿出事先准备好的

---

① 节选自何灿华:《科学探究要"解惑"更要让学生"知惑"》,载《中国教育报》2009年7月31日第7版。

条形磁铁、铁棒和铁屑,把铁棒固定在铁架台上之后,做一个演示:将条形磁铁靠近铁棒,铁棒能吸引下端的铁屑,表明铁棒有磁性,然后得出使原来没有磁性的物体得到磁性的过程叫磁化。

有两位老师分别上了"指南针为什么能指方向"的研讨课,与以往的课相比,她们对"磁化"现象的实验设计、活动方式及课堂调控已经有所改进。

课堂上,教师出示小组探究活动的任务单,要求试验并解释下列现象:

铁棒原来有磁性吗?

按课本图4-6的活动要求,把条形磁铁靠近铁棒的上方,可以发现什么现象?

如果把条形磁铁拿开,又发现什么现象?

你们的结论是什么?

在这两位老师的课堂上,学生被充分调动起来了,不停地按任务单的要求动手实验,实验的成功率相当高,且都能得到正确的结论。

3.任选一个学科的一节教材内容,设计其教案。

【拓展阅读】

［案例一］

好教案的"门道"何在①

好教案应该"简而丰"。在教学实践中,教案写作与评比中片面追求形式主义的倾向比较严重,不少教师,包括一些教学管理者,往往陷入一个误区:教案越长越好,字迹越工整越好,项目越全越好。引领、指导、服务教学的教案功能被异化为应付上级检查评比的展品。所谓"简",要求教案不必长篇累牍,动辄"洋洋洒洒"数千数万字;不必事无巨细,细大不捐,凡有关备课的内容就统统写上。"约而达,微而臧,罕譬而喻",应该成为教案写作形式方面的重要标准与要求。所谓"丰",在明确教案写作首先是一个"去粗取精,去伪存真,择其要害,切中肯綮"过程的基础上,应该着力在精心预设教学过程上下功夫,着力在突破教学难点、疑点、困惑点等方面"重锤敲击",着力在与学生互动交流、引领学生自主合作探究学习方面多加建构。

好教案应该"导而学"。在教案评比中,经常发现不少教案陈述性知识、本体性知识"泛滥",而程序性知识、条件性知识明显不足,即教案"导而学"功能弱化。好教案不仅是教师的课堂教学设计,还应该是引领学生学会学习的"路线图",应该是教学案一体化的载体。教案要借鉴学案导学的一些设计理念:多一些"导",少一些"牵";多一些"激励",少一些"抑制";多一些"情境创设",少一些"结论展示";多一些"学法引领",少一些"教条说教";多一些"分层设计",少一些"眉毛胡子一把抓";多一些"典范问题驱动",少一些"琐碎末节旁逸斜出"。教案只有突出了"导学"功能,以学论教、以学定教的

---

① 节选自陈鲁峰:《好教案的"门道"何在》,载《教学与管理》2008年第26期。

现代课改理念才能真正落到实处。

好教案应该"实而活"。受各种因素影响,教学实践中,大多数教案"充实、厚实有余",而"灵性灵动不足",即缺乏"活性"。究其原因,与教师在备课过程中较为重视教材文本挖掘而相对忽视学生现有认知水平的分析与把握有很大关系。教案要想做到"实而活",关键在于教师要"吃透两端(学生与文本),摸清迷障",带着学生与问题走向文本,教案写作要紧密联系学生的生活实际与社会经济文化发展状况。事实上,在课堂教学中,教材文本知识一旦与学生生活联系起来,与日新月异的社会文化状况结合起来,学生的思维大门就会打开,教材文本知识就会立体起来。这需要教师在立足教材的基础上超越教材文本的知识范畴,蹲下身子与学生"心连心",养成感知新事物新变化的敏锐性。

好教案应该"新而透"。在教案检查中,经常发现不少教案内容、形式呈现"岁岁年年花相似"乃至"年年岁岁花相同"的状况:"因循守旧"的成分多,"新思路新想法新构思"成分偏少;共性化份额比重大,个性化色彩比重偏小;备课内容浅尝辄止的多,深入透彻研讨的偏少。当前,教材文本呈现出"新情境、新问题、新视角、新编排"的大"变脸"。作为课改背景下的教师,要具有感知新事物新变化的敏锐性与开拓新领域新边缘的主动性,要具备研究课改的前瞻能力,真正做到"博学之,审问之,慎思之,明辨之,笃行之",切实"吃透"课改理念的本质与精髓。教案的写作应该着力于彰显教师自己独特的"思维亮色"和突出的个性,注重课堂教学目标的"预设"与"生成",善于容纳"异质"思维的存在,给学生留足思考和反思的时空,并时时给课堂带去一些"新想法""新构思"和"新信息"。教案写作也只有立足有效的教学经验,并致力于教学创新和变革,坚守"苟日新,日日新,又日新"的理念,方能应对"日新月异"的课堂变化。唯有如此,教案才能呈现出"新而透"的灵性来。

[案例二]
教学方案编写的细节与创新[①]

(一)问题提出

教师作为组织者在课堂教学之前就已经担负着艰巨的准备工作,其中对教学方案的编写就是其中一项重要的内容。随着新课程的实施,教师应该按照新的教学任务来设计教案,内容的组织、方法的选择、学生教师共同活动的方式与过程,都应全面策划。不同的教学观必然会影响教案的设计,德国教育家克拉夫斯基(Skhlovsky)关于教学设计与教学论有这样的论述:"衡量一个教学计划是否具有教学论质量的标准,不是看到实际进行的教学是否能够尽可能与计划一致,而是看这个计划是否能使教师在教学中采取教学论

---

① 节选自黎奇:《新课程背景下的有效课堂教学策略》,首都师范大学出版社 2006 年版,第 80—87 页。

上可以论证的、灵活的行动,使学生创造性地进行学习,借以为发展他们的自学能力做出贡献——即使是有限的贡献。"所以,一个真正把人的发展放在关注中心的教学设计,会给课堂带来无限的生机与活力。

(二)问题表象

当前教师教学方案编写存在诸多不良倾向,主要表现有如下几个方面。

1.教学目标设计以知识目标为主,忽略三维目标落实

2.教学过程设计注重知识传授,忽略方法渗透

3.照搬现成的教案,对学情分析不够

4.教案过于详尽,过程预设过死

5.缺乏整体规划,平均用力现象普遍

6.问题意识薄弱,缺乏问题解决方案设计

(三)问题归因

1.教师过分看重教育活动的目的性、计划性和预定性

2.教师习惯于按统一的标准衡量学生,忽略学生的差异性

3.教师习惯于独立备课,未形成集体备课的机制

4.教师缺乏对某一教学问题进行持续追踪的意识

(四)行动策略

1.正确定位教学目标

教学目标是教师专业活动的灵魂,也是每堂课的方向,是判断教学是否有效的直接依据。规范的教学目标应该包括(行为目标、行为动词、行为条件、表现程度):行为主体必须是学生而不是教师,因为判断教学有没有效益的直接依据是学生是否获得具体的进步,而不是教师是否完成任务。行为动词必须是可测量、可评价、具体而明确的,否则就无法评价。行为条件是影响学生产生学习结果的特定的限制或范围等,如"利用字典"。表现程度是学生对目标所达到的最低表现水准,用以评价学习结果所达到的程度。为此,教师在目标设计过程中要从三维目标入手,设计出具体、可操作的目标。

2.在认真分析学生的基础上进行教学方案设计

学生是学习的主人,学生的学习不是一个被动汲取知识、记忆、反复练习和强化储存的过程;一个有意义的学习过程是学生以一种积极的心态,调动原有知识和经验尝试解决问题,同化新知识,并构建完善自我的过程。教师在进行教学设计时,要在认真分析学情的基础上根据学生的兴趣对教学内容进行差异化处理。例如,在"了解动物外表"的教学设计中,教师这样进行差异化设计:一个学生只需学习如何根据外表来给动物分类这种基本任务,而另一个学生可能需要分析环境变化对动物外表的影响这种具有迁移性的任务。

3.在设计教学过程中注意方法渗透

新课程有一个基本的理念,就是学生在获得基础知识和基本技能的过程中要学会学

习,要让学生在学习的过程中掌握方法。作为教师,在教学过程设计时要注意方法的总结与渗透。教师可从如下几个方面入手:

(1)在新授的基础上总结学习方法,在下一个教学环节中让学生运用所总结的方法开展小组合作学习;

(2)设计思维的发散点,在课堂教学中抓住教学时机,对问题进行展开、深入研究,做到举一反三。

4.编写解决某个具体问题方案

对于实践中的教师而言,只要能长期坚持积极反思自己的教育教学过程,敏感地发现问题,并能针对问题不断展开小规模但颇为有效的观察行动研究,就会发现:通过研究方式的教育教学比起仅仅是通过经验或猜测的课堂教学方式更有助于课堂问题的解决。并且更有助于教师自身各方面能力的提升,使教师真正成为一名专家型的、研究型的教师。为此,教师针对问题解决,设计解决教学问题的方案可称得上是教师教案编写的创新之举。

5.编写单元整体教学方案

一般情况下,教师的备课往往是以教学内容为单位一篇一篇、一课时一课时进行的。教师们认为,以课文为单位备课比以单元为单位备课省事,每天写一到两个教案比一次性思考并写出一个单元的教案要来得快。正由于这样一个想法和做法,导致老师们缺乏对全本教材和各单元的整体了解,每篇课文都平分精力进行烦琐的分析;又由于顾及课文和课堂的完整性,以致出现有的课时容量不足,有的课时满堂灌的现象,无端地耗费课时。其实,这是老师们对教材的不熟悉和不理解造成的。单元整合主体联系备课就是针对教材的这一特点进行的思考与实践。

编写单元整体教学方案需要教师们在认真钻研教材的基础上进行,最好是采用集体备课的模式,这样的整合才会达到优化的效果。

【学习资源】

[1]邵光华.小学课堂教学技能训练[M].北京:高等教育出版社,2011.

[2]杨春生.备课技能训练指导[M].北京:中国林业出版社,2001.

[3]蔡慧琴,饶玲,叶存洪.有效课堂教学策略[M].重庆:重庆大学出版社,2008.

[4]陈秀玲.语文教学技能训练[M].武汉:华中师范大学出版社,2010.

[5]刘幸东.师范生教学技能训练教程[M].东营:中国石油大学出版社,2008.

[6]王相文,王松泉,韩雪屏.语文课程教学技能[M].北京:高等教育出版社,2007.

[7]郑金洲.新编教学工作技能训练[M].上海:华东师范大学出版社,2007.

[8]吴亚萍,王芳.备课的变革[M].北京:教育科学出版社,2007.

[9]莫春姣,何新凤.教案编写及其评估指标体系的研制[J].教育与职业,2007(23).

第六章　对　分　课　堂
——一种新的教学理念与教学模式

【内容导航】
※对分课堂基本理念
※对分课堂教学模式
【学习目标】
1. 能解释对分课堂的基本理念。
2. 能举例说明对分课堂的合理性。
3. 能够解释说明对分课堂与在线课堂的异同点。
4. 能针对某一门课程说明对分课堂的教学模式。

第一节　对分课堂基本理念

一、对分课堂的提出

近年来中国高校课堂出现很多问题,学生上课不听讲以及逃课现象屡见不鲜,教师教学负担重、效果差,心理压力巨大。在网络和新媒体的冲击下,传统讲授式课堂更显枯燥乏味,要求进行课堂改革的呼声不断。

传统教学包括教师课堂讲授和学生课后学习两个相对分离的过程,师生交互很少,学生被动接受,主动性低,难以培养学生思维能力和探索精神。讨论式教学通过课堂讨论引发学生主动学习的动力,提升学习积极性。然而课堂大部分时间用于讨论,讲授过少,不能充分体现教师价值。

结合传统课堂与讨论式课堂各自的优势,融合了讲授式课堂与讨论式课堂的优点,复旦大学心理系教授张学新提出了"对分课堂"教学法,尝试改革传统课堂。

"对分课堂"是一个课堂改革新模式,希望通过调动和发挥学生学习的自主性,降低教师教学负担,提高教学质量,改善教学效果。对分课堂的核心理念是把一半课堂时间分配给教师进行讲授,另一半时间分配给学生以讨论的形式进行交互式学习。这样,在讲授和内化吸收之外,突出了课堂讨论过程。实施中最关键的一点是把讲授和交互式学习在时间上分隔开来(相隔一周),让学生在这两个过程之间有充分的时间按自己的节奏进行个性化的内化吸收。这样,对分课堂把教学刻画为时间上清晰分离的三个过程,分别为讲授(Presentation)、内化吸收(Assimilation)和讨论(Discussion),也可简称为 PAD 课堂。①

隔堂讨论,是对分课堂与传统讨论式课堂的根本不同之处,也是对分课堂的关键创新。隔堂讨论让学生有备而来,显著提高了讨论质量,活跃了课堂气氛,增强了学生的学习积极性和主动性(如图 6 - 1 所示)。

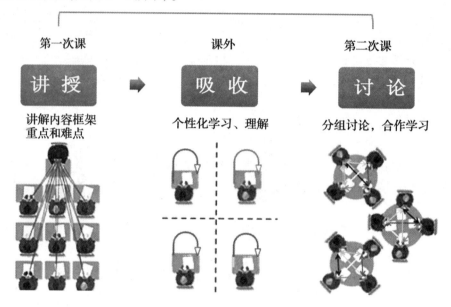

图 6 - 1　隔堂讨论——对分课堂实施的关键

二、对分课堂的合理性

从改善高等教育方法的提高教育效率、保证教育公平、促进学生素质全面提高、改善学生学习感受等目的②来看,对分课堂的教学效果体现在以下五个方面。

(一)减轻教师负担,实现教师角色成功转型

对每一章节的新内容,对分课堂让教师先讲解,发挥教师的指导作用,给学生进一步的学习提供了基础。重点、难点采用讲授方法,最大限度上保留了传统教学的精华,保证了知识传递的有效性。

在传统模式下,教师每次课要讲满两到三节课,负责所有讲课内容的组织、呈示、解释、总结,常常还要制作大量幻灯片,备课工作量大。对分课堂中,授课时间减少一半,教师只需把握知识系统的主干,讲授学习内容的重点、难点,把简单但枯燥、单调、不适合讲解的内容留给学生自己阅读,备课量减少。授课时间短,降低了对学生听课时长时间集中注意力的要求,老师也可以更少担心吸引眼球的"表演能力"不够,更关注核心知识的传递。教师讲授的部分都是学生觉得困难的、自己看书无法看懂的,这样学生对老师的

---

① 张学新:《对分课堂:大学课堂教学改革的新探索》,载《复旦教育论坛》2014 年第 12 卷第 5 期。
② 杨德广、谢安邦:《高等教育学》,高等教育出版社 2009 版,第 178 页。

学识也会更尊重、评价更高。无论班级规模大小、分组数量多少,分组讨论时,教师只需在各组间巡回,督促学生进行与课程相关的讨论,并不需要介入讨论,这也降低了讲课负担。课后老师批改学生作业并给予反馈,看起来增加了负担,但用学生作业在课堂上做展示,其实减少了教师自己准备教学材料的时间,实质上可能反而降低了总体的负担。

在对分课堂中,教师的角色从覆盖内容、灌输知识的教者,变为学生学习的引导者,教学过程中机械性成分降低,指导性成分提升,学生学习动机增强,对教师评价更积极,这些都提升了教师的职业成就感。

(二)增加学生学习的主动性

学生在课堂讲授后,对章节内容形成基本框架,也理解了重点、难点,在此基础上学生课后阅读、学习书中的其他内容,并同讲授内容整合起来,课下学生的学习难度便降低了。在这个吸收过程中,不同学生的学习能力、速度、方法各不相同,如何学习,怎样学习,学到什么程度,学生可以自己安排,自行控制。碰到疑点,可以记录下来,随后在讨论时有机会向同学和老师询问。没有时间,没有能力,就覆盖课本的基本内容,完成一个综述性的读书笔记;有时间,有能力,可以超越课本,阅读更多材料,完成一个反映深入思考的读书笔记。学生需要带着课下学习的成果来参加随后一周的讨论,朋辈压力会使得他们的课下学习更有动力和更认真。作业要计分,优秀的作业会在全班展示。这都会促使学生更主动地把自己的学习成果外化为高质量的作业。

从根本上来说,在传统课堂上,教师把内容讲得很充实,学生没有多少发挥余地,逐渐趋向被动接受;而在对分课堂上,教师有引导,但没有穷尽内容,留有让学生进一步主动探索的空间。

(三)增加生生交互和师生交互

教育是以人为对象的活动。丰富的人际交互是培养思维活跃性的良好方法。传统课堂下,教师讲授后,学生各自学习,没有系统的机会进行交流。学生自己学习,比较枯燥,碰到问题,很难找到老师答疑,或找到同学讨论,容易受挫。即使老师指定小组作业,学生们课下也很难凑齐,凑齐了也会因为环境不够好、干扰多而效果不好。学生常常采用各人分担一块,然后拼合汇报的方式,并没有达到合作学习的目的。

对分课堂把交互学习放到课堂上,保证学生在良好的环境中,在有充分准备的情况下进行交流。在课堂上,教师采用苏格拉底式的教学方法,学生带着问题来,目的明确地提出质疑和难点,并相互协作共同回答质疑或解决难题。学生在交流中能够锻炼表达、借鉴他人视角,互相启发,互相促进,增加了掌握知识的深度。鉴于朋辈压力,完全不复习或不练习很难参与讨论或实现对话,缺课也会影响整组讨论,学生的团队合作意识增强,同学之间也增加了交流、了解彼此的机会,促进了友谊。课堂的一半时间,个别学生有问题,无法通过组内讨论解决,也有充裕的机会同教师交流。教师的作用是聆听对话和参与到有需要的个人和小组中。总体说来,生生交互、师生交互的幅度都大大提升。

(四)提升考核评估准确度

传统课堂下,学生通过少量的几次评估,如期中或期末考试或者学期论文获得分数,取决于考题内容和发挥,分数偶然性高,评价准确度低。考试更多侧重死记硬背,对学生的独立思考能力考查不够。考试形式统一,没有考虑不同学生的不同需求。比如,一个班级,并不是每个学生都想获得好成绩,有些是因为自己知道能力不够,有些是因不喜欢课程只需要一个及格的分数。对不同的学生要有不同的对待,尽量避免强制学生学习,并为之而带来不必要的焦虑。每次作业后教师都有评分和反馈,学生能够根据自己的表现确定未来的投入,教师通过作业上的多次交互,对学生的水平也有客观、稳定、公正的评估。学生也赞成这样的评估方式,分数更多反映平时投入和学习质量,好学生、差学生考前都不会焦虑。

(五)提高总体学习效果

学生在教师讲授后需要完成内化,并以作业形式体现自己的学习成果,看起来是增加了学习负担,其实这正是过程性学习希望达到的理想状态。传统课堂中普遍出现的学生考前高度紧张、临时抱佛脚的现象其实是教学失败的一种表现。对分课堂把优质学习应该付出的努力分散到整个学期,在临考前,学生只需要把一些需要背诵的基本概念复习一下即可,而学习中更为关键的逻辑思辨部分,在每次的内化吸收作业中学生早已成竹在胸。从记忆心理学的角度看,一周内经过教师讲授、课后复习、分组讨论三次学习同一内容,可以大大减缓遗忘速度、深化记忆。

读书笔记强调体现学生个人特色,学生在完成读书笔记的过程中,既有对书本内容的整理、归纳和总结,也有深入的思考和思维的发散,不仅仅培养了学生基本的学习技能,还能培养一些使其终身受益的高级技能。

教师对学生作业及时批改,逐一反馈,让学生看到老师的关注;同时在课堂上对优秀作业的点评和表扬,鼓励了学生的积极性。对分课堂以学生的分组讨论做开端,其实是一个很好的热身,让学生温习了上次内容,并能自然导入到下一部分的内容,由此带来的主动性,比老师人为地学习使用各种技巧导入课程,能更好地让学生进入状态。分组讨论时,教师在各组间巡回,还可以听到学生的困惑之处,对教学的深度有更好的把握。

三、对分课堂与在线课堂的比较

网络时代给教学改革带来很多新理念,引发很多新实践,比较流行的有翻转课堂和慕课这两类在线课堂。比较对分课堂与它们的异同,能更清楚地说明对分课堂的特点。

在翻转课堂下,学生在家观看教学视频,在课堂上进行交互学习。在课堂组织上,对分课堂的一半是讲授,一半是交互式学习,而翻转课堂全部是交互式学习。在知识传递上,对分课堂缩减但保留了教师的讲授过程,而翻转课堂用视频观看完全取代了讲授过程。通过强化课下学生的自主学习,在课堂时间引入交互式学习,增加师生互动、生生互动,打破单纯灌输的传统授课模式,这是翻转课堂和对分课堂共同的优点。

翻转课堂的最初定位是补课,对无法按时上课的学生帮助很大。但在多数学生应该也能够按时上课的情况下,这个优势并不明显。翻转课堂让学生在家自主观看视频,对学生的自控能力和学习主动性要求较高。可以让家长督促学生,但这实质上是把教师和学校的责任推卸给家长,并不可取。

翻转课堂的核心要素是高质量的教学视频。制作少量视频供大群体使用,可以控制成本,但大群体必然带来个体差异,视频再优秀也很难应对巨大的差异性。这样一来,翻转课堂在视频制作上就存在一个两难问题:考虑学生差异性,成本太高;不考虑,效果不好。随着时间推移,可能在全国范围内积累了大量视频,每个教师都能找到适合自己班级、课程、章节的视频。但不同来源、不同风格视频的混搭,会使教学过程缺乏一致性和连贯性,给学生带来很多迷惑,效果未必好。另一方面,教师通过大量观看他人视频,从中筛选合适的优秀视频给学生看,从效果上未必胜过通过观摩少量名师视频,学到精髓,提升自己的教学水平。在教师具有一定水平之后,真人面对面讲授的灵活性、可控度、及时性、低成本是视频无法比拟的。翻转课堂取消了真人讲授,把这些优点都埋没了,而对分课堂部分保留了真人讲授,也就保留了这些优点,在以教师为中心的教学和以学生为中心的教学之间获得更合理的权衡。

慕课运用互联网构造虚拟课堂,让一个教师面对来自不同地方的成千上万的学生。传统实体课堂局限于一个教室,容纳数十最多数百的学生,其授课规模性和开放性根本无法与之比拟。在这种大规模授课模式下,授课教师基本无法与学生交互,即使配备大量辅助教师,在师生交互上也无法优于实体课堂。而生生交互更多局限于网络空间,效果更差。此外,交互的最根本特点是一对一,学生群体的大规模性并不会给生生交互带来实质性改变。

好教师很重要,但学生拖延或者不学,教学效果也不会令人满意。在传统课堂上,当学生规模达到一定程度,即使是名师,授课效果都会下降。虚拟课堂规模更大,同样的问题会更严重。学生单人在网上完成学习,往往要利用业余时间,在起初的新鲜、兴奋之后,遇到困难或事务繁忙时,就会拖延。实践表明,慕课课程的完成率和通过率并不高。

过去在数十所大学由数百位教师讲授的课程,慕课用一个教师来完成。慕课的核心理念是通过规模化提高知识传授效率。这对降低高等教育的费用有着十分积极的意义。但该理念的前提假设是,名师通过视频教学,在教学效果上能够达到甚至超越一般教师的真人教学。显然,这个假设是有前提条件和适用范围的。除了要求学生具有更强的主动性外,类似翻转课堂中大量学生观看同一视频的情况,慕课要求学生间的差异不能太大。大学生经历了高考选拔,同质性比中小学强,这样慕课在大学容易推广,但进入中小学会比较困难。此外,有证据显示,注重一般性知识传授的课程,如量大面广的内容,或者科技前沿的内容,可能更适合慕课的形式。

不过,即使慕课能够在很大程度上解决一般性知识传授的问题,但也无法涵盖人才培养的全部环节。高等教育的本质之一是"培养特定人才的实践活动"[①]。所以从更深刻的教育理念的角度看,数万到数十万的学生接受同一个名师的"灌输",会不会导致群体思维的单一化、模式化,损害学生的多样化发展,也是一个值得思考的问题。

总体说,慕课关注大规模、开放性的虚拟课堂,而对分课堂关注小规模、封闭性的实体课堂;慕课强调知识传授,而对分课堂强调交互学习与内化吸收,两者是互补而不是竞争的关系。

----

① 杨德广:《高等教育学》,高等教育出版社2009版,第178页。

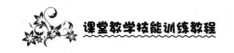

与翻转课堂、慕课不同,对分课堂针对教学流程进行改革,不强调也不依赖多媒体视频和互联网,但在教学的各个阶段,教师和学生都可以灵活、自由地利用这些技术手段,线上与线下结合、实体与虚拟结合,形成高质量、个性化的混合学习模式。

第二节　对分课堂教学模式

一、对分课堂的操作方法

对分课堂的核心理念是把课堂时间对半切分,一半由教师讲授,另一半给学生讨论。讲授和讨论在时间上错开,学生中间有一定时间自主学习,进行个性化的内化吸收。

设想某课程,每周2节课,教授16周,覆盖教科书15个章节内容,可以做如下设计:

第1周　第1节:教师讲授课程概论

　　　　第2节:教师讲授课本第1章内容

　　　　学生课后阅读第1章,完成作业 ⎫

第2周　第1节:学生分组讨论第1章内容 ⎭ 第1章的学习过程

　　　　第2节:教师讲授第2章内容

　　　　学生课后阅读第2章,完成作业 ⎫

第3周　第1节:学生分组讨论第2章内容 ⎭ 第2章的学习过程

　　　　第2节:教师讲授第3章内容

……依此类推,每周第一节学生讨论,第二节教师讲授,师生对分课堂时间。

第15周　第1节:学生分组讨论第14章内容

　　　　第2节:教师讲授第15章内容

　　　　学生课后阅读第15章,完成作业 ⎫

第16周　第1节:学生分组讨论第15章内容 ⎭ 第15章的学习过程

　　　　第2节:教师做课程总结

课程结束。

对分课堂中,每章内容学习的三部曲是教师对内容框架、基本概念、重点难点的讲解;中间一周时间,学生阅读课本,对内容吸收、内化,完成作业;学生回到课堂,分组讨论、全班交流、教师总结。

二、对分课堂的具体实践

理想的对分课堂不仅需要贯彻其基本理念,还需要一整套教学措施来保障教学效果。无论是基本理念还是具体措施,在教学中都需要根据学校、教师、课程、学生的特点做一定的调整。

由于多数教师是第一次尝试对分课堂,有些甚至是从学期中间开始使用,他们分享的体会和经验还存在很多不完善之处。对分课堂的教学效果目前主要是根据教师的课堂观察和学生反馈,未来需要更多的实证研究。

对分课堂从心理学科开始试点,目前主要运用于一些文科课程,如心理学、教育学、大学英语等。与对分课堂小组讨论密切相关的同伴教学法,就是基于哈佛大学物理课程教师所提出的,所以原则上理科课程也可应用对分课堂,但如何实施还需要具体的案例。以下主要分享一些大学和中学教师的对分课堂教学实践,希望能为更多教师的课堂与教学改革提供参考和借鉴。

(一)对分课堂在大学课堂中的实践

1.大学心理学类课程的对分课堂案例

[案例一]
研究生"意识心理学"课堂的局部对分
复旦大学社会发展与公共政策学院心理学系 张学新

2014年春季学期,我第一次尝试对分的课程是心理系本科生的"研究方法与实验设计",采用英文原版教材的中文翻译版,内容丰富、难度适中,附有复习题和思考题,非常适合对分模式,所以整个学期都运用了对分教学。

本学期我讲授的"意识心理学",是研究生选修课,从认知心理学、神经科学和哲学三方面介绍意识研究的最新进展,没有教科书,选读的论文较难,很多是英文论文。正式注册的学生仅四位,却有十位学生旁听,他们对意识这个主题很感兴趣,但背景基础普遍不够。

根据课程和学生的具体情况,16周教学中,10周采用了讲授模式,6周采用了对分模式。较难的论文,我在课堂上详细讲授,基本不让同学讨论。较容易的论文,我讲授论文大意,指出重点疑难,学生课后进一步阅读,下周回来分组讨论,然后进行全班交流。小组讨论的时间根据学生的掌握程度和发挥状况,可以短到10分钟,也可长达1节课。学生反映收获较大。这样的调整体现了对分课堂的两个灵活性:一是可以与讲授法混用,在整个学期的一部分时段使用;二是课堂上教师讲授与学生讨论的时间比例,可以灵活分配,不必机械地对半平分。

2.大学外语类课程的对分课堂案例

[案例二]
几门英语课程的对分课堂实践
上海理工大学外语学院 何 玲

2014年春季学期,我在两个非英语专业的研究生初级口语班上做对分课堂试点,每班45人,课程为2学分,每周一次。授课16周,每两周覆盖一个单元内容,流程如下:

1.单周教师讲授,概述单元总体内容,分析讲解重点、难点。

2.课下学生根据课本音频材料进行模仿练习并录制音频。教师对学生作业通过微信平台给予反馈。

3.双周第1节课,学生分组练习口语对话,5~6人一组,共8组。

4.双周第2节课,教师先讲评学生的录音作业,展示若干优秀作业,然后以组为单位随机抽取学生对书中的话语场景进行角色扮演,其他学生一边聆听一边完成书本上与该场景对应的听力习题,之后随机抽查学生答案。

学期末调查问卷显示:82%的学生认为对分较好或者对分很好,超过2/3的学生认为学习负担比较合适,对学习效果比较满意或非常满意。

鉴于试点取得较好效果,我在2014年秋季学期的三门课程均采用了对分模式。

1.公共口语课,两个班,一个班53人,另一个班39人。

2.非英语专业研究生的综合英语课,四个班,每班约45人。

3.非英语专业本科生一年级的英语视听说课,一个班31人。

三门课都是3~4人一组,定期换组。受桌签法启发,利用红黄蓝绿四色便签条来安排分组,十分有效便利。让小组成员自己认领组织者、秘书、报告人三种角色,讨论结束后,报告人需利用秘书的笔记汇报小组讨论成果,保证了讨论的质量和有效性。

虽然学期尚未结束,但从平时反馈和作业情况看,学生普遍比较认可这种课堂模式。学生认为:

1.英语课开始变得比较有趣、有效。

2.学习负担是弹性的,可以根据自己的学习动机来调节。

3.自己和同学、老师的交流更多了。

4.由于平时有规律地做作业,老师采取过程性评估来给分,学生对期末成绩不再像以前那样焦虑。

我的第一门课和第三门课都是从期中才开始接手,即便如此,学生也很快就适应了对分模式,对这一模式评价很高。

这是我第二个学期继续深入实践和探索对分课堂。我觉得对于教学经验丰富的老师,对分课堂提供的也许是一个系统的、有别于传统讲授式教学的思路,新颖而且容易操作。对于没有太多教学经验的教师,比如像我这样只有一年多教龄的青年教师,它提供的是一个可靠而且可信的模板,指导性很强。

对分课堂是一个科学的、精细的课堂设计,教师使用对分课堂必然要花费一些时间和精力,但另一方面的负担会降低,一是讲授的时间减少了一半,二是教师在组织教学时,有据可依,心里更有底,减少了比如因为焦虑等带来的一些心理能量的耗损。最后,因为学生对课堂和教师的评价都会很好,对分课堂确实可以增强教师的职业幸福感和成就感。

[案例三]
"大学英语视听说"对分课堂教学的实践
咸阳师范学院外国语学院　赵婉莉

增强学生的自主学习能力,提高其综合文化素养是大学英语教学的重要目标。与大城市的一本及部属高校相比,地方高师院校的生源质量相对不高,大部分学生来自于农村及偏远地区,办学经费也相对不足,大学英语教学的班级规模都较大,加之学生的个体差异大,一个教师很难顾及四十多个学生,无法满足每个学生的学习需求。

本学期初,我在任教的三个班(两个对外汉语专业的班级、一个新闻专业的班级)开始使用对分课堂教学模式。三个班的同学都比较配合。所用教材为《新标准大学英语视听说》第三册,17 周内完成 5 个单元。每单元包括五部分内容:Inside view, Outside view, Listening in, Presentation skills and Pronunciation,需要 3 周 6 个课时。由于视听说课的特殊性,有阅读,有听说,课程时间分配上没有完全按照授课和讨论各占一半的比例。以第一单元 Discovering yourself 为例。

1. 第 1 周完成 Inside view,根据教材内容,听说活动大约各占 1 个课时。

2. 第 2 周完成 Outside view,Listening in,主要是听力任务,用一个半左右的课时,即第 1 课时和第 2 课时的 20 分钟左右。

3. 第 2 周第 2 课时剩余约 30 分钟讲解 Presentation skills,主要告知学生怎样 Giving a formal presentation。

4. 课后作业:根据教材设计的分步骤练习,给各组分配口语任务为课后作业。分组按每组 5~8 人,主要以寝室为单位,便于学生互相讨论。还有一个 Pronunciation 作业:学生自己课下根据光盘或 MP3 听力材料练习本部分听力,即跟读、模仿等,用电脑或手机录制一个完整的语音练习,通过网络平台提交。这两个作业要在下周上课前提交,学生有一周时间完成。

5. 第 3 周上课时,先播放教师从平台上下载的学生的 Pronunciation 作业,最多选择 3 到 4 个有代表性的。每段录音不一定完整播放,播放后进行点评,一般为 6 到 8 分钟,总共不超过 10 分钟。这个活动学生比较活跃,是随后讨论很好的热身。

(1)第一课的剩余时间进行小组讨论。上周已经告知学生怎么做(How),他们也确定了做什么(What),中间有一周的时间进行消化、吸收、资料查阅,能够有备而来,所以学生参与度比较高。

(2)第 2 课时,学生先汇报小组讨论结果。每组汇报时,所有组员都要参与,按照给一个 formal presentation 的要求(an overview, reasons,main ideas, closing a presentation, inviting questions),分工协作完成。小组汇报后,结合自评和他评,我会给每组打分,最低 3 分,最高 5 分。汇报过程中,我根据各组汇报情况进行点评,不需要每组都点评。

(3)对全班进行总点评,以积极评价为主。

按这样的模式进行了 3 个单元的教学,我看到对分课堂很明显地提高了大部分学生的自主学习性和课堂参与度,在一定程度上提高了教学效果。但这种模式的顺利实施也存在一些问题。

要激发学生的学习动机,提高其学习自主性,评价很重要,不但要及时到位,更要贯穿始终,真正做到过程性评价。我是当堂给分,参考小组自评和他评,但还是感觉评价不太到位,个别学生的自主性和参与度不是很高,有待于进一步改善。

作为一所地方性的二本高师院校,我校大部分学生来自农村甚至偏远地区,53% 的学生没有电脑,27% 的学生不能上网,这会影响他们的资料查阅和信息搜索,部分学生难以完成自主学习任务,降低学习效果。如果能形成一套较为完善的评价方法,辅以更充

足的学习设施保障,相信对分课堂教学模式会惠及到不同层次、不同科目的课堂教学。

3.大学其他课程的对分课堂案例

[案例一]

对分课堂在社会科学"研究方法"课程的实践

复旦大学社会发展与公共政策学院社会学系　田丰

从本学期中间开始,我在社会研究方法(A)这门本科课程的一部分课堂上试用了对分课堂教学法。起因是我在复旦大学教师发展中心组织的新教师培训中听了对分课堂的一次介绍,觉得新奇,想试试看。没想到,让学生自己支配一部分课堂时间进行讨论的效果非常好,显著增加了学生的能动性,也减轻了教师的负担。根据这门课的特点,我在运用中有一些方法上的调整。下面简要谈谈这门课的特点和对分课堂在课堂中的应用和效果。

社会研究方法(A)是社会科学实验班的必修课,班上的大部分同学是一年级社会科学实验班的同学,也有少部分社会科学相关专业二、三年级的学生修读。大部分学生不具备统计知识,也是第一次接触社会研究方法。这门课的目标是让学生对社会科学研究思路有一个基本了解,为进一步深造打下基础。课程内容聚焦于项目设计,而不涉及数据的具体收集和分析。

这是我第一次在复旦大学开设社会研究方法(A)的课程。虽然以前在读博士期间曾在学校开设过这门课程,但我这次开课,感觉有三点不同。

1. 学生人数众多。因为这门课是必修课,班上有70多人选课。这个规模使得开展全班的课堂讨论有很大的困难,大部分的课程教学都是以小组讨论方式进行的。

2. 上课时间为星期五下午,学生上课的积极性不高,基本都是坐等下课。

3. 学生并不适应做小组项目,主动性很低。

每个小组整个学期需要完成一个小组项目,要求从选题出发,做出一个完整的项目设计。我对小组项目很重视,在课程考核中给予41%的比重。学生需要在第3周确定选题,做5分钟的主题演讲(5%),第9周进行阶段性结果讨论和小组互评(6%),第14周做开题演讲(10%),第16周提交项目申请书(20%)。

我以前在国外教课的时候,发现学生比较适应在课外协作,通过讨论完成小组项目,质量往往比个人项目要高。

复旦的新生并不适应这种模式,他们对这种小组项目本身不喜欢,很多人认为小组成员会拖自己的后腿。他们不愿意在课外协调协作,所以第一次小组演示的时候能感觉到大多数项目都是拼凑出来的结果。

在这种情况下,抱着试试看的态度,我尝试了对分课堂模式。每次课有三节课的时间,前两节课我讲授基本概念,第三节课留给同学们讨论小组项目。讨论的内容就是把前两节课的基本概念运用到自己的小组项目中。有两次课上还引入了小组互评的环节。

因为引入对分课堂的时间较晚,再加上学生人数多,我只是要求他们在课前预习所讲的内容,并安排了五次随堂测验进行考察检验,没想到,讨论效果非常好。

1.同学们的讨论非常积极,有好几次下课时间还有许多同学仍然在讨论。

2.他们对项目的主动性有了很大的提高。有很多学生跟我说一开始做项目想的很简单,在讨论中发现许多问题非常复杂,让他们对做项目有了更多的兴趣。

3.他们对小组互评的环节也很喜欢,觉得很有挑战性。

4.从期中学生递交的项目大纲中可以看出,他们在项目上花的心思多了很多,整体质量也比第一次演示时高了许多。

从整体来说,我这次应用不能算是严格意义上的对分课堂。但我的这次应用可以明显看出对分课堂的"把一部分课堂时间给学生主导"这种理念的魅力。总体来说,学生的主动性有了显著提高,对课堂内容也有了更多的兴趣。

当然这次实践也有一些不足,比如在小组互评的时候他们遇到问题,不是内部讨论解决,而是第一时间向老师或助教寻求帮助。这当然和他们在高中的学习习惯分不开,也并不是对分课堂才有的问题。这些问题在以后的实践中还要进一步解决。

[案例二]
对分课堂理念在思想道德修养与法律基础课上的探索
湖北汽车工业学院马克思主义学院　柴晓运

思想道德修养与法律基础作为一门高校公共政治课,安排在新生第一学期学习。在具体教学中发现了很多问题,如对于像"理想"等问题,传统的课堂讲授,学生根本听不进去。相比专业课而言,学生学习动机不高,且教材内容理论化程度高,例子不够,学生缺乏相关材料,最后考核只求通过。即使教师讲得非常有趣,也很难吸引学生。特别是新手教师,总想尽力让每个学生都认真听讲,情感上和时间精力上的投入都很大。

根据我校学生的特点,综合各种教学方法的优缺点,我在本学期对对分课堂的理念做了部分改变,应用在这门课的教学上。本课程每次连续3节,总共42个学时,所带班级主要为普通二本、三本的工科学生,每班人数在120~160人,总计660人。主要教学组织形式及效果介绍如下:

一、学习承诺

上第1课时,介绍上课的形式、课堂规则(如教室后几排不坐人等),每位学生都必须抄写、签字,表示遵守承诺。过程看似简单,但对教师随后的有效管理起到很大作用。原来课堂上前三排没人,现在是后几排没人,学生坐得非常集中,便于课堂控制。

二、教学过程

1.主要内容:内容组织精炼,贴近学生实际。

2.与本次课相关的材料:一般以视频形式呈现,有时也用文字材料。呈现前会有几个与内容相关的思考题,要求学生记在纸上。

3.学生有10~15分钟的准备时间,把思考内容写在纸上,期间可以互相讨论。

写在纸上有两点好处:一是便于学生最后到台前发言,二是写的过程是一个深度认知加工的过程,有助于加深理解。在这个过程中,教师有机会到学生中间去,做一些简单交流,对不认真的同学进行提醒。在原来的教学模式中,教师根本没有机会下去了解、监控学生。

4. 交流及教师总结。学生可以自主发言,也可以教师点名。基本要求是先介绍自己的班级和姓名,除第一个发言的同学外,后面同学必须先对前面同学的发言进行点评,然后再讲自己的观点。教师对学生的发言基本不点评,对确实好的学生只需要说"很好",对应付了事的学生也不批评,主要依靠学生互评。下课前 5 分钟左右,教师综合点评。

在此过程中,充分利用团体动力学原理,调动学生互评,激发学生参与课堂讨论、表达自己观点的热情。目前学生自主发言的积极性逐步提高,有两个班的发言已经不需要教师点名。

三、考核形式

1. 平时成绩占 40 分,最后考试(开卷)占 60 分。平时成绩中课堂发言占 10 分,考勤 20 分,作业 10 分。课堂发言 10 分的评定,会考虑到有些同学发言不佳的情况,允许发言不好的学生后期再次发言,取得较好成绩。

2. 由于是大班上课,考勤采取随机抽查。

3. 有的学生发言一次后就存在懈怠,再也不发言,也不认真上课了。针对这一问题,要求学生必须保存每次的发言记录,最后作为作业上交,根据发言记录确定分数。

总体而言,教师教学过程中的情感性负荷显著减轻,师生互动更加和谐,生生互动更加频繁,课堂出勤率明显提高。

(二)对分课堂在中学课堂中的实践

[案例一]

高三语文对分课堂操作流程

上海虹口区复兴中学　孙欢欢

高三语文的课文涉及小说和戏剧的鉴赏,在高考试卷中,现代文阅读的文本主要是散文,诗歌鉴赏和写作也都是高考试卷的重要组成部分。选择这几项作为对分课堂的教学内容,主要是因为学生存在几个共同的问题:他们在阅读时对文本主旨的把握不够深入,写作时容易出现立意平庸、格调不高、思路狭窄、逻辑混乱、无话可说的现象。这些问题的本质就是学生思维的深度和广度不够。

高中语文课文不乏名篇,教师也一向针对主旨和思想内容进行教授,为什么还会出现以上这些现象?我认为,主要问题在于"听"和"说"代表了不同层面的能力。学生听讲只能止步于"知道了",哪怕教师的讲解深入浅出,学生也总有隔靴搔痒式的不过瘾,下次再见到类似的文本——即使是同类文章,好学生也只是有似曾相识之感,却无从入手,或者生搬硬套,至于大部分同学,那简直就是"初次见面,请多多关照"了。

如果换一种模式,让学生在老师的引导之下自己说出文章的主旨,自己找到更多更高远的写作立意,学生的印象就会非常深刻。更重要的是,学生会逐渐掌握一种思考的方法,训练思维的强度,这才是高考致胜的本源。在这些灵活性较大、要求更高的版块中,解题技巧和知识点是"术",思维强度是"道",脱离了道,学生分数就成为无本之木,缺乏稳定性,难以突破由普通到优秀的瓶颈。对分课堂能够满足这样的要求。相比之下,应用文阅读和古文阅读这种更侧重知识传授的部分不适合应用于对分课堂。

一、实施形式

全班18人分为3组,每组6人,包含2名成绩好的学生、2名中等程度学生、2名后进学生。这样分组保证同等程度学生之间有交流,同时以先进带后进。按对分课堂的原则,把第一天的一节课中的部分时间设定为先导课(20分钟),第二天两节连上的课为讨论课(90分钟),一周实施一次对分教学,具体操作如下:

1. 先导课上,教师讲解文本和作者的背景资料,简单讲解文本思想和主旨,明确本课的教学重点,根据教学重点提出4~8个主要问题供学生思考。这样便于学生在讨论中把握重点和方向,不会误解和歪曲文本,并且能够抓住教学重点进行思考和讨论,使讨论做到有的放矢。

2. 学生根据教师提供的问题写作业,不要求全部回答,可以自由选择问题作答。鼓励程度好的学生写成完整的鉴赏文章,或者鉴赏段落;也可以直接当作简答题作答。在讨论课开始之前交上,教师进行评阅。如果有精彩部分,在讨论开始之前请该生向全班朗读。

3. 讨论课分为三部分。

(1) 分组讨论,时间为30~40分钟。小组内部围绕参考问题讨论,可以从交流作业开始,立足文本,逐渐深入。最后5分钟总结本组讨论成果。

(2) 组间共享,时间为10~15分钟。每个小组内部两人一队(一个善于言辞的学生和一个沉默寡言的学生配合),一队留守,其他两队分别插入另外两个小组。打乱之后的新小组都包含原来小组中的两个人,形成一个拼图组。然后,每个原小组成员都把本组讨论成果与拼图组成员分享,保证每位同学都能分享全班的讨论成果,就像拼图一样得到对文本比较全面的理解。

(3) 最后20~30分钟,教师进行总结,讲解重点、难点、讨论中遇到的共性问题、应试技巧、课外拓展。其中,课外拓展的内容视情况而定,也可省略。

二、效果反思

学生组内讨论很积极,因为之前的讲解和作业使他们有话可说,锻炼了表达能力。同学之间互相借鉴也拓宽了思路,学会了聆听、欣赏他人的优点。组间分享中,每个人都有一种完整传达本组成果的使命感,积极地和其他组交流。

学生在讨论中会发生一些意外。比如偏题和误读,这时教师需要及时发现并纠正。但是如果学生发散思维,提出超出教师预设范围的问题,则需要鼓励和引导。一般而言,每一次讨论中总有学生会给教师惊喜,闪现智慧之光。

三、注意事项

分组讨论时,教师要一直在各小组间巡视、旁听、指导,提醒跑题和开小差的学生,随时纠正讨论中的错误,把握每个小组讨论的方向,解答学生的疑问,推动讨论的深度,拓展讨论的广度,为学生提供新的问题和思路。教师的主导是讨论能够成功的关键因素。讨论的原则是有理据、有深度。

三、对分课堂引发的教师反思

不管是大学教师还是中学教师,在对分课堂实践的过程中,会有一些成功的经验,当

然也会存在一些问题,由此,引发了教师的一些反思,以下主要分享几位教师在采用了对分课堂教学后的一些反思,希望能对初次采用对分课堂的教师有所帮助。

[案例一]

心理学"精神分析"课的对分课堂实践体会

复旦大学社会发展与公共政策学院心理学系　陈　侃

这学期我在心理学专业本科生的"精神分析"课堂上尝试了对分课堂教学法。

这门课有 20 多位同学修读。这门课我开设近 8 个学期了。以往也会采用案例分析、讨论、影评等方法,但没有发言规则,也没有记分,一般是谁爱说谁说,课堂比较松懈。本次对分实践选择的是精神分析里面比较难懂的一个人格专题。

我的一个感觉是,有明确知识点、可以有标准答案的教学内容,比较适合初步使用对分课堂的老师。我发了英文文献给同学们读,同学觉得比较难懂,所以我也发了中文的相关读物。采用对分后,感觉课堂气氛与以往很不一样,总结起来,有以下几点:

一、有压力感和竞争感

同学们的反馈也提到这一点,表示正因为有压力,所以才会主动去学,也正因为学了,所以才感到有趣味。我反思一下,觉得这其实符合心理学中关于态度转变的规律,做了就会喜欢。另外,在一定压力下学习,可能也是中国学生的习惯,用精神分析的术语说就是"大家共有的内在工作模式,个体与环境联系的惯有途径"。这样的教学或许在一定程度上增加了学生对课堂的安全感和信任感。

二、自发性的创造

以往上课都是我准备问题,现在学生自己会生成问题,形成一个自组织系统,互问互答。我自己永远也不会提出那么多有趣的问题,我甚至开始对学生提问的创造力评分了。如此一来,教学相长了。

三、主动性

我发现,与以往同学随意发言的形式相比,抽查的方法让学生对讨论更加投入,而且互助行为非常多。

简单总结一下,对分课堂给我最大的感受是,它符合中国师生的"学习文化",实践容易,效果显著。

[案例二]

对分课堂提升综合英语课堂互动学习的有效性

陕西师范大学心理学院　祁喜鸿

综合英语课堂教学模式从传统的以教师为中心已经逐步转变为以学习者为中心,课堂上学生进行结对或者小组互动已经成为一种常态。然而笔者在教学实践中发现,尚有一些问题影响了课堂互动学习的效果。主要表现在以下几个方面:

1. 学生在进行课堂互动时缺乏独立思考能力和主动探索精神,常常出现思想匮乏、言之无物的情形。

2. 由于"综合英语"课程针对大学低年级英语专业学生开设，学生英语水平有限，在互动交流中频繁遭遇语言表达方面的障碍，使得互动无法正常进行。

3. 学生的口语表达能力存在较大个体差异，互动时口语基础较好的学生往往会主导讨论，而口语欠佳的学生很难参与进去，渐渐失去参与互动的兴趣。

因此，如何最大限度地激发每一位学生的主动性和创造性，使每一位学生都能真正参与互动，通过语言表达锻炼其创新思维能力，是当下综合英语课堂改革、提高互动学习效果的当务之急。

结合传统课堂与讨论式课堂特色的对分课堂教学模式为解决上述问题提供了新思路。该模式既突显了课堂中教师讲授的重要性和必要性，又考虑到了学生学习的个体差异性，同时创造了课堂互动的良好契机和氛围。将这种教学模式运用到"综合英语"的课堂教学中，可以很好地解决目前课堂互动中存在的问题。

1. 教师的课堂讲授可以通过梳理语言知识，从篇章理解、句子架构、字词使用乃至语音语调等各个层面为学生准确理解和使用语言提供帮助。这种帮助可以在很大程度上减轻学生面对全新语言内容时的焦虑，为其课后的内化吸收打好基础。

2. 课后留出一段复习时间可以让不同语言基础的学生按照自己的进度对生词、句型、语法等内容进行有效的内化吸收，为下次课堂上的分组讨论奠定基础。

3. 在进行课堂讨论时，学生能够有备而来，在语言表达上能使用较充足的词汇和句型，经过课后思考对相关话题也会有多方面的理解，不仅有话可说，而且表达准确度、流利度更好，为课堂上高质、高效的语言互动提供了良好的保证。

从长远来看，对分课堂模式不但能促进学生的综合语言应用能力，还能产生一种持续的学习动力，帮助学生树立使用英语表达思想的信心，以积极主动的心态参与到更多语言互动活动中来，真正调动学生的主观能动性，发挥其在课堂中的主体作用。

[案例三]

商科市场调研课程的对分课堂实践反思

复旦大学管理学院市场营销系　褚荣伟

这一学期我在中文课程市场调研中尝试使用对分教学。其实让学生参与讨论这一方式在商科院的教学中并不少见，不过对分课堂与案例教学还是不同的。

首先谈谈这门课本身的一些特点。由于市场调研是全校性选修课，授课对象为非经管类学生，尤其以文科专业学生居多，从大二到大四都有。学生管理学或营销学基础几乎为零，统计学和数学的知识也比较薄弱。如果像平常的专业课一样，直接进行满堂灌式的讲课会给学生带来很大负担，同时也会降低学生的积极性。如果采用传统的案例教学方法的话，他们在管理和营销的知识上有很大挑战。

这门课采取对分课堂的形式进行授课，让学生更主动地参与到学习当中，于讨论中相互学习、纠正错误、加深了解。如若不然，可以想象平时学生交作业只是应付性的完成，期末考试之前临时背书，这样的教学是无法具有真正效果的。针对全新的零基础学生讲授市场调研，我要求学生购买指定的教材，对分课堂讨论都基于该教材和教材课后的思考题。

1.每周授课之后会布置适当的课后作业或是读书笔记。布置作业是为了确保学生对书本知识的掌握。只有掌握基础知识才谈得上实践和运用。很多课甚至专业课上,学生都不愿意认真阅读书本。而读书笔记与对课本内容的讨论能很好地解决这一问题。

2.下一周第一节课学生组内讨论,分享每个人的课后作业,交流各自的看法。之后会给出一定时间让每一个小组的学生代表进行汇报。在这个过程当中,每个学生都能听到别人的想法。初学者也能更好地理解,互相之间的学习加深了学生对教材内容的理解。

3.之后的汇报则是一个整理与表达的训练,每个人都有机会站在讲台上对自己的所听所感进行总结。将不同人的观点整合起来进行表达本身就是一个学习的过程,之后有条理地阐述更是一个锻炼。

管理学的课程都是需要实践的。本学期也给每个学生亲自实践的机会。将学生分成小组,每一组分配一个市场调研任务,教师支持学生走进市场,观察现实,加强了学生的理解与运用能力。

本课程是商科本科教学中第一次使用对分课堂。总体来说,学生的积极性普遍提高,参与程度也更高,但因为学校教室的桌椅难以移动,造成了讨论过程中的不便,甚至也无法进行组与组之间的穿插讨论。不过我个人觉得这样的方法值得尝试,教师可以在实施中依据各课程不同的特点进行调整。

[案例四]

教师职业道德课程运用对分课堂的一点思考

陕西理工学院教育学院 杨川林

本学期开学至今,我一直在运用对分课堂的基本理念以及方法,进行教学探索与思考。本门课程是全校师范生的公共必修课,120人,大部分学生年级为大二、大三、大四,涵盖各个学科专业。由于是大班教学,学生的专业不一致,学生的基础差异大,我在运用对分课堂上,进行了局部的调整以及改进,总结如下:

一、传统板书授课建立认知图式

每次授课的时候,我都会将涉及本节课的核心概念以及基本框架,在20分钟内高度概括地讲完。在这个阶段,主要是用传统板书的形式,要求学生记笔记。学生边听边书写,有助于形成本节课的知识结构与图式。由于讲授知识的概括性以及抽象性,会让学生形成认知压力以及认知困惑,直接增强学生的探索欲望与学习动机。这是一个知识的铺垫,也是后面对分与讨论分组的前奏。

这个讲授环节,我觉得不要过多使用多媒体。传统的板书,尽管知识传达效率比较低,但能增加学生知识学习的效率。在学生边听边写的过程中,很容易保证整堂课的基本知识得到准确传达。板书的内容一直在黑板上,是一个认识的模型以及结构,可方便同学们在后面交流以及讨论时内化。

二、开放问题引导学生自然分组

1.教师与2~3位学生互动"变"课堂

大约20分钟后,我会就讲解的内容抛出一个与主题密切相关的开放式问题。这个提问要通俗简单,而且广泛存在于教师的现实生活中。问题提出后,需要用部分学生去带动讨论。传统课堂特别是公共课一般没有学生发言的机会。学生对于突然而来的讨论,有一个渐进适应的过程。为了消除学生的畏惧和不适应,一般情况下,我会用点名册先抽一些我比较熟悉的,语言表达连贯、学习积极性高的同学发言,一般2~3位。他们的发言,会有效地促进整个课堂的变化。要注意双向互动引导讨论,点到即止,避免他们将讨论的话题内容全部讲出。如果是与课程直接相关的内容,我就会在黑板上书写出来,征询大家的建议。

2. 创设"开放问题",将学生基于讨论话题自然分组

一旦某位学生的回答或讨论切中此次课的要点,我就会问全班同学是否赞同。赞同的请站起来,不同意的不用站请举手,不确定的不用表态。通过教师与一两位同学的交流以及引导性发言,在可控范围内将同学们基于问题讨论自然分为三组,每个同学知道自己属于哪个阵营。

3. 选择学生"代表"与"秘书",凝聚本组观点

自然分组完成后,每组里通过同学推荐或教师指定产生一位"代表"。随后,请三位文学院的学生做各组秘书,负责记录讨论观点。

4. "推荐"策略保证课堂的活跃度

分组完成后,三位代表以及秘书到前排,面对全班而坐。接着进行全班讨论。首先由一位学生代表起头,然后请其他代表或同学发表评论。为避免出现冷场,一个有效策略是要求发言学生发言后推荐熟悉的同学发言。几次发言之后,气氛就调动起来,就有学生主动举手要积极表达观点。如果大量学生举手,我就退在后面,倾听讨论,同时把重要观点记录在黑板上。一节课下来,师生互动、生生互动出来了,教学效果也出来了。

三、教师的总结、布置作业与考核

课堂讨论放开之后,还要收回来。第二节课,上半段时间继续讨论,基本上达到预定的教学效果时,我会中止讨论,进入总结环节。总结大约15分钟,其中,10分钟分给三个小组秘书,就他们组的主要观点以及内容进行总结;剩余5分钟,我会就学生们的讨论内容进行一个简短总结。接着就这个相关问题,布置一个开放性的思考题目,同时也给出一些书目,要求大家预习下一节的内容。

下一周上课时,我会用大约10分钟时间,选择有代表性的作业,现场进行分析与评价。随后进入下一节的讲解,重复以上流程。

[案例五]

对分课堂在初中英语教学实践中的反思

华东师范大学附属杨行中学　胡　真

初中阶段的英语教学基本采用的是话题结构与功能意念结合,同时渗透语法词汇的教学理念。一般教学流程是,教师先呈现知识点,学生进行操练巩固,最后达到学生能进行话题范围内的语言交际的教学目标。这样的教学流程,也许对大部分学生是适用的,但我在教学实践中却遇到了一些困惑,主要因为我教的是平行班,超过一半的学生是随

迁子女，班级学生的差异较大。听了介绍对分课堂的讲座，我深受启发，就在教学中进行了尝试，效果超出了我的预期。

在以往"呈现—操练—输出"的课堂上，留给学生内化吸收的时间很短，基本要求当堂呈现的知识，就要进行理解、操练。但是，由于学生接受能力和英语基础有差异，难免有的学生在知识呈现阶段跟不上课堂节奏。比如，在讲到埃及金字塔这一课。这课的重点是用形容词和名词两种方法描述一件物品的长度、宽度等。如果用原先的教学方法，虽然大部分学生能很快从语言材料中总结出句型规律，然而，同样的时间，有的学生则只能做到勉强理解句子的意思。这就导致了操练阶段的效果难以保证，更不用说语言输出了。

采用对分课堂，带来两个主要的好处：

一、对分课堂留给学生充分的时间，对知识点进行消化吸收

一堂课传授的知识内容，通过布置课后作业任务，启发学生思考。课后的讨论，还可以帮助学生拾遗补漏，加深理解。比如，金字塔这堂课我布置了让学生改编对话的任务，以一问一答的形式向游客介绍金字塔，同时，鼓励他们搜集相关的信息，制作旅游手册。一周以后，学生上台进行介绍，课后进行评比。一方面再次操练巩固了句型，另一方面也增加了他们的兴趣和阅读量。

二、对分课堂能与分层教学有效结合

以往，分层教学体现在教学目标的分层上，即课堂传授过程是统一的，课后的作业进行难度的分层。但这并没有解决如何提高不同层次学生听课效率的问题。另外，分层作业，也容易使程度不好的学生，形成一种心理暗示：我只要完成我的作业就好了，反正那些难的作业我做不来。

对分课堂由于给了学生更多操练时间，使得教学的分层也得以实现。对于必须要掌握的基础性内容，在后半节课进行集中、概括性的传授，进行基本操练。

学生课下进行巩固和消化吸收。在下一次课上，程度好的同学就可以进行话题讨论和综合练习，程度较差的则需要对知识进行进一步理解与消化。基础非常薄弱的同学，花半堂课的时间背诵单词，记忆语法点，也比以往坐在教室里听不懂课而无所事事要强。

总之，对分课堂的教学模式，能帮助不同层次的学生提高课堂效率，不但能增进他们的学习意愿，帮助他们树立学习的信心，而且能促进他们在课外进行思考和学习。对分课堂，通过语言互动，能充分调动学生的主观能动性，是很好的课堂模式。

四、对分课堂的实施效果与推广

（一）对分课堂的实施效果

在 2014 春季学期复旦大学心理学系大二心理学研究方法与实验设计（简称"研究方法课"）必修课程中，张学新首次尝试了对分课堂。上海理工大学一名青年教师在同一学期的理工研究生一年级公共英语口语课（简称"口语课"）上也尝试了对分课堂。

课程末期进行了问卷调查，就各个教学环节和总体效果收集学生的反馈和评价。问卷包括20道题，多数问询学生对特定教学环节预期目标的认可度和该目标的实际达成度。比如，前4个问题为：①对分课堂需要采用内容丰富、结构清晰、有一定难度和挑战

性的教科书。你是否认同这个观点？选用的教科书是否合适？②对分课堂通过教师讲授，帮助学生熟悉章节内容，克服重点、难点，为课后学习打下基础。你是否认同这个目标？这个目标是否达到？③对分课堂试图通过读书笔记作业，促进学生对章节内容的认真学习，为分组讨论做好准备。你是否认同这个目标？这个目标是否达到？④对分课堂试图通过分组讨论，使学生互相促进、化解疑难，达到对章节内容的深入理解。你是否认同这个目标？这个目标是否达到？

　　研究方法课发放问卷 23 份，全部收回而且有效。学生对所有问题的目标认同度和目标达成度评分都较高。以前 4 个问题为例，目标认同度均值分别为 4.2（标准差为0.8，下同）、4.5（0.6）、4.6（0.5）、4.0（0.7），介于"比较认同"（4分）和"非常认同"（5分）之间；目标达成度均值分别为 4.4（0.6）、4.1（0.9）、4.5（0.6）和 3.9（0.8），基本介于"达到不少"（4分）和"基本达到"（5分）之间。其他方面，学生每周课外学习时间是 4.3 小时（0.9），阅读课本 1.9 小时（1.0），完成作业 2.1 小时（1.2）。关于对分模式是否需要资深教师，54.6% 的学生认为资深较好，近 20% 认为青年教师也适合。对"你在本门课上的学习负担是否合适？"82% 选择"比较合适"，9% 选择"较轻"，9% 选择"较重"，无人选择"很轻"或"太重"。对"与传统课堂相比，你对本门课采用对分课堂的总体评价如何？"43.5% 选择"对分很好"，43.5% 选择"对分较好"，13% 选择"保持中立"，无人选择"传统较好"或"传统很好"。

　　口语课发放 90 份问卷，收回 88 份有效问卷，结果类似。学生对所有问题的目标认同度和目标达成度评分都较高。以前 4 个问题为例，目标认同度均值分别为 4.2（0.8）、4.3（0.7）、4.4（0.7）、4.5（0.6），介于"比较认同"和"非常认同"之间；目标达成度均值分别为 4.2（0.8）、3.8（1.1）、4.1（1.1）和 3.9（1.1）。其他方面，学生每周课外学习时间是 0.59 小时（0.5）。超过半数的学生认为青年教师可以或更适合采用对分模式，5.8% 的人认为资深教师更适合。学习负担上，68% 的学生选择"比较合适"，14% 选择"较轻"，5.5% 选择"很轻"，11.5% 选择"较重"，1% 选择"太重"。总体评价上，23% 选择"对分很好"，59% 选择"对分较好"，16% 选择"保持中立"，1% 选择"传统较好"，1% 选择"传统很好"。

　　总体上，从讲授、课后学习、讨论三个核心环节看，学生对于对分课堂的目标认同度和目标的完成效果评价很高。研究方法课中 77.3% 的学生对自己在对分课堂中的学习效果表示满意，91% 认为学习负担比较合适或较轻。与传统课堂相比，86.4% 的学生认为对分课堂很好或较好。口语课中的相应比例为 68.9%、81.5%、81.6%。这些基于学生自我报告的结果表明，对分课堂在保持适度学习负担的情况下，获得了良好的教学效果，得到大多数学生的认可。①

（二）对分课堂的推广

　　对分课堂理念清晰，简洁实用，一经推出便获得众多师生的认可。截至 2014 年 11 月 30 日，含香港在内的全国八大区域的 53 所学校、78 位教师体验和实践了对分课堂。学

---

① 张学新：《对分课堂：大学课堂教学改革的新探索》，载《复旦教育论坛》2014 年第 5 期。

生从中学、中专到专科学校，从本科生到硕士研究生，全国有近7000多名学生体验对分课堂的魅力。

网络时代有很多课堂教学改革的尝试，但合理的改革不仅要考虑技术进步，还要考虑学生群体、教师群体和社会环境的变化。对分课堂融合了讲授式课堂与讨论式课堂的优点，符合个体知识获取的认知心理规律。更重要的是，对分课堂试图从根本层面上认识和把握我国当前课堂教学的现状与困境，形成更适合中国国情的课堂模式，有可能为我国教育的教学改革提供一个新的思路。

【学习资源】

[1]张学新.对分课堂：大学课堂教学改革的新探索[J].复旦教育论坛,2014(5).

[2]中华人民共和国教育部.2013年全国教育事业发展统计公报[EB/OL].[2014-07-04].http://www.moe.gov.cn/publicfiles/business/htmlfiles/moe/moe_633/201407/171144.html.

[3]崔艾举.从逃课现象看高校改革的着眼点[J].山西高等学校社会科学学报,2007(9).

[4]宋德发.如何走上大学讲台：青年教师提高讲课能力的途径与方法研究[M].湘潭：湘潭大学出版社,2013.

[5]钟志贤.传统教学设计范型批判[J].电化教育研究,2007(2).

[6]陈兰萍,贾淑云.讨论式教学的研究与实践[J].渭南师范学院学报,2001(1).

[7]江安凤,吴锵.讨论式教学及其操作过程[J].四川教育学院学报,2005(12).

[8]周剑雄,苏辉,石志广.讨论式教学方法在大学课堂中的运用研究[J].高等教育研究学报,2008(4).

[9]张学新.用开放式海量高考破解中国教育的根本性困局[EB/OL].[2014-08-23].http://www.paper.edu.cn/html/releasepaper/2012/10/112/.

[10]Crouch C H, Mazur E. Peer Instruction：Ten years of experience and results [J]. American Journal of Physics, 2001(9).

[11]余清臣,徐苹.当代课堂教学模式改革的实践内涵：一种反思的视角[J].教育科学研究,2014(11).

教学实施篇

第七章　课堂教学导入与结束技能训练

【内容导航】

※ 课堂教学导入技能训练

※ 课堂教学结束技能训练

【学习目标】

1. 能够说明课堂教学导入与课堂教学结束的含义、基本类型和结构。

2. 能够结合实例说明课堂教学导入技能的原则和应用要点,并能进行课堂教学导入的设计。

3. 能结合实例说明课堂教学结束技能的基本要求,并能进行课堂教学结束的设计。

    课堂教学导入和结束是任何类型的课堂教学活动必不可少的组成部分,是一堂课的的开始和结束。科学有效的导入是成功教学的开始,它能引出问题、创设情境、激发学习兴趣,为教学做好铺垫。及时有效的结束是课堂教学的收尾,它是结束教学内容、扩展学生思维、升华教学思想、启迪学生智慧、提升课堂志趣的环节。因此,课堂教学不仅需要良好的开端,也需要一个完美的结局,必须做到善始善终。课堂教学导入和结束的技能既是优质课堂的重要保障,也是衡量教师教学水平、展现教学智慧的重要环节。

第一节　课堂教学导入技能训练

一、课堂教学导入的含义

    课堂教学导入是教师在上课开始或开设新学科、进入新单元时,运用多种手段呈现教学内容、引起学生注意、激发学习兴趣、产生学习动机的教学行为。通过导入,教师激起学生的学习状态,把学生的注意吸引到特定的教学任务和程序中去。

二、课堂教学导入的原则

(一)实效性

    提高课堂教学实效性是教学工作的一个永恒的话题。提高实效性就是提高课堂教学的效率,提升课堂教学质量。课堂导入作为课堂教学的组成部分,理所当然地要把提高实效性作为首要目标。

（二）针对性

导入设计不管有多么精彩，终归要服从、服务于教学目的和任务，所以必须要有很强的针对性，应当根据教学内容和教学对象选择恰当的导入形式。不同的教学内容要选择不同的导入形式。

（三）新颖性

千篇一律的导入形式容易让学生产生审美疲劳，而新颖别致、富有创意的课堂导入可以有效地刺激学生的感官，吸引学生的注意指向，所以课堂导入一定要力求新颖，避免落入俗套。在诸多导入形式中，教师应尽量采用新颖的导入手段，充分刺激学生的多种感官，让学生感到新奇、有趣，从而提高课堂学习效率。

（四）趣味性

兴趣是创造的动力，是智慧的源泉，所以课堂导入不仅要活跃课堂气氛，更要激发学生的学习兴趣，要在充满趣味的教学活动中让学生享受学习过程，碰撞灵感，启迪智慧，创新发现。

（五）指向性

课堂导入也不是孤立存在的，不能为导入而导入，导入设计一定要能体现教学重点，要有明确的指向性。导入是对教学重点内容的提挈、暗示，最好能用简洁的语言，迅速、巧妙地抓住学生的注意力，激发学生的学习兴趣，激起学生对重点内容的强烈探究欲望。

三、课堂导入的基本结构①

虽然课堂导入的类型不同，但是都有下列相似的结构：引起注意、激起动机、组织指引、建立联系。

（一）引起注意

导入的构思与实施，要千方百计地把学生的心理活动保持在教学行为上，并使与教学活动无关的甚至有碍的活动能迅速得到抑制。当学生"专心"于导入活动，才能从教学之始，就得到鲜明而清晰的反应，注意学习，获得良好的学习效果。已经引起注意的标志是同学们或举目凝视，或侧耳细听，或思考，或顿时寂静，或紧张屏息，或议论纷纷……善导的教师，采用多种方法引起学生的无意注意，并引向有意注意。导入活动的强度、差异、变化和新奇，都会立刻引起学生的无意注意。在导入活动中引起和保持有意注意的途径有：

（1）加深对学习目标的理解，合理组织教与学的活动。

（2）设问导入，有利于加强有意注意。

（3）在导入过程中把智力活动与实践活动结合起来。

（二）激发动机

学习动机中最现实、最活跃的成分是认识兴趣，即求知欲。青少年对周围世界有些

---

① 孟宪恺：《微格教学基础教程》，北京师范大学出版社 1998 年版，第 39—42 页。

了解,但知之不多。因此,创设引人入胜的情境,能激发他们产生学习的兴趣。自觉性是学习动机中的重要成分,教师一方面可提出严格的要求,另一方面要说明学习这部分知识和技能的意义,只有学生清晰地意识到自己学习的社会意义,才能产生学习的自觉性,迸发出学习的极大热情,表现出听课学习的坚毅精神。学科知识与生活、生产实际相联系,也是创设良好学习情境的方法。例如,化学课中 pH 值的教学,教师通过提问"你知道人身上流动的血液的 pH 值吗? 你胃液里有胃酸,它的 pH 值是多少呢?"两个常识性的问题,立即引起学生好奇,心理上产生想要知道的愿望,在此基础上,学生也就兴趣盎然地进行探究。

(三)组织指引

导入首先要给学生指明学习任务,安排学习进度。这样可以引导学生走向思维,使学生有目的、有意义地开展学习。例如,在化学肥料碳酸氢铵的教学中,教师用"你们知道碳酸氢铵(俗称气肥)的性质、贮存、运输和使用的注意事项吗?"这一问题,给学生明确要研究的课题。然后,教师给学生讲了一个碳酸氢铵不翼而飞的小故事,让学生领悟碳酸氢铵的性质等问题。其次,要提出学习进行的方法,使学生对学习程序做到心中有数。最后,在教学过程中,教师要不断设法保持教学重点,沿着重点环环相扣地完成教学目标。

(四)建立联系

导入的设计,要充分了解并利用学生原有的知识和能力,要以其所知喻其不知。从学生实际出发,通过教师的主导作用和学生的主体作用最佳的结合,就能以较少的精力和时间,有效地达到教学目标。温故知新的方法很多,教师可以设计问题,让学生逐步解答,随着答题的深入,旧知识同新知识发生了联系,从而引入新课。例如,让学生写出各种酸的分子式,写出它们的电离方程式,在异中求同的基础上,学习酸的概念。教师也可以通过对学生已有知识的概括描述和启发之后,然后再讲述新课。

导入所采用的资料和内容要与课堂教学的中心问题联系紧密,否则,导入再新颖、再能引起学生的注意和惊奇,也是毫无意义的,反而会把学生的注意力引向枝节问题,达不到良好的效果。

四、常见课堂教学导入的类型及技能训练[①]

(一)开门见山式导入法

这是一种常用的导入方式。上课后,教师直接点出教学的目的、要求,教学重点、难点及教学进程等,以引起学生的注意。这种导入方式,简便易行,可以使学生思维迅速指向学习内容,思考有关问题,比较适用于学习能力较强的高年级学生采用。

运用这一导入方法需要注意以下问题:第一,教师要掌握对教材的理解,导入时要紧

---

① 其中的第一、二、三、四、六种课堂教学导入类型参考自彭诗琅:《人民教师素质教育全书》,中国检察出版社 1998 年版,第 571—572 页。

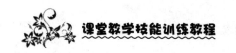

扣教学重点,教师的语言要精练、简洁。在导入时间上不宜过长,否则起到反面效果,激发不起学生的求知欲。第二,为了使学生在短时间内集中注意力,明确本节课的教学要求,教师可以借助多种教学手段,如实物、图片、文字等来帮助讲解,吸引学生的多方感官,提高导入效果。

【实战演练】

下面是一位老师在讲授中学语文教材《祝福》一课的导入:教师首先介绍鲁迅小说的写作特点之一是善于通过人物的眼神变化刻画心理,在《祝福》中,鲁迅先生14次写了祥林嫂的眼睛,鲁迅先生是怎样具体刻画的呢? 下面我们就来学习这篇课文。

请结合开门见山式课堂导入技能的应用要点进行评述。

(二)直观演示式导入法

在讲授新知识前,教师有目的地让学生观察挂图、实物模型、图表、幻灯、投影、视频等,以激发学生的学习兴趣,提出有关问题,使学生在观察分析中自然过渡到新知识的学习。教师运用直观手段导入新课,可以使抽象的知识具体鲜明,丰富学生的感性认识,加深对所学知识的理解,学会观察事物和掌握揭示规律的思维方法。

采用这种方法教学时,教师一要精选与知识学习关系密切的直观材料,切忌求多而分散了学生的注意力;二要抓住问题的关键知识提出思考的问题,为后面新知识的学习做好铺垫。

【实战演练】

一位教师在讲平行四边形的面积计算时,先出示长方形和平行四边形纸板各一个,然后问学生:"指出这两个图形的底和高的位置? 如果这两个图形的底和高相同,把两个纸板重叠,你从中会发现什么?"通过学生的观察导入新课。

请分析:这样的课堂导入形式有什么好处? 直观演示式导入需要注意什么问题?

(三)实验式导入法

实验式导入是教师结合新知识的教学亲自做实验或组织学生进行实验,指导学生观察、分析,进行论证,得出结论,以揭示课题。这种导入新课的方式,可以启发学生思维,增强探索精神。但是,这样导入方式的适用范围有限,大都应用于物理、化学等自然科学类课程的教学,容易受实验条件和环境的制约。

【实战演练】

高二物理"原电池"的教学,教师让学生每人做一实验,在一个400毫升烧杯中放入200毫升6摩尔/升硫酸,依次放入铜片和镁条观察现象,再用导线串联一2.5伏电珠与两金属片相连浸入酸液中观察。由此引出新课题内容。

请结合实验式导入的应用要点思考这样导入新课的好处。

(四)情境导入法

情境导入法就是利用语言、设备、环境、活动、音乐、绘画等各种手段,制造一种符合教学需要的情境,以激发学生兴趣,诱发思维,使学生处于积极学习状态的技法。

运用此法应注意两点:一是要善于创设情境;二是要加强诱导,激发思维。

【实战演练】

上海特级教师于漪在讲《周总理啊，你在哪里？》这篇课文前，对学生说："据人民日报报导，我国男高音歌唱家李光羲在法国巴黎唱了一首歌，震动了整个巴黎，同学们，你们知道他唱的是哪首歌吗？"当大多数同学都迫切想猜出这首歌时，她用无限深情的语调说："我们今天要学习的内容就是这首歌的歌词，《周总理啊，你在哪里？》。"接着，她用无限怀念之情，范读了这首诗，将学生们置于怀念总理的氛围之中。请结合理论分析，这样导入新课有什么好处？分组讨论教师如何创设导入情境。

（五）布障导入法

布障导入法就是从促进学生自我意识的发展，提高学生分析问题、解决问题的能力角度切入，针对学生学习过程中容易发生的错误，巧妙地布下障碍，诱发学生产生错误，使学生产生"愤""悱"的心理状态，"心求通而不得，口欲言而不能"，然后通过讨论、分析或自我"反省"，找到错误的原因，纠正错误。使用此法导入新课需要注意：一是巧妙设障，在悬疑处设疑；二是启发诱导，发挥学生自己分析问题的能力，发现障碍，并解决问题。

【实战演练】

下面是一位教师在讲解用配方法分解因式的教学的导入，请结合布障导入法的理论评析这个案例，并思考此法的应用要点。

有位教师讲用配方法分解因式，先让学生用两种方法分解 $x^6 - 1$。

$(1) x^6 - 1 = (x^3)^2 - 1 = (x^3 - 1)(x^3 + 1)$

$\quad = (x+1)(x^2 - x + 1)(x-1)(x^2 + x + 1)$

$(2) x^6 - 1 = (x^2)^3 - 1$

$\quad = (x^2 - 1)(x^4 + x^2 + 1)$

$\quad = (x+1)(x-1)(x^4 + x^2 + 1)$

别除相同的因式 $(x+1)(x-1)$，剩下的因式形式上不同。那么，同一个因式用不同的方法为什么会得出不同的结果？我们还有没有办法使它们变得相同？

（六）设疑式导入法

设疑式导入法指教师根据学生的学习动机、兴趣形成的规律，设疑置悬，使学生产生急于探究的急切心情，从而激发学习的诱因，启发学生积极思维的导入新课方式。

【实战演练】

有位物理教师，在给学生讲授"串联电路里各电器件的电功率和电阻成正比"的原理时，问学生"把两个白炽灯泡，一个40瓦，一个200瓦，串联在220伏电路里，哪个最亮？"学生根据思维定势都说："当然200瓦的最亮。"于是教师把两个灯泡串联在220伏电路里，结果是40瓦的灯泡最亮。在这里，教师将学生置于矛盾之中，引而不发，激起了他们了解和解决矛盾的愿望，因而积极主动地去学习。又如教《花儿为什么这样红》一课时，可设计如下导语："同学们，每到春天我们就会看到姹紫嫣红的花儿，如桃花、杏花、芍药花等，那么，这些花儿为什么多呈现出红色呢？"接下去教《花儿为什么这样红》，自然能抓住学生的思维。

（七）趣味方式导入法

趣味方式导入是指借助恰当的游戏、谜语、故事、歌谣等导入新课，激发学生的好奇心和学习兴趣，启迪学生思维的一种方法。游戏、谜语、故事、歌谣不仅对营造欢乐、愉快、轻松的学习氛围有重要的作用，而且往往能起到"直而通"的启发作用，学生特别容易接受。

【实战演练】

请结合理论评析下面案例，说明它是如何体现趣味性的，并讨论使用的要点。

案例1：

在讲二元一次方程时，教师可以提出"鸡兔同笼"的问题，并且给同学们简要介绍一下这道题的背景，这样可以引起学生的学习兴趣。

案例2：

有位数学教师在讲"等比级数求和"这部分知识时，先给同学们讲了一个"锡塔和锡拉"的故事：锡拉是印度的皇帝，锡塔是传说中64格国际象棋的发明者。有一天，为了奖励锡塔的发明，皇帝问锡塔希望得到些什么。锡塔想了想说："想要些麦子。""要多少呢？"锡塔说："棋盘64格，第一格要放1粒，第二格放2粒，第三格放4粒，第四格放8粒……依次增加下去，希望能得到64格里麦粒的总和。"皇帝听了哈哈大笑，说："这要求太低了。"讲到这里，老师转向学生问道，这要求是不是太低了？学生议论开了，有的说要求是低了，有的预习过教材，说可能数目很大。后来老师在黑板上写下"18446744073709551615"这个20位的数字，说这就是锡塔要的麦粒的总数，这些麦粒如果用仓库装起来，这个仓库高5米、宽8米，长相当于地球到太阳间距离的两倍。听到这里，学生们很惊讶，大家纷纷议论，说皇帝不懂数学吃了大亏。这时教师及时把学生的注意力引导到"等比级数求和"上，学习气氛相当活跃。[①]

案例3：

钱梦龙老师讲知识短文《词义》时是这样导入的：今天先给大家讲个故事：阿凡提当了理发师，当地主持伊斯兰教教义的大阿訇经常去理发，但从不付钱。有一天，阿凡提先给他剃光了头，刮脸时问："你的眉毛要不要？""当然要。"阿凡提唰唰两刀把他的眉毛剃了，说："给您。"大阿訇气得说不出话来，阿凡提又问："你的胡子要不要？""不要，不要！"那人忙说。唰唰，又是两刀，阿凡提把那人漂亮的大胡子给剃掉了。这时，阿訇用镜子一照，见自己像个剥光了的鸡蛋，暴跳如雷，气势汹汹地责问阿凡提，阿凡提却从从容容地说："我是遵照你的吩咐做的呀！"同学们想想看，聪明的阿凡提戏弄阿訇的凭据是什么？学生们立即领悟到阿凡提是运用"要"这个词的多义性来戏弄阿訇的。于是课堂教学自然引到了对于词义的理解上了。[②]

---

① 高艳：《现代教学基本技能》，青岛海洋大学出版社2000年版，第103—104页。

② 高艳：《现代教学基本技能》，青岛海洋大学出版社2000年版，第104页。

(八) 复习导入法

复习导入法又称温故式导入法,指教师以学生已有的知识、经验作为基础,从新旧知识的联系中入手,引导学生发现问题,以积极的情绪投入学习的方式。复习导入法主要有以下几种形式:从总结旧课入手,导入新课;从检查提问旧课入手,导入新课;通过学生听、写、练等导入新课;向学生提示问题,引导回忆旧课,导入新课。

运用复习导入法需要注意以下问题:第一,复习导入课中的"温故"只不过是一种手段,真正的目的在于导入新课;第二,所复习导入的知识与新课内容要有密切联系,避免发生导入内容与新课知识之间的脱节;第三,导入新课前,教师要摸清学生原有的知识水平和认知水平,导入时才会收到事半功倍的效果。此外,教师还要善于从多种途径中联旧促新,以便于能深刻、透彻地认识新知。

(九) 谈话导入法

谈话导入法是指用说话的形式交流情感、发表意见、讨论问题的一种导入方式,它是教师和学生之间最简单的交流方式,也是新课导入中应用最多、效果最显著的方式之一。谈话导入法的优势在于利用语言、音乐等各种手段,制造一种符合教学需要的环境,以激发学生学习的兴趣和思维,使学生处于乐学的学习状态。

运用谈话导入法需要注意的问题:第一,教师要掌握对教材的理解,并从学生的实际出发,巧妙设计谈话内容;第二,教师的语言应富有感染力,态度应和蔼可亲,要循循善诱、巧妙点拨,让学生在轻松愉悦中学到知识。

【实战演练】

1. 将同学们分成4个小组分组试讲,每人根据讲授的内容选择一种导入方法备课和试讲,其他同学对该同学的课堂导入方法进行评析,并提出改进意见。

2. 听几节课,评价教师新课的导入技巧。可以参考下列评价内容:导入目的明确;导入能自然引出课题;导入能引起学生的兴趣;导入内容与新知识联系紧密;导入时间得当、紧凑;导入能面向全体学生。

五、课堂导入技能的应用要点

(一) 符合教学目标的要求,切忌为导入而导入

课堂导入是为实现教学目标服务的,每一堂课的导入都是为了达成教学目标。教学导入要有助于学生初步明确学什么、怎么学、为什么要学等问题进行设计。导语的设计要从教学内容出发,紧扣教科书,根据既定的教学目标精心设计导语。教学导入内容既要与新知识紧密相连,又要与学生原有知识联系,揭示新旧知识联系的支点。对于同一个教学内容,可以有很多不同的导入方法,但无论哪种方法都要遵循符合教学目标的要求,切忌盲目地、为导入而导入,否则,导入的形式再新颖,导入的内容再充实,都很难达到很好的效果。

(二) 符合学生的年龄特征,因兴而导

根据发展心理学的基本观点,越是年龄小的学生,越是喜欢新颖、奇特和易动的事

物;越是年龄大的学生,越是对教学内容和要求感兴趣。但几乎所有的学生都会关注新颖、独特的对象,所以教师在设计新课导入时,在与新课内容有一定关联的范围内,尽量选择符合学生兴趣和性格的导入话题。新颖且有时代感的话题,才有可能激发起学生的普遍兴趣,力求让整个班级的每一个学生意识到自己都可以成功地参与到新课当中,从而以最大的热情投入到新课程的学习中。

(三)课堂导入要符合课型的需要

教学导入的设计要因课型的不同而有区别。新授课要注意温故知新、架桥铺路;讲授课要注意前后照应,承上启下;复习课要注意分析比较,归纳总结。不能用新授课的导入方法去讲复习课,也不能用复习课的导入方法去应付新授课,否则就起不到导入应有的作用。

(四)符合课堂时间分配的需要

导入虽是教学的重要环节,但是它不是教学的主体。由于课堂时间是有限的,所以要求导入的设计要短小精悍,一般两三分钟就要转入正题,过于烦冗会产生头重脚轻的感觉,不能发挥它的真正作用。教师在设计导入的时候要适当控制导入时间,做到课堂时间分布合理,要多加推敲琢磨,注重语言表达清晰简明,切中主旨。

(五)形式要多种多样

教学导入的方式有很多,设计导入时要注意配合,交替运用。不能每一堂课都用一种模式的导入方法,否则就起不到激发学生兴趣、引人入胜的作用。在具体操作过程中,一些辅助手段的借助可以优化导入的效果,如多媒体手段、简练的措辞、精妙的编排、绘声绘色的语言表现,甚至包括教师本人仪表的精致打理,都可以带入更多的情感因素,为课堂的开端增色。

第二节　课堂教学结束技能训练

一、课堂教学结束的含义

课堂教学活动有始有终,临近下课,学生的注意力进入分散期,其兴奋中心开始转向课外,这就要求教师及时变换课堂活动方式,精心设计课堂结束语,激活学生新的兴奋点。教学结束是教师完成一项教学任务时,对所教的知识或技能进行及时的小结、巩固和应用,使新知识稳固地纳入学生的认知结构中的一类教学行为。

俗话说:"编筐编篓,重在收口。"课堂结束,或启迪思维、提升情感,或真情告白、诗意延伸,或创设高潮、意味无穷,或设置悬念、激发兴趣,使学生把课堂学习变成了一种艺术享受,如听美妙的音乐,余音绕梁,三日不绝。[①]

二、课堂教学结束的作用

(一)对教学内容建立完整的印象,强调重点和关键

在一节课或一个教学内容结束时,教师的首要任务就是对教学内容进行总结和归纳,使学生对教学内容建立完整的印象。教师的总结绝不是对所学内容的简单重复,而是对重点、关键问题进行归纳和升华,使重点、难点更加突出。

(二)前后联系形成系统,使新知识纳入原有认知结构

任何一个学科的知识都是一个整体,任何一节或一个教学内容都与前后知识具有紧密的联系,只有认识这些联系才能使知识形成系统,才能把新学的知识纳入认知结构之中,即进行知识意义的建构。

(三)拓展延伸,促进思维发展

课堂是有限的,学生所学的知识具有一定的局限性。如果把知识与现象和实践联系起来,把书本上的知识向学生的生活实际、生产实际、社会实际拓展,就会促进学生思维的发展。

(四)获得反馈,掌握思维进程

在一个内容或一节课结束的时候,一般都要通过提问、练习或实践活动检查学生的学习效果。这个过程从表面上看是教师获得反馈的过程,而实际上是强化学生学习的过程,是巩固所学知识的过程,是使学生的情感、态度得到升华的过程。在这个过程中,可以了解学生对知识思维加工的程度,掌握学生思维的进程,通过调节圆满完成教学任务。

(五)强化学习,检查教与学的效果

教学的过程是一个系统运行的过程,要想使教学按照预计的方案进行,达到预期的效果,教师必须及时获得反馈信息。在对知识进行巩固练习、获得教学反馈的过程中,不仅检查了教师的教学效果,也检查了学生的学习效果。

三、课堂教学结束的构成要素

(一)提供心理准备

教师应该向学生指明教学已进入总结阶段,唤起学生的有意注意,把精力集中于关注重要信息以实现知识的系统化、结构化,为学生主动参与总结提供心理准备。教师往往通过语言直接向学生说明总结阶段的到来,并告知通过什么方式总结。

(二)概括要点,明确结论

概括要点通常是指从新知识中筛选出对形成完整的学科知识结构至关重要的信息,以及解决问题时经常应用的重要信息,用简约、强调的语言加以概括,以突出重点、便于

---

① 朱跃生:《名师余音绕梁的课堂结束语》,载《演讲与口才》2006 年第 8 期。

记忆。明确结论虽然也包含着强调重点、淡化过程的含义,但它更是用肯定的语言揭示新旧知识的区别,从知识结构的角度给出明确的结论。

(三)回顾思路与方法

回顾解决问题的思路与方法,并不要求全面再现全部过程,而是要求对思路与方法做出学生能够理解和便于接受的概括,抓住重点和关键,每次突出一两个问题,以利于学生掌握、迁移和运用。

(四)组织练习

组织练习应该目的明确、层次清楚。目的明确是指练习的内容紧密围绕重点和关键,少而精地安排。层次清晰是指练习难度的控制和练习顺序的安排,通常可以先安排识记水平的问题;然后,提供问题情境,使学生具体应用新知识或者结合已有的相关知识辨析新旧知识的关系;最后,安排适量综合运用知识或深化拓展知识的练习。

四、课堂教学结束的基本方法及技能训练

教学结束的具体方法多种多样,教师可以根据不同科目、不同教学内容和不同年龄段的学生灵活选用。归纳起来,教学中常用的结束方法有以下几种。

(一)归纳法及技能训练

归纳法是一节课或一个单元教学结束时,教师引领学生以准确、简练的语言对课堂讲授的知识进行归纳、概括、总结,梳理讲授内容,理清知识脉络,突出重点和难点,归纳出一般的规律、系统的知识结构等的方法。它可以在一节课结束时进行,也可以在有联系的几节课结束后进行。归纳总结的意义在于通过综合、概括,按照知识的内在规律,有机组合排列,形成明晰的条理,使知识再次重复和深化,让学生巩固和强化所学知识,并上升到新的认识。

归纳法应该注意的问题:归纳不能面面俱到、泛泛而谈,一定要紧扣教学要点和学习重点,抓住教学的某一方面,或选材,或立意,或结构,或方法等。

【实战演练】

下面是一位老师教学《荷花淀》的结束语,请同学们做出评析,并说明这样结束的好处。

教学《荷花淀》一文,在教完全文后,我设计了这样一段结束语:"这篇课文是一曲爱国主义精神和乐观主义精神的赞歌,读来倍感亲切自然,感人肺腑,白洋淀地区人民的生活完全诗化了。白洋淀地区的农村妇女是那样的聪明、智慧、勇敢和多情,她们热爱生活,热爱亲人,更热爱祖国,在她们的身上充分体现了抗日战争时期广大劳动妇女积极向上的情怀和高尚的爱国主义情操。这种爱亲人、爱祖国的深情的体现,正是作者抓住了人物简洁传神的对话和富有诗意的细节描写,含蓄蕴藉,把人物复杂的心理活动和微妙的感情世界表现得淋漓尽致,不仅妇女们的形象具体生动,跃然纸上,而且反映了她们天真、活泼和惹人喜爱的性格,融进了作者对这群妇女由衷的赞美之情。"①

---

① 王德勋:《语文课堂教学结尾方法初探》,载《扬州师院学报(社会科学版)》1994年第4期。

（二）比较法及技能训练

比较法是教师对教学内容采用辨析、比较、讨论等方式结束课堂教学的方法，意在引导学生将新学概念与原有认知结构中的类似概念或对立概念进行分析与比较，既找出它们各自的本质特征，又明确它们之间的内在联系和异同点，使学生对内容的理解更加准确、深刻，记忆更加牢固、清晰。

【实战演练】

结合比较法分析下面教师的结课方法，并说明这样结束的好处。

教学沈从文的散文《箱子岩》一文，教学的最后一步，我指导学生把它与刚刚学过的郁达夫的散文《故都的秋》进行比较，启发学生思考：这两篇课文的作者都是现代文学史上著名的散文家，两篇课文相比，它们有什么共同之处？在描写景物方面各有什么特点？又分别寄寓了作者什么样的思想感情？通过反复比较，学生很快明确了：这两篇课文都是写景的散文，描写景物都能抓住最有代表性的景物特征来写，且材料典型，有详有略，体物入微，笔触细腻。但它们又各有特点：《故都的秋》是以景衬景、巧妙布局为特点，作者写北国之秋时，不时用南国之秋点染其间，南北交相辉映，形成鲜明比照，逼真地表现出故都之秋的情味和意境，更加衬托出北国之秋的可爱，直抒出要用生命三分之二换取秋色永驻人间的深沉浓烈的赞颂之情；而《箱子岩》则以写景与抒情、议论、思考相结合为特点，以景写民风民俗，写得文情并茂，情理相生，表现了作者对故乡的热爱，对故土的依恋，充满了深沉、浓郁的乡愁。这样一比较，学生对散文的特点就有了比较具体的认识，而且对两篇课文的描写景物方法就看得比较清楚，有利于学生加强记忆，为提高学生的写作水平奠定了知识基础。①

（三）悬念启下法及技能训练

悬念启下法是一节课结束时，教师选择时机设置悬念，引发学生探究欲望的方法。课堂在扣人心弦处戛然而止，教师打出"欲知后事如何，且听下回分解"的招牌，引发学生产生继续探究的强烈愿望，为后续教学奠定良好的基础。有些教学内容比较复杂，往往需要几个课时才能讲授完毕，教师可以利用教学内容的连续性和学生的好奇心理，在一节课结束时提出一些富有启发性的问题，让学生思考议论，造成悬念，以激发学生强烈的求知欲望，真正起到"欲知后事如何，且听下回分解"的艺术效果。

【实战演练】

请分析悬念启下法在课堂结束时的适用条件及效果。

（四）练习法及技能训练②

练习法是教师通过让学生完成练习和作业的方式结束课堂教学的方法。这是最简单、最常用的一种结课方式。教师通过精心设计的练习题，趁热打铁，既使学生所学基础知识、基本技能得到巩固和运用，又使课堂教学效果得到及时的反馈。

---

① 王德勋：《语文课堂教学结尾方法初探》，载《扬州师院学报（社会科学版）》1994 年第 4 期。
② 李经天、王小兰：《教师教学技能训练教程》，华中科技大学出版社 2012 年版，第 41—42 页。

【实战演练】

一位教师在教"最大公约数"一课时设计了这样一道趣味习题结束课堂教学:"猜电话号码游戏:王老师家的电话号码是一个七位数,从第一位到最后一位依次是:最小的合数、最小的自然数、最小的既是奇数又是素数、既是偶数又是素数、只有三个约数的偶数、既是5的倍数又是5的约数、6和12的最大公约数。你能说出王老师家的电话号码吗?"

请结合理论分析这样结束课堂的好处以及存在的问题。

(五)提问法及技能训练[①]

提问法是在课堂结束时,教师围绕着教学内容进行口头提问,让学生回答,然后教师或其他学生再根据回答的情况进行必要的修正和补充的方法。需要注意的是,口头提问必须针对要点、难点和关键点,切忌走题。

【实战演练】

请对这节课的结束技能进行评析。

"平行四边形面积的计算"一课的结束方法

师:今天我们学习了平行四边形面积的计算,我们是用什么方法求出它的面积公式的?

生:先把平行四边形变成长方形,再根据长方形的面积公式来求平行四边形面积的公式。

师:这种方法我们叫什么呢?

生:割补法。

师:我们经常会遇到新的图形,想求它的面积,就可以用这种"割""补"的方法,把未知面积公式的图形转化成我们知道面积公式的图形,来求它的面积公式。以后学习三角形、梯形的面积公式也可用这种方法来推导。

(六)点题法及技能训练[②]

点题法是教学结束时,在学生对教材进行了认真研读,对一些问题做了深入思考的基础上,教师对教学内容直接或间接的说明、点拨,以表现、揭示主题的结课方法。

【实战演练】

请对这节课的结束技能进行评析,并分析这对实现教学目标的价值。

有位教师在结束课文《只有一个地球》时,就采用点题法:"我们只有一个地球,人类与大自然是相互依存的关系,地球是我们的家园,人类只有保护好自己赖以生存和繁衍的大自然,保护好生态环境,才能有幸福美好的发展前景;反之,如果不珍惜地球上的山山水水、森林草原,比如,污染水源、毁坏树木等,则会受到大自然的惩罚。因此,我们每个人都要自觉地爱护大自然的一草一木,为保护、改善、美化人类的生存环境做出自己应有的努力。"

---

① 李经天、王小兰:《教师教学技能训练教程》,华中科技大学出版社2012年版,第42页。

② 李经天、王小兰:《教师教学技能训练教程》,华中科技大学出版社2012年版,第43页。

（七）拓展延伸法及技能训练①

拓展延伸法是指教师在总结、归纳所学知识的同时，与其他科目或以后将要学到的内容或生活实际联系起来，把知识向其他方面扩展或延伸的结课方法，以拓宽学生的知识面，激发学生学习、研究新知识的兴趣。

【实战演练】

请对这节课的结束技能进行评析，并分析课堂结束的作用。

教学"圆面积计算"结课时，教师拿出一张正方形的纸片，用剪刀剪成一个圆，问："怎样求它的面积？"随即拿起剪去的部分，问："怎样求它的面积？"再用剪刀在圆纸片中任意剪去一个三角形，问："现在谁能求出它的面积？"接着又在圆纸片中分别剪去一个长方形、正方形、梯形、小圆等，分别请学生求面积。然后再拿一张圆纸片，把它对折后问学生："会不会求它的面积？"再对折后，问："现在呢？"再对折后，问："还会吗？"运用这种方式结尾，学生感到兴奋、快乐、有趣，从而激起学生的求知欲。

（八）汇报法及技能训练②

汇报法就是在一堂课结束时让学生汇报这堂课的学习收获，培养学生的自我评价能力的一种结课方式。让学生自己谈收获，学生的兴趣很浓，这样既能调动学生的积极性，又能使学生回顾本堂课所学内容，进一步掌握本堂课所学知识。

【实战演练】

请对这节课的结束技能进行评析，并分析课堂结束的作用。

一位教师这样结束小学数学"千克的初步认识"一课的教学。

师：同学们以"今天学习了什么，有什么收获？"为题各自发表自己的意见。

学生A：我认识了重量单位——千克。

学生B：我学会了用台秤称物品的重量，以后上街买东西再也不会上当受骗了。

学生C：我知道称较轻的物品用克作单位比较合适，称较重的物品用千克作单位比较合适。

教师：刚才同学们说得很好。那么，如果要表示这头大象的重量，用克或千克作单位合适吗？用什么作单位比较合适呢？这个以后我们再学习。

五、课堂教学结束技能的基本要求③

（一）启迪思维、提升情感

苏霍姆林斯基在《给教师的一百条建议》中指出："你作为教科学基础知识的老师，不应当单纯是知识的传授者，而应当成为青年思想的主宰者。"教师除了在备课中"披文以入情"外，还必须以生动的语言和饱满的感情创设情境，以激起学生情感的波澜。这种感

---

① 李经天、王小兰：《教师教学技能训练教程》，华中科技大学出版社2012年版，第44—45页。
② 李经天、王小兰：《教师教学技能训练教程》，华中科技大学出版社2012年版，第45页。
③ 节选自朱跃生：《名师余音绕梁的课堂结束语》，载《演讲与口才》2006年第8期。

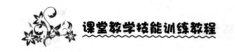

情应贯穿教学的整个过程,课堂结束语更要激起学生感情的共鸣。

【实战演练】

下面是全国著名特级教师袁卫星教学《就是那一只蟋蟀》一课的结束技巧,试结合案例分析:教学结束应如何启迪思维、提升情感?

师:由于时间关系,我们只能在课后再做交流了。你看,每个人写上两韵,我们合起来就是一百多韵。是的,乡愁是写不尽的。我们期盼着祖国的统一,我们期盼着民族的团圆,我们期盼着亲情早日把乡愁替代!今天下午,我将要去虹桥机场迎接从台北转道澳门飞来上海、离开家乡已有五十年的叔叔。我的叔叔已经七十岁了,他说他今生最大的心愿是叶落归根,我告诉他,他的心愿,是能够实现的!

师:我现在把《乡愁四韵》从头到尾放一遍,前两韵我们跟着罗大佑唱余光中词,后两韵,各人唱各人写的,好吗?(师放录音,师生同唱。下课铃响,师生道别)

(二)真情告白、诗意延伸

课堂教学内容结束时,教师可以根据教学内容引入与学生生活实际或学生关注的问题引发学生思考,或者教师结合自己经历的事件和亲身体验现身说法。这样既能增加师生的情感共鸣,也能提高课堂教学的效果,余味悠长。

【实战演练】

请欣赏李老师教学《给女儿的信》一课的结束语,并说明此结束语是如何体现真情告白、诗意延伸的?

今天咱们这里上课,学习苏霍姆林斯基给女儿的信,说实话,我在上课时忘了我是在给你们上课。这堂课勾起了我的回忆,我过去教过的一个学生,她的孩子要读小学,来找我想读一所非常好的小学。当我接到她的电话时,我感慨万千。当年我给他们那批学生讲苏霍姆林斯基的时候,他们和你们一般大,一晃十几年过去了,他们成了爸爸妈妈,有了孩子,孩子都读小学了。我想,你们正在一天天长大,再过若干年,你们也会迎来自己的爱情,迎来自己的家庭,并有自己的孩子,说不定李老师还会教你们的孩子;到了那一天,李老师会从你们孩子身上看到你们的影子。大家想一想,这是不是最浪漫的事?这样的人生多么富有诗意!但是,只有真正懂爱情的人,才会拥有这样诗意的人生。(同学们自发地鼓起了掌,据李老师说:"这是这堂课最热烈的掌声!")

(三)创设高潮、意味无穷

在课堂教学中,教师要安排一个高潮,通过高潮把学生推到一个新的境界中去。正如小说的高潮可以安排在结束一样,课堂教学中的高潮也可以安排在结束。

【实战演练】

下面是著名特级教师顾桂荣在教《月光启蒙》结束时的教学课堂安排,请认真阅读,体会他是如何创设结束高潮的,并予以评价。

著名特级教师顾桂荣在教《月光启蒙》时,便把"高潮"安排在下课前的5分钟内。顾老师在要求学生把作者对母亲的感激之情用自己的笔、自己的心写下来交流后,是这样设计结束语的:"有一个人,她永远占据在你心中最柔软的地方,你愿用自己的一生去爱她;有一种爱,它让你肆意地索取、享用,却不要你任何的回报……这一个人,叫'母亲',这一种爱,叫'母爱'。让我们感谢我们的母亲,感谢她给予我们生命,感谢她给予我们深深的母爱,感谢她给予我们的启蒙教育。"

(四)设置悬念、激发兴趣

利用悬念来启发学生的学习兴趣,使学生产生强烈的求知欲,就如章回体小说一样,看完了这一回,总想急于了解下一回的内容。许多教师借鉴了这一手法,根据不同的教学内容,在结课时创设悬念,耐人寻味。有些课文结尾部分并未出现悬念,但为了强化教学效果,教师在教完本课后也可设置悬念。

【实战演练】

下面是小学数学课堂结束语句精选①,请细读并体会其中的教学艺术,并谈谈你的感受和收获。

1. 同学们,老师相信,在你们当中一定有未来的高斯、笛卡儿,只要积极动脑,做生活的有心人,你们一定会为人类的发展做出巨大的贡献,创造出巨大的财富,大家有信心吗?

2. 同学们,科学的殿堂美不胜收,只要大家以勤为径,每个人都能领略到无限美好的风光。

3. 一分耕耘,一分收获,同学们,体验到成功的喜悦了吗?

4. 珍惜时间就等于珍惜生命。让我们每个热爱生命的人都去珍惜每分、每秒,好吗?

5. 同学们,大家想过吗? 为什么人民币的面值只有1分、2分、5分、1角、2角、5角、1元、2元、5元……而没有3分、4分、6分、7分呢? 这虽然是个小问题,但老师相信,聪明的你们一定能研究出大学问!

6. 同学们,生活中时时刻刻有数学,事事有数学,因此,我们应该爱数学、学数学、用数学。

7. 你有哪些新收获? 你是怎样获取这些知识的? 你还有什么疑难问题? 谁来帮她解决?

8. 今天,我们通过自己的努力,发现并学会了这么多知识,老师真为你们骄傲! 其实生活中有更多的知识等着你们去发现、探索,快做个有心人吧,你会成长得更快!

9. 同学们,与数学王国的人交朋友吧,它会让你领略到宇宙的神奇与奥妙!

10. 同学们,我们好多知识都是前人经过无数次实验总结出来的。老师希望你们在今后的学习中不断探索,获取更多的知识,好吗?

11. 没有最好,只有更好。老师相信,下节课同学们一定会表现得更出色。

12. 同学们,这节课有许多的知识是通过你们独立学习、合作学习学会的,希望你们今后能更好地掌握这种学习方法,学好数学,掌握更多的文化知识,为祖国的繁荣富强贡献自己的一分力量。

13. 只要同学们善于动脑筋,敢于创新,也完全有可能利用这个特性来进行一些小发

---

① http://www.doc88.com/p－956216848097.html.

明、小创造,快行动起来吧! 成功总是青睐于那些善于思考的头脑。我相信,用你们的聪明和智慧一定会获得成功!

【拓展阅读】

课堂导入语与教学切入点的设计策略①

(一)课堂导入语的设计策略

1.设疑引入法。问题是思维的催化剂。教师上课伊始若用启发质疑的方法,可使学生思维立即进入活跃状态。如于漪老师执教《孔乙己》一课的导语:凡读过鲁迅小说的人,几乎没有不知道《孔乙己》的。鲁迅先生自己也说过,在他创作的短篇小说中,最喜欢《孔乙己》。鲁迅先生为什么喜欢《孔乙己》呢? 孔乙己是怎样的艺术形象? 过去有人说:古希腊索福克勒斯的悲剧是命运的悲剧,莎士比亚的悲剧是主人公性格的悲剧,易卜生的悲剧是社会问题的悲剧,从某种意义上讲,这是有道理的。那么,孔乙己的悲剧是什么样的悲剧呢? 悲剧,往往会令人泪下,然而,读了孔乙己的悲剧,眼泪往往向肚里流,心里有隐隐作痛之感,这又是为什么呢? 我们还是来读一读这篇小说吧,读过以后,我们会得到正确的解答。

2.释题入课法。文题是课文的眼睛。从解析题目入手导入新课,简洁而实用,既可直入正题,又可同时拎起全文。这种方法尤其适用于那些文题含蓄的作品。

3.背景介入法。有些课文离学生生活有一定距离,学生理解起来有困难。课前简要介绍课文的写作背景、作者作品的相关知识,能为文本的阅读提供知识框架和理解支架。如《最后一次演讲》就以背景导入为宜。

4.情景渲染法。有的课文情感色彩浓郁,教学时,宜从情感导入。教师以感情充沛而富于渲染力的语言,营造一种情境氛围,唤起学生的情感体验,利于学生潜心领悟文本。

5.随机导入法。语文学习的外延和生活的外延相等。结合教学进程,随时捕捉身边的生活资源,或利用课前的突发事件,或利用周遭的人和事,便于学生获得一种既熟悉又陌生的情感,会收到别开生面的效果。

6.课件展示法。预习时教师有目的地布置学生收集关于作家作品的文字或图片资料,运用这些资料制成课件,是增强学生实践能力和参与意识的好办法。

7.要点提示法。开门见山、言简意赅地提示出课文的主旨和艺术特色,以此明确学习目标和任务,这种简捷实在的做法在日常教学中也可运用。

(二)教学切入点的设计策略

1.文眼切入的策略。文眼是文章的核心和关键所在,比如鲁迅《社戏》中的最后一段文字:"真的,一直到现在,我实在再没有吃到那夜似的好豆,——也不再看到那夜似的好戏了。"可从此切入,提出问题:"那夜似的好戏真的好看吗?"倒嚼甘蔗,进而中间开花,最后把握全篇。

2.关键词、句、段的切入策略。关键词或关键句指的是能够集中揭示中心、表达感

---

① 节选自李卫东、荣维东:《课堂导入语与教学切入点的设计策略》,载《语文建设》2007年第4期。

情、塑造人物形象、展现文章风格的词语或句子,是一篇文章的神经中枢或信息节点,具有发散和贯通文章的作用。常见的切入课文的"关键句"有起始句、主旨句、过渡句、矛盾句、总结句、蕴藉句等。关键段指表达文章中心、揭示作者情感、彰显文章艺术特点的精要语段,连接文章的过渡段以及文章的首尾段。教学切入时抓住重点语段,可以化繁为简,重点突破。

3. 质疑切入的策略。学贵有疑,质疑是有效阅读的手段。进入阅读状态的学生,总会发现文章的疑点,这些疑点有的被学生消化了,有的却遗留在学生脑中,这些问题最适合作为教学的切入点。

4. 线索切入的策略。无论何种文体的文章,都有一定的行文思路及线索。线索可以是时间、空间、情感、事物等。线索提示行文方向,标示作者的思路,串连组成课文的丰富材料。从线索切入,可使散珠成串,纲举目张。

5. 结构切入的策略。任何文章都有它独特的结构形式,从文章的结构切入,有利于引导学生了解作者的思路,了解段与段之间、段与篇之间的关系,理清叙述顺序,把握重点内容。

6. 比较切入的策略。把具有相同特点的不同文章放在一起比较,往往会收到事半功倍的效果。

这些具体的策略并不是僵化机械的,实际教学中完全可以灵活选择,综合运用。事实上,一篇课文教学导语和切入点的选择在实际教学中是很难截然分开的,因为二者时或分行、时或重叠。然而,无论导入还是切入,都是为教学服务的,我们既不能迷恋桃花林,也不能盲动而不得门径,更不可进入桃花源就走马观花。一名好的导游,应既对美景烂熟于心,对游览线路了如指掌,又对游客的需要清清楚楚。教师深厚的学养、高超的教艺和创新的思维在这里就显得尤其重要了。

【学习资源】

[1]李经天,王小兰.教师教学技能训练教程[M].武汉:华中科技大学出版社,2012.

[2]卫建国,张海珠.教学技能导论[M].北京:北京师范大学出版社,2012.

[3]周小蓬.语文课堂教学技能训练教程[M].北京:北京大学出版社,2010.

[4]刘幸东.师范生教学技能训练教程[M].东营:中国石油大学出版社,2008.

[5]李卫东,荣维东.课堂导入语与教学切入点的设计策略[J].语文建设,2007(4).

[6]吴萍.新编教师教学技能训练教程[M].北京:北京师范大学出版社,2011.

[7]彭小明,郑东辉.课堂教学技能训练[M].北京:高等教育出版社,2012.

第八章　教学语言与讲授技能训练

【内容导航】
※ 教学语言技能训练
※ 教学讲授技能训练
【学习目标】
1.能够说明教学语言的含义。
2.能够举例说明教学语言技能的构成。
3.能结合实例说明课堂讲授的优缺点及讲授的基本原则和要求。
4.通过本章的学习,学生能够运用讲授技能进行某一学科某一节课的讲授。

第一节　教学语言技能训练

一、教学语言概述[①]

教学语言是教学信息的载体,是教师完成教学任务的主要工具。教师在课堂上用来阐明教材、传授知识、组织练习,不断激发学生积极的学习情绪,以完成教学任务所运用的语言,就叫作教学语言。教师的语言修养在极大的程度上决定着学生在课堂上的脑力劳动效率。教师的语言表达形式是多种多样的,主要包括课堂口语、书面语言和体态语言。课堂口语是课堂教学中语言表达的主要形式。教学语言的作用主要表现在以下几个方面:

第一,教学语言能准确、清晰地传递教学信息,以完成教育教学任务;

第二,教学语言能使学生的智力得以发展,能力得到培养;

第三,不断提高教学语言的水平,可以促进教师个人思维发展和能力的提高。

二、教学语言技能的构成及训练[②]

(一)基本语言技能及训练

1.语音和吐字

语音是语言的物质材料。有了语音这一载体,才使得语言能以声音的形式发出和被

---

① 周晓庆、王树斌、贺宝勋:《教师课堂教学技能与微格训练》,科学出版社 2013 年版,第 44—45 页。
② 同上,第 45—48 页。

感知。在交际中,特别是在教学中语音的基本要求是规范,即要用普通话语音来讲话。与语音相关的还有吐字问题,人们形容吐字不清是"嘴里像含个热饺子",使人听不清楚。造成吐字不清的主要原因是发音器官(唇、齿、舌)在发相应的字音时不到位。这种问题,只要有意识地进行矫正,并且经常练习,养成习惯,是完全可以解决的。

【实战演练】

普通话查漏补缺训练:将同学们分成小组,每位同学精选一篇小学语文课文进行普通话朗读训练。请注意正确发音、纠正方言、按义定音(语法重音、语义重音和感情重音)及句调等。其他同学找出该同学的朗读错误,克服误读。

2.音量和语速

音量指声音的大小,声音过小听不清楚,声音过大不仅没必要,还使人听起来感到不舒服。音量应控制在教室安静的情况下最后一排也能听清楚。音量大小和气息控制有关。要达到一定的音量,就要注意深呼吸,要注意有控制地用气。注意音量的保持,避免学生听得清前半句、听不清后半句,要把每一句的最后一个字都清清楚楚地送进学生的耳朵。

语速是指讲话的速度,耳朵有一定的承受力,超载就听不清。教师的语速一般以每分钟200—250字为宜(播音员为350字/分钟)。

【实战演练】

播放中央电视台《新闻联播》的播音录音,让同学们感受阅读的语速和语音。然后分组练习:将同学们分成小组,每位同学分别朗读事先准备好的新闻稿,其他同学认真倾听并找出该同学朗读中的语速和语音问题。等第一轮试读结束后,根据同学们提出的问题进行纠错朗读。反复训练,以达到语速和语音的要求。

3.语调和节奏

语调是指讲话时声音的高低升降、抑扬顿挫的变化。适度的语调,可以加强口语表达的生动性。节奏是指讲话时的快慢变化。它和语速有联系但不是一回事,每个字音时间长短并不一样,在句中与句间,长短不一的停顿就是节奏。

【实战演练】

分组练习:将同学们分成小组,每位同学事先准备一篇小学语文课文,先由每一位同学分别朗读事先准备好的课文,其他同学认真倾听并找出该同学朗读中的语调和节奏问题。等第一轮试读结束后,根据同学们提出的问题进行纠错性朗读。反复训练,以达到语调和节奏的要求。

4.词汇

没有词就没有语言。一个人只有具备一定的词汇量并能正确、熟练地运用于口头表达中,才能具有一定的口语技能。在课堂口语中,对词汇的要求是规范、准确、生动。

5.语法

要注意符合语法,否则让人听不懂或费解,还要注意合乎逻辑规律。这是基本的语言技能,也是课堂口语的基础。

(二)特殊语言技能与训练

特殊语言技能是在特定的交流中形成的语言技能。教师的课堂口语技能是在课堂教学的特殊环境中形成的。在课堂上,教师要从一定的教学目的、教学内容和教学对象出发来组织自己的语言,这就形成了课堂口语的特殊结构。课堂口语包括三个要素(阶段):引入、介入、评核。

1. 引入

引入是教师用不同方式,使学生对所学内容做好心理准备。引入主要包括界限标志、点题与集中、指名。界限标志指一个新话题或新要求的开始;点题与集中指新话题或新要求的目的;指名指指定学生作答。

2. 介入

介入是指教师用不同方式鼓励、诱发、提示学生做出正确回答,或正确执行教师的要求。介入又分为提示、重复和追问三种。提示是为使学生做出正确回答,教师提示问题、提供知识、提示行为的依据;重复是对学生的回答做重复,目的是引起全体学生的重视以做出判断;追问是教师根据学生的答案(不完全正确或完全错误)提出问题,以引发思考,得出正确的回答。

3. 评核

评核是指教师以不同的方式处理学生的回答。在"评核"这个要素中,有若干细节,它们是评价、重复、更正、追问。

【实战演练】

按下面要求的内容进行演练。

训练要求:(1)自行选用于训练的教学片段,将以下几种训练内容融为一体,并在课外进行演练(小组演练或个人演练),每人用5分钟左右的时间在课堂上表演。(2)教师与同学点评与示范。

训练内容包括:口头教学语言(新课导入、提问、讲解、结束语等);书面教学语言(板书、板画等);形体教学语言(教学仪态、手势等)。

第二节 教学讲授技能训练[①]

一、教学讲授的含义

讲授是教师通过口头语言辅以板书向学生系统传授科学文化知识的教学方式,是一种教师讲、学生听的活动。它主要通过叙述、描绘、解释、推论等,引导学生了解现象,感知事实,理解概念、定律和公式,从而使学生认识问题、分析问题、解决问题,并促进学生智力与人格的全面发展。讲授法的优点是能在短时间内让学生获得大量系统的科学知识;缺点是学生比较被动,师生都难以及时获得反馈信息,个别差异也很难全面照顾。

---

① 参见教师招聘考试研究中心组:《教学专业知识·小学版(含幼儿园部分)》,华东师范大学出版社2009年版,第167—173页。

二、讲授的基本形式

讲授通常有讲述、讲解、讲读和讲演四种基本形式。如果用一句话简单地来说,就是:讲述是陈述知识,讲解是分析知识,讲读是读解知识,讲演是发挥知识。

(一)讲述

讲述是指教师用生动、形象的语言,对教学内容进行系统的叙述或描述,从而让学生理解和掌握知识的讲授方式。讲述按照使用方法,大致可分为概述式、例证式、比喻式、形象式和进程式。

1.概述式

概述式就是对人、事、物的特征或要素做粗线条的概略介绍,或进行提要性、强调性的叙述。如介绍故事梗概,说明某个物品的使用方法。

2.例证式

例证式就是用事实或数据说话,用以调动学生的经验储备,增强说服力。

3.比喻式

比喻式是指当学生的感性经验不足,直接的描述不足以促使学生理解某些抽象的概念或原理时,可以通过比喻唤起并组织学生的表象,从而促进理解。

4.形象式

形象式是对一些一般的甚至抽象的叙述,给以具体、形象的描绘,激发学生的形象思维,促进理解。

5.进程式

进程式是按照事物的发展过程、步骤、操作程序或层次结构,步步推进,层层讲述。

(二)讲解

讲解是指教师对教材内容进行解释、说明、阐述、论证的讲授方式,通过解释概念含义、说明事理背景、阐述知识本质、论证逻辑关系,达到使学生理解和掌握知识的目的。讲解主要包括下面的几种方式。

1.解说式

运用学生熟悉的事实、事例,引导学生在情境中接触概念,以感知为起点对概念进行理解,或者把已知与未知联系起来,说明事物的本质属性和基本特征。

2.解析式

解释和分析规律、原理和法则,是基础知识教学和基本技巧训练的重要方式之一。主要有归纳和演绎两种途径。归纳是通过讲授分析事实、经验或实验,抓住共同要素,概括本质属性,综合基本特征,用简练、准确的语言做出结论,再把结论用于实践,解决典型问题,最后对相似的、易混淆的内容进行比较,指明区别和联系;演绎,即首先讲解规律、原理和法则,再举出正反实例,加以应用。

3.解答式

以解答问题为中心,具有一定的探索性。解答时在事实中引出问题,或直接提出问题,明确解决问题的标准,提出解决问题的办法,进行比较、择优,进而找出论据,再开展论证,通过逻辑推理得出结果,最后归纳总结。解答式包括原理中心式和问题中心式。

（1）原理中心式。原理中心式是以概念、原理、规律、理论为中心内容的讲授方法。是从一般性概括的引入开始，然后对一般性概括进行论证、推理，最后得出结论，又回到一般性概括的复述。

【案例展示】

引入：大家见过鱼，吃过鱼，也可能养过鱼，那么什么是鱼呢？

论证：要认识什么是鱼，需要分析一下鱼有什么特点。鱼是动物，在水中生活，有鳞、尾和鳍……例如，海中的黄花鱼，河、湖中的草鱼，供人玩赏的金鱼都有上述特点。可是鲸鱼是鱼吗？鲸在水中生活，有尾和鳍，但用肺呼吸，不是鱼。鳄鱼是鱼吗？鳄鱼在水中也在陆地上生活，有鳞无鳍，用肺呼吸，也不是鱼。泥鳅是鱼吗？泥鳅生活在水中，有尾和鳍，无鳞，用鳃呼吸，它是鱼。通过分析、比较可以看出，用鳃呼吸是鱼的特有属性，在水中生活，有鳞、鳍、尾的动物是鱼的一般属性。

结论：鱼是有尾、鳞和鳍并用鳃呼吸的水生动物。

（2）问题中心式。问题中心式是指从事物或事理中提出问题，然后围绕问题，步步引导，最后解答问题的讲授方法。所提的问题，是有意义的，对于理解教学内容至关重要，是牵一发而动全身的，或者能够举一反三。问题为中心的讲授常常有一定的探究性，讲解时要善于启发引导，善于利用迁移规律启发学生的思维，引导学生既要注重结果，也要注重过程，还要注重方法。

问题中心式具体的操作步骤是引出问题—明确标准—选择方法—解决问题—得出结果（结论）。

（三）讲读

讲读是在讲述、讲解的过程中，把阅读材料的内容有机结合起来的一种讲授方式。通常是一边读一边讲，以讲导读，以读助讲，随读指点、阐述、引申、论证或进行评述。这种讲授方法在语文教学中较为常用。讲读主要有范读评述式、词句串讲式、讨论归纳式、比较对照式、辐射聚合式等五种方式。

（四）讲演

讲演是讲授的最高形式。它要求教师不仅要系统而全面地描述事实、解释道理，而且还要通过深入地分析比较、综合概括、推理判断、归纳演绎等抽象思维手段，做出科学的结论，让学生理解和掌握理论知识，形成正确的立场、观点和方法。

三、课堂讲授的原则

（一）启发性原则

古今中外讲授法的教学之所以能生存和发展，无一不是得益于启发性原则的发挥和运用。教师要注意学生的"最近发展区"，善于设疑，启发学生思考，启迪学生智慧，而且对学生听课的方法还应当加以指导。运用讲授法不等于"满堂灌"、注入式。教师在讲课时，要引导学生生"疑"，使学生产生认知冲动，激发学生的求知欲望，调动学生积极的思维活动，使学生在教师的讲解过程中积极地向教师学习，主动地和教师的讲授活动相配合，跟着教师讲授过程中的思维路线，积极、主动地思考问题，边听讲，边思考，边探究，探求新知识,掌握新内容。

【实战演练】

课堂教学中讲授法是基本的教学方法之一,请结合自己的亲身体验谈谈教学中如何启发诱导学生。

(二)精通性原则

精通熟练,在课堂教学中指的是教师对所驾驭的课堂教学从内到外的精通,包括能科学地组织教学内容,熟悉和把握教学目的和要求,了解学生的知识与经验基础,将教学内容组织成为合理的教学结构;结合实际激活和活化教材知识,把教材处于静态的知识变成具有生命活力的动态性教学知识等。同时,在课堂讲授中,要注意根据学生的反应灵活地处理教学,当学生一时不明白教材和教师的表述时,教师要从不同的角度去处理,做灵活的变通,以达到学生能够理解和接受的目的。

(三)直观性原则

直观性原则主要体现在两个方面:

1.教学媒体的直观性

教师应在讲授过程中根据所教课题内容,利用直观的教具、实物、图片、多媒体等手段增加学生的感知效率,引起学生各种感官的兴奋,达到学生理解科学概念、掌握科学原理的目的。

2.教学语言的直观性

语言的直观是教师课堂讲授的润滑剂,能够有效调剂学生的理性思考。例如,教师在保证科学性的前提下可以将晦涩难懂的语言变成学生能接受的和乐于接受的、熟悉的、通俗的语言来表达,形象生动,比喻恰当,化远为近,化静为动,将抽象的概念具体化、形象化,将枯燥的内容生动化、趣味化,使学生产生共鸣。这样的课堂讲授教学总会起到事半功倍的效果。

【实战演练】

请结合多媒体教学和传统教学的实例分析教学媒体直观和语言直观的优缺点及使用条件。

(四)感染性原则

教师讲授应当以情引情、拨动心弦。讲授如能拨动学生的情感,吸引力会更强。作为教师应当利用课堂教学的一切机会,在传递知识和文化信息的同时触动学生的真实情感,于无声处渗透教师的教育职能。教师在课堂上的讲授,从不同角度向学生散发着有实际价值的信息,教师富有激情和感染力,通过自己对所教学科的娴熟把握,在游刃有余中抒发对知识深邃精辟的论道与对科学和文化的热情关注,进入这样一种境界的学生,可以在潜移默化中被真实打动,产生的效果远远强于那些直接的说教。而且富有感召力的讲授更容易促进学生对内容的记忆和理解,培养起学习的主动性和热情。

(五)科学性原则

科学性原则主要体现在内容、态度、语言三个方面。

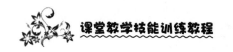

1. 科学的内容

教师的讲授内容应该是准确的、经得起实践检验的知识。教师要以教材内容为依据，认真钻研、深刻领会知识的实质，做到讲授概念准确、论证原理充分、逻辑推理严密、列举事实真实、技能训练严格。

2. 科学的态度

教师要以科学的认识论和方法论为指导，实事求是，从实际出发，树立尊重科学、严谨治学、去伪存真、求实创新的教风和学风。

3. 科学的语言

教师上课要用严密的语言、精确的词汇表达概念，阐述定理公式，进行分析综合和推理判断。如果教师用语含混或模棱两可，其结果只能使学生思维混乱，甚至导致错误认识，把错误的结论当作真理。

【实战演练】

将同学们分成小组，每人在小组内进行 10 分钟课堂教学试讲，并对试讲过程录音。试讲结束后由其他同学对该同学的教学语言进行纠错（主要包括语音、语调、口头禅、无意重复、专业术语的准确性等方面的错误和不规范语言），然后播放录音，让该同学对每一个错误和不规范语言进行校正和纠错练习。

四、课堂讲授的要求

（一）讲授的准备要充分，目标要明确

对讲授内容做全面的分析和把握，做到准备充足、思路清晰、目标明确，力图将系统的知识呈现给学生。

（二）讲授要生动、形象

教师借助比喻、描绘、表演等手法或教学媒体手段使学生通过感知，领会抽象的概念、定理和规律，使学生如临其境、如见其形、如闻其声，将抽象的概念具体化、深奥的哲理形象化、枯燥的知识趣味化。生动形象、富有趣味的讲授，能够激发学生的兴趣，使他们集中注意力、积极思维，对学习内容产生深刻的印象。这对于他们理解、掌握知识和发展思维有着重要作用。讲授要做到生动有度，切不可为了追求活泼有趣而流于庸俗、低级，玷污教学环境和学生心灵。

（三）讲授要简洁

教师应使用简洁明快，既准确又精练，既有逻辑性又有概括性的语言进行知识传授。这就要求教师对教材的书面语言进行加工、提炼、斟酌，用最简练的语言表达最丰富的内容，使每一个字、每一个句话都起到相应的作用，只有这样，才能启迪学生的思维活动。

（四）讲授要通俗

学生听得懂、听得明白，才有可能接受和掌握教师所讲授的教学内容。因此，讲授过程中传递的信息必须符合学生的知识背景。教师在选择例子和证据时，应做到适合学生的年龄特征和经历，尽可能选择学生比较熟悉的事物，使他们容易把这些事物与即将学习的知识联系起来，顺利实现新旧知识的迁移。

（五）讲授要有系统性

结构要组织合理、条理清楚、层次分明、重点突出，要注意学生理解问题的认识序列，注意从已知到未知，从感性认识到理性认识；注意观点和材料的统一，使学生在重点、难点、疑点等关键问题上能够得到透彻的理解。

（六）讲授要注意和谐性

在讲课过程中，教师应注意语速、语调、响度等的科学运用，并根据学生的反应及时做出相应的调整。在确定基本的速度和音量后，语音的高低、强弱、快慢和停顿还应根据教学内容有一些变换、起伏，以吸引学生。一般而言，教师在讲授时应该做到声音洪亮、吐字清晰、发音规范、节奏适宜、语调平直自然，但也要根据内容要求及感情表达的需要做到抑扬顿挫恰到好处。须知恰当的语调是达到教学语言和谐性的一个重要因素。

（七）讲授要适时

教师应当根据学生的实际情况确定讲授的内容，对于学生已经掌握的，或者是学生通过自己的学习能够掌握的，或者是通过与同学合作可以掌握的知识，教师应少讲或不讲，教师所讲的应是学生必听的、想听的、愿听的、能听的重点、难点、关键处等，重点、难点和关键处要在讲解中加以提示和强调。

（八）讲授要和其他教学方法结合使用

在讲授的过程中，也应组织一些探究活动或合作讨论，不要把所有的结论都说出来，也让学生自己体验一下发现的过程。讲授要运用多种语言技能和动作变化技能。

（九）讲授要与板书相配合

讲授与板书相互配合，可以更好地发挥讲授的作用。板书的基本内容包括图画、文字、公式和表格。板书内容一般都是教学内容的重点、难点，教师利用讲授对精心设计的板书内容加以点拨、讲解，能引导学生抓住教学的主要内容，提示学生重点和关键问题，帮助学生记忆和消化教学内容，有利于学生记好笔记和复习。

（十）讲授要注意教态、仪表

教师讲授的仪态应当端庄、自然、大方，既不可举止生硬，也不宜手舞足蹈。讲述的声音要清晰，音量适当，抑扬顿挫，富有情趣。讲授的速度要适当，速度太快，学生没有思考的时间，不易理解消化，速度过慢，则容易倦怠，分散注意力；重要问题要稍作停顿，给学生思考或记笔记的时间，简易的问题可以讲得快些。

【拓展阅读】
春风师语：教师的"语言革命"①

在教育教学中，有的教师这样数落学生："又忘记带作业了？吃饭怎么不见你忘记！""你就不能消停一会儿？"这一现象，应该引发教育工作者们的思考：学生是成长中的人，不可避免地会出现这样那样的错误。如果教师说话不讲求艺术，就会造成师生之间的隔膜，影响教育效果，更严重的还会使学生郁郁寡欢，造成精神伤害。教师的语言是了解学

---

① 节选自司学娟：《春风师语：教师的"语言革命"》，载《北京教育》（普教）2012年第1期。

生需求、回应学生需求、满足学生需求的桥梁,任何优秀的教师无不是把自己对学生诚挚的爱熔铸在语言中。由此,提升每个教师的语言能力势在必行。

一、行走:在审思中改变

我们首先对"粗暴师语"进行检视与反省,罗列出孤立式、挖苦式、比较式、告状式、预言式、结论式、记账式、谩骂式和呵斥式的粗暴语言,追寻"粗暴师语"的根源,提出粗暴师语的消解策略;审视"无效师语"现象,并进行归因,提出"无效师语"调适策略;总结出春风师语的特点,提炼出"鼓励、幽默、激趣、启思、养成、明理、提升"等语言艺术,形成了《"春风师语"理念篇》,在带领教师学习的基础上,开展了"失当师语大晒场"活动和"春风语言"征集活动。随后,我们编辑了《春风师语:春暖花开》手册,以供教师学习、实践和创新。教师在小案例的引领下,随时记录自己创新的"春风师语",最终总结出"巧设疑点,语言激趣""及时评价,提升信心""生动形象,化解难点""适时点拨,授生以渔""德育渗透,文道结合""尊重差异,延迟评价""借题发挥,别有意味""追问引导,偏处斧正""委婉含蓄,回味无穷""宽容礼让,解除尴尬"等教师语言规范。

课堂里教师的语言,可以成为萌发学生思维的春风,也可以成为凋零学生思维的秋霜。

二、升华:在实践中锤炼语言

"春风师语",顾名思义,是指教师用语言去启智、用语言去激励、用语言去引悟、用语言去赞美、用语言去督促,使自己的语言成为情暖学生、萌发学生思维的春风。"春风师语"表现方式没有固定的范本和僵化的格式,下面是教师在实践中积累的语言智慧。

1. 及时评价,提升信心

教师让学生推荐一位朗读水平好的同学来范读课文。其中一位学生大声地说:"陈家豪。"老师笑着问他:"为什么推荐陈家豪呢?"孩子回答:"因为他读得好!"老师说:"你为什么不推荐自己呢?"他说:"我读得不好。"所有的学生和所有听课老师都笑了。老师说:"你认为自己读得不好,是你太谦虚了吧? 读得不好更需要锻炼,是不是? 陈家豪读得好,就让他做老师,来评价一下你读得是好还是不好,你看行吗?"那位同学很爽快地站了起来,结果读得很好,陈家豪和所有同学都给了他热烈的掌声。

教师捕捉到了难得的教学资源,并及时做出评价,他的一句"你太谦虚了吧",大大提升了学生的自信,当然他也没有忽略另一个"读得好的",老师让那孩子做评委,也提升了对方的自信,真是各得其所。

2. 德育渗透,文道结合

一位教师在教完"盯"的读音和结构后,让学生给"盯"换偏旁组词,一个学生说:"换成提手旁便是'打','打人'的'打'。"教师问:"是吗? 是'打人'的'打'吗?"学生齐声回答:"是的。"教师说:"不够准确。我们应该说'不打人'的'打'。我们都是少先队员,怎么能打人呢? 大家说对不对?"如果这位教师在学生回答了"打人"的"打"之后,说上一句"不错,请坐!"本来也无可厚非,可他进行了一个细节处理,又加上了一个"不"字,既完成了对学生的字词教学,又对学生进行了思想品德教育,这无疑是对"文道结合"的教学语言的细节处理。

3. 借题发挥,别有意味

一位语文教师在教《游园不值》这首诗时,忽然一位迟到的学生"砰"的一声推门而入,径直入座。这位教师就诗取材,"小扣柴扉久不开"是诗人去拜访朋友时的情景,为什么"小扣"而不"猛扣"呢?学生们议论了一番,答案是诗人知书达理、有教养、有礼貌。然后教师走到那位迟到的学生身边弯腰轻声问他:"你说大家说得对吗?你赞成小扣还是猛扣?"这位学生脸红了,其他学生也会意地笑了起来。

在教学中,教师善于捕捉契机,善于在一般人熟视无睹的现象中挖掘事物间的联系,借助话题生发出去,以此起到传授知识、教育学生的目的。

4.避开锋芒,软言妙说

"好好做预备活动",体育教师几经警告无效,便在学生肩膀轻轻拍了一下。于是,这个男生怒气冲冲地找到班主任老师:"你是班主任,得给我做主,叫体育老师给我道歉,他这是体罚学生。"了解情况后,班主任说:"是要道歉,而且还要好好道歉!"她语出惊人,男同学始料不及,睁大眼睛疑惑地望着她。班主任又说:"老师的错误是在众目睽睽之下犯的,所以他更应当着全体学生的面道歉,让大家都说说他。你看行吗?"男生此时一脸错愕,慌张地说:"行,行……""道歉时,我想还要把你父母请来,这样,老师对自己犯下的错误认识才更为深刻,也让他心服口服。我想这样处理对你够公平了吧?""啊!"男生叫一声说,"算了,算了,老师拍得也不重,再说也是我先违反了纪律。"

这个学生落荒而逃。望着男生的背影,班主任笑了,其他老师也笑了。这位老师面对告状申冤的叛逆学生先认同服软,避开锋芒,然后把他引入自己设下的"圈套"中,欲擒故纵,既达到说服教育的目的,又给了学生面子和尊重。

回望"春风师语"活动,使课题研究走入了每个普通教师的案头与心头,引导教师更好地了解学生需求、回应学生需求、满足学生需求。通过活动,教师的语言少了一点如雷贯耳、面目可憎,多了一点优美动听、和颜悦色;少了一点平淡无奇、平铺直叙,多了一点荡气回肠、幽默风趣;少了一点语言慌张、啰唆烦琐,多了一点娓娓道来、价值引领……"春风师语"彰显的意义将激励我们"再出发"。

【学习资源】

[1]李经天,王小兰.教师教学技能训练教程[M].武汉:华中科技大学出版社,2012.

[2]卫建国,张海珠.教学技能导论[M].北京:北京师范大学出版社,2012.

[3]周小蓬.语文课堂教学技能训练教程[M].北京:北京大学出版社,2010.

[4]刘幸东.师范生教学技能训练教程[M].东营:中国石油大学出版社,2008.

[5]司学娟.春风师语:教师的"语言革命"[J].北京教育(普教),2012,(1).

[6]陈振华.讲授法的危机与出路[J].中国教育学刊,2011(6).

第九章　课堂提问技能训练

【内容导航】
※ 课堂提问概述
※ 课堂提问的有效性及策略

【学习目标】
1. 能够理解课堂提问的基本含义和功能。
2. 能够结合实例说明课堂提问的类型和特点。
3. 能够理解有效课堂提问的含义和基本标准。
4. 能够结合实例说明有效问题的基本要求和策略,并能系统设计课堂提问的问题。
5. 能够领会有效课堂提问的策略,掌握有效课堂提问的基本技能。

第一节　课堂提问概述

课堂提问是课堂教学活动的主要组成部分,是课堂教学目标得以实现的主要方法,也是课堂中师生交流互动的主要形式。因此,提问在课堂教学中发挥着举足轻重的作用,课堂提问技能也是教师必备技能之一。

一、课堂提问的含义

教学中的"提问",最早可以追溯到我国春秋战国时期。大教育家孔子的教育思想集中体现在《论语》中,一问一答是《论语》的基本体例,也是孔子最基本的教学方法。《论语·述而》中就有"不愤不启,不悱不发"的记载,由此可以看出提问是古代教学的基本形式。古希腊伟大的哲学家、教育家苏格拉底"助产术"的核心是诘问,诘问即反问。因此,提问是一种古老而又传统的教学方法。随着科学技术的飞速发展,课堂教学方法也日益发生着变化,虽然现代教育技术手段在课堂中广泛运用,但是"课堂提问"的地位丝毫没有受到影响,仍然具有独特的功能和作用,活跃在课堂教学的各个环节中。

课堂提问是一个内涵非常丰富的概念,从提问的发起者和接受者的角色以及先后次序出发,课堂提问可分为两种基本形式:教师提问(教师提问、学生回答)和学生提问(学生提问、教师回答)。随着现代教学方法的改革与发展,学生提问、学生回答的模式也逐渐被采用。我国学者宋振韶、张西超等人就以上述标准将课堂提问分为师—生、生—师和生—生三种基本模式,并分析了三种模式的基本价值。[①] 在教学实践中,课堂提问主要指教师提问模式。近年来,也有一批学者从课堂提问有效性的角度提出了有效课堂提问的概念,如卢正芝等人认为,"教师有效课堂提问是教师在精心预设问题的基础上,通过创设良好的问题情境,在教学中生成适切的问题,引导学生主动思考进行质疑和对话,全面实现预期教学目标,并对提问及时反思与实践的过程"。[②] 但是,不论是什么类型的课堂提问,其基本含义都是指在课堂教学过程中,由教师精心设计的、为了特定的教学目标和需要而采用的、以提问和回答为标志的一种教学活动。在这里我们必须明确,课堂提问首先是由教师针对教学的目标和任务而精心设计的(学生提问也不例外),具有预设性;其次,课堂提问的目的不仅仅是为了完成教学目标和任务,更重要的是通过提问与回答启发学生的思考和质疑,引导学生积极、主动地学习,发展学生的思维能力。

二、课堂提问的功能与作用

课堂提问是教学活动的出发点,也是教师必备的一种课堂技巧。梳理国内外学者的研究文献,他们对课堂提问的功能和作用的观点基本一致,主要包括以下三个方面。

第一,从知识学习的角度讲,教师课堂提问可以检查学生已经掌握和未掌握的内容,可以提供学生回顾所学内容和材料的机会,可以让学生预习即将学习的内容,也可以检查学生的理解和掌握程度等。

第二,从促进学生发展角度讲,课堂提问有助于提高学生学习的兴趣和动机,可以促进学生思维的发展,能够促进学生良好个性和交往能力的形成和发展,也有助于培养学生良好的学习习惯和健康的行为方式等。

第三,从课堂教学的角度讲,有效的课堂提问可以使学生参与讨论,教会学生提问,使课堂充满乐趣,提高课堂教学效果。

三、课堂提问的基本类型

提问在课堂教学活动中比较常见,要深入领会和使用课堂提问的技能,就必须分清楚课堂提问的类型。在教学理论和实践中,课堂提问的类型较多,早期的心理学家把提问分成两大系统,即"开放与封闭"和"记忆与思考"。开放性问题允许有广泛的回应范围,不仅包括认知的要求,还包括情感的表现、移情的作用、态度和价值等;封闭性问题只有一个正确或最佳的答案,它要求学生在一个狭窄的范围内选择反应;记忆性的问题需要学生回忆已有的信息,它是教师经常提问的一种类型;思考性问题需要学生运用已有的信息去创造新的信息。也有学者从问题提出者与回答者的方向维度,将课堂提问分为师—生提问、生—师提问和生—生提问。还有学者从提问要达到的目的和用途的维度,

———————————

　　① 宋振韶、张西超、徐世勇:《课堂提问的模式、功能及其实施途径》,载《教育科学研究》2004 年第 1 期。

　　② 卢正芝、洪松舟:《教师有效课堂提问:价值取向与标准建构》,载《教育研究》2010 年第 4 期。

将课堂提问分为导入性提问、激趣性提问、回忆性提问、描述性提问、说明性提问、综合性提问、评价性提问等。

目前,国内也有一些学者基于实践和经验,以布卢姆的教育目标分类学为基础,提出了课堂提问的类型说,如何新敏[①]、朱福文[②]等,他们重点考察的是认知领域的教学目标。布卢姆将认知领域的教育目标依据学生掌握知识的程度分成了由低到高的六大类,即知识、领会、运用、分析、综合、评价。学者们以这些教学目标为标准,将课堂提问分为下面的几种形式。

(一)知识水平的提问

知识水平的提问主要考查学生对已学过的材料和内容是否达到了有效的保持,即对学生的识记的考查。具体表现为提问学生能否记忆具体的事实、过程、方法、理论等,它只能考查学生对知识掌握的最低水平。其提问的表现形式为说出、写出、举例说明、复述、什么叫作、标注出等。这类问题一般是在学习新知识之前,根据课堂内容的需要,教师对学生已学知识或已有的背景知识进行的提问。目的是帮助学生回顾、温习旧知识,排除学习过程中可能遇到的障碍,为学习新知识做准备。这类问题一般比较简单,不需要认真思考即可回答。当要了解学生是否记住了某些基本知识时,可选用这一类型的提问,例如:辛亥革命爆发于哪一年? 什么是浮力?《岳阳楼记》是谁写的? 这一类问题要求学生用既定的形式通过回忆叙述具体事实。

知识水平的提问实际上就是对基本事实的提问,它对教师检查学生是否对所教授的基本概念、命题、原理及基本事实的掌握程度是十分重要和必要的。当然,它在提问中所占的分量也应该处理得当。一方面,在课堂提问中,不能大部分都是知识水平的提问,那样只是知识的简单机械的重复,不能激发学生的思考,从而也就束缚了学生的发展;另一方面,这类提问也不能太少,因为理清基本事实是进一步学习的基础和准备。提问的形式是多种多样的,这两方面都应视具体情况而定。一般说来,低年级的学生可以多涉及一点知识水平的提问,随着学生知识和经验的增长,应多加入更高水平的提问。

(二)领会水平的提问

领会水平的提问主要考查学生是否理解和领会了所学材料的意义。此时的提问已超越了记忆,具体表现为提问学生能否概述和说明所学的材料,能否用自己的语言来表达已学的内容,能否估计预期的效果等。此时所考查的仍然是学生较低水平的理解,其提问的表现形式为概述、解析、比较、转换、区别、推断、分类等。这类问题的答案不是现成的,而是隐含在已有知识和所学知识中,学生必须经过认真思考才能回答。此类问题可用来检验学生对材料所提供的重要事实或特定细节的掌握情况,也可以用来训练学生迅速获取重要信息的技能等。

---

① 何新敏:《英语课堂提问的类型和设计原则》,载《中南民族学院学报(哲学社会科学版)》1999年第2期。

② 朱福文、胡鸥:《论课堂提问的原则、类型、方法及评价》,载《太原教育学院学报》2004年第4期。

领会水平的提问能促使学生去组织所学的知识并弄清其含义,这就较知识水平的提问前进了一步。这类问题是针对材料的引申意义、作者的写作意图等而提出来的,学生在回答问题之前,往往需要仔细阅读学习材料,认真思考,根据材料提供的事实、观点,进行正确的、合乎逻辑的推理才能回答。因此,如果说知识水平的提问所考查的仅仅是材料的表述和再现,而领会水平的提问就考查了材料所代表的意义了。

(三)运用水平的提问

这类提问主要考查学生能否将学习所得运用于新的情境。此时的提问已达到了较高水平的理解和运用,具体表现为考查学生能否应用概念、方法、规则、原理解决问题。其提问的表现形式为计算、示范、解答、修改等。运用水平的提问能训练学生运用所学知识解决问题的能力,它能够鼓励学生参与实践,在实践中更加深入地理解和运用所学的知识。这一类型的提问主要在一节课的运用知识、巩固新教材阶段运用。

这类提问的设计难度较大,它不仅要求能引导学生的思维活动,把学生运用的知识和解决新问题的过程反映出来,而且要求提出的问题必须是新颖的(包括似曾相识的),能使学生形成新的问题情境。

(四)分析水平的提问

分析水平的提问主要考查学生两方面的水平和能力:一是考查学生对材料和内容的理解,是上承运用水平的提问;二是对材料结构的理解,是下接综合水平的提问。此时的提问已经能考查出一种比运用水平更高的智能活动和心智操作水平,主要表现为考查学生能否从整体出发去把握材料的组成要素及其彼此间的联系,其提问的表现形式为证明、分析、找原因、作结论等。

分析水平的提问要求学生能分析知识间的联系和关系,要求学生能运用批判性思维从事物错综复杂的联系网中寻找出事物间的有机联系,能分清事物发展的前因后果。分析水平的提问,能帮助学生树立全局观念,并立足全局,分析局部。如在语文、英语等语言类课程教学中,这类问题直接从文中找不到答案,学生只有在全面、正确理解文章内容之后,把文章拆散,然后根据问题的需要,将有关的信息一点点地挑出来,再把它们与整体意义联系起来进行分析、比较,最后得出结论。素质教育要求发展学生的批判性思维能力,故分析水平的提问需要适度地加大,尤其对高年级的学生,更是如此。

(五)综合水平的提问

综合水平的提问考查学生能否把先前所学习的材料或所得的经验组合成新的整体。此时的提问涉及学生新的知识结构的形成和学生知识建构的能力,也能考查出学生的创造力。具体表现为提问学生能否制定出一项可操作计划,能否概括出一些抽象关系,能否以口头或书面形式表明自己的新见解等。其提问表现形式为计划、归纳、设计、创造、组织等。

综合水平的提问可以促进学生将所学的知识组合成新的形式,可以训练学生的综合能力、预见能力,尤其是创造性地解决问题的能力。教师在课堂提问时要想训练学生的创造力,就必须深入研究教材体系,并提出综合水平的问题,研究如何才能充分开发学生

的空间思维和想象能力,并进行有创意的思考和组合。同样以语言类课程为例,该类问题大多是对段落大意、中心思想、文章标题的提问,要求学生把文章所提供的有关信息拼凑在一起进行综合加工,形成新的观点和看法。这类问题一般作为课后讨论,以加深学生对所学内容的理解,也可作为课后写作的准备工作。

(六)评价水平的提问

评价水平的提问考查学生能否评定所学材料的合理性,如材料本身的组织是否合乎逻辑;它还能考查出学生能否评定所学材料的意义性,如材料对社会的价值。此时的提问涉及学生对所学材料如诗歌、散文、小说、报告等做出的价值判断,它能体现出学生对所学材料已达到最高的掌握水平。其提问的表现形式为评价、论证、判断、说出价值等。评价水平的提问可以培养学生进行价值判断的能力,形成一定的思想、信念、世界观,这是教育培养人的一个极为重要的目的。

课堂问题的种类较多,它们都对课堂教学起到了一定的作用,但这并不是说每次课都应包括所有类型的提问,具体采用哪种形式的提问,还要根据具体的课堂教学情景和需要而定。

第二节 课堂提问的有效性及策略

一、课堂提问有效性的内涵

在前面一节探讨了课堂提问的基本内涵,虽然对课堂提问这一概念,研究者们口径不一、各有所指,但课堂提问特别是教师课堂提问的基本含义是一致的。课堂提问的有效性也被称为有效课堂提问。近年来,国内外学者提出了有效课堂提问的概念。对于教师有效课堂提问的概念界定,从提问所关注的角度出发,大致可以分为三类:"一是关注学生,认为'有效提问'应能够使学生做出相关的、完整的答复,同时激发学生的参与意识;如果提问造成学生长时间的沉默,或者学生只能做出十分简短的或不当的回答,那么,提问就一定存在问题。二是关注问题,认为有效的问题是那些学生能够积极组织回答并因此积极参与学习过程的问题,问题的有效性不仅仅在于词句,还在于音调的变化、重读、词的选择及问题的语境。只要引起了学生的回应或回答,就被看作是问题;如果这种回应或回答能让学生更积极地参与学习过程,那么,这种问题就是有效的问题。三是关注思维,认为有效提问是通过指向开放性思维,而不是希望特定的回答或反应的提问,通常以'什么''怎么''为什么'等开始。"[①]在这里,有效课堂提问是相对于无效的提问而提出的,作为一种课堂教学的技能,或是一种新的教学理念,什么是有效的课堂提问呢?参考卢正芝等人的观点,本教材认为,有效课堂提问就是指教师在精心预设问题的基础

---

① 卢正芝、洪松舟:《教师有效课堂提问:价值取向与标准建构》,载《教育研究》2010 年第 4 期。

上,通过创设良好的问题情境,在教学中生成适切的问题,引导学生主动思考,进行质疑和对话,全面实现预期教学目标,并对提问及时反思与实践的活动过程。这一概念是从"有效性"的角度界定课堂提问的,要保证课堂提问是有效的而不是无效的,就必须保证:第一,问题本身有效,即问题是教师精心设计的,它既符合教学目标的要求,又适应学生的学习基础和能力;第二,教师提问过程有效,即课堂教学中提问、候答、回答、评价和反思的过程科学合理;第三,学生在对问题的感知、思考和回答中思维得到了发展,即课堂提问指向于打开学生思维、激发学生兴趣、发展学生能力;第四,课堂教学效果良好。下面将从这几个方面具体分析有效课堂提问的基本技能和策略。

二、课堂提问问题本身的有效性及策略[①]

问题本身的有效性主要指教师在课堂上提出的问题是否清晰、具体和有组织。它是课堂有效提问的前提条件。有效的问题也是针对无效和低效问题而提出的。无效问题主要包括以下几种:①太简单的问题,或者是答非所问的问题,这类问题主要是教师低估学生的认知水平所导致的;②太复杂的问题,这种问题超越学生的理解力或认知水平,或者范围太大,因素太复杂,众说纷纭;③令人难堪的问题,如"你的记性有问题吗? 3 岁小孩都会,你怎么会不知道呢?"这类问题往往会让学生自尊心受到极大的伤害;④与主题无关的问题,或者是跑题的问题,这类问题常常由于教师事先没有进行问题设计所致。

以上这些问题都会导致课堂提问的无效。也有一些问题表面上是有效的,但并没有什么实际的意义。这类问题既没有带来学生知识的增加,也没有促成学生思维的转变,被称之为低效问题。低效的问题往往是琐碎的、模糊的、抽象的和没完没了的问题。例如,老师问:"海洋是什么样的水?"学生答:"咸水。"老师问:"咸水怎样变成淡水?"学生答:"可以从雨水中获得。"老师问:"雨水是怎么来的?"学生答:"从云中。"这类问题就属于既简单又琐碎的提问。

下面看一个琐碎且没完没了的提问的例子。

教师:"同学们,'菜'字怎么记啊?"

学生 1:菜,上下结构,上面草字头,下面是采字,合起来是"菜"字。

教师:还有其他方法吗?

学生 2:菜,上面草字头,下面彩色的彩去掉三撇,合起来是"菜"字。

教师:很好,还有其他方法吗?

学生 3:菜,上面是辛苦的"苦"去掉古,下面是彩色的"彩"去掉三撇,合起来是"菜"字。

教师:很好,还有其他方法吗?

学生 4:菜,上面是"花"字去掉化字,下面是彩色的"彩"去掉三撇,合起来是"菜"字。

教师:很好,还有其他方法吗?

……

---

① 李志厚:《通过有效提问,促进学生思维发展》,载《教育导刊》2004 年第 9A 期。

这样的问题不是没有必要提问,但教师这种单调、机械、重复的提问,越问越单调,学生越答越复杂。

相对于无效提问和低效提问,有效提问就是指教师提出简洁、明确、清楚且发人深省的问题,能够引起学生的回应和回答。李志厚提出了有效问题的10项标准:

(1)它能产生更复杂的心理活动的效果(不是记忆、复述的,而是需要分析、综合、评价和解决问题的活动);

(2)它能清楚地描述问题,使学生更容易理解教师问什么;

(3)所提的问题使学生能明确地、创造性地做出回应;

(4)这些问题是一种恳请式的,而不是威胁式的,能令学生坦然地说出他们最好的想法;

(5)它要求学生思考重要的问题;

(6)这种尊重学生情感和意见的问题能产生一种真诚的气氛,使学生发表自己观点之后感到安宁和轻松;

(7)它要求学生呈现自己是怎样从材料中推导问题的,允许他们使用所知道的知识去理解主要的概念;

(8)它往往带有"为什么"的字眼,可以帮助学生专心思考主要的问题;

(9)它通过把问题变成描述性的陈述,可以使刚性的问题更加"软化";

(10)它可以是一种评价性的回应等。

从有效问题与无效问题和低效问题的对比中,可以看出有效问题的基本要求有以下几点:一是清晰性,这主要在于教师提出的问题要清晰明了,让学生明确地知道该回答什么;二是目的性,任何问题都要有一定的针对性,教师要清楚地知道提出一个问题的目的何在;三是组织性,教师在呈现问题之前要精心地组织材料,依据学生的认知发展层次和材料本身的逻辑发展顺序,提出有意义的问题,使学生在头脑中建立起一个清晰的事件发展的逻辑结构,并与头脑中原有的知识建立新的联系,而且问题之间要有逻辑性,由简单到复杂层层推进。另外,问题应尽量简短。

【实战演练】

观看事先准备好的课堂教学视频,由学生认真观察,记录老师教学中的无效问题和低效问题并说明理由,最后参考有效问题的要求尝试修改这些问题。

三、课堂提问过程的有效性及策略[①]

课堂提问实施的过程大致分为教师提问、学生回答、教师反馈三个阶段,中间还有学生思考、教师引导等环节。但课堂提问是一个动态的发展过程,在不同的阶段或环节有不同的任务和要求,且伴随着师生心理关系的微妙变化。每一阶段的活动内容和特点直接决定了提问行为的有效性。从提问的时间进程来看,课堂提问可分为呈现问题之前、呈现问题之中、呈现问题之后三个阶段,下面做具体分析。

---

① 鲁志鲲:《教师课堂提问的有效性及其评价方法》,载《高等农业教育》2005年第8期。

(一)呈现问题之前

呈现问题之前的阶段,也可称为计划提问阶段。这一阶段主要是为提问做准备,主要在教师备课阶段完成。尽管有一些经验丰富的教师可能擅长即兴提问,但是这些提问在措辞或逻辑上缺乏很好的组织,很少能够考虑到学生回答问题所运用的思维技巧。相反,专家教师的精彩而有效的提问,总是事先做了充分的准备。这一阶段提问的主要有以下几点要求:

第一,必须明确自己的提问目的,以便确定所提问问题的水平和类型。应尽可能问那些需要学生的思维更多参与的、具有启发性的问题。

第二,根据教学目标以及教学内容的重点和难点,确定提问内容和提问思路。教师可以将教材要求作为教学问题,紧扣课后练习题设计问题,也可以将学生新旧知识矛盾点作为教学问题。应善于从学生角度设问,使问题成为学生自己的问题,而不是教师的问题或别人的问题。这样,学生才能做出积极的思考。所提的问题要考虑学生的最近发展区,考虑学生已有的生活经验、兴趣爱好、知识技能及其认知发展水平。

第三,提问的表达形式尽量地简练、明确,避免学生在理解上的模糊性和随意性。

第四,要对学生的回答反应做出预测。可能有多少学生愿意回答?我所期待的答案是什么?是下定义、举例子、做出分析概括还是其他形式?学生能否以合乎规范的语言来回答问题?学生的回答不完整时如何处理?假如学生没有回答又该如何去做?对学生提问的反应进行详尽的预测将会使提问的形式、内容、问题的表述和措辞更完善。根据预期,教师应在课堂提问之前写出所提的问题,然后按照从特殊到一般,从低水平到高水平的逻辑顺序安排问题。这样,在课堂提问过程中就可以通过灵活自如的调整,将教学的科学性和艺术性相结合,就能使教师的课堂提问游刃有余,确保提问发挥其有效性。

【实战演练】

以人教版小学语文五年级下册《找春天》为教学内容,每位同学写一份教案,重点考察对课堂提问的准备情况,具体包括:在每一个教学环节涉及哪些问题?为什么设计这些问题?问题之间是什么关系?这些问题学生能否回答,会怎么回答?

(二)呈现问题之中

呈现问题之中阶段是教师陈述所提问题进行师生交流的阶段。这一阶段有许多环节和因素,直接影响提问的有效性。

首先,教师要考虑提问的物理环境对提问有效性的影响。教师要保证所问问题以及个别学生的回答使全体学生都能听清楚,要考虑教室及其音响设备的声音特点,要考虑师生交互作用的空间距离。

其次,教师的提问态度也影响学生的投入程度。教师应以友好、愉快的态度进行提问,使学生感受到回答问题的自由,能积极、主动地参与思考,给出错误的答案不应感受到威胁。教师在提问过程中应注意与学生之间的非语言交流,以目光扫视所有学生,以手势、体态、表情表达对学生反应的理解、疑惑和支持。

最后,引导学生最大限度地参与是确保提问有效性的关键。可先提出问题让全班学生思考,再指定某个学生回答。指定回答者时教师最好能指名道姓,随机选择学生回答问题,打破任何固定的模式或习惯,尽量鼓励所有学生参与回答问题。

(三)呈现问题之后

在这一阶段,影响提问有效法的两个重要方面表现在,一是给予学生回答问题足够的时间,二是对学生的回答和反应进行适当的处理。

首先,教师提出问题之后,必须为学生的思考提供必要的时间。学生从理解问题,提取加工信息,形成答案到准备回答,至少需要 3~5 秒钟的时间。越是高水平问题,越要有足够的等待时间。一旦教师提供给学生足够的思考时间,将会在学生身上看到以下变化:答错的人数减少了;回答适当了;主动回答的学生增加了;学生回答的长度以及师生交互作用增加了;学生能够使用更高水平的认知技能。当然,等待时间要视问题类型和学生反应而定。如果学生没有反应,超过 30 秒的等待就会变成变相的惩罚,反而会影响提问的气氛。

其次,对学生的回答和反应,教师应及时做出妥善的处理。及时妥善地处理学生回答与反应是发挥教师的教育智慧、反映教师提问技巧、促进课堂提问师生交互影响、保证提问有效性的关键。对学生的反应和回答,教师一般使用以下策略:强化、探查、提示、更正。强化指教师对学生正确的反应和满意的回答给予语言或非语言的积极的评价。强化是为了鼓励学生进一步的积极参与。教师不仅要评价学生回答的内容,对学生回答式的表述方式及态度也要做评价。探查指学生回答肤浅或不完整,教师要追问其要点,使学生对自己的陈述所基于的假设进行评价,使学生自己补充新的材料和观点。提示指学生的回答不得要领甚至离题时,教师给学生设立适当台阶,为其提供方法、解题思路、新旧知识联系等方面的信息和帮助,使学生最终能够准确回答问题。更正指在学生的回答不正确或没有反应时,由教师或其他学生纠正错误的答案,给出正确的答案。

最后,教师要注意倾听学生的回答和反应。不要轻易打断学生的回答,打断学生的回答不利于创造鼓励学生积极参与的气氛。即便学生朝向一个错误的答案方向,也不要立即打断,有时候其他学生可能从这一错误中学习了很多。对于学生在课堂上所提的问题,教师首先要给予充分的肯定与积极的评价,然后视其与课堂教学的关系,做不同处理。有些问题在课上和同学一起解决,有些问题需要让学生自己分组讨论解决。课后教师提供一定的信息源让学生独立解决问题有时效果会更好。教师的课堂提问引发了学生发现问题、提出问题的积极性,是课堂提问有效性的最佳体现。

四、课堂提问时机的有效性及策略

我国古代《礼记·学记》中记载:"善问者如攻坚木,先其易者,后其节目,及其久也,相说以解。不善问者反此。"教师需要做一名善问者,先攻枝叶,从简单易行的问题开始,再攻节目,由简单问题上升到较难问题和核心问题。善问者除了精心设计课堂提问以外,还需要在课堂中捕捉提问的良机。同样在《论语·述而》中提到"不愤不启,不悱不发","愤""悱"即为教师提问的最好时机。只有当学生在内心急于把问题弄清楚而又无从下手时,只有当学生想急切地从嘴里说出来而又无从谈起时,教师才能实施启发性提问。因此,在课堂教学中,教师要仔细观察学生的学习行为和情绪反应,及时捕捉"愤""悱"的时机,提问也是一样。教师在矛盾处、疑惑处提问,正是通过恰当的提问时机既抓住了学生的心理变化,也促进了知识的升华。具体来讲,提问的时机主要表现在以下几个方面:一是在新学知识与原有知识之间"制造"矛盾;二是在学习的知识内容与学生的生活经历之间引发疑惑;三是诱导学生之间形成不同观点;四是要注意课堂提问内容与学生认知基础和生活体验的适切性。教师在基本教学内容教授的过程中,不失时机地创设开放性问题,引导学生主动提出问题,也是课堂提问的重要方面。

【实战演练】

下面案例是李志厚老师教学中的一则案例,请同学们体会如何有效地创设和捕捉课堂提问时机,并对该案例做一简评。

在学习"激素的调节"时,笔者曾提问:"我小时候曾经问父母:为什么女孩子的胸部比男孩子大?结果遭到父母一顿臭骂,于是一个天才夭折了。为了让你们都成为天才,今天请大家自由提问,关于人体激素调节方面,你们最想弄明白的问题是什么?"学生随即哄堂大笑,然后一阵窃窃私语,接着学生们踊跃提问:"个子小一定是激素方面的问题吗?""太监和人妖是如何形成的?""变性人能生育吗?""同性恋是怎么一回事?""吃了含甲状腺的猪肉会患甲亢吗?""个子小的人多吃猪的垂体有疗效吗?""女人长胡须是怎么一回事?""妇女为何生小孩后就分泌乳汁,小孩大了后母亲就不分泌乳汁?""奶牛为何能长时间分泌乳汁?""前不久有报道说一个男人怀孕了,这是怎么一回事?""小猪养大后为什么要被阉割?"等等。

五、课堂提问方式的有效性及策略

课堂提问方式主要指教师在课堂提问中所采用的基本方法和策略的总称,主要包括教师的提问方式、提问的语言和叫答方式等。在教学过程中,不同教师采用的提问方式各有所异,同一教师对不同类型的问题采用的提问方式也不同。叶立军等人的研究表明,"从学生的反馈情况来看,教师不同的提问方式会引发学生不同的反应,学生应答认知程度与教师提问水平有很大的关系。"[①]因此,教师要掌握课堂提问方法的技能,就首先要对课堂提问方式进行研究。

课堂提问方式多种多样,从课堂提问类型出发,有知识、领会、运用、分析、综合和评价等各种水平的提问方式;从提问的目的出发,有导入性、激趣性、巩固性等提问方式;从问题的性质出发,有开放性和封闭性的提问方式;从提问对象出发,有集体性、个体性和混合性提问方式。除此之外,有些时候要求学生提问后立刻作答,有些时候教师会留给学生候答的时间,有些时候教师希望学生之间讨论后作答等。在课堂教学中,教师选择什么形式的提问方式主要受课堂教学要求、问题情境和课堂环境等的制约。具体有效课堂提问方式的基本策略如下:

---

① 叶立军,周芳丽:《基于录像分析背景下的教师提问方式研究》,载《教育理论与实践》2012年第5期。

首先，有效的提问方式必须保证：一是提问时语义准确、表述清晰，便于学生抓住问题的关键；二是创设生动的问题情境，以对话的态度提出问题；三是根据教学情境，灵活调整发问的方式和内容。

其次，提问时语调、节奏的变化能够较好地表现情感，提问时语言丰富多变，并适时运用幽默的语言。例如，针对封闭性问题提问时，教师常常使用"是不是""对不对""好不好""能不能""会不会""多久""几种"等判断性或结论性词语；而开放性提问是为引导学生自由思维提供必要的素材，没有限定话题范围，提问时常常使用"哪些""怎样"和"为什么"等疑问词，在语气上多表现为征求、协商等，如"请谈谈你的看法""你认为呢"等。显然，开放性提问能够营造民主的教学氛围，可以让学生充分思考和想象。

最后，有效的叫答方式应该是留有候答时间的，让学生深入思考；全体学生都有均等的回答机会，且尽量考虑到学生的差异；叫答时教师应该认真倾听、直面学生。这样做的基本目的就是让学生大胆地回答和言说。这对学生创造性、批判性思维的培养是极其重要的。

【实战演练】

1. 以课堂提问方式观察为目标，4人一组编制观察记录表，观察项目主要包括教师发问方式、提问的语言、叫答方式、学生回答与反应、课堂气氛等。

2. 带着事先编制好的观察记录表，观看两位教师的授课视频，比较各自的课堂提问方式，并说明哪一个教师的提问方式更合理，原因是什么。

3. 选3名学生在班级内试讲，其余同学做好课堂提问方式观察记录，并对3名同学的课堂提问方式进行评价。

六、课堂提问理答的有效性及策略

所谓理答是指教师对学生回答的应答和反馈，是紧随学生回答后的教学反应。教师积极、有效的理答直接关系到学生回答问题时的积极性，也会影响到课堂教学中师生互动的深度与质量和课堂活跃程度。教师理答越主动有效，学生在被肯定、被欣赏中就越能主动、有效地参与学习。课堂提问理答的有效性主要体现在教师理答方式和学生回答两个方面。其中，有效的理答方式主要表现在教师能够及时提供适切的反馈、公平对待不同学生、鼓励学生大胆提问和创新、积极探索、追问学生的思路、能有效跟进学生提问等。有效的学生回答主要表现在学生积极回答问题，且答案有深度，学生的回答能转换成新的教学资源，并且学生的多样化答案能指向教学内容等方面。

有效理答的前提是教师要学会倾听。首先，教师需要耐心，在互相尊重中倾听学生的心声。在学生回答时，教师切忌武断地打断学生的回答，切忌心不在焉、漫不经心，切忌粗暴地批评学生的错误。其次，教师要适时选择恰当的理答方式。常用的理答方式有追问、转问、反问和澄清等。追问是指教师在学生回答后提出深层次的问题，引导学生进一步思考以提升回答水平；转问是指在学生回答错误时提出另一个简单性的相关问题，为帮助该学生解决原有问题进行铺垫，或者是指转向另一个学生提出相同问题；反问是加强语气，形式比一般的陈述句语气更强，把本来已确定的思想表现得更加鲜明，或者更能引起学生的思考;澄清是指当学生无法回答问题时,教师对原来的提问进行补充性解释,使原有问题更加清晰、易懂。有效理答是一种有效评价和情感交流,更是一种巧妙的引领,通过有效理答让课堂对话与互动走向深入,把学生引领到发现者、研究者和探索者的旅途之中。

【拓展阅读】

专家型教师与新手教师课堂提问的比较研究①

提问是课堂教学的常用方法,是课堂中师生之间交流信息和相互作用的主要形式,是最易观察和可靠记录的教师行为之一。精心设计的课堂提问,能够获取教与学的反馈信息,引导学生进行积极思维,培养学生的基本学习能力,有效地提高课堂教学质量。

一、研究设计

1. 研究对象。

本研究分别从小学三年级、初中二年级和高中二年级的语文和数学学科中各遴选24名教师,共12名专家型教师和12名新手教师作为研究对象。这里的"专家型教师"指有教学专长的中小学语文和数学特级教师或由校长推荐的高级教师,而"新手教师"指工作经历短(一般不足三年),教学经验不足的中小学语文和数学教师。

2. 研究方法。

本研究主要采用课堂观察、课堂实录分析和访谈等方法。

二、研究结果

1. 问题的频次、层级和类型。专家型教师与新手教师在课堂提问的频次(次/节)、问题的认知层级和问题类型设计等方面存在显著差异。提问频次(次/节)方面,专家型教师平均一节课提问24次;新手教师平均一节课提46次,差不多是专家型教师的2倍。认知层级方面,专家型教师提的问题中,分析、综合、评价等高层级的开放型问题占课堂总提问的45%,虽然也有低层级的知识性提问,但这些提问的功能与新手教师提问的功能不同,主要用于组织教学、复习旧知、调节情绪、营造氛围等;而在新手教师提的问题中,属于分析、综合、评价等高层级的开放型问题仅占课堂总提问的11.3%。知识、理解、应用等中、低层级的封闭型问题却占了课堂总问题的88.7%。以上差异,不仅反映了专家型教师设问的严谨性和新手教师设问的随意性,还体现出专家型教师和新手教师在教学目标上的差异。专家型教师对组合性、创造性的开放型问题使用率比新手教师要高得多,说明专家型教师在传授知识的同时,更注重对学生评价、综合、分析等高级思维能力的培养。

2. 候答、导答和理答。在处理候答时间、导答、理答技巧和能力方面,专家型教师与新手教师同样存在明显的差异。专家型教师留给学生思考和准备的候答时间和对学生的导答时间都是新手教师的3倍多,理答时间也明显多于新手教师。课堂观察发现,专家型教师在导答时通常用转移和启发等方法引导学生探索正确答案,在理答时通常运用

① 节选自郑友富:《专家型教师与新手教师课堂提问的比较研究》,载《教育科学研究》2009年第11期。

追问等方法鼓励学生大胆质疑,在学生做出回答后,能根据学生回答的实际情况,做出具有针对性的多角度的评价,起到画龙点睛的作用。而新手教师提出问题后虽然也有候答、导答和理答的过程,但常常显得耐心不足,不管哪一认知层级的问题,候答时间都在 4 秒钟之内;对高认知层级的问题,也很少给学生留出思考的余地,还经常替代学生回答,有明显的强加与灌输的感觉;在导答深度和广度上也往往不够,常提出"继续动动脑筋""再想想""还有其他方法吗"等低层次的要求,不会点拨;在理答时经常唱独角戏,话语很多却词不达意,或墨守原有答案,或对学生的回答重复叙述,给人一种枝节旁生或隔靴搔痒之感。

三、分析与讨论

(一)有效提问的策略问题

1. 精心设计问题,把握提问质量。课堂提问成功与否,提问的质量是关键,问题的准确性、针对性、层次性和启发性是衡量提问质量的重要尺度。与新手教师相比,专家型教师对教材的理解把握能力比较强,能准确地处理知识间的联系和运用问题;课前做好充分准备,反复推敲,在全面领会教材意图的基础上,设计出有价值的问题;尊重学生差异,根据学生实际情况有针对性地从认知水平角度,有层次地设计记忆、理解、分析、应用、综合和评价等不同思维水平的问题;在问题类型方面,重视学生能力的培养,控制封闭型问题,提倡开放型问题,引导学生积极思维;提问富于启发性,言简意赅,问题的范围适当,大小适中,能启发学生认真思考,激发学生的兴趣,学生听后能迅速理解题意,抓住问题的实质,踊跃作答。新手教师问题设计经常就轻避重、偏离大纲要求、表达上词不达意等,在问题的层次性、针对性、提问技巧等方面比专家型教师要逊色得多。

2. 抓住重点难点,控制提问数量。一讲到底被认为是填鸭式、满堂灌教学,是不可取的,而频繁的提问却往往借着讨论式、启发式的幌子而被人们接受和倡导,这绝对是一种误解。教师的提问次数应保持在一定的范围内。一节课的问题过多,势必面面俱到,不但烦琐费时,而且有可能淹没教学的重点和难点。新手教师课堂提问平均每节课 46 个(最多的一节小学三年级语文课共计 86 个问题)。如此高密度的课堂提问,导致教师霸占课堂话语权,课堂成为教师进行提问表演的舞台,表面上看起来热热闹闹,实则学生根本无暇思考,始终处于被动回答问题的状态,更毋庸说主动提问题了。这是另一种形式的一言堂教学。此种状况长期下去,会使学生对教师产生一种依赖,不愿意也无需动脑筋,最终导致学生问题意识的丧失。

当然,提问数量以多少为合适,并无绝对的硬性指标。据观察,学生一节课注意力只能集中 25~35 分钟,兴奋点不可能持续较长或很长时间。教师应根据教学任务、学生的学习基础和心理发展的年龄特征,抓住重点,突破难点,精心设计一节课中最需要提的问题,控制课堂提问的数量。

3. 鼓励学生参与,延长候答时间。新手教师喜欢使用狂轰滥炸式的提问。问题多了,必定会挤占学生的思考时间,所以经常出现教师提出一个问题(包括高认知水平的问题)后,几乎没给学生思考的余地,便让学生给出答案。如果学生不能立即回答,新手教师就会重复这个问题,或重新加以解释,或提出别的问题,或叫其他的同学来回答,根本不考虑学生是否有足够的时间去思考和形成答案并做出反应,这是很不科学的做法。专家型教师能处理好问题认知水平与待答时间的关系,经常鼓励学生在回答高认知水平的问题前互相讨论、动笔写写,给学生相对较长的思考时间。事实证明,处理好问题认知水平高低与等待时间长短之间的因果关系,对学生及教师都能起到好的作用,它可以引起教师提问方式的变化,使教师提出高质量的问题。心理学家经过对比试验证明,给提问过程增加3秒或更多的候答时间,课堂将出现许多有意义的显著变化:学生会给出更详细的更好的答案,拒绝或随意回答的情况就会较少出现;学生在分析和综合水平上的评论就会增加,会做出更多的以证据为基础和更有预见性的回答,提出更多的问题;学生在评论中会显示更强的自信,并且那些被教师认为反应相对迟缓的学生也会提出更多的问题和做出更好的回答。

4.适时行为介入,有效调控问题。申继亮等认为,当学生回答不出问题,或者回答不完全,甚至回答错误时,需要教师行为的介入,教师用检查、催促、提示、重复和重述方式鼓励或启发学生,不但有助于发展学生的评价、判断和交流能力,而且也有利于将课堂教学引入高潮。教师适时的行为介入及对问题的有效调控,对学生的思维发展起着相当重要的作用。

【学习资源】

[1]宋振韶,张西超,徐世勇.课堂提问的模式、功能及其实施途径[J].教育科学研究,2004(1).

[2]卢正芝,洪松舟.教师有效课堂提问:价值取向与标准建构[J].教育研究,2010,(4).

[3]何新敏.英语课堂提问的类型和设计原则[J].中南民族学院学报(哲学社会科学版),1999(2).

[4]朱福文,胡鸥.论课堂提问的原则、类型、方法及评价[J].太原教育学院学报,2004(4).

[5]李志厚.通过有效提问,促进学生思维发展[J].教育导刊,2004(9).

[6]鲁志鲲.教师课堂提问的有效性及其评价方法[J].高等农业教育,2005(8).

[7]郑友富.专家型教师与新手教师课堂提问的比较研究[J].教育科学研究,2009(11).

[8]叶立军,周芳丽.基于录像分析背景下的教师提问方式研究[J].教育理论与实践,2012(5).

第十章　板书技能训练

【内容导航】
※ 板书概述
※ 教学板书技能训练

【学习目标】
1. 能够说明板书的含义及作用。
2. 能够说明板书技能的含义与板书技能训练的目标。
3. 能够举例说明板书板画的基本类型及设计的基本原则、基本要求,在此基础上,能够对某一学科的某一教学内容进行板书设计。

第一节　板书概述

一、板书及作用[①]

板书是教师利用黑板或投影仪,以简要的文字语言和线条、图表等形式,传递教学信息的行为方式,板画也是板书的一种。板书、板画是教师讲课的重要手段,各学科教师进行教学或多或少离不开板书板画。板书与口头语言相比,最根本的特点是表现的内容可以逐字展开,并且停留下来由视觉感知,教师可以把要教的内容配合视觉逐字逐句地讲解,在讲到后面内容时可以随时用前面内容进行对照。板画的形象性、直观性更是口头语言难以完成的。板书板画的主要作用如下:

(一)弥补语言表达不足

视听结合可以大大加强语言的信息传递效果,加深学生对知识的理解和记忆。例如,单项式与多项式相乘的法则可表示为:$a \times (b+c) = a \times b + a \times c$。二项式与二项式相乘的法则可表示为:$(a+b) \times (m+n) = a \times m + a \times n + b \times m + b \times n$。

(二)揭示教学内容的结构体系和教学程序,体现教学意图

课堂教学必须有明确的目的,为了体现这些意图,除了师生双方的口头活动外,板书板画是一种有效的方式。通过精心设计的板书及图表,可清晰地勾画出课堂教学内容体系和基本结构,使学生对本课内容一目了然;同时,板书板画的顺序又体现了课堂教学的程序。

---

① 张占亮:《师范生教育教学技能训练教程》,高等教育出版社 2012 年版,第 189—191 页。

（三）突出重点，强化记忆

板书板画由于利用了板书图示在文字、符号、线条、图表、图形的组合上和呈现时间、颜色差异等方面的吸引力，因而能够集中学生的注意力，激发兴趣，使他们受到艺术的熏陶和思维的训练。高度概括的板书，以简练的语言将知识条理化、系统化，并把教学重点、难点、关键点和注意事项写在突出位置上或加以醒目的色彩，学生通过耳听、眼视、手动强化对知识的记忆。

（四）激发学生的学习兴趣，启发学生思维

好的板书能通过文字、符号、线条、图像等形式把抽象的概念具体化，使讲授的课文内容形象化地再现出来，甚至再现出景物或情境的动态，把学生带入课文描绘的意境之中，在学生的脑海里留下深刻的印象。合理的板书布局、秀丽的文字可形成独具匠心的板图，构成形式优美、重点突出、高度概括的微型教案，还能赋予学生美的享受。教师美观的板书和示范有时会使学生终生难忘。

（五）审美作用

板书板画是书法、绘画、制表艺术的综合表现，书写端正、字迹清秀、绘图精美、布局合理的板书，犹如用文字和符号巧妙组成的一幅艺术画面，令人赏心悦目，给人以美的享受。板书板画中的美感因素主要表现在简要精妙的简洁美、层次清楚的条理美、形式多样的变化美、直观图表的图画美等方面。

【案例展示】

有一位语文老师讲《诗经·硕鼠》就画了一个简笔的大老鼠（见图 10.1），既形象生动，又能将《诗经·硕鼠》的基本内容进行概括，便于记忆。

无食我黍（麦、苗）
莫我肯顾（德、劳）
逝将去汝
适彼乐土（国、郊）

图 10.1 《诗经·硕鼠》板书

二、板书的类型及举例

课堂教学板书的类型很多，从实际出发，选择最佳的板书形式，进行恰当地运用是增强教学效果的重要一环。下面介绍几种常见的板书板画类型。

（一）以作用为依据划分的板书类型①

以作用为划分依据，板书可分为基本板书和辅助板书两大类。

1. 基本板书

基本板书也叫中心板书、要目板书或"主板书"，是体现教学目的和教材重点、难点、

---

① 杨国全：《课堂教学技能训练指导》，中国林业出版社 2001 年版，第 167—168 页。

中心与关键的板书,是能够表现教学中心内容的基本事实、基本思想的板书,是能够反映教学内容的内在联系及其结构形式的板书。基本板书是整个课堂板书的骨架,通常保留到课堂教学结束。

2.辅助板书

辅助板书也叫附属板书、注释板书或"副板书"。辅助板书是反映教学内容中零散材料和例句、例题的板书,是提示有关旧知识、根据课堂教学需要和学生反馈情况随机出现的板书。辅助板书是板书的血肉,是对基本板书的具体补充或辅助说明。一般随教学进程的发展随写随擦,也可选择予以保留。

【实战演练】

基本板书和辅助板书的实例如图10.2(一位教师为中学语文课本中《桃花源记》设计的板书)。这幅板书,左方为基本板书,以渔人行踪为序反映了文章的基本内容和中心,揭示了景物特征;右方为辅助板书,在与基本板书相应的部位分别列出了古汉语知识的选例。这些古汉语知识及例词例句都是教学要求规定的内容,它的教学不求系统,因此可以作为辅助板书的内容,在教学的适当时候相机呈现。辅助板书有时并不一定要与基本板书严密配合,它的内容、形式和位置有相当大的灵活性。辅助板书应避免过于突出,否则会喧宾夺主、本末倒置。请结合下面的板书谈谈你对基本板书和辅助板书的理解,并说明其特点。

桃花源	发现桃花源	渔人甚异	芳草鲜美(鲜艳美丽)	古今词义异同:交通,妻子,绝境,无论,如此
	进入桃花源	怡然自乐	便舍船(舍弃,动词) 屋舍俨然(房舍,名词)	一词多义:乃,为志,寻
理想国	遇见桃花人	与外人间隔	便要回家(省主、省宾)	句子省略: 省主:(小口)初极狭 省宾:问(渔人)所从来
	难寻桃花源	遂迷	欣然规往(……的样子)	"然"字用法:豁然,俨然,怡然

图10.2 《桃花源记》板书图

(二)以内容为依据划分的板书类型[①]

1.词语式和结构式

词语式板书是以呈现围绕一定中心的关键性词语及概念为主的板书。这种板书有助于学生通过教材的基本材料,尤其是概念,理解文章的思想内容,有利于加强对学生的概念教学、字词句基础知识教学和精当用词的基本训练。

结构式板书又称脉络式板书,以揭示教材结构为主。这种板书提纲挈领,便于学生从总体上掌握教材的结构特点和脉络层次。如历史课中教学战国时期社会经济的板书(见图10.3),就应根据历史教材内容的编排结构,尤其是经济发展状况的介绍结构,按照农业、手工业、商业的层次进行设计。这种板书设计便于揭示纲要,有利于学生掌握教材结构、记忆

---

① 杨国全:《课堂教学技能训练指导》,中国林业出版社2001年版,第169—173页。

历史事实。

【实战演练】

下面是一份结构性板书图,请结合上面理论分析结构性板书的好处及设计要求。

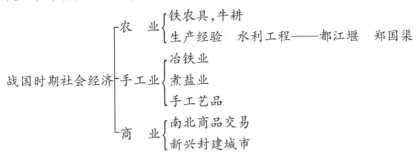

图 10.3 "战国时期社会经济"的结构性板书图

2. 情节式和形象式

情节式板书是语文课中以展示文艺作品的情节为主的板书。这种板书适用于分析作品的情节,能帮助学生清楚地掌握故事梗概,理解课文内容。如《群英会蒋干中计》情节式板书设计(见图 10.4),其板书就可以以情节发展过程为线索、分列对立人物的言行来设计。这种设计既能反映作品的故事性,又能突出中心思想。

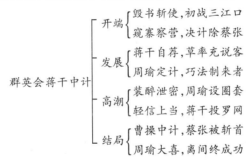

图 10.4 《群英会蒋干中计》情节式板书设计图

形象式板书是以展现人物性格特征为主的板书。这种板书适用于分析文学作品中的人物形象,能帮助学生清楚地掌握人物性格特征,理解作品通过人物所反映的思想意义。其板书实例如图 10.5 所示。

图 10.5 《我的舞台》形象式板书设计图

3. 赏析式和导游式

赏析式板书是在分析中欣赏作品意境和艺术构思的艺术性板书。这种板书旨在揭示作者的艺术匠心,加深学生对作品的理解,并引起学生对作品的兴趣。导游式板书是揭示游览行踪和行文线索的板书。这种板书适用于语文课的游记、参观访问记,有引人入胜之妙,能强化学生身临其境之感。其板书实例如图10.6所示。

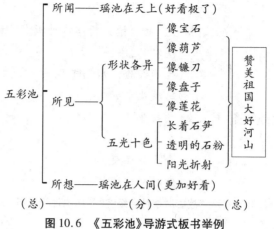

图10.6 《五彩池》导游式板书举例

4.专题式和综合式

专题式板书是内容比较集中的单一性板书。这种板书,教学目的明确,利于加深学生的印象,利于提高教学效率。

综合式板书的内容比专题式板书要广泛、全面,适用于既要抓住教材的主要教学要求,又要兼顾其他不可忽视的教学内容的课型。因其在内容上有主次兼顾的特点,因此又叫主兼式板书。这种板书尽管内容丰富,但因为仍然围绕一定的中心,所以仍是一个有机的统一体。

【实战演练】

下面是专题式板书和综合式板书的设计图,试比较两种板书设计的异同,并结合案例分析两种板书设计的基本要求。

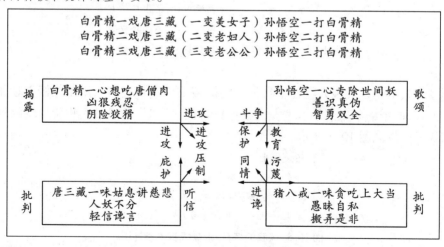

图10.7 《孙悟空三打白骨精》专题式板书设计

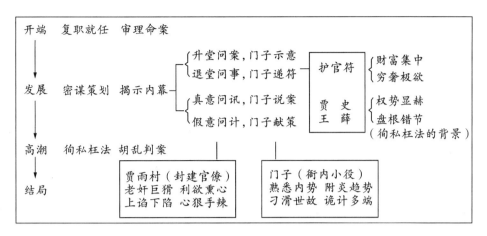

图 10.8 《葫芦僧判断葫芦案》综合式板书设计

(三)以表现形式划分的板书类型①

1.提纲式

这是把一节课的内容归纳为几个要点,提纲挈领地反映在板书里,是常用的板书方法。在小结课和复习课中多采用这种形式的板书,便于学生抓住要领,掌握学习内容的层次和结构,利于培养学生分析和概括问题的能力。譬如一位语文教师在讲《胡同文化》一文时,设计的板书如下面的图 10.9 所示。

胡同文化

汪曾祺

一、北京城像一块大豆腐

二、胡同是贯穿大街的网络

三、胡同文化是一种封闭式文化

四、北京的胡同在衰败没落

图 10.9 《胡同文化》提纲式板书

2.表格式

这种形式的板书是根据教学内容可以明显分项的特点设计的,教师根据教学内容设计表格,提出相应问题,让学生思考后提炼出简洁词语填入表格。当然,也可以把教学内容分类,有目的地按一定的位置书写,归纳、总结时再形成表格。这是利用文字、数字、符号、线条、关系框图等组成某种图形的板书方法。它的特点是形象直观地展示教学内容,许多难以用语言解释清楚的内容往往一经图示,便一目了然。例如,学习语文课文《新型玻璃》时,一位语文老师就运用了表格式的板书。

---

① 张占亮:《师范生教育教学技能训练教程》,高等教育出版社 2012 年版,第 191—195 页。

种　类	特　点	用　途
夹丝网防盗玻璃	通电源，可与自动报警相连	银行文物、珠宝建筑物
夹丝不防盗玻璃	坚硬、黏	高层建筑
变色玻璃	阳光反映改变颜色	调节室内光线
吸热玻璃	阻挡强烈的阳光和冷空气	室内凉爽、保暖
消音玻璃	消除噪音	闹市临街的建筑物

图 10.10　《新型玻璃》表格式板书

【实战演练】

请结合上面《胡同文化》和《新型玻璃》板书说明提纲式板书和表格式板书各自的特点和使用的条件，并尝试各设计一份合格的板书。

3. 板图式

这种形式的板书是用简单的图形，直观形象地提示元素间的位置关系和内在联系的形式，是几何课应用最多的一种形式，也是生物、物理、化学、美术、体育课堂常用的形式。

4. 总分式（括弧式）

适合于先总体叙述后分别叙述或先讲整体结构后分别讲解支结构的教学内容的形式。这种板书条理清楚，从属关系分明，便于学生掌握和理解教材的结构，给人以清晰完整的印象。例如，一位数学教师在讲解实数系时设计了如图 10.11 所示的板书：

实数
- 有理数
  - 整数
    - 自然数（正、负）
    - 零
    - 负整数
  - 分数
    - 有限小数（正、负）
    - 无限循环小数（正、负）
- 无理数（正、负）——无限不循环小数

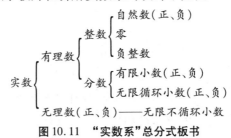

图 10.11　“实数系”总分式板书

5. 综合式

这是把几种板书板画形式结合运用的形式，是在课堂教学中使用较多的一种形式。这种板书新鲜、层次清楚、图文并茂，能充分发挥板书板画的功能。例如，一位语文教师在讲解《乡愁》一课时设计了如图 10.12 所示的板书：

乡　愁	主　题
小时候——邮票——母子情愁	故乡之思
长大后——船票——夫妻离愁	升
后　来——坟墓——丧母哀愁	华↓
现　在——海峡——思归浓愁	家国之思

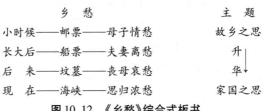

图 10.12　《乡愁》综合式板书

第二节　教学板书技能训练

一、教学板书技能训练的目标[①]

教学板书技能是教师在课堂教学中准确、有效、灵活地在黑板上以凝练的文字、符号和图表、图画等,传递教学信息的教学行为方式。

教学板书技能的训练目标可确定为:提高对教学板书意义的认识,重视板书,把板书当成课堂教学重要的辅助手段;能够说明教学板书的作用;能够熟练地运用实例说明教学板书的基本格式、原则、技术要求,并掌握一些基本的书写和绘画技能;能够运用板书的有关知识(包括技术要求),准确、有效、灵活地进行板书;能够处理好写与讲、板书与时间的关系;能够对自己和其他教师的板书做出实事求是、富有建设性的评价。

二、板书设计的基本原则[②]

(一)目的明确,针对性强

该原则要求教学板书不能舍本逐末、喧宾夺主。板书是为一定的教学目的服务的。板书之前一定要认真钻研教材,在吃透教材精神实质的基础上,遵循形式为内容服务的原则,按照教学目的,有的放矢地对板书进行预先设计,以此使板书突出重点,突破难点,体现教材的特点,为实现教学目标服务。针对性是要求板书从教材特点、课型特点和学生特点出发,做到因文制宜、因课制宜、因人制宜。

(二)书写规范,有示范性

书写要工整,必须遵循汉字的书写规律,做到书写规范、整齐。要把握汉字的基本笔划和笔顺规则,不倒插笔,不写自造简化字。字的大小以后排学生能看清为宜。要一笔一笔地书写,一笔一笔地画图,让学生看清楚,对一字一句,甚至标点符号都要有所推敲。教师的板书除了传授知识外,还有一个引导和训练学生养成良好的书写习惯的重要任务。

(三)语言正确,有科学性

这是从内容上对教师的板书语言提出的更高要求。板书在教学中虽是间隔地出现的,但最后总要形成一个整体。板书要让学生看得懂,引人深思,不能由于疏忽而造成意思混乱或错误。所以,板书用词要恰当,造句准确,图表规范,线条整齐。

---

① 杨国全:《课堂教学技能训练指导》,中国林业出版社 2001 年版,第 164 页。
② 杨国全:《课堂教学技能训练指导》,中国林业出版社 2001 年版,第 186—187 页。

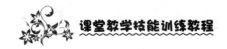

(四)层次分明,有条理性

板书要依据教学内容的顺序与逻辑关系、教学进程做到层次分明,有条理性。板书和口头讲述是同步进行的,而板书具有直观、形象、概括、层次分明的优势。要发挥板书的优势,必须做到层次清楚、条理分明、主线清晰、枝蔓有序,用板书体现和加强讲解中语言的作用。

(五)重点突出,表意鲜明

板书要发挥引导学生把握教学重点、全面系统理解教学内容的功能。因此,教师的板书必须重点突出,详略得当,力争能够给学生以纵贯全课、了解全貌、抓住要领的效果。

(六)合理布局,计划性强

板书应与教师的讲解密切协调,将讲解内容迅速而利落、合理而清晰地分布在黑板上,不仅帮助学生理解教学内容,而且能在讲解完毕时使学生通过板书对授课内容一目了然,获得整体印象。为此,教师要根据教学要求,进行周密计划和精心设计,确定好板书的内容格式,预定好板书的位置。

(七)形式多样,有趣味性

充满情趣的板书,就像一幅美丽的图画,不仅给学生留下深刻的印象,形成理解、回忆的线索,而且给学生以美的感受,引起学生浓厚的兴趣,加深理解和记忆,增强思维的积极性和持续性。

【实战演练】

选择小学或初中任意教学内容设计一份板书,请注意:

(1)板书设计的基本原则。

(2)说明该板书的类型。

(3)说明这样设计板书的思考。

三、板书的设计程序和要求①

(一)板书的设计程序

板书的设计程序一般为:明确目的→抓住重点→精选内容→统筹安排。

(1)明确目的就是要有鲜明的目的性。这和每节课的教学目标是一致的,要为完成教学目标而设计板书内容。

(2)抓住重点就是突出课堂教学的关键,切忌喧宾夺主。

(3)精选内容就是精选板书板画的要素,如数字、符号、文字、表格、图形等。

(4)统筹安排就是合理安排板书的布局,使之成为一个精美的微型教案。

(二)板书的基本要求

(1)书写规范,有示范性。

---

① 刘幸东:《师范生教学技能训练教程》,中国石油大学出版社 2008 年版,第 139 页。

（2）条理清楚，布局合理。

（3）形式多样，启发思维。

（4）文字、图表科学准确。

（5）板书板画应简明，重点突出。

（6）利用教具，节约时间。

（7）注意避免板书的消极影响。

【实战演练】

在多媒体技术日益成熟的今天，板书设计的作用和设计逐渐开始被老师所忽略。请大家结合中小学课堂教学的特点谈谈你对板书和对媒体教学的理解，说明板书在中小学课堂教学中的作用。最后，分组讨论：如何使传统的板书焕发新的活力？

【拓展阅读】

让"板书板画"给学生一双慧眼

——小学语文课堂教学"板书板画"运用艺术行动研究①

《雨点儿》是一篇科学童话，理解雨水和植物生长的密切关系，这是本课的一个难点。因此，运用板书板图技术创设一定的情境，让学生体验情境，在特定的情境中理解事物本身，将有助于加强学习者对学习内容的理解，板书板图技术的运用为突破本课的难点起了很大的作用。

（1）板书板图降低了学生理解教材的难度，贴近了学生的生活。低年级学生天真可爱，思维活跃，但是他们的思维主要是以形象直观思维为主。我们在教学科学童话时常常会有这样的难题：怎样把抽象的自然现象说得浅显易懂，让学生容易明白，使学生在提高语文素养的同时又学到科学常识呢？在本课的教学当中，一开始导入新课时，就联系学生的生活积累说云彩，一下就拉近了与学生之间的距离。"花儿绽放""草儿发芽"这一过程让学生集体完成，通过指导学生完成板书板图，他们的感官受到了刺激，抽象的知识难点也就由难而易了。

（2）板书板图激发了学生阅读的兴趣与欲望。采用板书板图技术，使教学内容形象化、直观化，从而创设一种学生喜闻乐见的、生动活泼的教学氛围，从一定程度上消除听课造成的疲劳和紧张。课堂上，当老师用板书板画方法出示大、小雨点儿的对话时，学生的兴趣马上就来了，有的学生在小声地说："他们好可爱呀！"再比如，教学"没有花没有草的地方，长出了红的花，绿的草"这句话时，板画中先画一片荒地，随着雨点从天空中飘落，荒地发生了变化，此变化由学生合作完成：一棵棵小草从土里长出来，花儿一朵朵地绽放开来，还有一只只蝴蝶飞来飞去，学生在观看这一过程时都睁大了眼睛，边看边发出赞叹声。可见，形象直观的事物对低年级儿童的吸引力是很大的。

（3）师生共同创设板书板图，在互动中共同创设了生动、多样、有趣的教学情境。创设情境为词句理解和朗读感悟服务。加强情感体验，培养审美情趣。这样，阅读过程成

---

① 节选自吴孝芋《让"板书板画"给学生一双慧眼——小学语文课堂教学"板书板画"运用艺术行动研究》，http://www.pmsyxx.com/jxky/ShowArticle.asp?ArticleID＝116。

为学生认识世界、发展思维、获得审美体验的过程,成为师生之间、生生之间、生本之间思维碰撞和心灵交流的过程。

(4)板书板图将字词训练,朗读与口语表达有机整合。让学生在读书中体验,在体验的基础上表现,从而既受到扎实的语言训练,也感受到语文学习的乐趣。这无疑有利于学生语文素养的整体提高。

低年级学生的思维主要是以形象思维为主,在教学中巧妙地运用板书板图,创设丰富的教学情境,培养他们的信息素养是激发学生学习热情、培养想象能力的一条捷径。所以,在语文教学中,特别是低年级语文教学中,运用板书板画艺术不但符合儿童年龄特点,对教学效果也有催化的作用。

【学习资源】

[1]张占亮.师范生教育教学技能训练教程[M].北京:高等教育出版社,2012.

[2]杨国全.课堂教学技能训练指导[M].北京:中国林业出版社,2001.

[3]周小蓬.语文课堂教学技能训练教程[M].北京:北京大学出版社,2010.

[4]彭小明.教学板书分类论[J].教育评论,2003(5).

[5]刘显国.板书艺术[M].北京:中国林业出版社,1999.

[6]王松泉.板书学[M].上海:上海交通大学出版社,1995.

第十一章　学习策略指导与训练

【内容导航】

※ 学习策略概述

※ 学习策略的指导与训练

【学习目标】

1.能够解释学习策略的含义,阐明学习策略的特征,并能大体说明学习策略的分类。

2.能举例说明影响学习策略运用的因素。

3.能列举学习策略的组成要素和形成途径。

4.在认知策略、元认知策略和资源管理策略知识点习得的基础上,能够将认知策略、元认知策略和资源管理策略在不同情境中进行应用或外显化的应用。

　　学校教育不可能将所有知识和技能都传授给学生,必须使学生学会学习,能够灵活运用知识去解决不同情境中的问题。"授人以鱼不如授人以渔",掌握学习策略对学生的发展与成长都是至关重要的。

第一节　学习策略概述

一、学习策略的含义①

　　学习策略就是学习者为了提高学习的效率和效果,有目的有意识地安排、执行、修正与达到学习目标相关的一系列步骤与过程,它既包括内隐的学习规则系统(如如何进行想象),也包括外显的学习方法及技能;既是对信息的直接加工过程,也是对信息加工过程的监控与调节过程。

　　为了更清楚地说明学习策略的含义,需补充以下几点:

　　(1)学习策略不同于一般的学习方法;

　　(2)学习策略的运用是一个动态的执行过程;

　　(3)学习策略主要包括认知策略和元认知策略。

二、学习策略的分类②

　　根据学习策略涵盖的成分,迈克卡(Mckeachie,etal.)等人把学习策略分为认知策略、

---

　　① 杜晓新、冯震:《元认知与学习策略》,人民教育出版社1999年版,第2页。

　　② 郭黎岩:《教育心理学》,辽宁大学出版社2009年版,第160—161页。

元认知策略、资源管理策略三类。认知策略是信息加工的策略;元认知策略是对自己认知过程进行调控的策略;资源管理策略则是辅助学生管理可用的环境和资源的策略。具体划分如下面的图11.1所示:

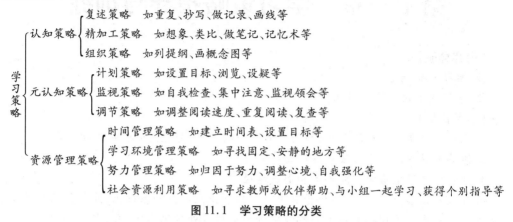

图11.1 学习策略的分类

三、影响学习策略运用的因素

概括以往研究可以发现,影响学习策略使用的因素主要有以下几个方面:[①]

(一)自我效能感

自我效能感是指人对自己是否能成功地进行某项活动并取得成功的主观判断,即人对自己行为能力的推测。当人确信自己有能力进行某一活动时,就会产生高度的自我效能感,并会去进行那种活动。相信自己有能力完成学习任务的学生,将会运用更多的认知和元认知策略,不管自己原先取得什么样的成绩,他们的学习都会更加努力,更加持之以恒。

(二)班级目标定向

策略运用的另一障碍是,班级目标定向不支持策略活动。有的班级是成绩目标定向占优势,有的是掌握目标定向占优势。掌握目标定向的班级中,教师注重学生的理解,学生关注新技能的获得、自己对学习内容的把握和理解以及自己能力水平的提高。这种班级中的学生好奇心强、喜欢挑战。成绩目标定向的班级中,教师注重学生间的比较,认为分数和准确无误的答案比理解更重要,学生注重等级和报酬,关心是否能超越他人。虽然成绩目标定向的学生也可以产生更好的成绩和更高的成就,但与掌握目标相比,其日后的动机、情感、学习策略运用等都是非适应性的。

(三)学业水平

不同的学生在学习策略的运用上存在很大的差异,学业水平是一个重要的因素。在学习中学生原有的知识是新学习的起点,尤其是在学科学习中,已有知识影响学习策略的运用。策略型的学生应该能够利用他们获得的源于不同知识领域的原有知识,帮助自

---

① 杜秀芳:《影响学生学习策略使用的因素及相应的教学建议》,载《当代教育科学》2005年第23期,第41-43页。

已理解他们试图学习的新信息,将这些新信息与相关的知识储存在一起,以方便将来取用。

(四)学习动机和兴趣

研究发现,无论外部动机还是内部动机都有利于学习策略的运用,内部动机强的学生,对学习活动本身有很大的兴趣,他们会主动寻求积极的学习方法,用以加深对知识的掌握和理解,从而促进学习策略的掌握和运用;外部动机如赢得家长、老师的赞许、表扬、获得各种荣誉称号等,也会促使学生注重掌握正确的学习策略。在学习兴趣方面的研究表明,对某个内容具有较高学习兴趣的学生比低兴趣的学生会更多地运用学习策略。

(五)归因

归因是影响学生选择和运用有效学习策略的另一重要因素。韦纳的归因理论重视归因的后果,即由归因引起的期望的改变和情感的反应,这种情感的反应对后继行为有一种促动作用。

(六)练习

虽然教师常常有意识地教给学生一些策略来解决一系列的相关问题,但由于策略的迁移很少自动发生,学生对策略的运用往往局限在策略最先提供的领域,如果缺乏大量的练习,就不会有策略的广泛运用。

四、学习策略的形成途径

(一)学习策略的组成要素[①]

1. 学习状态

所谓学习状态,主要是指"人在学习时生理、心理,特别是大脑所处的一种综合状态。它由供血供氧状态、注意状态、情绪状态等等构成"。

2. 认知能力与学习方式

认知能力主要指一般的认知水平及其发展状态,如观察、记忆、思维等品质方面的特征;也指一些具体的技能技巧,如读、写、算的技能,组织、表达、操作、创造方面的能力等。学习方式主要由一般的学习方法组成。

3. 认知策略与学习技巧

认知策略实际上就是对自身才智与能力的利用能力。这是一种"特殊的、非常重要的技能,是学生用来指导自己注意、学习、记忆和思维的能力"。如在认知信息加工模式中,认知策略对认知能力的调节作用可以有以下几个方面:注意哪些特征;如何编码以便于提取;如何从事问题解决过程;怎样才有利于迁移。

4. 元认知技能与自我评价

元认知是作为一种监控系统而超然于学习过程之上的,是学生对自己学习系统的全面了解与整体的监控和协调。具体来讲,元认知由三部分构成,即元认知知识、元认知体

---

① 胡江霞:《谈谈学生素质发展中的学习策略问题》,载《教育研究》1998 年第 8 期。

验及元认知调节和监控。元认知技能除了具有自身的结构系统外,它同时也是由一些从属领域构成的。

(二)学习策略的形成途径①

1.教师指导

从学习状态的调整、学习方法的运用到元认知技巧的掌握无一不需要教师的点拨和引导。现代教育的发展,不仅要求教师"传道、授业、解惑",更要求教师教会学生怎么学;而重学法的指导,则是教学生会学的一个很重要的方面。

2.问题解决

问题解决是由处理问题时所涉及的种种心理活动和行为活动构成的,它需要利用已习得的概念、命题和规则,并做出一定的组合,从而达到一定的目的。由于问题解决对学习者呈现了多方面的要求,不仅有知识、方法的要求,也有调节与监控能力的要求,因而,在主体经历了一系列问题解决的过程之后,其学习策略必然会有一个大的改进和提高。

3.错误领悟

学习的有效性不光来自成功的操作,更来自对操作本身的反省和总结,而错误则是人们反省自我的一个绝好机会。人们在对错误的反省过程中,不但对错误本身有更深刻的认识,而且也更易于认识自我,更可能由此形成相应的对策。在下一次的实践中,学生往往会以上次对错误的认识监控新的操作过程,从而逐步领会和掌握元认知技巧。

4.言语调控

有关研究证明:一些儿童元认知活动水平之所以较低,主要是由于他们在直接影响自我指导的言语活动方面存有欠缺。所以,加强对学生言语的自我指导与调控训练,也是促成学生元认知技巧形成的一种最有效的方式。

第二节　学习策略指导与训练

一、认知策略的指导与训练

认知主要是指人脑对信息的加工过程,如对信息的编码、转换、贮存。认知策略是个体加工信息的一些方法和技术,其能使信息较为有效地保持在记忆中并从记忆中提取。认知策略在学习中起着核心的作用,认知策略的改进是学习策略改进的原因。

根据作用于信息加工过程的不同阶段,理解和保持知识的认知策略主要包括复述策略、精加工策略和组织策略。复述策略作用于认知过程的初始阶段,即"选择""获得"阶段;精加工策略主要作用于"选择""获得"与"建构""综合"之间的过渡阶段;组织策略作

---

① 桑青松、江芳、王贤进:《学习策略的原理与实践》,安徽教育出版社2006年版,第10—11页。

194

用于"建构""综合"阶段,即认知过程的深加工阶段。[①]

(一)复述策略

复述策略是指为了在记忆中保持所学信息而对信息进行重复识记的策略。比如,对于课本中的地名、人名、时间、数理符号等,一般要采取复述策略。复述策略又分为无保留复述与保留复述。无保留复述是指学习者完整地、基本无遗漏地再现材料内容;保留复述是指经过学习者初步的思维加工和选择提炼,概要地叙述材料的主要内容。[②] 具体的复述策略有及时复习、分散复习、过度学习、运用多种感官复习、反复阅读和尝试回忆结合等内容。

除上述一般的复述策略外,中小学生常用的复述策略还有诵读和背诵、抄写、画线等。这些复述策略有助于学习者将注意力维持在学习材料上,提高对学习内容的识记效果。在中小学,画线是常用的一种复述策略,画线策略是一种信息选择的策略,就是在学习过程中将比较重要的信息勾画出来,帮助学习者快速识别学习材料中的重要信息。在实际学习中,要想提高画线策略对学习的促进作用,必须注意:一是画线要谨慎,要有选择性和针对性;二是画线应与圈点批注结合起来使用,即一边画线一边注释,以此提高学习效率。

【实战演练】

阅读下面的学习材料,读完请采用复述策略的画线形式画出学习材料中的重点语句,并请小组内的其他同学评议。

教师的表扬策略[③]

(一)表扬要面向行为

教师要对良好的行为表现给予经常的关注和及时的表扬。教师应该明白,在学生的心里,渴望着自己的行为受到关注,得到赞许。表扬的力量是巨大的,在教师不断的表扬声中,学生的行为将发生奇迹般的变化,积极的表现会越来越多,消极的行为会随之减少。要明确表扬的目标是行为,而不是学生本身。表扬的目标指向,使学生本身可能产生这样的积极后果,使他们得到这样的认识:做得好就是好学生,做不好就不是好学生。为了做好学生,就不能出错。教师还应该明白,没有人永远正确,学生一旦做错事,就会产生消极的自我评价,因此,这个时候教师没有必要一概指责,穷追不舍。

(二)表扬要公正

公正是表扬最基本的要求。不公正的表扬不但起不到积极的促进作用,反而会严重削弱学生学习的动力,甚至引起逆反心理。要使表扬真正成为教学行为的积极诱因,必须根据学生的个性心理特点和心理发展水平,因人而异。

(三)表扬要针对需要

人和人之间存在差异,人和人的需要也存在个体差异,对学生进行表扬时,无论是精

---

① 叶一舵:《新课程背景下的公共心理学教程》,高等教育出版社 2009 年版,第 86 页。
② 杜晓新、冯震:《元认知与学习策略》,人民教育出版社 1999 年版,第 8 页。
③ 周军:《教学策略》,教育科学出版社 2007 年版,第 132—134 页。

神表扬还是物质表扬都要针对学生的需要进行,这样才能收到更好的表扬效果。

(四)表扬要发自内心

有效的表扬需要教师发自内心,要善于发现学生的问题,根据学生的需要来进行。教师不仅要具有敏锐的观察分析能力,善于发现学生的优点,更要善于把这种发现转化为对学生的鼓励赏识。这样,学生感觉到自己的探究和发现被关注、被赏识,才会始终保持积极的学习情感。

(五)"表扬"是为了"不表扬"

表扬最本质目的是为使孩子确立起一种内部激励机制,即当孩子做了好事、完成某项任务时,不需要外部表扬就能获得满足感和成就感。这也是孩子成年后从事工作和社会活动的原动力。所以,对孩子的"表扬""奖励"是为了今后不必再进行针对具体事件的强化,是为了"不表扬"。

(二)精加工策略[①]

精加工策略是一种通过形成新旧知识之间的联系,使新信息更有意义,从而促进对新信息的理解和记忆的深层加工策略。这种深层加工可以是对记忆材料补充细节、举个例子,也可以是做出推论、用自己的话进行解释或与其他观念形成联想等。下面是一些常用的精加工策略。

1. 类比

类比是一种比较,这种比较是在本无相似之处的事物之间创造出相似之处,以进行比较。比如,血液循环中的血管好比是水管,而心脏好比是水泵。这样类比可以使人们将血液循环系统的组成部分及各部分的功能记牢。运用类比法,抽象的内容可以具体化、形象化,陌生的内容可以转化为熟悉的内容。

2. 记忆术

记忆术是一种有用的精加工技术,它能在新材料和视觉想象或语义知识之间建立联系。比较常用的记忆术有位置记忆法、缩略词法、谐音法、视觉想象等。

3. 做笔记[②]

做笔记是心理学研究较多的一种精加工策略,在阅读和听讲中被普遍采用。心理学家认为,记笔记有两步:第一步是记下听讲中的信息;第二步是使记下的信息对学习者有意义,即理解它们。如果笔记仅仅停留在第一步,对学习并无大的帮助,重要的是进入第二步,对笔记进行加工。

为了培养学生做笔记的良好习惯,教师讲课时应注意:一是语速慢一些;二是重复复杂的主题材料;三是在黑板上写出重要的信息;四是为学生提供一套完整和便于复习的笔记;五是为学生做笔记提供结构上的帮助,如列出小标题、表明知识的层次等。

4. 提问

有效的提问策略要求教师把教学内容转化为面向全体学生的具体问题,来启发学生

---

① 郭黎岩:《教育心理学》,辽宁大学出版社 2009 年版,第 162—163 页。
② 皮连生:《教育心理学》,上海教育出版社 2004 年版,第 117—118 页。

思维,用问题引导学生进行深加工。在教师充分使用提问的基础上,要鼓励学生自我提问,让学生学习时多问几个"为什么",学会提出"谁""什么""哪儿""如何"等问题。

【实战演练】

1.辨别是否是精加工策略有两个标准:一是精加工必须是学习者自己产生的;二是精加工必须与教学内容相关联。请对下面的几个例子进行辨别,如果你认为是精加工策略,就在后面写上"是",否则写"不是",并说明为什么。

(1)小明非常喜欢"远上寒山石径斜,白云生处有人家"这句诗,一遍又一遍地吟诵,直到背出为止。

(2)在默写词语"买卖公平"时,小明想起老师说过的话:"多(笔画多的是)卖少(笔画少的是)买",于是立即正确地写出了词语。

(3)为了记住英文单词 avarice(贪婪),小明这样想,先将单词分成 ava 和 rice 两部分,第一部分中的两个 a,就像两只眼睛,中间的 v 像鼻子,rice(米饭)是一个词根,一个饿极了的人盯着一碗香喷喷的米饭,真是垂涎欲滴,贪婪极了。

(4)小明看到一篇题为《庐山游记》的文章,十分兴奋,他想起下星期爸爸要带他到庐山游览,于是他一口气读完了这篇文章。

(5)小红为了要记住染色的"染"字上半部分是三点水加九而不是加丸,她这样想:"洗染店不卖药丸。"

2.用谐音法对下列内容进行精加工。

(1)电话号码:58879576,62850953。

(2)我国唐朝之后的五代:梁、唐、晋、汉、周。

(3)美国一地名:马萨诸塞州普利茅斯市。

(4)王安石变法的内容有:青苗法、募役法、农田水利法、方田均税法、保田法。

(5)参加国际艺术展览会的,有意、荷、比、西、丹、法、英、奥、俄、美、匈、瑞士、波兰等13国。

3.对下列各题用缩略词法进行精加工。

(1)我国云南省的大理,有一个蝴蝶泉,相传每年4月15日,总有数不清的蝴蝶从四面八方前来聚会,构成一幅奇妙绚丽的图景。

(2)塔,遍布我国各地的城镇、村庄,甚至群峰、茂林之间。它与周围环境融合,常常被当作某一地区景色的象征,为人们所怀念、向往。许多古塔还伴随有动人的故事和传说,更引得游览的人们神游万仞、浮想联翩。

(3)记住一年中的24个节气。

4.在下列三种情境中,教师问了一个问题,学生回答,然而这个回答在某种程度上不太充分。为了能够进一步引导学生,下一步教师该问什么?

情境之一:

师:你们非常喜欢昨天读的那首诗,今天我们来欣赏另一首。昨天我们读的那首诗,你们最喜欢它的什么方面?

生:节奏。

师问:_____

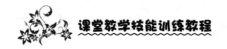

情境之二:

师:你们看这一行(指着标明食物生产数量的那一行)图表在上升,但这一行(指着在农场生活的人数)在下降。这告诉我们农场发生了怎样的变化?

生:它告诉我们,人们在迁移。他们找到了另外的工作。

师问:＿＿＿＿＿＿＿＿＿＿＿＿＿＿＿＿＿＿＿＿＿＿＿＿＿＿＿

情境之三:

师:电子发电机通过磁铁上线圈的循环产生电。它需要能量源或动力源来维持线圈的循环。因此,我们看到电子发动机用电能产生机械能。然而,电子发电机用机械能产生电能。我们用来产生电能的机械能的形式是什么?

生:(没有回答;沉默)

师问:＿＿＿＿＿＿＿＿＿＿＿＿＿＿＿＿＿＿＿＿＿＿＿＿＿＿＿

(三)组织策略①

组织策略是整合所学新知识之间、新旧知识之间的内在联系,形成新的知识结构的更高水平的信息加工策略。组织策略的实质是发现要记忆的项目的共同特征或性质,从而达到减轻记忆负担的目的。

1.列提纲

列提纲就是将所要学习材料的要点列成纲要,以促进对材料掌握的一种学习策略。列提纲时,可以按下列步骤进行:第一,对学习材料进行详细的分析、归纳和总结。第二,用简要的语句,按照材料内在的逻辑关系,确定纲要。列提纲可以按照时间、空间等顺序关系来组织,也可以根据因果关系来组织,还可以根据学习材料的种属和层次关系来列提纲。第三,复述提纲,使用所列出的提纲解答问题。

2.归类策略

归类策略是一种对学习材料的归类组织,以使之便于记忆的策略。归类策略的实质是组块的原理,这种组块使记忆量大大减少,从而大大减少识记与回忆的负担。归类的方法有很多,如相似归类、对比归类、从属归类、递进归类等。归类策略主要用于自由回忆之类的学习任务。

【实战演练】

1.阅读下面的短文,请采用组织策略的列提纲的形式列出短文中手指的特点与功能。

手　指②

人和动物的区别,除了人有发达的大脑,还在于人有一双灵巧的手。如果说大脑是指挥中心的话,那么手就是最忠实的执行者。没有手,人类只能是空想家。

看看我们自己的一双手吧!它是多么的漂亮和灵巧。每只手有五个手指与手掌相连。这五个手指各具不同的形态,也各具不同的性格和作用。大拇指生得粗短,只有一个关节。它虽然长得不怎么好看,手垂下去的时候甚至退居后方,不与其他四者并列,但

① 郭黎岩:《教育心理学》,辽宁大学出版社2009年版,第163—164页。
② 摘自北师大版实验教材《语文》第八册,第31—33页。

工作起来,它最不怕吃苦和卖力。水要喷出来,或者身体哪里破了流血,它立即上去按住;护士给病人打针时它要负责把注射液推入人体;握扫帚把柄时,它要独当一面;攘、捏、握、捻、弹、揪都离不开它。更可贵的是,它最乐于助人,其他四位兄弟稍微吃力的工作,都少不了它来帮忙。

最常与大拇指合作的是食指,吃苦、受累,都比大拇指差一些,它生得虽然不像大拇指那样粗短,但也没有中指和无名指那样秀气。它的工作不像大拇指那样吃力,但比大拇指的工作要复杂。拿笔的时候,全凭它控制笔杆,写出种种复杂难写的字;遇到危险、不明了的事,它都要独个上前去试探,甚至要冒险,因此它受伤的机会最多。它的力气不如大拇指,可是"机敏"强于大拇指,因此许多重要的事,诸如指方向、拨打电话、扳枪机,都必须它来做。

五个手指中地位最优越、生得最漂亮的是中指。它身材修长,夹在食指和无名指中间,不易受到外物的冲撞,因此皮肤细嫩,颜色红润,颇有养尊处优的意味。它虽然位置居中,又长得最长,但实际上总是不大出力。无论是拿一件东西或推开一件东西,它最先碰到,但一接触之后,它就退到一旁,让大拇指和食指去做,它只在旁边略微助势而已,很像指挥官的样子,故而古人称它为"将指"。

无名指和小指,体态都长得秀丽可爱,力气不如拇指,机敏不如食指,但它们也有独到的用处……

五个手指虽然各有长短,职能不同,但它们谁也离不开谁,每当攘成拳头的时候,它们就充分体现出兄弟情谊;而在弹钢琴、操作计算机的时候,则充分表现出它们之间的默契配合。人类正是运用这样神奇巧妙的两只手,把大脑设计出来的东西制造出来,创造了从简单的工具到复杂的机器。这样神奇的两只手,反过来也促进了大脑的发达,从十进位数字的确立,到机器手的设计,它都功不可没。人人都有两只手,但灵巧的程度不一样。手的灵巧在于手脑并用。勤动脑又勤动手,才能心灵手巧。动脑又动手,才能把理想变为现实。

2. 下面是三组词语的分类,请说明分类的依据是什么。

(1)指鹿为马　鹤立鸡群　猫鼠同眠　凤毛麟角　照猫画虎　乌飞兔走　鹦鹉学舌

(2)零敲碎打　举一反三　两全其美　五湖四海　六神无主　七零八落　九牛一毛

(3)书声琅琅　大雨哗哗　蜜蜂嗡嗡　小猫咪咪　老鼠吱吱　小雨沙沙　秋风飒飒

二、元认知策略的指导与训练[①]

元认知是弗拉维尔(Flavell)于1976年提出的一个概念。所谓元认知,就是对认知的认知,具体地说,就是个人对自己的认知过程及结果的意识与控制。元认知策略包括计划策略、监视策略和调节策略。

(一)计划策略

计划策略是指在一项认知活动之前,根据认知活动的特定目标,计划各种活动,预计

---

① 叶一舵:《新课程背景下的公共心理学教程》,高等教育出版社2009年版,第88—90页。

结果,选择策略,想出各种解决问题的办法,并预估其有效性。计划策略包括设置学习目标、浏览阅读材料、产生待回答的问题以及分析如何完成学习任务。

一般而言,制订学习计划的程序是:第一步,情况分析。这是制订学习计划的前提,包括分析学习材料的多少、难易,分析自己的目标、自己的长处和不足等内容。第二步,确定学习目标、任务及时间。在制订学习计划时,学习目标一定要尽可能具体、明确、切实可行。第三步,制订完成学习任务的策略、方法和具体措施。

【实战演练】

根据计划策略的具体要求,结合自己的情况,制订详细的学期学习计划,把计划的情况填入表11.1中。

表11.1 学期学习计划表

所有目标清单 (按时间先后排序)	目标具体 内容描述	完成方法	操作步骤	主要障碍及 其克服方法	完成时限 (起止时间)
1					
2					
3					
4					
5					

(二)监视策略

监视策略是指在认知活动中,根据认知目标不断反省和监控自己的认知活动是否在沿着正确的方向进行,正确估计自己达到认知目标的程度、水平,并根据有效性标准评价各种认知活动、策略的效果。监视策略包括阅读时对注意加以跟踪、对材料进行自我提问,考试时监视自己的速度和时间等。这些监视策略可以使学生警觉自己在注意和理解方面可能出现的问题,以便修改。如在初读课文时,教师指导学生提问:这篇课文涉及了哪些知识,我需不需要补上××背景知识? 这篇课文有哪些生字、生词? 我扫清了这篇课文的阅读障碍了吗? 通过这些外显的提问,帮助学生掌握对学习活动的监视,进而不断内化。

(三)调节策略

调节策略是指对认知活动结果和认知策略使用效果的检查,一旦发现问题,及时采取补充、修正措施,并调整不合适的认知策略。元认知调节策略与监控策略有关。例如,当学生意识到他不理解课文的某一部分时,他就会退回去阅读困难的段落;当阅读困难或不熟悉的材料时放慢速度,复习他不懂的课程材料;测验时跳过某个难题,先做简单的题目等。调节策略能帮助学生矫正他们的学习行为,使他们补救理解上的不足。

【实战演练】

阅读下面的案例①,请分析案例中的黎明和钟鸣学习行为的差异原因。

---

① 鲁忠义:《心理学》,科学出版社2009年版,第231页。

黎明和钟鸣是同一所中学初三(3)班的学生。一天,因为数学、英语老师参加业务培训,语文老师上了三节语文课,布置了较多的作业:作文、阅读分析和课文抄写。在自习课上,黎明安排自己做阅读分析,做到一半感觉疲劳了,脑子晕乎乎的,于是改做抄写课文,做完抄写后继续做阅读分析。在放学回家的公共汽车上,虽然人多拥挤,黎明坚持构思作文、打腹稿。回家后到晚上 8 点就做完了全部的作业。而钟鸣安排在自习课上写作文,感觉思路不畅,就呆坐着冥思苦想,拖到下课了才写了两行字。放学回家后重新调整思路,两小时才写出作文,直到晚上 11 点才做完作业。

三、资源管理策略的指导与训练①

资源管理策略是辅助学生管理可用的环境和资源的策略,具体包括学习时间管理、学习环境管理、努力管理和寻求支持管理等策略。

(一)学习时间管理策略

学习时间管理策略是指把时间作为一种资源加以科学的安排和运用,以求收到最佳的学习效果。在学习时间管理上,学习者要注意以下几点:②

1. 统筹安排大块时间

在安排时间前,必须考虑周到,对要做的事情要有主次之分,恰当地安排学习时间和学习内容。对于不同性质的学习任务或学科应交叉安排,每个时段不超过一小时,同时要按各种学习任务的轻重缓急分配时间,重点任务优于一般任务,急需任务优于可缓任务。

2. 灵活利用零碎时间

学习者可以利用零碎时间处理一些学习上的杂事,或读报纸杂志,或背诵诗词和外语单词等。灵活利用零碎时间的技巧很多,如准备一个随身携带的小本子,记上要背诵的知识点,有空就读一遍,或用随身听把要背诵的内容录下来,随时播放学习等。

3. 高效利用最佳时间

结合中小学生生物钟的特点,确保在最佳时间学习最重要的内容。高效利用时间的一个办法就是制订学习时间表。在制订学习时间表时,学习者首先要了解自己一天中学习效率的变化特点,知道自己一周内学习效率的变化情况,然后根据自己的工作曲线来安排学习活动。

【实战演练】

阅读下面的三个材料,结合自己的实际情况,说说在学习中你是如何进行时间管理的,这三则材料的内容对你进行时间管理有何启示。

材料一:管理时间,就要将时间细化分解,明白时间用到了何处。通常情况下,学生的时间可分为 7 类:路上时间、上课时间、课间时间、吃饭时间、活动时间、自习时间、休息时间。每一类又可分为几个小部分。以每周周一到周五为例:

---

① 郭黎岩:《教育心理学》,辽宁大学出版社 2009 年版,第 166—167 页。
② 但菲:《心理学》,北京师范大学出版社 2011 年版,第 207 页。

①路上时间分为:上午上学、放学路上时间,下午上学、放学路上时间。

②上课时间分为:上午上课时间、下午上课时间,有时候还有晚上上课时间。

③课间时间分为:上午课间时间和下午课间时间。

④吃饭时间分为:吃早饭时间、吃午饭时间、吃晚饭时间。

⑤活动时间分为:一般是下午放学后到晚饭之前的时间(如30分钟、60分钟不等)。

⑥自习时间分为:早上自习时间、晚上自习时间。

⑦休息时间分为:中午休息时间、晚上休息时间。

材料二:珍惜时间,减少浪费,是时间管理的秘诀之一。它包含三种意思:一是要在相应的时间段内,只做该做的事情,不要"拆东墙补西墙",顾此失彼而得不偿失;二是要在相应的时间段内专心致志做事,以提高效率;三是提高做事的速度,不要让时间在慢条斯理中白白浪费掉。

材料三:在各个时间段里提高时间的使用效率,这样就会提高单位时间的价值。要提高效率,提升价值,有两种方法可行:

一是制订合理的学习目标和学习计划。把每天的各个时段都安排好合适的学习内容,每个内容都要按时地、保质保量地完成。时间安排上要有机动性,时间安排不要过满,以便于应付无法预料的事情。每天晚上都要把第二天的学习任务列一个清单出来,便于安排和执行。同样,每周都应当把下一周的学习任务列一个清单出来,便于下一周执行,每月亦如此。所有的清单都分成固定的学习任务和临时安排的学习任务两种。

二是按事情的轻重缓急做事。每天的学习任务,除了固定的以外,其他的任务都要按轻重缓急排个序。在执行任务时,就要在合适的时间段内,先做最急最重要的,再做不急但重要的,然后才做不急也不很重要的,那些对学习没有明显作用的事情尽量不做。对于及时性、重要性要求相同的事情,先做时间用得最少的。

(二)学习环境管理策略

学习环境的管理指寻找合适的地点或创设适宜的心境等来促进学习。学习环境的管理包括选择适当的场所、调整和收拾桌椅、调整光照度、控制背景音、调节温度等。对于中小学生而言,首先,应选择干扰较少的场所进行学习,避免分心;其次,保持学习室内的整洁也是至关重要的;最后,不同个体对声音偏爱、光线偏爱有所不同,应注意学习环境的照明和背景声音的选择等。总之,学习环境要求选择最能保证学习效率的场所进行学习。

【实战演练】

1. "孟母三迁"的典故说明了什么?

2. 如果你是一位班主任,你要为班上的学生创设一个良好的学习环境,需要从哪些方面做起?

(三)努力管理策略

学习活动的进行,需要学生坚持自己的意志努力,不断地进行自我激励。这包括激发内部动机、选择有挑战性的任务、树立为了掌握而学习的信念、调节成败的标准、正确认识成败的原因、自我奖励等。

【实战演练】

阅读下列两则材料①,并和小组内的同学讨论:爱迪生和关颖珊走向成功的共同点是什么? 学习回顾自己的学习历程,当遇到困难时,你是如何对待的? 这些成功人士迈向成功的共同点对你克服学习上的各种困难与障碍有什么样的启示?

材料一:在电灯还没有被发明之前,天一黑下来,人们只能靠月光、火把、蜡烛、胡桃油点燃的油灯来照明。今天,我们的夜晚灯火通明,这正是美国一位伟大发明家的功劳,他就是爱迪生。在一百多年前,人们开始使用最早的电灯——弧光灯。但是,30 岁的爱迪生看到弧光灯灯光微弱,又容易伤眼睛,还要不停地更换用来燃烧的炭条。他不顾别人笑话他是傻子,大胆提出要把弧光灯变为白光灯,想使电灯更亮,照明时间更长。要找到合适的灯丝材料十分不易,爱迪生做了无数次不同的试验,结果都失败了。但是他仍然坚持每天在实验室工作到清晨,累了就头枕两三本书,躺在实验用的桌子下面睡一会儿。终于在三年后的一天,爱迪生把芭蕉扇边上的一条竹丝撕成细线,做成一根灯丝,结果就发明了一种白热电灯——竹丝电灯。又过了好几年,他用钨丝代替竹丝,最终发明了今天人们还在使用的白炽电灯——钨丝电灯。

材料二:有"冰坛皇后"之称的美国华裔花样滑冰明星关颖珊,在 2000 年的世界花样滑冰锦标赛中,她一心想赢得第一名,然而在最后一场比赛前,她的总积分只排在第三位。在最后的自选项目上,她可以选择低难度动作,减少出错以保住第三名;她也可以选择高难动作,寻求突破,但如果失败,可能会败得很难看,但她选择了后者。在四分钟的长曲中,她结合了最高难度的三周跳,并且还大胆地连跳了两次。她成功了。她说:"因为我不想等到失败,才后悔自己还有潜力没发挥。"

(四)寻求支持管理策略

如何迅速地寻找资源,合理地利用资源是当今社会对学生提出的要求,也是学生必须掌握的基本技能。学生要完成学习任务,不仅需要利用各种资源,还要善于利用老师和同学的帮助,以及通过同学间的合作与讨论来加深对内容的理解。学生可寻求的物质资源非常多,包括图书、报纸、杂志、电视、网络等。此外,家人、教师、同学等人际资源的帮助也能够推动学生在学习上取得进步。

【实战演练】

阅读下列案例,请思考:如果你是教师,你该如何指导学生协调好各方面的关系来完成本次教学活动? 把你的思考结果与同学进行交流。

调查社会用字情况②

教学要求:1.学习《中华人民共和国国家通用语言文字法》等法律法规对社会用字的有关规定。2.对社会用字情况进行调查。3.对调查结果进行统计、分析,并写出调查报告。4.向有关方面反馈调查结果。

实施过程:第一步,指导学生学习《中华人民共和国国家通用语言文字法》等法律法

---

① 王道华:《学商:学习心理、学习方略、学习能力》,暨南大学出版社 2008 年版,第 134 页。
② 王相文、王松泉、韩雪屏:《语文课程教学技能》,高等教育出版社 2007 年版,第 271 页。

规对社会用字的有关规定及对"书法"用字的特殊规定。第二步，指导学生制订调查计划，确定调查路线、调查范围、调查对象等。第三步，划分若干调查小组，分头进行社会用字情况调查。第四步，指导学生对调查结果进行统计分析。第五步，组织各小组进行交流，介绍调查体会，通报调查情况及结果。第六步，汇总各小组调查结果及分析报告，共同完成"社会用字情况调查报告"。第七步，区分不同情况，向有关方面反馈调查结果。

【拓展阅读】

元认知策略的教与学①

1. 让学生每天记学习日记

学习日记的内容可包括：

● 今日学习的主要及重要内容(以某学科为例)。

● 列出有关知识点及各知识点之间的联系。

● 列出经自己反复思考仍不清楚的问题。

● 将一些容易混淆的概念列表对照、鉴别，并自己举例说明之。

要求学生记学习日记的目的在于：

(1)促使学生反思自己的学习过程，理清思路，澄清混乱，思考并提出一些有价值的问题；

(2)促使学生学会学习，自己教自己，并在此过程中产生重要的顿悟；

(3)将学生的注意力从学习结果转移到自己的认知过程，有助于学生主动地控制自己的学习。

2. 增强学生对他人及自己认识过程的意识

教师可通过语言将自己对某问题的思维过程展现给学生。例如，叙述自己解决某个新问题时，想到有哪些策略，什么是首选策略，哪些是补救策略，自己怎样运用、调整、转换这些策略。教师也可促使学生注意某些同学的认知过程，如要求某学生描述自己的思维过程，并引导其他同学对其思维过程进行评价。教师还可向全体学生呈现一个新的学习任务，让同学评价这一任务的难度，阐述自己准备解决这一问题的一系列步骤与方法，并进行相互评价。

3. 指导学生进行自我质疑

有些学生，特别是低年级学生往往不假思索地迅速完成作业，而这些作业通常是错误百出，究其原因，这些学生往往缺乏学习的责任感，而且也没有对自己思维过程进行反思的习惯。要求学生自我质疑，能使学生逐步形成自我控制、自我检查的能力。如要求学生经常自我提问："我知道做什么吗？""我对作业的要求清楚吗？""这样做是否正确？我有把握吗？""能否稳操胜券？"

4. 指导学生监控、评估自己的理解能力

要求学生在开始作业前，认清作业的要求，并要求学生在阅读或解决问题的过程中，经常给自己提一些问题，如"这一点我理解的对吗？""这里的叙述与前面的叙述有矛盾

---

① 杜晓新、冯震：《元认知与学习策略》，人民教育出版社1999年版，第18—23页。

吗?""这句话除了字面上的意思外,还有什么深层次的含义吗?"等等,教师可用列表的形式提供对某一问题理解程度的判别标准,从而使学生能对照检查自己的理解能力。

5. 向学生提供练习与反馈的机会

教师必须向学生提供运用知识的机会。如让学生在实践中运用他们已学过的知识,代替教师向其他同学提供信息,让学生相互复述有关知识内容,向他人表述自己的理解等。

6. 要求学生意识到与学习效果有关的四个因素

这四个因素是:

(1)所学习材料的性质与特点;

(2)学习者当前的知识与技能水平;

(3)学习者当前的心理状态;

(4)检验学习效果的标准与形式。

让学生认识到这些因素会影响自己的学习过程及结果,可使他们做出有效的决策。及时回顾这些因素,还可获得必要的信息,为修正、改变已用策略提供依据。

7. 指导学生按以下步骤进行反思

(1)等一等:

我对现学的内容是否理解并记住了?我能向他人清楚地描述这一问题吗?

(2)想一想:

产生这一问题大致是由什么原因引起的呢?是不是自己对有关知识点没有掌握?或缺乏想象力?缺乏解决这一问题的技能技巧?

(3)找一找:

解决这一问题可采用哪些方法?寻找、阅读哪些有关材料?向哪些人请教?做相关但难度略低的练习?等等。

(4)看一看:

检查一下,采取相应的解决措施后,原先的问题是否得到部分解决或完全解决。

(5)做一做:

记录解决问题的经过,并决定以后怎么做。

【学习资源】

[1]杜晓新,冯震.元认知与学习策略[M].北京:人民教育出版社,1999.

[2]桑青松,江芳,王贤进.学习策略的原理与实践[M].合肥:安徽教育出版社,2006.

[3]但菲.心理学[M].北京:北京师范大学出版社,2011.

[4]叶一舵.新课程背景下的公共心理学教程[M].第2版.北京:高等教育出版社,2009.

[5]杜秀芳.影响学生学习策略使用的因素及相应的教学建议[J].当代教育科学,2005(23).

[6]杨宁.从元认知到自我调节:学习策略研究的新进展[J].南京师大学报(社会科

学版),2006(4).

[7]张荣华,刘电芝.高效学习:学习策略的生成和掌握[J].课程·教材·教法,2012(4).

[8]孙继民.记笔记研究的理论模式与实践[J].外国教育研究,2004(8).

[9]桑青松.自我调节学习:策略型学习者实现自我效能的超越[J].心理科学,2004(5).

第十二章　课堂观察技能训练

【内容导航】

※ 课堂观察概述

※ 课堂观察技能训练

【学习目标】

1. 能够解释并说明课堂观察的含义、基本类型，并能灵活应用。

2. 能够明确作为听课者进行课堂观察的重要性，并能够说明作为听课者进行课堂观察的基本程序，能够解释并说明每一个阶段所进行的观察工作，并尝试听中小学老师的课，能够写出高效的课堂观察纪录。

3. 能够明确作为执教者进行课堂观察的重要性，并能够说明作为执教者进行课堂观察的基本内容、方法和注意事项。

第一节　课堂观察概述

一、课堂观察的含义

美国教育心理学家林格伦(Lindgren,1935)说："教师需要了解他们自己的行为正如像他们需要了解他所教的学生那么多。"①教师只有对自己的教学进行深入、透彻的观察，才能发现教学中存在的问题，并及时解决。那么，什么是课堂观察呢？课堂观察应该怎样开展？所谓课堂观察，是指观察者带着明确的目的，凭借自身感官及有关辅助工具（观察表、录音录像设备），直接（或间接）从课堂上收集资料，并依据资料做相应的分析和研究。

课堂观察的基本理念关涉的是："为什么"要进行课堂观察？课堂观察的主要内容"是什么"？课堂观察"追求什么"？即课堂观察的最终目标。所以，课堂观察能够促进教师个人理论、教学研究方式和学校科研功能的转变（为什么）；课堂观察应实现目的与方法、描述与诠释、建构与行动的统一(是什么)；课堂观察应追求具有自身特点的科研品质(追求什么)。

---

① 傅道春：《教学行为的原理与技术》，教育科学出版社 2001 年版，第 16 页。

二、课堂观察的构成要素

由于观察是以人体感觉器官受到外界变化所引起的反应,这种反应又以思维的形式进行,所以,观察不像其他的教学技能那样具有鲜明的行为外显特征。因此,完整的观察主要有两部分构成:一是感官知觉;二是思维判断。

(一)感官知觉

对于课堂观察而言,感官知觉主要涉及的是视觉感知和听觉感知。

视觉感知也称为视觉观察,是观察技能的最主要的感知形式。课堂观察的大部分内容都是通过视觉感知到的。如教师通过视觉观察,看到学生对于某个问题面部表情的变化,可以了解学生是否对该问题掌握,或者理解到了什么程度,也可以观察学生的行为变化。

听觉感知是一种辅助的观察形式,通过耳朵对声音的感受,了解学生的语言节奏,回答问题时的语气、音调,从而可以判断学生的学习状态和对所学问题理解的程度。如教师上课可以听学生回答问题时的声音,学生声音的语气和语调往往可以反映出他对该课是否有兴趣,是在愉快地学习还是在迫于无奈地应付,等等。

(二)思维判断

思维判断是对视觉和听觉感知到的信息做出分析和推断的过程:推断教学效果和学生对知识的掌握情况,推断学生瞬间的学习态度以及学习行为的变化过程。思维判断是建立在教师认真地感知课堂、仔细观察和认真倾听的基础上的。推断的精确性与教师的思维判断能力相关,教师的思维判断能力准确敏锐,推断的准确性就会加强。

三、课堂观察的类型[①]

(一)直接观察和间接观察

根据是否借助仪器划分,可将课堂观察分为直接观察和间接观察。

1. 直接观察

直接观察是凭借观察者自身的眼睛、耳朵等感觉器官直接感知外界事物的方法。如看见玩手机的学生,看见睡觉的学生,听见说悄悄话的学生。直接观察的优点是实施比较简单,能得到具体、生动的印象,形成对事物的整体认识。其主要缺点在于人的感官接受和保存信息的能力有限,难以形成对被观察现象完整、精确的认识。

2. 间接观察

间接观察是观察者借助录音机、摄像机等工具进行观察活动的方法。如通过对已经录过像的课堂教学视频进行观察,分析视频中教师的课堂教学行为。间接观察的优点在于突破了直接观察中观察者的感官限制,可供日后重复观测和反复分析。现行的观察常需要以间接观察作为辅助手段,现代化的仪器设备会使观察更精确、更全面。间接观察的局限在于要求有较高的摄录技术。

---

① 郑金洲:《学校教育研究方法》,教育科学出版社 2003 年版,第 103—105 页。

（二）参与型观察和非参与型观察

根据是否参与研究对象的活动划分,可将课堂观察分为参与型观察和非参与型观察。

1. 参与型观察

参与型观察是借鉴人种志田野研究的方法,它强调研究要贴近研究对象,真实地诠释行为的社会意义,所以研究中不但要了解被观察者的主观意识,观察者还要依据自己的理论框架做出"主观"的解释和评价。当然,这种主观的解释和评价是建立在长期大量的实地观察基础之上,而非经验性的主观推测,因而属于一种定性的课堂观察。从观察的具体操作来看,研究者要参加到被研究对象所在的群体或组织中去进行观察,并参与他所观察的活动。参与型观察有两种参与的方式:一种是观察者隐蔽或改变自己的真实身份,与观察对象生活在一起,努力成为他们中的一员,被他们当作自己人,在不影响对方的行为和思想的情况下对他们进行深入的观察。这是一种完全参与观察,在课堂观察中完全参与观察是很难做到的,因为观察者是成年人,被观察对象则是未成年人,他们(特别是小学生)往往对观察者很好奇,或是将其看作老师,而很难被他们当作是自己人。参与型观察还有另外一种形式是不完全参与观察,观察者不改变自己的身份进入观察群体,去观察研究对象的行为和语言。但由于观察需要长期进行,观察者可能被观察对象看作"客人",观察者不时也要参与被观察对象的活动,比如有的研究者深入幼儿园或小学低年级去进行长期的课堂观察就属于此类。参与型观察法的主要优点在于,它可以缩短或消除观察者和被观察者之间的心理距离,便于深入了解被观察对象内部的真实情况。但这种方法也有其局限性,即观察者与被观察者之间容易相互影响,其观察的结论易带主观感情色彩。

2. 非参与型观察

非参与型观察是指研究者不介入被观察者的活动,而是作为一个旁观者置身于他所研究的课堂情境之外所进行的观察。其优点是:观察者不易受被观察者影响,观察结果比较客观公允。其缺点是:对现象的观察带有表面性和偶然性,不易深入。例如,学校行政领导对教师的教学进行课堂观察多属于此类。

（三）结构型观察和非结构型观察

按观察方式的结构化程度,可将课堂观察分为结构型观察和非结构型观察。

1. 结构型观察

结构型观察是研究者根据研究的目的,事先拟定好观察计划,确定使用的结构性观察工具,并严格按照规定的观察内容和程序实施的观察。结构型观察是比较程式化的观察活动,这种观察记录的结果一般是一些规范的数据。其优点是:观察程序标准化和观察内容结构化,便于操作;观察结果可以量化,便于统计分析。

2. 非结构型观察

非结构型观察是事先不做严格的观察计划,没有预先设置分类,也不必制订结构性的观察提纲,观察的实施比较灵活。对事件和行为尽量广泛地做记录(文字记录、录音录像)。其优点是:方法灵活,观察者可以发挥自己的主动性、创造性。其缺点是:获取的资料不系统完整。多用于探索性研究,一般用于对观察对象不甚了解的情况下。

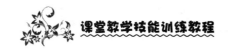

四、影响课堂观察的因素①

(一)外部的干扰因素

外部的干扰因素有很多,如光线太暗对学生学习的影响、学习环境比较吵闹和班级人数太多使教师不易集中精力观察学生等。另外,观察前排的学生比观察后排学生要容易得多,因为前排学生无论做什么,教师都容易看见,而后排学生可能躲在后面搞一些小动作,但却被遮住了,教师看不到。

(二)内部的干扰因素

影响观察的既有外部因素,也有内部的心理因素。这些心理因素影响到观察力、注意以及观察的准确性。就像人们工作时,假如感到很饿、很疲惫、闷闷不乐或兴高采烈,都会对工作产生影响。同样,这些因素也会影响观察。

(三)观察者的主观感觉倾向

所谓主观感觉倾向,就是指观察者心理活动中的动机和看法左右着他的观察,使他容易产生偏见,有可能歪曲看到的事物。所以,主观感觉倾向有以下表现:

1. 期待效应

期待效应指教师用过去已经形成的期待去代替实事求是的观察。例如,对好学生有正向期待,一般不做消极分析,如教师觉得这名学生很好,有把握完成学习任务,结果教学要求超出学生的实际情况。对差生则有反向期待,一般不做积极分析,如教师觉得这名学生功课不好,考试肯定不及格,他就用这种看法代替观察,可能在心理上给学生以暗示。

2. 平均值效应

平均值效应指有些教师习惯于对学生做班级整体评论,把他们看得比较平均。也就是往往把学生群体看得都比较好,或都比较差。这样容易造成对学生个体评价的不公正。

3. 中心论倾向

中心论倾向即遵守一贯的正态分布原则,中间大两头小,对学生行为表现的观察,有过强的固定性。

4. 互动倾向

互动倾向可以称为光环效应,犹如在一个人头上套上一个光环,这个人就一好百好了;反之,一个人就一坏百坏了。这样,对学生的主要印象可以影响到对他的其他印象。例如,教师特别好取学生成绩的光环,一般认为只要成绩好其他方面也都好,成绩差其他方面也不怎么样等。

5. 标签效应

标签效应指教师一旦对学生有了某种看法,或者一旦发现某名学生身上不好的东西,就下结论,贴出了标签。这个标签在很长一段时间都难以改变,并可能传递给其他教师而影响他们的观察。

---

① 李劲松:《有效的课堂管理》,东北师范大学出版社 2006 年版,第 185—187 页。

第二节 课堂观察技能训练

课堂观察技能是教师教学技能的重要组成部分,也是教师课堂教学不可缺少的重要环节。教师敏锐地观察课堂上的情况,可以帮助他们收集学生学习的信息和资料,针对学生的反应来调整自己的教学,进而提高教学的针对性和有效性。教师逐渐在实践中培养、提高自己的课堂观察能力,也能够提高自己的教学实践智慧。下面从两个角度训练教师的课堂观察技能。

一、以听课者的身份所进行的课堂观察及其技能训练

一般来讲,以听课者的身份所进行的一次比较完整的课堂观察活动,一般可分为课前准备、课中观察和课后分析三个依次相连的环节。

(一)课堂观察前的准备[①]

1. 业务准备

课堂观察之前的业务准备包括:了解教材结构和学科教改信息;制订客观合理的课堂观察标准或指标;了解授课教师的有关情况;了解学生的现有状况;审视观察者自己现在的教学观念。

2. 物质准备

进入课堂之前,课堂观察教师需要做好物质资料方面的准备,要携带课堂观察专用的笔记本和笔,并填好课堂观察需要记录的基本信息,以便专心课堂观察。此外,课堂观察者一般还要自行准备教科书、参考书、纸张等。如果准备使用一些定量方法来观察课堂教学,则一定要准备好量表、计时器等。假如需要一些仪器,如录音机、采访机、摄像机等,则要事先进行检查调试,以免课上不能正常运行,甚至因为出现故障而影响课堂观察效果。另外,课堂观察的物质准备也包括其仪表方面。

3. 心理准备

心理准备指的是课堂观察者在进入课堂之前做好情绪上和态度上的准备。每次课堂观察,课堂观察者都要调整好自己的情绪,做到心平气和、不急不躁。课堂观察者以什么样的意图和心态去进行其课堂观察是很重要的。

4. 舆论准备

舆论准备指的是向授课教师表明课堂观察的目的与意图,消除授课教师的心理障碍,避免出现怀疑、误解、不满等消极情绪,妨碍课堂观察活动的有效开展。舆论准备一般要注意两个方面:一是课堂观察者要让授课教师明白,课堂观察的主要目的是为了了解学生的学习情况和教师的教学情况,发现课堂教学中的成功之处以及教学发展潜力,

---

① 林存华:《听课的变革》,教育科学出版社 2007 年版,第 34—40 页。

与教师一起总结经验,提高教学质量,促进专业发展,而不是简单地划等评分;二是课堂观察者也要让授课教师了解评价的标准,即什么样的课是好课,什么样的课是低效课。

【实战演练】

请你以听课者的身份去观察一堂小学教师的课,第一次不要做任何准备去听,第二次听课之前做好各种准备再去听,就两次听课,谈谈自己的感受。

(二)课堂观察中的"看、听、记、思"[①]

1. 观看

观看,是借助于视觉器官吸收外部信息。在课堂观察中,课堂观察者用眼睛来观来看,主要涉及三方面内容:第一是观察授课教师;第二是观察学生;第三是观察课堂教学环境。

第一,观教师。对教师的观察自然是课堂观察的重点之一。一观教师的基本状态,其主要内容包括:教师的穿着打扮、教师的精神状态、板书设计、教具的准备、课堂突发事件的处理等。二观教师的施教行为,其主要内容包括:课堂导入等课堂教学环节的进行,课堂教学内容讲解及施教的方式方法等。

第二,观学生。观察学生是课堂教学中非常重要的一环,主要观察学生的如下情况:学生的学习习惯、学生的学习状态、学生的学习行为、学生对教师所讲内容的理解程度、学习效果等。

第三,观课堂教学环境。身处课堂,观察者不得不观察课堂所处的环境,虽然这不是课堂观察者的观察重点,但课堂环境因素或多或少会影响到教师和学生的精神状态,这也直接关系到是否有利于形成良好的教学氛围和学习氛围。

2. 倾听

课堂观察者要想在课堂观察中有所收获,就必须成为一个良好的倾听者:一是倾听教师的课堂语言;二是倾听学生的课堂语言。

第一,倾听教师的语言。教师的课堂用语不仅要讲究规范性、教育性、科学性、生动性和可接受性,而且要注意音量的大小、轻重、强弱与缓急,做到吐字清晰,语意流畅,语调抑扬顿挫,节奏与停顿、重音的使用恰到好处;在导入、过渡、讲授、诱导、提问、评价、小结和应变语方面,均有不同的要求,并要掌握好沟通、启迪、暗示、激励方面的语言使用,学会音韵美与节奏美、遣词美和句式美、机智美和教态美等方面的技巧。

第二,倾听学生的声音。课堂观察者认真倾听学生的语言时主要关注两点:一是听学生的读书能力与习惯;二是听学生的答问与质疑及口头语言表达能力。对课堂观察者来说,他既要听学生回答正确的地方,也要注意听学生回答错误的地方。但要注意的是,课堂观察者在倾听学生时不可有大动作,如东张西望、频频转头等,因为这样既会吸引学生的注意力,也会影响教师的教学情绪和教学思维。

3. 记录

认真做好课堂观察记录,是课堂观察者在课堂观察过程中极其重要的一项工作。在

---

① 林存华:《听课的变革》,教育科学出版社 2007 年版,第41—50 页。

课中观察阶段,课堂观察者一定要"手到",即随记感受,把听到的、看到和思考的主要内容做简要而有重点的记录,但并不见得一定要做一字不漏的课堂教学实录。一般认为,做好一份全面而又详略得当、重点突出的课堂观察记录,需要做到"六记":一记教学环节;二记衔接过渡;三记细节特色;四记板书提纲;五记点评批语;六记备注信息。

4.思考

课堂观察者在课中观察时不仅要用眼睛看,用耳朵听,用纸笔记,还要用脑思考。这种思考是课堂观察者对各种课堂教学细节的及时反应,可以根据教师课堂教学的步骤和环节,多提出一些有建设性的问题。这些问题包括:教学步骤是否合理;教学方法是否得当有效;教学目标是否明确具体;教学效果是否明显;教态是否自然大方;教学语言是否精练流畅等。

【实战演练】

阅读下面案例,说说观察者在倾听和记录方面都做了些什么? 哪些地方做的比较好? 如果你是课堂观察者,你会怎样倾听和记录?

《性别决定和伴性遗传》课后交流报告[①]
观察课堂中的预设与生成

执教者:路雅琴

观察人:郑超

观察维度:课程·预设与生成;教师·机智·如何解决生成性问题

研究问题:教学内容与方法上有哪些预设与生成? 预设与生成的根据? 怎么样?

这节课前,通过路老师和吴老师的精心备课,已经有了比较完善的教学设计,在这个设计之下,具体的教学行为能够达到预期的效果吗? 课堂中又会生成哪些问题? 如何运用教学机智解决这些生成性问题? 我确立了预设与生成作为观察点,尤其注意学生活动和师生互动,思考预设与生成的根据和效果。

片段一:(材料一,讲到蛙的性别比例问题)

师:人的性别为什么雌雄比例是1:1?

生:雄性产生精子有X、Y两种,比例是1:1。

师:雄性产生精子有X、Y两种,比例是1:1。很好。还有其他原因吗? 只要精子是两种就好了?

生:精子和卵细胞随机结合。

师:对。还有精子和卵细胞随机结合。请坐。

师:雄性产生精子有X、Y两种,比例是1:1,然后精子和卵细胞随机结合,这样人就是XX和XY两种性别比例是1:1。

交流:

1.这个内容为什么安排在这里,是预设还是生成? (路老师:是前面讲雌雄比例时忘记的内容,临时插入到这里。)这里正好讲到蛙的性别比例,将前面需要分析却忘了分析

———————————

① http://www.wtoutiao.com/p/r690ZB.html.

的内容插到这里,内容上还是相关的,所以这个安排是比较合适的,体现了课堂处理的教学机智。

2.对学生回答的理答出现了引导和重复。这个问题的解答包括两个方面,学生开始只回答了一个方面,教师进行了引导后,学生补充了另一个方面,引导很必要,是理答的有效方式。但回答问题的学生思路清楚、表达流畅、声音响亮,应该不需要反复简单重复,我觉得应该强调训练学生大声回答的自信和学会倾听。

片段二:(材料三,思考"根据这一实验结果,可以提出哪些假设?"讨论)

师:讨论得怎么样? 有没有出来? 哪个组领衔表演一下? 好,阿宝。

生1:细胞质遗传、常染色体隐性、伴 X 隐性(教师板书、肯定学生)。

师:还有没有补充?

生2:环境影响(教师板书)。

师:好,请坐。

师:这些假设是不是都可能? 分析一下。简单分析了细胞质遗传、常染色体隐性、伴 X 隐性。

师:环境影响可不可能? 请你解释一下。

生2:可能什么环境因素使红眼果蝇变成白眼。

师:完全有可能。我们先看一下这种情况,要验证也很简单。让白眼繁殖多代,都不出现白眼,就可以证明。我们今天先排除它,不考虑环境因素。请同学们用遗传图解表示你的假设,写遗传图解,写不出了讨论一下,互帮互助。

师:逛了一圈,有同学问细胞质基因怎么表示。质基因有没有基因型? 没有。所以只能写表现型。

交流:

1.这个问题为什么分两步,先提假设再写遗传图解? 也可以直接让学生用遗传图解表示假设。这样预设的意图是什么?(路老师:学生往往假设提出得不全,这样就只写了一两个遗传图解,所以先提出所有的假设,再让学生用遗传图解来表示,就写全了。)这样处理确实能更好地达到提出假设的开放思维和图解表达的训练效果。

2.对于第二个学生的回答教师准备不足,在学生坐下以后又想起来让他再解释。对于这种预设以外生成情况的处理不准确。有时确实有些生成性问题可能出乎意料,但是我想,决定我们行为的是经验和理念:应该做更充分的准备去有意识地积累相关经验;应该改进理念,相信学生,把思维空间、解决问题的过程留给学生,学生可以通过合作、探究把问题解决得更好。

3.细胞质基因的表示问题是预设还是生成的?(路老师:是生成的。)在课堂中收集学生问题并针对性解决是应该的,但当时的解释不太准确。对于这样的问题还需要做更充分的准备。

片段三:(材料三,思考"设计实验验证假设,并预测实验结果和结论。"讨论)

师:怎么样? 差不多了吧? 举手。

生1举手回答,表达清晰、完整。(教师板书)

生 2 提出另一种思路。(教师板书)教师自己分析比较。

师:我提出另外一个。(学生指出不符合问题情境)

师:假设这样。(简要板书)布置这个作业,同学们课后自己分析,下节课一起分析。

交流:

1. 生 1 回答非常严谨,但是教师只展示了结果,有些学生还没有听懂或者还没有掌握思考这个问题的思路,我认为教师还应该引导学生或者自己展示正确的思维过程,以便全体学生理解正确思维的方法。

2. 教师最后提出另外方法,学生已指出不符合问题情境,教师的解释过于牵强。学生已经注意分辨问题情境是很好的,教师在变换情境时应该交代清楚,使学生明白这是在不同情境下的探究。

小结:预设与生成是课堂必然要面对的问题。充分预设非常重要,即使是非常开放的生成,也需要清楚地把握教学主线,还要有充分的知识、机智、理念的准备来解决生成的问题;但也不能把课堂预设死了,学生是活的,能够让学生的思维动起来,不仅学到知识,还能在开放的情境中产生出更多思维的亮点和火花,才是精彩。

(三)课堂观察后的分析思考

课堂观察者对一堂课的思考分析,需要涉及多个角度,应逐一分析之。最好是以组织课后会议的方式,从多方面、多角度进行分析思考。课后会议是指在课堂观察结束之后,观察者和被观察者针对课堂教学的情况进行探讨、分析和总结,在平等对话的基础上达成共识,并制订后续行动跟进方案的过程。课后会议的持续时间视情况而定,一般至少需要 30 分钟。其基本程序如下:

一是授课教师陈述:①这节课是怎样获得成功的,学习目标是否达成;②谈谈各种主要教学行为(如活动或情景创设、讲解、对话、指导和资源利用等)的有效性;③谈谈有无偏离自己的教案,若有,请继续说说有何不同,以及为什么。

二是观察者从不同的角度报告并交流课堂观察的结果,报告时要基于证据、言简意赅、倡导对话、避免重复。

三是综合所有的观察结果,形成几点结论和行为改进的具体建议。

结论主要体现在三个方面:一是成功之处,即本课中值得肯定的做法;二是个人特色,即基于被观察者本人的实际情况,探究其个人特色,逐步澄清其教学风格;三是存在的问题,即根据本课存在的主要问题,基于被观察者的教学特征和现有的教学资源,提出几点明确、具体的改进建议。之后,如有可能,可再进行跟踪递进式观察。

还需要说明的是,课后会议之后,观察者需要对观察资料进行分析、整理,形成观察报告;被观察者亦需提供一份自我反思报告,并在合作体内共享这些资料。

【实战演练】

深入你所在地区的中小学,和学校的督导组老师一起观察一节公开课,并参加课后的报告交流会,小组交流对课堂观察的理解。

二、执教者本人进行的课堂观察及其技能训练

(一)观察的内容

执教者本人进行的课堂观察的主要对象是学生的行为,通过对学生行为的观察,教师可以及时调整教学进度,以提升教学效果。课堂整体的学习气氛、小组的讨论情况、学生的神态表情、课堂互动情况如何,这些都应该直接纳入教师的观察视野之中。具体说来,课堂观察的内容主要包括以下几项:

1. 学生的情绪状态

学生情绪直接影响课堂气氛,是学生学习行为的重要观察点。教师要随时观察学生的学习情绪,检查学生是否能控制自我感情,是否能及时调解学习情绪,从而适应学习进度。同时,学生的学习情绪也会影响教师讲课情绪,因此,作为教师,在观察的同时要有充分的思想准备。"出门看天色,进门看脸色",在课堂教学中,学生反映出的情绪状态往往与他们对教师讲课的理解程度和教与学的双边活动的兴趣密切相关。

2. 学生的表情

观察学生的表情状态包括对学生进行目光、面部表情和形体变化状态的观察。学生的目光往往最能表现出他们接受或希望接受知识的程度,教师应注意捕捉并体会学生目光所传递的信息。学生是否在积极思考、是否已投入到学习中来,通常都会不经意地通过面部表情或形体变化状态展示出来。

3. 学生的参与程度

学生是否积极参与到学习中来是有效教学的前提。学生的参与是指学生能够参与到教学合作交流活动之中,充分发挥他们的好奇心和求知欲,大胆探索、认真思考教师提出的问题,从而增进教学效果。如果学生都以主人翁的姿态积极、主动地参与学习的全过程,那么课堂效率将会大为提高。学生在课堂上参与学习,有显性和隐性两种不同的方式,显性的如举手发言、小组讨论,隐性的如倾听、思考等。

【实战演练】

请你参照表12.1"课堂教学学生参与度评价表"观察一堂小学教师的课,观察点为学生的参与程度。

表12.1 课堂教学学生参与度评价表

评价项目	评价内容	评价等级		
		A	B	C
学生参与学习的态度	1. 在教师的积极引导下,学生敢于发表自己的意见,积极参与教学全过程,回答问题学生数能过半,课堂气氛活跃 2. 师生关系民主平等,学生兴趣浓厚,思维活跃,学习氛围融洽和谐 3. 学生在行为上、思维上、情感上积极参与经历知识的探索过程			

续表

评价项目	评价内容	评价等级		
		A	B	C
学生参与学习的广度	1. 学生广泛参与、有效参与教学活动小组合作时,参与覆盖面达95%以上 2. 师生、生生之间多向交流,形成互动,共同发展			
学生参与学习的深度	1. 教师的提问具有启发性、发展性,学生能积极、主动地探索 2. 学生积极寻求途径,灵活解决问题,学生各种能力得到发展,创新精神得到培养			
学生参与学习的效度	1. 学生三维目标达成度高,并且掌握了一定的学习方法 2. 学生独立思考的时间至少占整节课的20%,合作学习适时、有效 3. 学生在学习过程中拥有独特的体验			

4. 学生的思维状态

学生是否主动思考教师提出的问题,得出答案的程度如何是教学成败的关键。学生的思维是否充分利用,主要是看他们是否勇于发表自己的见解,是否敢于提出问题。同时,也要注意观察学生的见解是否独到,是否具有挑战性。这些都需要教师的观察,才能更好地把握。观察学生的思维状态可从以下几方面进行:观察学生的动作;倾听学生的表述;观察教师对学生的追问。

【实战演练】

1. 下面是一位教师在算法多样化上引导学生思考,展露思维的案例①,请你详细分析该案例中的教师是如何引导学生一步步地展开学生思维过程的。

师:请每个小朋友先动脑筋想一想、算一算,"76－19"的差是多少。然后在小组内说给大家听你是怎么想的。看谁的方法多。

在学生组内交流的基础上进行了全班交流。

师:谁能把自己的方法说一下?

生1:我是先算76－10＝66,再算66－9＝57。所以76－19＝57。

生2:我是先算76－20＝56,再算56＋1＝57。所以76－19＝57。

生3:我是先把76看成79,79－19＝60,60－3＝57。所以76－19＝57。

生4:我是想竖式算的。

生5:我是这样算的:先76－9＝67,再67－10＝57。所以76－19＝57。

生6:我把76看成80,把19看成20,80－20＝60,60－4＝56,56＋1＝57。所以76－19＝57。

生7:我把19看成16和3,76－16＝60,60－3＝57。所以76－19＝57。

生8:我是这样算的:把76看成80,80－19＝61,61－4＝57。所以76－19＝57。

---

① 何雪芳:《引导学生进行有效的交流:小学数学"两位数减两位数"教学课例研究》,载《小学数学教师》2004年第6期。

2. 阅读下列案例,请你分析案例中的教师做得对吗? 为什么? 如果你是案例中的教师,将会对"用256÷64求得的……"的男孩说什么?

工程问题①

这是一节数学练习课,练习的内容是"工程问题",在教学中教师出示习题:打一部书稿,小李单独打10天完成,小王单独打12天完成,小胡平均每天打64页,如果小李与小王两人合打4天,那么就剩256页没打完。三个人合作几天才能完成这部书稿?

大多数学生读完题后都在苦思冥想,而后才动笔演算。突然,一个男孩猛地举手,但又马上缩回去了,教师询问缘由,男孩怯生生地说:"我的答案是4天,不知道对不对……"

师:这道题的答案就是4天,你是怎么知道的?

男孩:我是用256÷64求得的……

其他同学听了哈哈大笑,可能是因为有人在听课,授课教师也面带怒气地说:"胡闹!坐下!"

然而,课后,当有听课老师问那男孩为什么用256÷64解题时,他眼含泪花,支支吾吾地说出了自己的想法:小王和小李合作4天后所剩下的256页由小胡来完成,由小胡平均每天打64页,小胡打256页就要用256÷64=4(天),这个天数正好与先前小李、小王合作的天数相同,因此,小胡在小李、小王合作时也来参与,即三人合作就需要4天完成。

5. 学生的互动状态

对课堂交往行为,教师的观察包括两方面内容:一要看课堂上是否有多元、丰富的信息交流与信息反馈活动;二要观察课堂上的人际交往是否有良好的合作氛围。

6. 教学效果

教学告一段落后,教师应关注学生的反应,观察教学效果:观察学生对提出的问题回答是否到位,对课堂练习是否有积极反应,等等。

(二)观察的基本方法及其技能训练②

1. 目视法

目视法是教师在教学过程中,通过目测的方式观察学生学习状态的教学行为方式。目视法是一种使用比较广泛的课堂观察方式,在教学过程中可以直接、随时使用,简单易行。有时我们看到的未必是最真实的,因此,目视法比较容易受到干扰。为了使目视法更可靠,教师应该对观察到的情况加以判断、推理,做到尊重观察结果,不轻信表面现象。目视法可分为扫视法、巡视法、注视法、凝视法等。

2. 调查法

调查法,可以是口头调查,提出一些问题让学生回答,从他们的答案、回答的语气和神态中得出结论;也可以通过学生举手来测量效果,观察举手情况和举手时的表情,以判断所获得的信息是否正确。在有条件的地方还可采取问卷调查、按键调查等方法,因需

一定的设备条件,故较少使用。

【实战演练】

活动内容:在一组(5~8人)的受训者中,一人扮演"教师"角色,其余扮演"学生"角色,与指导教师组成微型课堂,创设"真实"的中学生物课堂教学情境,并对教学实训过程进行现场实况录像。每一位受训者轮流扮演"教师"和"学生"。小组内其他成员需要对该组受训者进行评价。评价标准需要小组内讨论形成,基本框架可参照表12.2。

表 12.2 师范生课堂观察技能测试标准

专业名称＿＿＿＿＿＿ 学生姓名＿＿＿＿＿＿ 年级＿＿＿＿＿＿

评价内容	评价标准				
	优	良	及格	不及格	权重

活动步骤:

1. 每个受训者各自选择一个生物知识点,课前准备好所选知识点的课堂观察工具——微格教学教案,时间控制在10分钟左右。

2. 课前,小组内讨论完成表12.2,确定师范生课堂观察技能测试标准。

3. 一人扮演"教师"角色,其余扮演"学生"角色。"教师"在教学过程中,重点观察"学生"的课堂表现,包括学习准备状态、学习态度、课堂气氛、课堂情绪状态等方面。"学生"角色的小组成员需要对"教师"角色的学生进行如实评定。

4. 受训者和指导教师及时进行沟通。"教师"扮演者表达自己课堂观察技能的实施情况,"学生"扮演者表达自己对"教师"的观察内容。指导教师对该交流过程进行组织和指导。

5. 重复步骤3、步骤4。

6. 指导教师对该技能的实施情况进行归纳总结。

注意:扮演学生角色的受训者,既要注意与执教者教学互动,又要适当出点难题,制造点麻烦,以培养执教者的应变能力。

【拓展阅读】

教师应如何进行课堂观察?[①]

一、关于观察点的确定

作为教师的一项专业活动,课堂观察有别于一般的观察。它要求观察者带着明确的目的,而非随意式的走马观花。这一方面是由课堂的特点决定的,课堂错综复杂且变化万端,课堂教学过程具有动态性、即时性、非连续性和社会性,要观察到课堂里的每件事

---

① 节选自周文叶、崔允漷:《教师应如何进行课堂观察?》,载《中小学管理》2008年第4期。

219

是不可能的；另一方面，"我们看到了什么，常常由我们想看到什么或准备看到什么所决定"。如果我们不知道在找寻什么，即使就在你眼前的东西也不一定能看得到。因此，有效的课堂观察必须要有明确的观察目的，在进入课堂观察之前要确定好课堂观察点。

二、关于记录工具的设计

和所有的科学观察一样，课堂观察也需要凭借一定的观察工具。我们不能像日常观察那样仅凭经验行事，课堂观察需要特定的方法和技术，否则，观察效率低下，意义甚微。而在确定课堂观察点后，如何选择或设计合适的观察工具，是教师遇到的一个比较难的问题。

课堂观察工具的选择或设计不仅仅是技术问题，也需要课程理念、教学价值等的支撑，它是一个研究课堂、理解课堂的过程。因此，它不是一蹴而就的，不能一开始就追求完美；即便是在前人已开发好的观察工具中进行选择，也需要有一个解读、理解和吸收的过程。一般情况下，会经历从借鉴他人走向自主开发的过程：使用他人的量表—改进他人的量表（通过观察验证）—开发自己的量表。而在这个过程中，教师主要会遇到以下三个问题。

第一，如何选择已有的观察记录工具？观察记录工具是为观察服务的，首先，要考虑所确定的观察点的特性，紧扣观察点选择合适的工具。以观察提问为例，如果想观察"提问的数量"，则应该采用定量的观察记录工具；如果想观察"问题的认知层次"，那么应该采用定性和定量相结合的工具。再如观察"情境创设的效度"，显然应该采用定性的观察记录工具。其次，要看所选择的工具是否符合自身的情况。如观察"学生活动创设与开展的有效性"，若想从学生参与活动的人数和态度来判断，那么在界定不同态度的表现行为的基础上，采用定量的记录工具是合适的，但这要求观察教师有比较好的视力、良好的反应能力、快速的判断能力。若想从活动的难度系数及目标的达成情况来判断，因为需要记录一些教学片段中的行为、对话、情境等细节，因此需要观察者有快速记录的能力和较好的记忆能力。

第二，为什么要开发新的观察记录工具？课堂观察在国外已有相当长的历史，人们开发了许多成熟的观察记录工具，其逻辑上的严密性和科学性都经过了实践检验。但是，并不是所有的已开发好的观察记录工具都能拿来就用，也并不是根据已确定的观察点就能找到已经开发好的观察记录工具。一方面，由于教师的理论素养和实践经验的限制，对已有的工具往往存在着理解上的偏差、操作上的困惑、解释上的窘境等问题；另一方面，不同的学科具有不同的性质和要求，不同的课堂具有不同的情境，要求观察工具与观察点有针对性，这就削弱了已有工具的普适性。于是，自主开发观察记录工具成了一种比较现实的选择。

第三，如何开发新的观察记录工具？确定观察点后，就需要对这个点进行维度分析。例如观察提问，可以分别从"提问的数量""提问的认知层次""问题的目的指向""提问的方式""学生回答的方式""学生的回答类型""教师理答的方式"等方面进行分析。一堂课往往观察不了那么多维度，一般情况下，都是从某一个维度切入进行观察。确定了具体的维度后,就要着手设计具体的工具。工具的设计要遵循两个标准:效度标准和实用性标准。效度标准是指所选择的观察指标必须比较全面地揭示我们所要观察的内容。这就要求观察框架在逻辑上是合理的,所选择的观察指标既要有代表性,又不能相互涵盖。实用性标准是指所选择的观察指标要简洁,便于速记、反思,具有很强的可操作性。一般来说,教师自主开发的观察记录工具,尽管可能存在缺陷或问题,但教师使用起来却得心应手,解释起来也能自圆其说,并且在开发的过程中能很好地提高教师的理论素养、设计能力等。

三、关于现场记录

与传统的听评课不同的是,进入现场的课堂观察需要根据预先设计好的工具进行有针对性的记录,而非想记什么就记什么,想什么时候记就什么时候记,想怎么记就怎么记。在进入现场进行观察并记录时,采用什么样的记录方式是最合适的?怎样才能不影响正常的课堂教学,同时又能记录下最可靠、最有用的信息?这是教师在课堂观察时不可回避的问题。

课堂观察的记录方式有很多种,观察者应该根据具体的观察内容、观察类型,选择有针对性且擅长的记录方式来进行观察记录。总的来说,课堂观察记录方式可分为定性的记录方式和定量的记录方式两种。定量的记录方式是预先对课堂中的要素进行解构、分类,然后对在特定时间段内出现的观察类目中的行为进行记录。它主要有等级量表和分类体系等记录方式。等级量表(rating scale)指事先根据观察目的编制合理的等级量表,在课堂观察中,观察者依据观察对象的行为表现在量表上评以相应的等级。分类体系(category systems)指预先列出可能出现的行为或要观察的目标行为,在观察过程中以合适的时间间隔取样对行为进行记录。分类体系包括编码体系(如美国课堂观察研究专家弗兰德斯的互动分析分类体系)和记号体系或核查清单。在预设的单位时间内,编码体系对发生的一切行为都予以记录,记号体系或核查清单只记录不同的行为种类。定性的记录方式是以非数字的形式呈现观察的内容,包括:(1)描述体系,在一定分类框架下对观察目标进行的除数字之外的各种形式的描述,是一种准结构的定性观察的记录方法。可以从这样几个角度来描述:空间、时间、环境、行动者、事件活动、行动、目标、感情等。(2)叙述体系,没有预先设置的分类,对观察到的事件和行为做详细真实的文字记录,也可进行现场的主观评价。(3)图式记录,用位置、环境图的形式直接呈现相关信息。(4)技术记录,使用录音带、录像带、照片等电子形式对所需研究的行为事件做现场的永久性记录。定量的记录方式和定性的记录方式可以相互补充使用。所获得的数据、信息应尽可能地反映真实的教学环境和课堂活动。

四、关于数据的分析与推论

如何对记录的数据进行整理和分析?对采用不同的记录方式所收集的数据的处理方式是不一样的。如采用定量观察收集的信息,一般要借助统计的方式对其进行整理与分析。观察者可以通过频率和百分比的计算,绘制出可以说明问题的表格;也可以利用

Excel 等电子制表软件来开发数据表,利用电脑进行数据分析,然后再根据需要由电脑绘出不同的图表等。而采用定性观察所收集的信息,则一般需经过编码、分类、整理、解释等步骤。观察者对大量的记录信息进行简化和梳理,可通过文字说明、图表等方式呈现与观察目的相关的信息,让人们较为清楚地了解观察情境中发生的事情。如果是合作观察同一个内容,那么在统计或整理所记录的信息时应在充分交流和讨论的基础上对各自的信息进行必要的合并。在此基础上,梳理与观察主题相关联的问题或观点,建构分析框架,将统计或整理的结果按不同的问题进行归类,把具体的事实与数字集合到相应的问题或观点中去,为下一步的推论做好准备。

那么,又如何根据数据做出推论呢？推论的过程就是专业判断的过程,是观察者围绕观察点对观察到的信息进行剖析与反思,对简化了的数字、图表等的具体内涵与现象背后的原因及意义做出解释的过程。首先,推论必须是基于证据的。课堂观察强调拿证据说话,有多少证据,做多少推论,既不要拔高,也不要低估。其次,推论要紧扣事先确定的观察点。也就是说,不能只根据一个点的观察结果来简单地推论课堂的其他方面甚至是整堂课的教学。课堂观察源于课堂,但它只是课堂中的一个点,而非完整的课堂本身,因此,我们在推论的过程中应避免出现以偏概全、过度推论等问题,更不能仅就某一点的观察,而对整堂课做出好或坏的判断。观察者要紧扣观察点,基于教学改进提出有针对性和实效性的建议与对策。最后,推论要基于情境。课堂观察是在现场进行的研究活动,推论时要充分考虑"此人、此课与此境",不要进行过多的经验类推或假设。要根据这堂课的教学内容、学生和教师的实际情况来展开探讨。

【学习资源】

[1]郑金洲.听课的技能与技巧[J].上海教育科研,2002(2).

[2]丁甫忠.谈学校领导听课[J].四川教育学院学报,1999(2).

[3]吴士良.听课是讲好课的基础[J].苏州医学院学报,1999(10).

[4]沈毅,崔允漷.课堂观察:走向专业的听评课[M].华东师范大学出版社,2008.

[5]张国伟.论课堂观察[J].教育探索,2005(2).

[6]张立昌.试论教师的反思及其策略[J].教育研究,2001(12).

[7]陈波.社会科学方法论[M].北京:中国人民大学出版社,1989.

[8]傅道春.教学行为的原理与技术[M].北京:教育科学出版社,2001.

[9]W.I.B.贝弗里奇.科学研究的艺术[M].陈捷译.北京:科学出版社,1979.

[10]王洪录.新时期课堂教学技能培训教程[M].北京:北京大学出版社,2009.

[11]陈瑶.课堂观察指导[M].北京:教育科学出版社,2002.

第十三章　课堂变化技能训练

【内容导航】

※ 课堂变化概述

※ 课堂变化技能训练

【学习目标】

1. 能够陈述课堂变化技能的含义;说明课堂变化技能的基本要求,并能够灵活运用在自己的教学过程中。

2. 能够结合真实课堂情景说明教态变化、教学节奏变化、媒体变化、师生相互作用变化在课堂教学中的作用和意义。

3. 能够运用实例说明教学变化的作用;能够陈述教学变化的方式和每种教学变化方式的操作要求;能够根据教学变化的有关要求,准确、熟练、有效地进行教学变化;能够对自己和其他教师的教学变化行为做出恰当的评价。

第一节　课堂变化概述

一、课堂变化的含义

课堂变化是教师的基本教学技能之一。课堂变化和教师在课堂上的动作、移动、讲话及个人的教学风格有重要关系,同时也关系到课堂教学质量的高低。课堂变化发生于教学过程的各个环节,对于教学本身以及在教学过程中密切师生关系方面都具有积极作用。课堂变化是指教师在课堂教学中准确、顺利、有效地变换教学信息的传递、控制方式,使学生保持适宜的学习积极性,增进学生对教学内容感知、理解、巩固、运用,提高教学质量的行为方式。

二、变化在课堂教学中的作用①

(一)激发并保持学生对教学活动的注意

注意是学生学习的一个比较重要的决定因素。因此,教师在课堂上使学生的注意集中是教学成功的重要条件之一。学生的注意包括无意注意和有意注意两个方面,在教学中,教师应运用变化技能引起学生的无意注意,唤起他们的有意注意,并设法使学生对两

---

① 韩海荣、陈建军:《浅谈课堂教学中的变化技能》,载《教学与管理》2007 年第 18 期。

种注意有节奏地交替转换。比如,教师讲课时说话的声调抑扬顿挫,呈现材料鲜明形象,教学活动方式的灵活多样等,都可引起学生的无意注意,使他们的注意力集中。当讲到重点、难点、要点时,教师采用一定方式进行强调和提醒,这样可以唤起学生的有意注意,使他们的注意有明确的指向。

(二)激起学生的学习兴趣,有利于学生对知识的领会和理解

多样化的教学方式和学习活动能够激起学生的学习兴趣,使他们精神振作。学生学习各类知识,在很多情况下是从感知开始的。在教学活动中,教师按照感知规律提高学习的感知效果是非常重要的。一般来说,人在几种感官协同活动下,才能获得对客观事物的全面了解。从信息传输理论看,各种信息传输通道传递的信息效率是不同的,产生疲劳的程度也不同。在教学中,教师运用变化技能适当地变换信息传输通道,可以有效、全面地向学生传递清晰而有意义的教学信息,使学生较好地领会和理解知识。

(三)为不同水平的学生创造参与教学活动的条件

教师引导学生主动参与教学,是启发式教学的特点;而引导学生主动参与教学的前提是,教师呈现给学生的教学内容必须能引起学生的思考和反应。由于学生在认识水平和学习能力上存在着差异,不同的学生对各种信息传递方式的接受程度是不相同的。教师在向学生呈现教学内容时,运用变化技能有针对性地对不同水平的学生采取不同的表述方式,就能使学生比较顺利地接受信息,进行思考并做出反应。

(四)有助于形成生动、愉快、和谐的课堂气氛

教师运用变化技能可以把课上得充满生气,既能显示出教师的学识和能力,又能体现循循善诱、诲人不倦的师德,还有利于师生间的感情交流,形成愉快、和谐的课堂气氛。可以说,变化技能的运用是形成教师教学个性与风格的主要因素之一。

三、课堂变化的基本要求①

(一)有明确的目的和针对性

在教学过程中,所有变化技能的运用都应当是有目的、有必要的,是为实现教学目标服务的。过多的或盲目的变化不仅不能促进学生的学习,反而会起干扰作用。选择变化技能时要针对学生的认知水平、能力和兴趣,教学内容和学习任务的特点,选择适当的变化方式。变化应是课堂教学所需,不要为变化而变化,避免与教学目的和内容无关的、一味迎合个别学生消极需要的、为逗趣而逗趣的变化或把戏,否则就失去了变化的作用与意义。教师应该针对学生的能力、兴趣、背景、课题、学习任务选择有意义的变化技能。

(二)课堂教学中可根据学生的反馈,临时采取应急措施

教师在应用变化技能时,有许多方面是难于把握的,比如,组织学生讨论时,如何引导,怎样变化等,这就要求教师认真备课,计划时考虑可能的应急措施,有相应的替代。

---

① 王重力:《生物课程与教学论》,东北师范大学出版社 2007 年版,第 199 页。

这种变化和应急需要教师有一定的教育机智,有广博的知识面。

（三）课前计划和灵活运用相结合

对于在教学过程中采用的主要变化要事先做好设计和计划,但有时还需要根据课堂上的具体情况及学生的反馈,临时采取应急措施,即时、灵活、自然地运用变化技能,使之易被学生接受,取得更好的教学效果。

（四）变化应用要适度,并注意分寸

教师在课堂上的表现不同于戏剧表演。教师运用变化时要适度、有分寸,尤其是教师教态变化的强度和幅度都要恰当,不宜夸张。如果变化使用得过多、幅度太大,就会喧宾夺主,产生消极作用。

（五）注意变化连接的流畅和连续性

教师在使用多种变化时,要认真构思、计划,注意教学过程的连续性和一致性,注意变化技能之间、变化技能与其他技能之间的连接要流畅,具有连续性,不要过于突兀。否则,会影响或失去学生的注意力和兴趣。

第二节　课堂变化技能训练

一、教态变化技能训练

教态变化技能是指教师利用表情、仪态、动作等教学活动方式的变化,辅助口头语言传递教学信息和表达情感的行为方式。教师应该认识到口头语言是教学表达的最重要工具,但不是唯一工具。教师在教学中的一些非语言行为同样起着表达思想、交流情感的作用。[①]

（一）声音的变化[②]

声音的变化是指教师讲话的语调、音量、节奏和速度的变化。课堂教学中,音量过低,不能刺激听觉,更不能使学生的神经系统兴奋起来,学生会处于一种抑制状态,甚至会打起瞌睡;反之,音量过大,又会使神经兴奋过度,容易产生疲劳感。讲课的速度过快,学生没有思考的余地,在脑海中不能留下深刻的印象;过慢,造成疲沓气氛,使神经兴奋不起来,尤其是对青少年更不相宜。因此,教师应通过声音的变化,使讲解富有戏剧性或重点突出。声音的变化还可用来暗示不听讲或影响其他人的学生安静下来,而语速的变化则可把学生分散的注意力重新集中起来。

---

① 刘幸东:《师范生教学技能训练教程》,中国石油大学出版社 2008 年版,第 154 页。
② 王伟晔:《新课程课堂教学技能指导与训练:小学信息技术》,东北师范大学出版社 2009 年版,第 148 页。

【实战演练】

请找出下面案例中教师声音的几处变化,并分析其声音变化的原因。

"藻类、苔藓和蕨类植物"教学的声音变化①

教师(用舒缓的语气说):首先我们来看藻类,老师刚才让大家看了一些藻类,现在我给大家看看老师带来的实物(海带、裙带菜),(分发给同学们,让大家观察)(大屏幕上显示植物照片,淡水藻类:硅藻、绿藻、红藻、衣藻、水绵;海洋藻类:石花菜、鹿角菜、马尾藻、紫菜、石莼)(用疑惑的语气提问)关于藻类植物你想知道什么呢?请大家以小组为单位记下来。

学生分小组观察,讨论交流。

教师(音调提高,声音加强):好,现在,同学们先不着急回答老师的问题,请大家看大屏幕上面介绍的藻类植物的生活,加深对藻类植物生活环境的感性认识。(学生观察)

教师(激动的语气):好了,看来大家正在脑中处理资料呢。把你们小组想知道的问题说出来吧。

教师(音调加强,语速减缓):很好,这位同学对这方面的知识了解得很多,相信大家也知道了藻类植物的生活。但是啊,对于藻类植物的作用,我看说得还不够全面,有没有同学想补充一下?

一个平缓、单调无味的声音,会使课堂变得死气沉沉。声音的音质、声调和讲话速度的变化,以及富于表情的语言,会使教学变得很有生气。教学音量的变化方法有:②

(1)多种音量法。教师可运用多种音量的技巧以引起、保持学生的注意。涉及关键句子和短语时,要提高音量或者降低音量。提高音量是教师熟悉和常用的方法,但在原来高音量或中音量的基础上降低音量也可发挥出更好的作用。低声私语能使语言更传神,不过"私语"不仅要讲得慢,而且还要讲得清楚。

(2)短暂停顿法。短暂停顿是一种有力的教学方式,它能使学生通过抬头察看教师而将注意力迅速地转移到教学内容上,具有较高的诱发警诫的作用;同时还可以给学生以思考的时间,认真回味有关的教学内容。在讲完一课的重点后停一下,然后再以平和的声调重复一遍;在向全班学生公开提出问题后适当地有意停留一下,不要求学生马上回答……这些停顿都有很好的效力。应该注意的是,停顿时间应控制在1~3秒钟之间。

【实战演练】

请找出下面案例中教师的两处停顿,并结合案例分析教师停顿的原因。

"昆虫"的教学停顿③

在教师讲授完"昆虫"的有关知识后,一个学生突然提出"雌性蜘蛛为什么在交配后要吃掉雄性蜘蛛"这个问题。教师并不立即做出回答,而是说:"这个问题问得好,大家不妨课后查阅资料,讨论一下,下一节课我们再一起探讨。"

稍微停顿后,教师说:"我们接下来把本节课学习的知识做一个简要的回顾,请大家

① http://www.dlteacher.com/file/200843104445.doc,有删减。
② 杨国全:《课堂教学技能训练指导》,中国林业出版社2001年版,第277—278页。
③ 崔鸿:《新理念生物教学技能训练》,北京大学出版社2013年版,第76页。

看黑板上的板书,理清这节课的主要思路。"

（学生看板书大约3分钟）

教师:"好,我们一起来回想这节课。首先,……"

（3）高音量法。在学生注意力不太集中时运用高音量法能使学生觉察到教师的不满,将学生的注意力集中起来,避免学生精力的进一步分散。如果学生只是窃窃私语,用高音量法效果较好。若课堂上出现的是乱哄哄的局面,教师声音再大也不足以引起全体学生的注意,那就要采用其他办法了。

（4）夸张法。即运用幽默笑话来实现音量的夸张,使学生感觉到教师语言与教学内容某种程度的差异,以此促使学生集中注意力,或促进学生对教学内容的感知或理解。需要注意的是,幽默必须反映教学的有关内容。

（二）目光的变化

眼睛是心灵的窗户,它随时可用于人与人之间的感情交流,并可用来表达多种感情。人的喜、怒、哀、乐都能从眼神的变化中表现出来。因此,教师在课堂上应充分利用目光的变化与学生进行感情上的交流。可通过目光的变化对那些课堂上注意力集中、思维活跃、回答问题积极的学生表示赞许、表扬和鼓励,也可对那些听课不认真、交头接耳或做小动作的学生暗示批评。教师期待的目光对学生来讲是一种莫大的鼓舞。[1] 在课堂教学中,经常出现学生由于紧张、胆小或不相信自己的能力而不敢开口的情况,这时如果教师以亲切、期待的目光对其进行鼓励,学生就会变得放松、大胆,并对自己充满信心。[2]

【实战演练】

阅读案例《朱老师的眼睛》,请你分析朱老师的眼睛是如何根据具体情形进行变化的。

朱老师的眼睛[3]

朱老师的眼睛是双眼皮儿,乌黑的眼珠儿又圆又大。初看好像没有什么特别,可是你仔细一瞧啊,嘿,朱老师的眼睛还会说话。

我懂得朱老师眼睛讲的话,小朋友们也懂得朱老师眼睛讲的话。一天自修课上,朱老师在教室门口和家长谈话,小朋友们便随便地讲起话来。这时朱老师回过头来,用眼睛盯着我们看了一下,仿佛在批评我们:"怎么讲话了？"小朋友们马上静下来,教室里顿时鸦雀无声……

有一次,朱老师在礼堂里给我们上《乌鸦喝水》这一课,有300多位老师在听课呢!朱老师提问:"乌鸦为什么能喝到水？"我马上把手举得高高的,朱老师请我发言。我看有这么多的老师,心里很慌,那颗心啊,怦怦地直跳,回答得很轻。朱老师的眼睛马上向我投来鼓励的目光,似乎在说:"对,对,声音再响亮点儿!"我看着朱老师的眼睛,胆子大了,声音也响亮起来。这时朱老师高兴地向我投来赞许的眼光,好像在说:"讲得真好!"

现在朱老师虽然不教我们了,但每当我看到朱老师时,还是总要先看看她的眼睛,看

---

① 孟宪凯:《教学技能有效训练微格教学》,北京出版社2007年版,第92页。

② 叶雪梅:《数学微格教学》,厦门大学出版社2008年版,第198页。

③ 节选自李振村:《教师的体态语言》,教育科学出版社2011年版,第102—103页。

看她要对我说些什么。

（三）表情的变化

人的非语言的面部表情和身体动作又称"体态语"，它可以传递丰富的信息。在国际上对非语言的研究有一个很重要的结论：人际交往中，语言传达的信息只是一小部分，而非语言因素传达的信息竟占 65%～93%，人的记忆 80% 是靠视觉来确立的，面部表情以视觉代码丰富了有声语言的听觉代码。[①] 在教学中，教师的面部表情对师生之间的情感交流和教学内容的理解、烘托具有不可忽视的作用。

在课堂上，教师应当把微笑作为面部表情的基本神态。教师的微笑会给学生和蔼可亲、热情开朗的印象，这对学生是一种鼓舞，能使学生保持良好的心态，使课堂产生和谐的气氛。课堂教学内容丰富多彩，教师的表情要随教学内容的变化而变化，富有感情色彩的讲解会使课堂生动、感人，充满吸引力。教师表情的变化要自然，不要造作；要适度，不能过分夸张，更不能板着面孔，毫无生机，眉头紧锁，以一副痛苦的样子面对学生。[②]

（四）身体移动

教师在讲课时，适当地在讲台周围走动或者当学生做练习、讨论、实验时，在学生中间走动是必要的。一方面教师在合适时刻的移动可以传递信息、增添课堂的生气，而一个有生气的课堂对于激发学生的兴趣，引起注意，调动积极的情绪都是非常有意义的。教师走动的一个很重要的意义就是密切师生关系，加强课堂上的情感交流。另一方面，教师在学生中间走动，还可以进行个别辅导，解答疑难，了解情况，迫使学生在感知上做一些随时的调整，以使教师可能获得学生的注意。教师走向某一个学生即告诉他教师在注意他。

（五）手势的变化

有研究表明，教师恰如其分的手势常常能使学生大脑持续保持兴奋状态，增强记忆力，并可以加深学生对外来刺激的印象。如地理教学中的气温升高、气流上升、气压下降这些问题，教师只需用手势进行暗示，学生就可立即回答出来。教师用手势提示，学生就可以回答出"山西省的轮廓像平行四边形"之类的问题。

【实战演练】

请你设计一个以变化技能为主的微格教学教案，注意讲解、提问和演示等技能的综合应用，然后，根据表 13.1 的内容对你设计的变化技能教案进行评价。

---

① 王重力：《生物课程与教学论》，东北师范大学出版社 2007 年版，第 196 页。
② 叶雪梅：《数学微格教学》，厦门大学出版社 2008 年版，第 198 页。

表 13.1 课堂变化技能评价内容与评价标准

评价内容	评价标准				
	优	良	及格	不及格	权重
1.音量、音调富有变化					
2.音速合适,有轻重缓急					
3.语言强调恰如其分					
4.面部表情自然,变化恰当					
5.手势、头部动作变化合适					
6.目光有接触、适当					
7.身体移位适当					
8.合理利用视觉媒介,有变化					
9.学生动作操作活动适度					
10.师生交互作用明显					

二、信息传输通道和教学变化技能训练①

根据信息传输通道的不同,可将教学媒体大致分为三类:视觉通道教学媒体、听觉通道教学媒体、触觉与嗅觉通道教学媒体。

(一)视觉通道教学媒体

教学中视觉媒体是多种多样的,有实物、板书、挂图、模型、演示实验、投影片、幻灯片、录像片、教学电影等等。俗话说"百闻不如一见",视觉通道是各种感官中效率最高的。视觉媒体是最能引起学生兴趣的教学媒体,它具有直观、形象、易懂、生动的特点,很能吸引学生的注意、激发学生的学习动机,但只使用一种视觉媒体容易使学生感到疲劳,应注意变换。

(二)听觉通道教学媒体

由教师讲解、学生发言、录音等听觉通道传递教学信息的效率虽不如视觉高,但学生不易疲劳,且能为学生展开想象留有余地。听觉媒体是在教学中使用最高的,占课堂的70%(学生听讲主要是用听觉)。在教学中,将一些视觉、听觉媒体与教师的讲解、提问交替使用,可以提高课堂效率。

【实战演练】

阅读下面案例②,分析该案例教师在导入过程中应用了哪些教学媒体,这些教学媒体对教学效果有何作用。

"开国大典"是中国现代史上最重要的事件之一,而董希文的油画《开国大典》以画家独特的眼光,见证了这一历史性的伟大时刻。作为绘画中的历史,画家对真实情况做

---

① 王重力:《生物课程与教学论》,东北师范大学出版社 2007 年版,第 197—198 页。

② http://www.docin.com/p-705573000.html.

了修改,通过自己的理解表现出了新中国的人民与领袖的关系。在引导学生欣赏这幅画时,我是这样做的:

首先运用多媒体播放了开国大典的录像资料,当毛泽东那浑厚的声音宣布"中华人民共和国成立了……",学生心情也跟着那历史性的时刻激动了起来。此时,我展示出了《开国大典》这幅名画,让学生仔细观察上面的人物和景物。比较一下,作品与真实的场景有什么不同的地方,发动学生积极讨论。

(三)触觉与嗅觉通道教学媒体

触觉和嗅觉感官能获得其他感官所不能获得的信息。在教学中注意让学生使用这两种感官,可为学生认识物质的性质提供全面的信息。

在实际教学中,还要多为学生提供亲自触摸实物、观察实物、动手实验、练习等机会,通过实践活动培养和发展学生的动手能力、观察能力和思维能力。

【实战演练】

请你听一节多媒体教学课,仔细观察课堂中的媒体变化,分析哪些变化提高了课堂教学效果,并分析原因。

三、师生相互作用变化技能训练

课堂教学是由师生共同组成的一个信息传递的动态过程。按照信息传递的方向,师生之间交流的方式主要有四种:第一种是以讲授为主的单向信息交流方式,这种方式教师教,学生学;第二种是以谈话法为主的双向交流方式,这种方式教师问,学生答;第三种是以讨论法为主的三向交流方式,这种方式师生之间互问互答;第四种是以合作教学为主的综合交流方式,师生共同讨论、研究、做实验,这就是新课改中所倡导的合作学习方式。在教学中,我们应采用多种方式与学生交流,了解学生的想法以及学习中的问题,以便获得全面的反馈信息。

(一)师生交流方式与教学活动方式变化的技能[①]

师生交流方式有教师与全体学生交流、教师与个别学生交流、小组讨论时的交流,个别辅导时的交流。

在课堂教学中,教师应采用多种方式与学生交流(除了让学生听讲外,还让学生回答问题、发表见解、提出疑问等),了解学生的想法以及学习中遇到的问题,以便获得较全面的反馈信息。有时以教师教为主,有时以学生学为主,有时师生共同参与活动。几种活动方式应经常进行变换,即应使学生时而听老师讲解,时而回答问题或参加小组讨论和学生实验,时而自己阅读、思考和做练习。这样有利于调节学生情绪,激发学生的学习主动性,练习如何听取别人的意见,保持旺盛的精力,积极参与教学活动,并培养他们的独立思考能力。

---

① 王重力:《生物课程与教学论》,东北师范大学出版社2007年版,第198页。

【实战演练】

班上学生两两配对,互相扮演老师角色和学生角色。学生 A 扮演老师角色,学生 B 扮演学生角色。假设的情境是生物课上老师讲授难点知识,学生 B 没有完全弄懂,此时学生 A 应该如何和学生 B 进行信息交流,达到理想的教学效果。学生 B 把自己的真实感受如实记录下来。

(二)课堂气氛变化的技能①

课堂教学气氛应随着教学内容和任务的变化而有所调整。有时严肃紧张,产生一定的心理压力,以利于学生集中精力于"攻关破阵";有时轻松活泼,即在完成某项学习任务之后,适当放松。总之,应让学生有张有弛,顺利地获取知识。

四、课堂教学节奏变化技能训练②

(一)课堂教学节奏的变化

1.快与慢有变换

教学节奏宜快慢有序,该快则快,宜慢则慢,有一定的快慢变化。恰当的做法是宜快则快,宜慢则慢,并且把快慢结合起来,使教学具有一定的快慢节奏。确定教学节奏快慢的具体依据包括以下五个方面的内容:一是教学对象的年龄特点和课堂学习的心理活动规律;二是教学内容的题材、难易程度和课题的类型,有些课宜于活泼欢快的节奏,有些课则适宜于紧张热烈的节奏;三是教师本人的性格和教学风格;四是课堂上学生的反应;五是教学的环境条件。其中,第四条是最主要的参考依据。

2.动与静有交替

"动"是指教学活动的一种活跃状态,如学生积极参与、踊跃发言、热烈讨论、争辩等;"静"是课堂教学中的一种相对安静状态,如学生静心听课、深入思考等。适当的做法是把动与静结合起来,交替进行。做到这一点的关键是要克服教师唱"独角戏",不给学生思考、发表看法、提出问题的教学通病。

3.张与弛有错落

"张"即紧张、急促;"弛"即轻松、舒缓。教学中一味地"张"会造成学生心理紧张,影响学生的身心健康;一味地"弛",学生会精神涣散,注意力集中不起来。所以在教学中,教师既要运用辩论、比赛和教师紧张、急促的语言等,造成紧张的课堂气氛,又要运用故事、游戏、活泼幽默的语言等,使学生轻松、愉快。

4.疏与密有间隔

"疏"即间隔大、频率低;"密"即间隔小、频率高。这一变化主要是通过时间分配的长与短、信息交流的快与慢来实现的。确定"疏"与"密"的主要依据应该是教学内容的难易程度和学生的反应情况。

---

① 王重力:《生物课程与教学论》,东北师范大学出版社 2007 年版,第 198 页。
② 杨国全:《课堂教学技能训练指导》,中国林业出版社 2001 年版,第 282—285 页。

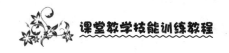

5. 起与伏有波澜

"起"是指教学活动中学生思维最活跃、师生信息交流最畅通的高潮状态;"伏"是指学生情绪相对平稳、兴奋水平有所降低的状态。教师在教学中要善于用一起一伏的节奏将学生带入起伏跌宕或波澜起伏的教学情境之中,使学生在享受教学艺术美的氛围中掌握教学内容。

(二)课堂教学中节奏的变化途径

1. 通过变换教学语言,变化教学节奏

形成变化教学节奏的首要问题,是教师要注意自己的语言修养,使教学语言既能保持教学内容的内在联系,又能在细节问题的处理上做到形象鲜明,具体生动,能直接诉诸学生的心智,使自己的语言节奏与学生的心理特点合拍。

2. 通过教师神、情、行、态的变化,调整教学节奏

神、情、行、态分别指教师的精神状态与神采、表情与情调、行为举止与教学动作、教仪与教态。变换这些可以使教学节奏得到某种程度的改变。

3. 通过课堂教学行程、教学环节的变化,调整教学节奏

教学节奏包括课堂结构的布局与衔接、教学内容的剪裁与时间分配等。通过调整教学各组成部分"松""散"状态、教学节奏的"平""淡"与"起""伏"状态,可使教学节奏得到相应的变化。

4. 通过"拍两头,带中间",变化教学节奏

一节课都有开始部分、中间部分、结束部分。这三部分各讲什么内容,开展什么活动,采用何种方法,以及各部分之间如何照应、衔接转换都属于教学节奏的范围。变换教学节奏可根据教学内容、教学要求、学生的反应情况,通过对这几部分的内容、活动、方法等做相应的设计调整来实现。

5. 通过创设教学情境、改变教学气氛来变化教学节奏

6. 通过快与慢的调整,变化教学节奏

7. 通过适当的"重复"和提供"变式",变化教学节奏

重复可使教学得到统一和巩固,变化可增加新的因素,进而形成具有对比性的节奏。但重复应该是"必要"的重复,不能是"多余""无休止""机械"的重复。提供"变式"即提供"本质属性保持恒在,而非本质属性不常出现的多种直观材料或事例"的多种呈现形式。

【拓展阅读】

教学变化技能训练的参考措施①

教学变化技能是一项贯穿教学过程始终的教学技能,与其他教学技能密不可分。在单独实施训练上具有一定的不便性,其训练应贯穿于其他教学技能的实践训练之中。但这不表明这一技能不可集中训练。集中训练的措施可参照其他教学技能的训练措施,即设定一个为期不少于一个月的"教学变化技能"训练月,根据"教学变化技能训练目标",

---

① 杨国全:《课堂教学技能训练指导》,中国林业出版社 2001 年版,第 289—290 页。

查找自学材料,提出自学参考题;然后根据教学变化技能的有关知识和操作要求,就其感兴趣并且内容的情感变化又比较丰富的课题,设计一项旨在突出教学变化技能要求的教学方案。设计时要求方案包括教学语言、教学节奏、身体走动、教态语言(手势、面部表情、眼神交往等)变化的类型。然后先分年级组、学科组或教研室组对教师的设计方案进行评议,共同完善方案。对方案进行评议前,请方案设计者说明每项"变化"的目的、方式。在评议完毕后可在同学科教师之间进行观摩评议。观摩评议的结果可考虑作为教师业务考核的参考依据。有条件的学校可以对观摩课进行录像。结合录像的分析、评价更具有指导意义。教学变化的参考评价量表如表13.2所示。

表13.2　教学变化技能评价参考量表

评价教师:_____

评价标准	评价等级				权重	得分
	A	B	C	D		
态度和蔼,课堂气氛和谐					0.09	
站立姿势端正,自然、优美、大方					0.07	
走动快慢合适,停留得当					0.08	
以手势助说话,没有多余动作					0.09	
声调、音量、节奏富于变化,起伏有序					0.08	
有明显的教学高潮					0.10	
注意眼神交流,面向全体学生					0.07	
态势语言含义明确,繁简适度,朴素自然,潇洒优美,与有声语言配合得体					0.10	
停顿运用适当,能引起学生注意					0.08	
仪表整洁、朴素、大方					0.06	
目的明确,符合教学内容的特点,能引起学生的积极反应					0.10	
总体评价					0.08	
合计得分						

【学习资源】

[1]田晓娜.教师的风度仪表行为[M].北京:国际文化出版公司,1997.

[2]谭江竹,袁邦照.体态语在英语课堂教学中的运用[J].郑州航空工业管理学院学报(社会科学版),2005(1).

[3]王松美.中学英语课堂教学技能训练[M].长春:东北师范大学出版社,2000.

[4]耿二岭.体态语概论[M].北京:北京语言学院出版社,1988.

[5]洛雷塔·A.马兰德罗,拉里·巴克.非言语交流[M].孟小平,单年惠,朱美德,译.北京:北京语言学院出版社,1991.

[6]孟宪恺.微格教学基础教程[M].北京:北京师范大学出版社,1992.

[7]王月明.音乐教学中的语言美[J].中国音乐教育.2000(10).

[8]李强.课堂教学语言的运用和提高[J].中小学音乐教育,2005(10).

[9]许晖,李艳红.谈音乐教师的语言艺术[J].教育与职业.2006(36).

[10]费承铿.小学音乐教学[M].南京:河海大学出版社,2004.

第十四章 教师课堂教学礼仪的养成与训练

【内容导航】

※ 教师课堂教学礼仪概述

※ 教师课堂教学礼仪的养成训练

【学习目标】

1. 能够说明课堂教学礼仪的内涵及其意义。

2. 能够结合具体的实例分析课堂教学礼仪的构成要素。

3. 能够比较分析课堂教学礼仪与社交礼仪的异同,掌握教师课堂教学礼仪的特征。

4. 能说明课堂教学对教师仪容、仪表、仪态的整体要求。

5. 能利用课堂教学对教师个人整体形象、教师发饰、教师妆容,以及对教师着装的要求来塑造教师专业的礼仪形象。

6. 能模拟课堂教学对教师站姿、坐姿、行姿、手势、目光等方面的规范要求来养成良好的教态,提升专业形象。

古人有言:"不学礼,无以立。"教书育人的重要目的之一是教会学生讲礼仪,而教师要教学生讲礼仪,首先自己要具备较高的文化礼仪修养。"学高为师、身正为范"是对教师从事教育教学活动的基本要求,这是因为示范性是教师工作的重要特点,教师的一言一行对学生会起到潜移默化的影响。作为社会生活中的个体,教师不仅需要在人际交往、社会生活等不同场合遵守不同的礼仪规范要求,更要在从事专业的教育教学活动中为人师表,严格要求自己,成为讲礼仪的典范。

课堂是教育教学的主阵地,教师在课堂教学礼仪的养成不仅对教学效果、学生的发展有重要的作用,更被认为是现代教师专业发展的重要内容,是现代教师专业素养的重要体现。唤醒教师的课堂教学礼仪修养意识,掌握一些有关课堂礼仪的基本常识,学会一些增强自身礼仪修养训练的方法,对教师的教学与自身的专业发展都具有非常重要的意义。

第一节 教师课堂教学礼仪概述

一、教师课堂教学礼仪的内涵

(一)礼仪

礼仪,顾名思义即礼节和仪式。礼节是人们从心理需要的层面为了相互表达尊重,有敬重、敬畏、尊敬、尊重之意,即"心有敬";仪式是人们出于表达敬重之所需所选择的形式、方式、方法,即"形于外"。所以,礼仪从字面理解即心有敬而形于外,心有敬是本质,形于外是表现形式。

随着礼仪的内涵与形式的不断深化,以及礼仪在人类社会的生产、生活中发挥的作用越来越重要,现代意义上的礼仪已经属于道德体系中的社会公德范畴。礼仪是人类社会为维系社会正常生活而共同遵循的最简单、最基本的道德行为规范。它是人们在长期共同生活和相互交往中逐渐形成的,并以风俗、习惯和传统等形式固定下来。对一个人来说,礼仪是一个人的思想道德水平、文化修养、交际能力的外在表现;对一个社会来说,礼仪是一个国家社会文明程序、道德风尚和生活习惯的反映。

(二)教师课堂教学礼仪

所谓教师礼仪,是指教师在从事教育、教学活动,履行义务时所必须遵守的礼仪规范。当然,这些礼仪规范在不同的场合、面对不同的交往对象会有不同的要求,相比于教师在校的日常生活礼仪、同事交往礼仪以及其他的教育教学活动中的礼仪要求,课堂教学礼仪有其特殊性。这是因为教学活动是一项专业性较强的活动,从事专业活动需要教师具备不同于日常生活及其他场合所需的礼仪。所以,教师课堂教学礼仪是指以课堂为环境所发生的教师与学生交往的过程中所必须遵守的礼仪规范要求。课堂教学礼仪发生的环境或场合限制于课堂,礼仪发生的过程是师生交往过程,礼仪规范要求包括对教师仪容、仪表、仪态、言行举止等多方面的要求。

二、教师课堂教学礼仪的要素

一般来说,礼仪的构成要素包括礼仪的主体、礼仪的客体、礼仪的媒介与礼仪的环境四个基本要素。教师课堂教学礼仪的构成要素亦包括这四个方面。

(一)课堂教学礼仪的主体

如果把哲学中关于主体的概念引用到课堂教学中,礼仪的主体则是指课堂教学活动中有关礼仪活动与礼仪行为的发起者与施动方。那么,在教育教学活动中是否所有的与礼仪有关的行为,教师都是礼仪的主体呢? 答案是否定的。因为这主要依赖于礼仪行为发生的情境到底是由教师和学生谁来发起作为判断依据。因此,课堂教学礼仪主体的确定要依据具体的情境而定。出于教师技能训练的目的,本章后续内容将重点分析教师作为课堂教学礼仪主体所需要的基本礼仪素养与训练方法。

(二)课堂教学礼仪的客体

有施动方,就必然有受动方,亦即礼仪的客体。礼仪的客体是指礼仪行为和礼仪活动的指向者和承受者。不过与人作为礼仪的唯一主体不同的是,礼仪的客体既可以是人,也可以是物;既可以是物质的,也可以是精神的;既可以是具体的,也可以是抽象的;既可以是有形的,也可以是无形的。比如,当国旗每天黎明在天安门广场冉冉升起时,护卫队及观众行注目礼,国旗则是这一礼仪的客体。[①] 同样,课堂教学礼仪的主客体也依据不同的情境存在互换的可能性,有可能是教师,也有可能是学生;有可能是人作为客体,也有可能是物或精神作为客体。

(三)课堂教学礼仪的媒介

礼仪的内涵中包含"形于外"的意思,即任何礼仪活动都需要依托一定的媒介或手段来表达。从礼仪活动所需要的媒介的性质分类,可将礼仪媒体划分为人体礼仪媒体、物体礼仪媒体和事体礼仪媒体等三大基本类型。教师在课堂教学中,也需要通过人体、物体、事体等不同的介质或媒介来表达教师自身的礼仪修养。其中,人体礼仪媒体是课堂教学中最主要的礼仪媒介,这主要是由课堂教学的过程与特征所决定。在课堂教学中,教师也需要借助于物体礼仪媒体来传递自身的礼仪修养。事体礼仪媒体也称之为事件礼仪媒体,课堂教学不仅是传递知识与技能的过程,更是师生交往的过程,师生交往事件本身就是体现礼仪信息的媒介。教师请学生回答问题、教师表扬学生、教师处理课堂问题行为等事件都属于体现礼仪的媒介。

(四)课堂教学礼仪的环境

礼仪活动的历史变迁过程证明了任何礼仪行为和活动都是在特定的时间和空间条件下进行的,这就是礼仪的环境特征。教师在课堂教学中的礼仪行为,就应该充分考虑课堂教学这一大环境对自身的要求。课堂环境对教师的礼仪行为要求主要体现在两个方面:一是,教师自身所有的行为都应该符合课堂教学的要求;二是,教师自身所有的行为都应该体现出课堂教学的特征。比如,一个尊重学生话语权、敢于让学生表达的教师远比一个满堂灌、盲目让学生服从权威的教师更具有与学生交往的礼仪素养。

三、教师课堂教学礼仪的特征

(一)专业性

教师课堂礼仪的专业性主要表明课堂教学礼仪有别于教师日常参与社会生活所需要的礼仪规范。教学礼仪规范对教师从仪容、仪表、仪态、言行举止等方面有特殊要求。这种特殊性主要与教师的工作环境、教育对象以及职业特点有关。首先,课堂教学是一项专业性较强的活动,从事专业的活动需要教师具备专业的礼仪素养;其次,教育对象是学生,学生的发展有其特点,这就要求教师在与学生交往的过程中有别于与家人、同事、朋友的交往,维持这种交往规范的就属于教师的专业礼仪。

(二)规范性

规范性是礼仪的一个极为重要的特征。这里所说的规范性有两层含义:一是指礼仪是人们在社会交往实践中的一种行为规范,是普遍遵守的行为准则;二是指在社会交往中礼仪的实施应该遵循规范、符合标准、认真实施。[②] 同样,规范性也是教师课堂教学礼

① 刘维俭、王传金:《现代教师礼仪教程》,南京师范大学出版社 2006 年版,第 3—4 页。
② 刘连兴、王景平、张美君:《大学生礼仪修养》,山东大学出版社 2004 年版,第 18 页。

仪的基本特征。教师在与学生交往的过程中,不仅需要通过说教来告诉学生自己期待学生有什么样的行为表现,更要对自己严格要求,通过规范自身的言谈举止,以良好的个人形象为学生塑造模仿的典范与榜样。

（三）示范性

在课堂教学中,教师不仅可以通过知识的讲授、技能的操作对学生进行身体力行的示范,更在于教师个人的言谈举止、行为习惯、衣着打扮都有可能成为学生模仿的内容与对象。比如,教师得体的服饰、优雅的举止、文明的语言、良好的习惯都会对学生产生一种正面的示范作用。良好的课堂教学礼仪之所以能对学生起到正面的示范作用,主要与学生具有"向师性"的发展特点有关。

（四）教育性

教育性是教师课堂教学礼仪的最主要特点。前面所论述到的教师课堂教学礼仪的专业性、规范性、示范性等特点的发生都是以课堂教学礼仪的教育性为基础。这是因为课堂教学礼仪从其价值和产生的效果分析,有双重价值的特点:一方面,同其他职业一样,良好的礼仪可以塑造职业形象,教师课堂教学礼仪的养成有利于树立教师良好的职业形象;另一方面,教师良好的礼仪修养也可以潜移默化地产生育人的作用,这是有别于其他职业的。

（五）自律性

如果说讲礼仪属于个体的一种素养,那么这种素养的习得与养成也需要经历一个学习的过程。教师课堂教学礼仪的养成也不是教师天生就具备的,它需要教师有意识地通过提高自身文化修养,并在长期的实践过程中能自觉反省而形成。这种自觉的学习、实践与反省的过程就属于礼仪养成的自律性特点。一方面,这种自律性的本质是教师内在道德要求和外在表现形式相统一的行为规范的形成过程;另一方面,礼仪养成自律性的特点也为教师课堂教学礼仪的养成训练与学习提供了理论依据。

四、教师养成良好课堂教学礼仪的意义

（一）具备课堂教学礼仪能塑造教师专业化的形象

教师群体在课堂教学中的精神面貌与专业形象不仅可以通过教师具备渊博的知识、娴熟的教学技能、良好的教育教学活动组织与管理能力来体现,还在于可以通过教师群体在课堂教学中表现出来的言谈举止、行为服饰、气质类型、风度品格等外在与内在形象来体现。优雅的谈吐、得体的服饰、文明的举止既体现了教师自信、阳光、健康、积极进取的心态,又能塑造教师端庄、大方、简约、严谨、认真的专业形象。

（二）学习课堂教学礼仪能提高教师素养

良好的礼仪是一个人整体素养、完善人格的重要组成内容,也是个体参与社会生活与工作的重要基础。教师个体对课堂教学礼仪的掌握与学习是教师提高个人素质、完善自我人格的重要途径。我国于 2012 年颁布的幼儿园教师、中小学教师专业标准对教师的专业素养做了明确规定,专业理念与师德、专业知识、专业能力共同构成了教师的专业

素养,在专业理念与师德部分都有有关教师专业礼仪的表述与要求。

(三)教师具备良好的课堂教学礼仪能促进学生的健康发展

教师课堂教学礼仪不仅能完善教师的人格,塑造教师自身的职业形象,更在于其对学生的健康发展具有重要影响。这种教育影响主要体现在以下几个方面:其一,对形成学生良好的"第一印象"有重要作用;其二,有利于提高教师的威信;其三,有利于塑造学生的形象;其四,直接关系到学生学习兴趣的高低和教育效果的好坏。

(四)遵守课堂教学礼仪能构建和谐的师生关系

由于师生之间的角色具有差异性,所以要求教师在与学生交往过程中应该扮演好自己的角色要求,而体现这种角色要求的就是最基本的礼仪行为。课堂教学礼仪不仅具有协调师生关系的功能,还具有增进师生情感、促进师生关系融洽的功能。

第二节 教师课堂教学礼仪的养成与训练

一、课堂教学礼仪养成与训练的内容

课堂教学是教师的核心工作,教师每天都需要走进课堂,课堂教学也是最能体现教师专业礼仪的场所与环境。常态化的课堂教学以教师为主导,教师在课堂教学中的礼仪规范主要借助教师个体作为媒介来体现,主要表现为教师的仪容礼仪、仪表礼仪、仪态礼仪。

(一)仪容礼仪

仪容通常是指一个人的外观、外貌或容貌,它主要是由发式、面部、颈部等直接裸露在外的肌肤组成。在现代社会,仪容作为礼仪重要的外在表现形式,在人们的生活、工作、社会交往的过程中显得越来越重要。特别是在职业场所,仪容端庄是对从业者面貌的总体要求。在课堂教学中,端庄的仪容使得教师自信而具有魅力,体现了教师对职业、对学生的尊重。所以,教师教学礼仪的训练首先从关注自己的容貌开始。

(二)仪表礼仪

《大戴礼·劝学》记载孔子言"君子不可以不学,见人不可以不饰。不饰无貌,无貌不敬,不敬无礼,无礼不立"。可见充实自己的内在品质和打扮自己的外表同样重要。与人相见时要打扮自己的容貌和服饰,这是尊重对方的表现,也是对事件本身的重视。在某种意义上,一个教师的服装并不只是表露他(她)的情感,而且还显示着他(她)的智慧。教师的衣着习惯,往往透露出人生的哲学和价值观。教师遵守服饰礼仪是人际交往取得成功的一个前提,更是教师职业道德、职业规范的一部分。教师的服饰不仅对自己起着重要的修饰作用,对学生也起着潜移默化的榜样和示范作用。

（三）仪态礼仪

仪态是一个人已经习惯的姿势、举止和动作的总称。仪态自然、优雅、文明、敬人、不做作是对一个人在公众场合的基本要求。在课堂教学中，教师的仪态简称教态，整体表现为教师在课堂教学中个人的神态。其中"神"主要指神情，包括教师的目光、表情、风度等；"态"主要是指教师在课堂教学中的态势，具体则包括教师在教学过程中的站、立、行、坐等。教师仪态彰显了一个教师的气质与风度，是一个教师教学基本功的重要体现。

仪容、仪表、仪态共同构筑了教师的个体形象，下面将分别从教师个人形象的整体要求，教师的发饰、妆容、着装、站姿、手势语、坐姿、走姿、面部表情等方面予以具体说明、训练。

二、课堂教学对教师个人形象的整体要求

（一）干净卫生

干净卫生不仅对一个人的健康有重要的影响，更在于其能反映一个人的精神风貌。课堂教学是专业活动，教师注重个人卫生直接会影响教师在学生心目中的形象。教师应有良好的卫生习惯，比如经常洗澡、勤换衣物、定期修剪指甲等。注意局部卫生清洁习惯不仅有利于教师的健康保健，反映了教师积极进取的生活态度，更有利于为学生人格的完善树立榜样。教师可以从面容清洁、手部卫生清洁、局部卫生清洁（如眼睛、鼻孔、口腔、耳洞）、衣物换洗等方面来养成个人良好的卫生习惯。

（二）整洁素雅

所谓的整洁是指职业场合中，个人的服饰、佩戴、办公用品都应规整整齐，摆放有序。素雅是指素净雅致，不张扬、简约、自然不做作都是素雅的表现。素雅体现了教师的情操与品位。素雅还体现在教师的教学行为上，一个教师能在上课前几分钟走进教室候课要比一个教师踏着铃声慌慌张张地走进教室会显得更雅致一些。

（三）专业干练

干练是专业场所对专业人员的形象的整体要求之一。一个人做事是否专业干练，不仅体现在雷厉风行的处事风格上，还可以通过其个人外在形象予以体现。在课堂教学中，无论是男性教师还是女性教师都应该给人以干练的专业形象，比如手镯、项链、戒指等配饰虽然能体现出女教师的女性美，但是如若过于华丽、佩戴的数量过多反而会给人一种俗气、拖沓的感受。

（四）优雅得体

优美典雅会给人以美的享受，一个人举止文明、言行礼貌、站着或坐着时会给人一种静态美，行走的过程中又会给人一种动态美，目光温和、表情丰富、言谈得体既能表现个人良好的修养，又能提升交往的层次与效果。在课堂教学中，教师与学生交流的媒介除了语言，最主要的就是教师的各种仪态与动作，优雅得体就是对教师仪态、动作举止的要求。

三、课堂教学对教师发饰的要求与训练

按照我们打量、观察他人的习惯,一般对他人的注意遵循从上到下的顺序,所以一个人的发型、发部卫生、发饰等在社交礼仪场合最容易引起他人的关注。在课堂教学中,学生也会有意无意地注意或观察教师的发饰,所以,从"头"开始,塑造专业化的形象很有必要。课堂教学对教师发饰的基本要求有以下几个方面。

(一)干净整洁

头发是人体中最易滋生细菌的部位,保持头发的干净整洁不仅出于美观的要求,更是出于健康的考虑。教师不应将自己的头发所散发出来的异味或细菌带到课堂教学中,这就要求教师应该保持自己头发的干净整洁。头发的干净整洁主要依靠"洗护"和专业的"打理"。一般情况下,头发的洗护每周至少要 2 次以上,头发的专业打理一般最少一个月 1 次。

(二)长短适中

对教师来说,头发的长短要求主要依据性别因素,对男教师头发的长短要求是短不光头,前不覆额,侧不遮耳,后不齐领;对女教师头发的长短要求是短不光头,前不过眉,侧不遮耳,过肩宜扎起。

(三)造型适宜

一个人的发质很难改变,但是造型却往往有很大的主观性。头发造型与一个人的高矮胖瘦、服饰脸型、个人气质等有很大关系。教师在课堂教学中,发型的选择也应该以保守简单、大方干练为宜。

(四)美观自然

在职业场所,头发的美化应该尽可能自然美观,不宜过多地雕饰与打磨,以免给人做作之感。课堂教学需要教师一种自然大方的形象,所以发饰不宜烦琐,切忌重度染烫及奇、怪、乱、假等。

【实战演练】

根据课堂教学对教师发饰的要求,请他人对你的发饰从长短、造型、整洁、光泽等方面做一分析,看是否符合课堂教学的要求,并能就不适宜的问题提出合理修正意见。

四、课堂教学对教师妆容的要求与训练

(一)女教师化妆很有必要

化妆需要有一定的时间、经济、技术基础,在从事教育教学活动的专业场合,女教师化妆很有必要,因为化妆体现了教师对教学活动的重视以及对学生的尊重。当然,不同年龄群体的女教师,其妆容的侧重点也应该有所区别。年轻女教师的妆容应该给学生一种清新自然之感,中老年女教师的妆容应该给学生一种淡雅的感觉效果。男教师一般不需要刻意的妆容修饰,但是对其皮肤的保护、胡须的处理应该也是走进课堂教学之前的必修课。

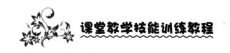

（二）淡妆为宜

工作场所化妆很有必要,但是却应以淡妆为宜,化妆的最高境界是妆后看起来若有若无,若隐若现,接近于天然但又掩饰了自身的缺陷,这样的妆容在正式场合才能显示个人的端庄与魅力。对女教师来说,要有化妆的意识与技术,但切忌妆容过浓。"血盆口"、长彩甲、"熊猫妆""媒婆脸"、烟熏妆、亮眼影等过于夸张的妆容一定不适合课堂教学。

（三）整体协调

课堂教学中,教师的妆容应该追求画龙点睛的效果,但更应该追求妆容与自己服饰、环境、教授内容等方面的协调一致性。首先,化妆应与服饰协调;其次,妆后面容各部位应相互协调;最后,妆容应与环境协调,特别是教师的妆容应充分考虑到教学的情景。

（四）扬长避短

教师应该在正确认识自己身体条件的基础上,进行化妆技巧与方法的合理选择与搭配。其重点是弥补缺陷,即扬长避短。首先,考虑自身条件化妆;其次,兼顾自身特点化妆;最后,化妆能弥补自身缺陷。[1] 化妆应当兼顾扬长与避短,但重点应是避短,即弥补自己的"美中不足"。

五、课堂教学对教师着装的要求与训练

（一）教师课堂教学着装原则

（1）整洁;
（2）整齐;
（3）合体;
（4）少而精。

（二）教师课堂教学着装禁忌[2]

（1）忌脏;
（2）忌破;
（3）忌乱;
（4）忌露;
（5）忌透;
（6）忌紧;
（7）忌怪。

【实战演练】

阅读以下资料,请回答除了材料中对教师着装的要求外,你认为教师的着装还需要注意哪些方面? 并用自己的话描述你对男教师着装的要求。

---

① 金正昆:《教师礼仪概论》,北京大学出版社 2007 年版,第 49 页。
② 刘维俭、王传金:《现代教师礼仪教程》,南京师范大学出版社 2006 年版,第 62—63 页。

女教师课堂教学八类衣服不宜穿

1. 领子过低。
2. 裙子过短。
3. 布料太轻薄、透明、紧包着身体的。
4. 西服、裤子、裙子有过于醒目的花卉图案。
5. 品牌印记过于显眼的服装。
6. 衣服领子上过多的花边、装饰物。
7. 尺码不合身材,过于宽大或者过于紧身。
8. 破旧的、带有印渍的、不清洁的、带有古怪味道的服装。

六、课堂教学对教师站姿的要求与训练

站姿也称为立姿,是人最基本的姿态之一。教师由于一般都站立讲课,所以,站姿是教师在课堂教学中应用最广泛、时间最长的姿态。教师在课堂教学中站姿端直挺拔、优美大方,能给予学生精力充沛、积极向上的印象。

(一)教师课堂教学站立的位置

一般情况下,以讲台为参照物,教师站在讲台的最中间位置最佳。教师站在讲台的中央,除两边的学生外,大多数学生是直视的,这对保护视力有益处。另外,从课堂管理的角度来说,站在教师讲台的中央,最有利于教师全面监控学生的学习,而不至于使得教室里出现教师看不到的管理"死角"。

(二)课堂教学中教师站姿的注意事项①

(1)学生回答问题时,教师自己板书,忌背对学生,以免给学生一种不礼貌的感觉,学生也不能从教师的表情中判断自己的回答是否正确,是否需要继续回答。

(2)忌双手放在裤袋里或两手反在背后,以免给学生一副师道尊严、居高临下的姿态,没有一点亲切感。

(3)学生自习时,老师可以用手撑住桌沿,把重心移到某只脚上,但不能长时间手撑桌面,免得学生认为您疲惫不堪,影响听课情绪。

(4)擦黑板时,教师的站立要稳,不能全身猛烈抖动,左右摇晃,此举会破坏教师的课堂形象。

(5)教师讲课的站位不能呆板地固定在一点上,应适当地移动位置,或到学生座位行间进行巡视。

(6)忌侧身而站。

(7)忌站时重心移动太快。

(8)忌远离讲台,站在讲台的前左角或前右角;忌"打游击"地左右来回移动,或者在学生座位行间踱来踱去,不符合礼仪规范和卫生要求。

---

① 兰希高:《教师礼仪修养》,江西高校出版社 2008 年版,第36—37 页。

（9）忌把双手交叉抱在胸前或背在身后,这些动作会给学生一种傲慢的感觉。

（10）如果站立过久,可以将左脚或右脚后撤一步,但上身仍须挺直,脚不可伸得太远,双腿不可叉开过大,变换也不能过于频繁。

（11）站立时,忌全身不够端正、双脚叉开过大、双脚随意乱动、无精打采、自由散漫的姿势。

【实战演练】

请根据以下关于教师有关站姿训练的方法,现场模拟教师在课堂教学中的站姿,并请他人对自己的站姿做出评价。

教师几种正确的站姿①

（1）正向抬头,双目平视前方,嘴唇微闭,面带微笑,自然平和。

（2）两肩平行、放松、稍往下压,使人体有向上的感觉。

（3）躯干挺直,身体重心应在两腿的中央,做到挺胸、收腹、立腰(这样会给学生以"力度感")。

（4）双臂自然下垂于身体两侧,或放在身体前。

（5）双腿直立,两足分开20厘米左右的距离或两脚靠拢,脚尖呈"V"字形。女教师两脚可并拢。男教师双腿张开与肩宽,保持身体的端正。

七、课堂教学对教师手势语的要求与训练

手势语即利用手的动作和姿势来传递信息、思想,甚至感情。

（一）课堂教学常见教师手势语的类型

1. 象征性手势

象征性手势是教师在课堂教学中应用最广泛的手势。顾名思义,象征性手势即教师借助于双手的动作变化、空间长度变化、大小变化、形状变化、与身体重心距离的变化等来比画或模拟具体的事物或形象。象征性手势使用得当、模拟准确形象会达到直观性教学的作用与效果。

2. 命令性手势

命令性手势即教师通过手势动作的变化来传递对学生的要求或指令。命令性手势在教学活动中主要起到教师管理学生或调控课堂纪律的作用。命令性手势要起到命令、指令、调控的作用,就必须建立在教师和学生相对熟识的关系基础上,它具有暗含、契约等特征,所以命令性手势在教学中要谨慎使用,特别是当具体的教学情景发生变化,命令性手势也应该发生变化。

3. 评价性手势

评价性手势即教师可以通过自己手势动作来表达对学生表现的满意程度。这种手势动作主要起到评价、传递情感的作用。学生回答完问题,教师竖起大拇指表示一种赞赏;学生遇到难题没有信心,教师轻抚学生肩膀,给予学生积极的暗示,以表达鼓励。

---

① 刘素梅:《教师礼仪素养》,东北师范大学出版社2010年版,第13—14页。

4.习惯性手势

象征性手势、命令性手势与评价性手势一般都是教师有意识地设计与运用的,但是习惯性手势大多数与教师的生活习惯有关,即便发生了教师也不一定意识得到。教师自己也不一定能对习惯性手势做合理的解释。

(二)课堂教学对教师手势语的基本要求

（1）准确;

（2）简洁;

（3）形象;

（4）避免不良手势。

(三)课堂教学中教师手势语的注意事项

（1）请学生回答问题,忌用指头点着示意学生作答。

（2）忌竖中指等带有侮辱性的手势出现在课堂。

（3）忌用手势敲击桌面或黑板提示学生注意。

（4）忌在教学活动中指手画脚,双手挥动太猛,幅度过于夸张,以免会给学生不稳重感,以防出现手势语代替了语言的重要作用的情况。

（5）课堂教学中双手抱胸、防御性手势将教师的自信心不足、紧张的心态暴露无遗,因而一定要有意识地加以克制。

（6）应注意避免手势语与口语、身体、动作不协调。如果手势语与其他体态信号不一致甚至相互矛盾,会给学生造成不置可否的不良影响。

【实战演练】

请根据教师课堂教学中的手势类型,自行设计一种表达命令、象征、评价的手势动作,现场进行演示并辅以说明。

八、课堂教学对教师坐姿的要求与训练

坐姿是人落座后所呈现的姿势与仪态。坐姿不仅体现着一个人的仪态美,而且还关系到人的身体健康。正确的坐姿能体现教师的神态美,更有利于教师的健康保健。

(一)正式场合常见的坐姿①

1."正襟危坐"式

这种坐法是最为常见的正式场合的落座方式,适用于社交、会议、课堂等场合。端坐的形态要求是上身和大腿、大腿和小腿,都应当形成直角,小腿垂直于地面。双膝、双脚包括两脚的跟部,都要完全并拢。

2.双腿斜放式

它比较适合女性,特别适合落座在沙发等较低的座位上或由于着装不便时,侧坐能显现出女性谨慎的气质。这种坐姿要求双腿首先并拢,然后双脚向左或向右侧斜放,力

---

① 《教师礼仪》编写组:《教师礼仪》,新华出版社 2006 年版,第 32 页。

求使斜放后的腿部与地面呈45°角。

3. 前伸后曲式

这是女教师适用的一种坐姿。要求大腿并紧后,向前伸出一条小腿,并将另一条腿屈后,两脚脚掌着地,双脚前后要保持在一条直线上。

4. 双腿叠放式

适合穿短裙的女教师采用。要求将双腿一上一下交叠在一起,交叠后的两腿间没有任何缝隙,犹如一条直线,双脚斜放在左或右一侧。斜放后的腿部与地面呈45°角,叠放的上脚尖垂向地面。

5. 双脚内收式

它适合与学生交谈时采用,男女教师都适合。要求两条大腿首先并拢,双膝可以略为打开,两条小腿可以在稍许分开后向内侧屈回,双脚脚掌着地。

6. 垂腿开膝式

它多为男教师所用,比较正规。要求上身和大腿、大腿和小腿部成直角,小腿垂直于地面。双膝允许分开,分的幅度不要超过肩宽。

7. 双脚交叉式

它适用于各种场合,男女教师都可选用。双膝先要并拢,然后双脚在踝部交叉。需要注意的是,交叉后的双脚可以内收,也可以斜放,但不宜向前方远远地直伸出去。

(二)坐姿的基本要求

(1)入座要轻而稳,女士着裙装时要先轻拢裙摆,而后落座;

(2)面带笑容,双目平视,嘴唇微闭,微收下颌;

(3)双肩平正放松,两臂自然弯曲放在膝上,也可放在椅子或沙发扶手上;

(4)立腰、挺胸、上体自然挺直;

(5)双膝自然并拢,双腿正放或侧放;

(6)至少要坐满椅子的2/3,脊背轻靠椅背;

(7)起立时,右脚向后收半步而后起立;

(8)谈话时,可以侧坐,此时上体与腿同时转向一侧。

(三)课堂教学中教师坐姿的注意事项[①]

(1)忌双腿叉开过大;

(2)架腿方式欠妥;

(3)忌双腿直伸出去;

(4)忌将腿放在桌椅上;

(5)忌抖腿;

(6)忌脚尖指向学生;

(7)忌脚蹬踏他物;

---

① 刘素梅:《教师礼仪素养》,东北师范大学出版社2010年版,第17—18页。

（8）忌用脚自脱鞋袜；

（9）忌手触摸脚部；

（10）忌手乱放；

（11）忌双手抱在腿上；

（12）忌上身向前趴伏在讲台上；

（13）忌仰靠椅背，翘起并摇动二郎腿，以免给学生傲慢和随意的印象；

（14）忌漫不经心地手托下巴；

（15）忌懒散懈怠地坐在椅子上转身板书。

【实战演练】

请根据教师课堂教学中坐姿的基本要求，现场模拟教师在课堂教学中参与小组合作学习时，教师的落座、坐定、起身等环节的坐姿。

九、课堂教学对教师行走的要求与训练

课堂教学中教师的行走也需要有标准的姿态。站姿与坐姿体现了一个人的静态美，那么，走姿则体现了一个人的动态美。教师在课堂教学中需要适当地走动，一方面通过间歇的走动可以改变学生的视角，避免学生目光长时间集中在一个焦点而引起疲劳；另一方面，适当地走动也可以防止腿部静脉曲张、腰椎间盘突出等职业病发生的概率，有利于教师的健康。

（一）课堂教学中走姿的基本规范①

（1）头抬起，双眼平视，微收下颌，面带微笑；

（2）上身基本保持站立的标准姿势，挺胸收腹，腰背笔直；

（3）两臂以身体为中心，前后自然摆动，前摆约35°，后摆约15°，手掌朝向体侧；

（4）起步时上身略为前倾，身体重心落于前脚掌，膝盖伸直，两膝间不应有空隙；

（5）脚尖向正前方伸出，两只脚的内侧落地时踩在一条直线的线缘上，脚尖偏离中心线约10°；

（6）步幅均匀，一般应该是前脚的脚跟与后脚的脚尖相距为一脚长，因性别和身高有差异，男性步幅可大些；

（7）步态轻盈。

（二）课堂教学中教师走动应注意的事项

（1）忌课堂上走动过频过急；

（2）忌一边讲课一边走动；

（3）教师在走动后位置不宜久留在教室的后面；

（4）教师的走动时间要符合学生的心理；

（5）忌敞开衣襟走动；

---

① 刘维俭、王传金：《现代教师礼仪教程》，南京师范大学出版社2006年版，第80—81页。

（6）避免腆起肚子行走，否则给学生以松松垮垮的感觉，而且身子不直有失风度；

（7）注意行走时不要晃头晃脑，摇尾摆臀，否则很容易让学生模仿不良走姿；

（8）忌行走时双手插在衣裤口袋；

（9）注意不要在教室里背双手而走或双臂相抱而行，否则不仅步态不稳，而且还易造成优越傲慢之嫌和信心不足之感；

（10）男教师切忌穿着拖鞋行走在教室，女教师尽可能不要穿着"空前绝后"的凉鞋在教室里行走。

【实战演练】

请现场模拟教师从教室外走上讲台的过程，重点分析这个过程中教师的走姿，并能发现自己教学中走姿存在的问题并能及时更改。

十、课堂教学对教师表情、目光的要求与训练

在人的整个面部表情中，通过眼神传递出来的信息往往是最有内涵、最为丰富、最为复杂，也最为微妙的。眼神也被称为目光语，之所以认为目光是一种语言，就是因为目光本身能传递信息，能反映交际双方的内心世界。

（一）课堂教学中教师目光的类型

1. 鼓励的目光

当学生由于紧张或恐惧而不能回答问题或做出符合教师期待的行为发生时，激励的目光可以帮助学生缓解紧张的心情，也容易拉近教师与学生的距离，有助于改进师生间的关系。

2. 赞赏的目光

当学生取得进步或表现超出了教师对其期待时，赞赏的目光强化了学生的正向行为，亦有助于提升学生的自信心。

3. 警示的目光

当课堂问题行为发生时，警示的目光对学生有一种暗示，能起到防患于未然的功效。特别是课堂中个别或局部的问题行为发生，警示的目光对管理学生有非常重要的意义，一般情况下既能制止问题行为的扩大，也体现了教师的教学智慧，有助于提高教师教学效率。

4. 批评的目光

当学生的表现已严重影响到教师的教学与其他学生的学习，教师经过暗示后还是不能引起学生问题行为的改进，教师就需要通过长时间注视、目光的焦点集中、目光方向的变化、瞳孔的有意识变化等来批评学生的行为，以达到对其教育的功效。

（二）课堂教学对教师目光的要求

（1）正确选择目光投放点，把目光中心放在倒数二三排的位置上，并兼顾其他；

（2）加强目光巡视，消除"教学死角"；

（3）用目光给予信号，控制学生的分心；

（4）提问和课堂讨论时，对不同的情形采取不同的目光交流；

（5）用目光制止学生的嬉笑打闹。

（三）课堂教学中教师目光运用的注意事项

（1）切忌"目中无人"的讲课；

（2）切忌目光投向区域分布不合理；

（3）切忌通过目光传递负面情感信息；

（4）切忌教学过程中目光游离不定；

（5）目光运用需要考虑教学情境的变化。

【实战演练】

1. 请回忆一名你印象最深刻的教师，描述他的目光对你的影响。

2. 请分组在教室内现场模拟教师激励的目光、赞赏的目光、警示的目光、批评的目光，小组成员之间相互评价这几种目光运用的准确性及其要求。

【拓展阅读】

礼仪对师范生具有特殊的重要性①

师范院校是教师的摇篮，师范生是未来的人民教师。徐特立讲得好：教书不仅是传授知识，更重要的是教人，教育后一代成长为具有共产主义思想品质的人。因此，学师范、做人民教师的人，其思想品德的好坏，也就显得格外重要。师范院校必须加强学生的师德教育，让他们在学校就牢固地确立正确的师德意识，产生深厚的师德情感，养成良好的师德习惯，为其将来成为一名优秀的人民教师做好充分的准备。而开展礼仪活动，进行礼仪教育，正是达成这一目标的基本途径。

我们知道，人们的思想道德不是与生俱有的，而是在长期的社会实践中通过连续不断的社会行为后天养成的。因此，我们不应当到学生的内心深处去寻求善良的天性，而应当让学生在社会实践中去形成美好的德行。并且，即使学生有了某种良好的品德，也必须通过外在的具体行为将其表现出来，才能使道德的价值得以实现。礼仪具有形象性、实践性等多方面的特点，它本身就是一种既具有内在道德要求，又具有外在表现形式的行为规范。其内在的要求是要人们在社会活动中严守道德、相互尊重、诚恳和善、仪表端庄、谦恭得体。其外在的表现形式是指礼仪的内在要求在人们的语言、行为、仪态等方面的具体表现，是一个人道德风范的外化。因此，讲礼仪的过程，也就是一个人思想品质的外化过程、实践过程。没有内在的思想道德修养，外在的表现形式就失去了根基；而没有具体的外在表现形式，内在的道德观念则是抽象的、空洞的和没有实际意义的。正如英国教育家约翰·洛克所说："没有经过琢磨的钻石是没有人喜欢的……但是一旦经过琢磨，加以镶嵌之后，它们便生出光彩来了。美德是精神上的一种宝藏，但是要使它生出光彩的则是良好的礼仪……无论什么事情，必须具有优雅的方法和态度，才能显得漂亮，得到别人的喜悦。"因此，师范院校要非常重视对学生的礼仪教育，要让广大师生充分理解礼仪对学生将来从事的教育工作具有的特殊重要性。

---

① 节选自张廷俊：《论师范院校的礼仪教育》，载《乐山师范学院学报》2003 年第 6 期。

（一）讲礼仪可以更好地塑造教师职业形象

教师的职业形象是指教师在职业活动中，为完成教育任务、达到教育目的所遵循的社会规范、生活准则和表现出的行为方式的总和。它包括语言、仪表、风度、法纪等方面的内容。它要求教师在职业活动中做到语言规范、谈吐优雅、衣着整洁、仪表端庄、态度和蔼、举止得体等等。而这些职业要求，不能只停留在纸上或教师的脑海中。教师只有把它们外化为自己的礼仪行为，充分表现在教育、教学以及和学生、社会的交往过程中，才能让学生与社会对其有深切的感受，才能在学生和社会中树立起自己良好的形象。一个不修边幅、语言粗俗、知识浅薄、吊儿郎当的人，是很难让学生有好感的。世界著名教育家马卡连柯告诉我们：高等师范学校应当用其他方法来培养我们的教师，如怎样站、怎样坐、怎样从桌子旁边的椅子上站起来、怎样提高声调、怎样笑和怎样看等等细微环节……如果没有这些技巧，那就不能成为一个好老师。

（二）讲礼仪可以更好地提升教师的人格魅力

人格是个人相对稳定的比较重要的心理特征的总和。这些心理特征包括个人的能力、气质、性格、爱好、倾向性等。它们是在一定生理素质的基础上，通过社会实践逐步形成和巩固的。个人具有的高尚人格会在社会实践中发散出巨大的吸引力和影响力，使周围的人不知不觉地自愿地受其吸引，受到影响，这就是所谓的人格魅力。教师良好的礼仪行为，如端庄的仪表、优雅的谈吐、得体的举止、和蔼的态度等等，不仅使教师的形象光彩照人，有利于教师获得学生的好感和尊敬，而且能够展示和提升教师的人格魅力，使学生如沐春风，给学生以巨大的积极影响。我国著名的教育家陶行知、徐特立等，就以他们高尚的师德风范和无与伦比的人格魅力影响了一大批当代的人杰，从而成为后世教师的楷模。

（三）讲礼仪能够更好地维护教师的尊严

教师的尊严是指社会、家长，特别是学生对教师身份的认同与尊敬。尊师重教是中华民族的光荣传统，也是党和国家的基本国策。但是，作为教师个体能否得到社会特别是学生的认同与尊敬、在学生中享有威信，关键在于教师的学识、能力、师德和行为表现。著名教育家杜勃罗留波夫指出：有人说师生间的最不幸的关系，是学生对教师学问的怀疑，但还要加上一句，如果儿童的怀疑涉及教师的道德方面，则教师的地位就更为不幸了。因此，决定教师在学生心目中的"地位"的关键因素是"教师的道德方面"。而要正确展现教师的品德，维护教师的尊严，就必须娴熟地运用教师礼仪。得体的仪表，优雅的举止，和蔼的态度，是获得学生认可的基本条件。如果一个教师不讲礼仪，只知道板着面孔训人，成天用轻蔑和傲慢的态度对待学生，可以肯定，即使他的学问再好，学生也绝不会欢迎的。

（四）教师讲礼仪可以使教师道德的示范教育作用得到更好的发挥

教师道德的最显著的特点之一，就是比其他职业道德有着更加强烈的示范教育性。在教育过程中，教师道德不仅是教师自身的修为，而更重要的是它是学生最直观、最鲜活、最生动的教材，是作用于学生的教育手段和最有效的教育方法，是"任何教科书、任何道德箴言、任何惩罚和奖励制度都不能代替的教育力量"。所以，夸美纽斯说：教师的急务是用自己的榜样来诱导学生。青少年的可塑性大、模仿性强,教师在他们心目中占有特殊的位置,具有很强的"向师性"。教师的举手投足都会成为他们模仿的榜样。教师规范的礼仪可以把自己的品德修养充分地展示在学生面前,使自己的求知精神、行为作风、处世为人乃至气质、性格、习惯等都成为学生看得见的榜样,起到良好的熏陶和感染学生的作用,从而收到理想的教育效果。

(五)讲礼仪能够使教师的情感表达得更准确生动

"晓之以理,动之以情,导之以行,持之以恒"是当今教育界公认的学生思想教育工作行之有效的基本方法和重要经验。它强调教师在教育过程中要坚持"以理服人,以情感人"。但也有部分人认为:对学生不能太温柔,"打是心疼,骂是爱","爱要爱在心里"。持这种观点的人,如果不是为自己的野蛮和粗暴寻找托词,就是对教育的无知。苏霍姆林斯基曾对这种观念给予尖锐的批评。他说:有人说学校里不能有脉脉温情,因为这使教育工作变得软弱无力,请摒弃这些粗浅的论断吧,事实正好相反,生硬的话,粗暴的行为,强制的方法,这一切会踩蹭人的心灵,使人对周围世界和自己都采取漠然的态度,而哪里的人们抱这种态度,哪里就不会有人类真正的高尚情操。事实上,绝大多数教师是有丰富的情感的,如对祖国和人民的热爱之情,对教育事业的执着之情,对自己学生的关爱之情、信任之情、理解之情、尊重之情等等。这些美好的情感是春风,是雨露,是甘泉,是教育魅力之所在,是取之不尽的力量的源泉。问题的关键在于情感不要"埋在心里",更不要"表错了情"。这就要求教师要有良好的礼仪训练。因为教师的情感必须经过规范的礼仪来表达。例如,表示对学生的关爱之情,就不能板着脸面对学生,也不能讽刺、挖苦学生,更不能打骂学生,而要表情亲切、目光慈爱、态度温和、姿态端庄、语言得体等等。这样,教师的情感就真实地外化成为具体的学生可感受的行为,使其像雨露甘泉般时时滋润学生的心田,从而产生巨大的感染力量。

(六)良好的人际关系必须通过教师礼仪来建立

教师的人际关系包括和社会、学生家长、领导、同事和学生的关系等,其中主要的是和学生的关系。良好的人际关系有助于教师广泛地吸收信息,增长见识;有利于相互学习,取长补短;有助于增进了解,建立团结协作关系,促进教学相长;有利于交换意见,沟通情感,完善个性,保持身心健康;等等。因此,良好的人际关系是教师事业成功的重要保证。而良好的人际关系是通过积极的符合教师礼仪的人际交往来实现的。所谓人际交往,是指人们为了相互传递信息、交换意见、沟通感情,通过语言、行为等方式互动的过程。这就离不开平等、尊重、关爱、坦诚和规范的礼仪。如果一个教师唯我独尊、自私自利、仪表猥琐、语言粗俗、举止轻浮、不讲诚信,他必定损害自己教师的形象和威信,在纷繁复杂的人际关系中处处碰壁,别人很难和他交往。这样对自己,对他人,对工作都是极为有害的。

【学习资源】

[1]金正昆.教师礼仪概论[M].北京:北京大学出版社,2007.

[2]金正昆.教师礼仪规范[M].北京:中国人民大学出版社,2010.

[3]刘维俭,王传金.现代教师礼仪教程[M].南京:南京师范大学出版社,2006.

[4]刘素梅.教师礼仪素养[M].长春:东北师范大学出版社,2010.

[5]李兴国,田亚丽.教师礼仪[M].上海:华东师范大学出版社,2005.

[6]兰希高.教师礼仪修养[M].南昌:江西高校出版社,2008.

[7]刘连兴,王景平,张美君.大学生礼仪修养[M].济南:山东大学出版社,2004.

[8]李如密.教学艺术论[M].济南:山东教育出版社,1995.

[9]周鹏生.教师非言语行为研究简论[M].北京:民族出版社,2006.

[10]李君.对素质教育理念下教师礼仪内涵的解析[J].湖北成人教育学院学报,2012(4).

[11]许海丽.浅谈教师课堂教学礼仪[J].职业,2007(6).

[12]张廷俊.论师范院校的礼仪教育[J].乐山师范学院学报,2003(6).

第十五章　课堂教学管理技能训练

【内容导航】

※ 课堂教学管理概述

※ 课堂教学管理技能训练

【学习目标】

1. 能够陈述课堂教学管理的含义及其意义。

2. 能够根据具体的课堂教学管理环节分析课堂教学管理的基本原则和要求,能够陈述课堂教学管理的基本类型。

3. 能够结合具体的课堂创设良好的课堂氛围,建立和谐民主的人际关系,并能够根据不同的课堂要求制订规则,懂得课堂纪律约束的基本方法。

4. 能够及时发现具体课堂中的问题行为,根据自己所学知识能够灵活、恰当地处理课堂中的问题行为。

第一节　课堂教学管理概述

一、课堂教学管理的概念

课堂教学管理是指教师为了保证课堂教学的秩序和效益,协调课堂中人与事、时间与空间等各种因素及其关系的过程。课堂教学管理技能,简称课堂管理技能,是指教师在课堂教学管理过程中用以有效地维持学生的适宜行为、保持良好课堂秩序的活动方式的熟练化表现。它是课堂教学实践中最基本,也最具综合性的一项教学技能。[①] 它既强调对学生的监督和控制,使学生遵守纪律和规范,又重视对学生的引导和激励,激励学生积极参与、主动发展。

二、课堂教学管理的目的

(一)组织和维持学生的注意

课堂教学活动是师生的双边活动,需要教师和学生的积极共同参与。因此,在课堂教学中,教师若想向学生有效地传授科学文化知识、开发智力、培养能力和良好的个性品

---

① 杨国全:《课堂教学技能训练指导》,中国林业出版社 2001 年版,第 332 页。

质与思想品德,首先必须打开学生心灵的门户,唤起学生的注意。同时,正如我国先秦大思想家孟子以学弈(下棋)为喻所揭示的那样,"不专心致志,则不得也"。在课堂教学中,只有学生保持应有的注意(警觉水平),教师传授的信息才能成为学生智力活动的有效刺激物,才能有效地被学生接受和理解。

(二)引起学习兴趣和动机

组织和维持学生的注意是课堂教学成功的起点,激发学生的学习兴趣和动机则是课堂成功的关键。人常说"兴趣是最好的老师"。的确,在课堂教学过程中,教师应根据学科内容的特点,实施良好的课堂管理,最大限度地满足课堂中学生个体和集体的合理需要,激发学生的学习兴趣。[①] 只有对所教的内容有了浓厚的兴趣,才能以积极的心态投入到学习中去。

(三)维护课堂秩序,创造良好的课堂环境,帮助学生形成遵守课堂纪律的好习惯

教师的根本任务是教书育人,但教师在课堂上面对的是由众多学生组成的班级集体。教学不进行管理,就如同企业只抓生产不抓管理一样,各种散漫、无组织、无纪律的言行就会蔓延开来,从而使课堂教学无法进行下去。有些教师由于对此没有足够的认识,课堂教学中只管讲课,不进行管理,结果先是个别学生思想开小差或做小动作,接着就可能是随便出入教室,无故旷课。结果,不仅学生学不到知识,而且教师本人也受冷落。有道是"教不严,师之惰"。学生的纪律观念是在教学过程中逐步形成、发展起来的。

三、课堂教学管理的原则[②]

(一)目标原则

该原则要求课堂管理要围绕教学目标来进行,为实现课堂教学目标提供保证。贯彻该原则的要求有二:一是教师在课堂上应当运用适当的方式,使全体学生明了课程教学目标(一节课的具体教学目标),师生双方都明确共同努力的方向,努力实现授课的教学目标;二是教师作为课堂教学的组织者,在课堂上实施的一切措施,包括组织协调、激励、评价等,都应当服务于设定的教学目标,并且将教学目标的实现情况作为评价课堂管理成败得失的依据。

(二)加强激励原则

在课堂管理中,要求教师通过创造良好的课堂气氛、发扬教学民主、增强教学活动的激励因素等措施,最大限度地激起学生学习的内在积极性。贯彻该原则须强调以下三点:首先,要求教师在课堂上要努力创造和谐、愉悦的教学气氛,创造出有利于学生思维、有利于教学活动顺利进行的民主气氛,而且应使学生在课堂上有适度的紧张感,不应有压抑感、恐惧感。其次,要求教师在课堂管理中要发扬教学民主,鼓励学生主动质疑、质询和讨论,使学生有机会提出问题,发表看法,允许学生有不同的看法,允许学生犯错误。

① 王洪录:《新时期课堂教学技能培训教程》,北京大学出版社 2009 年版,第 125 页。
② 杨国全:《课堂教学技能训练指导》,中国林业出版社 2001 年版,第 337—339 页。

最后,坚持以正面要求为主、以鼓励为主、以发扬积极因素为主和以限制为辅、以批评为辅的"三主两辅"要求。

(三)及时反馈原则

该原则是指教师要运用反馈原理,及时地对课堂管理进行主动、自觉的调节和修正。

该原则首先要求教师在课堂教学工作的起始环节——备课过程中——要认真确定教学目标和教学策略,预见可能出现的问题,并与特定的内容和授课形式、每个学生的具体情况相联系,分析并确定出相应的管理对策。其次,要求教师在课堂教学过程中不断运用即时信息调整管理活动。

四、课堂教学管理的基本类型

(一)几种常见的课堂管理类型①

1. 放任型

这种管理类型的教师管理意识淡薄,工作责任心较差,他们在课堂上表现为只顾讲课,不顾效果,放任自由。对于学生在学习过程中出现的问题漠不关心,也没有积极的课堂管理要求。学生表面上乐得自在,实际上求知需要得不到满足,往往产生对教师的不尊重。在放任型管理的课堂上,学生的学习动机与学习热情低,教学效果很差。

2. 独断型

这种管理类型的教师对学生的课堂表现要求严厉,但这种要求往往只根据教师个人的主观好恶确定,忽视学生的具体实际和教学目标的具体要求。在独断型管理的课堂上,学生的意见得不到充分发表,且学生往往有一种紧张感、压抑感,容易导致课堂管理的形式主义倾向,教学效果一般。

3. 民主型

这种管理类型的教师在课堂管理活动中积极、认真、宽严适度,善于通过恰当的启发与指导,保证课堂教学的有效进行,课堂管理的各种具体措施,都考虑到班级的具体情况,学生对这样的老师既亲又敬。在课堂教学上,师生的互动和有效交流得以实现,有利于激发学生学习的主动性。

4. 情感型

教师对学生充满爱的情感管理可达到不管而管的效果。教师走进课堂时,目光中就闪烁着从内心流溢出的对学生的喜爱,教学时语言和表情是那么亲切,并善于发现学生的优点和进步,常常从内心发出对学生的赞扬,学生的学习积极性不断提高。教师对学生、学生对教师都具有深厚的感情,不仅促进了课堂管理,而且对教育教学具有强烈的推动力,能够激发学生的学习兴趣,并有利于培养学生的思想品质、道德情操。

5. 理智型

教师在教学中的活动非常明确具体,对每一教学过程都安排得科学、严谨、有条不

---

① 冯克诚、范英、刘以林:《教师课堂组织行为规范》,华语教学出版社1996年版,第10—12页。

紊,并能采用相宜的教学方法。善于根据学生在学习过程中的各种反馈(表情、态度、问答、练习),调整教学内容的难易程度,并掌握教学进程。总之,这种管理体现出教师在教学活动中高超的技能技巧以及教学活动的科学性;学生认真专注,紧跟教师的思路进行学习,并敬佩自己的老师,课堂气氛显得较为庄重、严肃。

6. 兴趣型

教师运用高超的艺术化教学激发学生高涨的学习兴趣并达到陶冶学生情操的目的,这是课堂管理所追求的。高超的艺术化教学表现在教师用形象的语言、从容的教态、精美的板书和多变的教学节奏,根据学生的兴趣爱好把教学内容鲜明、生动、有趣地表述出来,并能从审美角度对教学进行处理,使之具有美感,学生能在课中得到美的和娱乐性的享受。当教师开始上课时,往往采用新颖、别致而富有吸引力的"导语""故事""例子"等来开展教学,从一开始就让学生觉得有趣,从而吸引学生的注意力。

(二)理想型的课堂管理类型①

1. 诱导型管理

诱导型管理是教师依据学生的个性特征、心理特点、知识水平等因素,采用亲切热情的教学语言,创设富有情趣的课堂环境,变换教学媒体,充分肯定学生的学习成果等方法,千方百计地调动全体学生学习的积极性,从而使课堂教学顺利开展,达到管理的目的。进行诱导型管理可以采取以下方式:

(1)展现亲切热情的课堂语言;

(2)创设富有情趣的环境;

(3)现代教学媒体刺激注意。

2. 监督型管理

监督型管理是教师以纪律来约束学生行为,并监控学生的学习活动,以使课堂教学能在有秩序的环境中进行的一种管理方式。监督型管理常用的方法有以下几种:

(1)暗示;

(2)冷处理;

(3)行为替换;

(4)教育与惩罚相结合。

第二节　课堂教学管理技能训练

一、营造良好课堂氛围的技能训练②

课堂气氛是整个班级在课堂上情绪和情感状态的表现。营造良好的课堂气氛,应当

---

① 王洪录:《新时期课堂教学技能培训教程》,北京大学出版社 2009 年版,第 125—127 页。

② 李家清:《新理念地理教学技能训练》,北京大学出版社 2010 年版,第 124—125 页。

从以下几个方面着手：

（一）采用民主型课堂领导方式

民主型课堂领导方式表现为师生彼此接纳、尊重和理解；师生共同设立学习目标、拟定学习计划，学生按计划行动；互助合作，独立性强。因为有具体的学习目标，学生又能主动地参与进来，所以不管教师在不在场，都能保持良好的秩序。同时，师生双方一直处于良好的互动状态，思维活跃、心情舒畅，学生对学习充满信心。

【实战演练】

阅读下面案例①，你觉得张老师的课堂管理方法好吗？如果你是张老师，你会怎么做？

张老师这个班比较安静，纪律非常不错，因为张老师已建立了一套班规，并确保学生遵守了这些规范。违规行为很快被注意到，并且马上会受到严厉的警告，如有必要，张老师就会对学生进行惩罚。张老师看起来是个成功的严师，因为尽管班上气氛有点紧张，但他的学生通常会服从他的管教。但麻烦总是潜伏着的，随时都有可能发生。所以，只要张老师一离开教室，教室里就会炸开了锅。

（二）建立和谐的人际关系

课堂教学过程是教师与学生、学生与学生之间的一种互动过程。在这个过程中，师生之间的态度应该是相互理解和尊重、彼此信任、关系融洽；学生之间应当团结友好、互帮互助。只有建立和谐的人际关系，才能使得师生之间、同学之间乐于交流和善于交流，良好的课堂气氛才能形成。建立良好的人际关系，教师最重要的是提升自身魅力。为此，首先教师应当注意自己的行为举止，要使自己的行为举止符合教师规范。其次教师要加强自身修养，包括知识、能力、才智、品德修养等。

【实战演练】

阅读下面案例②，你赞同乐老师的做法吗？为什么？

乐老师这个班看起来是自己在运转。乐老师把他的大部分时间用在了教学上而不是用于处理纪律问题上。学生在独立学习时，会在没有严密监视的情况下遵守班上的规章制度并完成作业。学生们在学习时常常会产生互动，但他们发出的声响是有效果的参与学习活动的和谐之音，而不是疯来疯去打闹的噪声或者说是争吵声。当学生们发出的声音变得有些烦人时，乐老师的一个简单提醒就可以解决问题。

（三）实现良好的课程运作

教师要实现良好的课程运作，必须具备六个方面的能力：

一是洞悉，即教师在教学的同时，能注意到课堂内发生的所有情况，并用语言与非语言方式予以处理。教师的这种能力是教师最重要的职业素养。

---

① 王晞：《课堂教学技能·必修模块》，福建教育出版社2008年版，第247—248页。
② 王晞：《课堂教学技能·必修模块》，福建教育出版社2008年版，第248页。

二是兼顾,即教师在同一时间内能注意、处理两个以上的事件。

三是推进,即教师有计划地组织学生,使他们迅速而有效地从一个教学环节向另一个教学环节过渡。

四是全员参与,即教师引导全班学生始终参与教学活动,要兼顾不同程度的学生,在提问、分配学习任务、设计教学目标时要注意覆盖面尽量大些。

五是激励,即教师要创设生动活泼、多样化的教学情境,激发学生的学习动机和兴趣。

六是责罚学生时避免连锁影响,即教师在责罚某一学生时,要避免在其他学生中产生负面影响,尽量做到责罚有度,既让被责罚的学生觉醒,又不至于影响到其他同学的情绪。

【实战演练】

根据本章知识,分析评议下述教学案例①中的教师课堂管理行为。

师:太平天国运动的实质是什么?

(此时,他发现许多学生注意力不集中,或心不在焉,或悄悄干着别的事)

生:……

师:请大家回答我,刚才我讲了什么?

生:(一些学生抬起头来,一些学生依然做着自己的事)

师:我再说一遍,请大家回答我,刚才我提了一个什么问题?

生:(全部安静,注意力均转向教师)

师:我抽一个同学起来回答我刚才的问题是什么。×××,请你回答。

生:……

师:因为刚才你没注意听课,也没有听到问题是什么,所以回答不出。×××,请你回答。

生:刚才老师讲了太平天国运动。

师:对,那么我的问题又是什么?

生:……

师:对,刚才我讲了太平天国运动,但只是讲了这一运动的过程。下面我要讲的是太平天国运动的实质。请大家注意我的讲课,太平天国运动的实质究竟是什么呢?在这节课讲完的时候,我将抽问大家,如果还是不能回答的话……

(四)建立积极的教师期待

积极的教师期待是教师在了解学生心理特点的基础上对学生的发展期待。这种期待一旦形成,就有可能变为现实。教师要建立积极的教师期待,充分相信每个学生,让他们对自己产生足够的自信,从而积极主动地参与到教学中来,形成良好的课堂氛围。

建立教师期待,需要注意以下几点:

其一,教师在建立期待时要有区别,要结合学生的学习程度给予适当的期待,要让学生觉得既有挑战性,又在能力范围内。

---

① 李同胜:《课堂教学技能训练教程》,山东人民出版社 2012 年版,第 224 页。

其二,结合学生的个性并了解学生的优点和缺点,以建立符合该学生气质、性格的适当期待。

其三,还应当随时调整不适当的期待。教师要有意识地监控自己的教学行为,不断调整对学生过高或过低的期待。

二、课堂和谐沟通技能①

和谐沟通技能的基本理念是课堂上真正有效的管理,来源于学生内心的自制,只有在支持性的情境中,学生才能够表达其面临的问题及其内心真实的感受。教师的主要任务是通过良好的沟通策略,引导学生发展其自制、合作、负责任的品质,减少或控制学生课堂不良行为的发生。

(一)教师要表达理性的信息

理性的信息是指针对情境而不是针对学生人品的用语。当学生犯错误的时候,教师应当针对情境,描述与学生行为有关的事情,而不要评价学生的人品。

【实战演练】

下面情况中教师提供的信息是不是理性的?

1.两个学生在老师讲课的时候讲话,破坏了课堂纪律。

教师甲:这是上课的时间,需要安静!

教师乙:你们两位怎么这么烦人啊,赶紧给我闭嘴!

2.一个学生地理考试不及格。

教师甲:我关心你的考试成绩,你需要多努力,我能帮你什么忙呀?

教师乙:你很聪明,怎么会不及格啊,你最好还是努力点吧!

(二)教师应表达自己的感受

当课堂上出现了令教师生气的事情时,教师应当理智地指出使他愤怒的事情,并说出他的感受。明智的教师在生气的时候会保持镇定,向学生说明他所看到的、所感受到的和所期望的。教师攻击的对象应该是问题而不是学生。此时教师应当给学生传达关于"我"的信息,例如,"我很生气""我很失望""我很惊讶"等。

【实战演练】

上课铃响了,教师走进教室,看见教室乱糟糟的,地上满是纸屑。

张老师说:"我看见地上到处都是纸屑,我很不高兴,也很生气,纸屑不应该扔在地上,而应该放在垃圾桶里。"

李老师说:"你们怎么这么没有教养,一个个的那么懒,把教室弄得乱七八糟的,赶紧给我把地上的纸屑扔到垃圾桶里。"

请就上述两位老师的做法进行讨论,你认为合适的处理方式是什么?

① 李家清:《新理念地理教学技能训练》,北京大学出版社 2010 年版,第130—132 页。

（三）应当与学生合作

在课堂活动前，教师可以先与学生一起决定活动所需要的行为，给予学生选择的机会。这样，学生会觉得自己能够参与课堂决策，能够体会到独立与自主。教师应当尽量采用描述性的语言让学生选择他们的行动方向。

（四）接受与承认学生的感受

在课堂教学的情境中，教师应当表达自己对学生的了解和接受。这需要在语言的表达上有所选择。学生对周围的情境以及自我都有自己的感受，教师不要将自己的意见强加给学生，而应当尽量承认、接受学生的感受，减少学生的混乱矛盾。教师应当试着去接纳和了解学生的情感。教师表达接受与承认学生时，还应该加一些话，例如，"我该怎样帮助你呢？"。这样，既可以给学生提供机会来解决问题，同时又表示教师对他解决问题的能力有信心。

【实战演练】

下面两种情况中教师的哪一种处理方式比较恰当？

1. 在课堂上，有学生在老师讲课时插嘴。

教师甲：我想先把话说完。

教师乙：你给我闭嘴，怎么这么没礼貌。

2. 教师在布置作业时，有两个学生在小声讲话。

教师甲：我在布置作业，必须记下来。

教师乙：你们讲话会影响其他同学，请拿笔记下来。

（五）避免直接诊断学生的缺点

教师与学生谈话应当避免诊断与预言。因为教师对学生的诊断是揭示学生的缺点，这样一些诊断会伤害学生。当学生遇到麻烦时，教师应当协助学生，鼓励学生解决问题。

（六）适当地赞美学生

当教师赞美学生时，应该着重赞美学生的行为本身而不是学生的人格。例如，教师给学生作业的批语"这份作业水平很高，它在资源节约和环境保护方面的论述都很精辟"就是赞美学生的行为，而如果教师说"你是个好孩子""你很了不起"就是评价学生的人格，这样赞美可能会影响学生对自己的感受。教师应当努力尝试不用言语评价学生的人格，但是又能表达出对行为的赞许。例如，"很高兴看到你们通过讨论交流，把填充图练习做得很好"等。

三、纪律管理技能[①]

课堂管理少不了纪律的约束，教师通过制订课堂规则，表达他们对学生的合理要求，

---

① 陈安福、何毓智：《课堂教学管理心理》，四川教育出版社1990年版，第292—295页。

教师有权要求学生遵从这些要求。教师在课堂上表达对学生的要求时,应当以积极的要求和期望管理课堂。课堂的纪律管理,有如下策略:

(一)不要过多监督学生

(1)教师要给予学生在允许范围内的自由;

(2)不要过分关注个别学生的违纪行为;

(3)不妨允许学生适当表现其情绪。

【实战演练】

阅读下面案例,如果你是案例中的王老师,面对这样的一个班级,你会采取哪些管理措施?

王老师的这个班的特征是繁杂喧闹。王老师一直在奋力把本班建成一个可控的班集体,但他从未完全成功过,命令甚至威胁常常也不见效,惩罚看来早已失效了。

(二)师生共同管理

教师在课堂管理中,不能把精力单单放在怎样控制学生行为上,课堂教学必须由教师与学生共同管理。师生相互了解彼此的希望和允许自由的范围,通过人际关系与课堂交往进行课堂管理,从而促进学生的课堂遵纪行为。这一点在前面已有分析。

(三)运用非言语控制

课堂纪律管理中,教师要善于运用各种非言语控制方法。教师可用目光、面部表情、手势、动作姿态、走近学生等非言语控制方法监督学生。制止违纪行为的这种非言语控制,其形式和强度取决于违纪学生的敏感性和师生之间的了解程度。纪律情境中的交往是微妙的,如果师生关系和谐、合作较好,一个手势、一个眼神就可以心照不宣地达到沟通。

(四)分层次控制转化

学生在课堂中的行为可分为积极行为、中性行为、消极行为。教师应主要组织学生的积极行为,将某些中性行为转化为积极行为;如果不可能,就只好允许那些不受欢迎的少数学生的中性行为,以保证教学的顺利进行。由于心理上的距离,很难期望把一个消极行为直接转化为积极行为。

(五)通过"舞台情境"的课堂管理

"舞台情境"是美国教育心理学家林格伦提出来的,意指教室的情境安排,譬如教室的座位安排。实验表明,儿童的行为受他们在教室中座位的影响,而儿童的座位也影响他们的老师和同伴对他们的看法。当实验者将儿童任意重新安排座位时,学生坐在前排是全班最专心的,他们觉得更受到教师的喜爱,移向后排的学生觉得不大受到教师的重视和喜爱。如何安排学生的座位,应注意以下几点:①编排的层次性,即差—中—好—差—中—好,有利于学生相互帮助,差生坐前几排,有利于教师的督促控制。②"性格互补",以利于学生个性发展;③禁设"特座"。最后一排角落上的"特座",对学生心灵刺激极大,既感到受歧视,比人低一等,又会激起逆反心理。

（六）通过行为矫正控制违纪行为

教师对学生在课堂上的错误行为采取训斥、辱骂等方式,往往会对错误行为本身起强化作用。因此,处理错误行为的一个好方法就是对错误行为不予过分的理睬。正面友好地提醒学生注意当前的学习,告诉他应该做什么。教师最好直接对犯错误的学生提出一个具体行动方向,使学生通过行为矫正来控制其错误行为。

（七）通过集体促进纪律

班级的正式集体与非正式集体都起到影响课堂纪律的作用。一个学生有时可以不听教师的劝阻,但是他不得不重视集体,尤其是他所属的"伙伴集体"对他的要求。如果学生"伙伴集体"的要求与教师的要求相冲突,必然会破坏课堂纪律。如果相一致,则会促进课堂纪律。教师要善于培养班集体的班风、舆论,利用"伙伴集体"对学生的心理压力,去促进课堂合作与纪律。

【实战演练】

阅读下面案例①,请对文中"我"的课堂管理技能进行评析。

教室里,学生正在专心致志地做作业,我在行间来回踱着。突然,不知谁叫了一声:"小鸟。""唰"的一下,四十几颗脑袋全抬起来,又"唰"的一下全扭向了教室的西北角。一只小麻雀站在窗户上方的横梁上。"是一只小麻雀,"一个学生喜滋滋地说。望着学生们那满脸的兴奋,我真不知怎样才能让他们把注意力回转到作业上来。正在这时,那小麻雀扑棱着翅膀在窗台上转来转去,似乎是在寻找出路,又突然倏地一下,一个平展双翅直往教室门外冲去。"唉!它飞走啦!"不知谁叹了一口气。

看着小家伙们脸上的失望之情,我灵机一动,神秘地说:"你们知道小麻雀为什么要进来吗?"

"不知道。"

"那是因为它想进来瞧瞧谁写得最认真。可你们知道它为什么又要飞走呢?"

"为什么?为什么?"

看着小家伙们急不可耐的神情,我故意顿了顿:"那是因为它一进来,你们就被吸引住了。它想现在是学习时间,我还是快走,不打扰你们吧。于是它就扑棱棱地飞走了。你们看,小麻雀多懂事呀!"

我一说完,小家伙们全笑了起来,一个调皮的小家伙似有所悟地说:"噢!我知道啦,小麻雀是为了让我们安心地做作业。"

"哎呀!你真聪明!"我立即向他跷起大拇指。

不一会儿,四十几颗小脑袋又都埋头认真地写起作业来,每一个人的脸上都带着心满意足的微笑……

四、课堂问题行为处理技能训练

（一）课堂问题行为的概念

随着课堂教学管理研究的不断深入,许多专家和学者都在对问题行为理解的基础上

---

① 王洪录:《新时期课堂教学技能培训教程》,北京大学出版社2009年版,第126页。

从不同角度对课堂问题行为进行了界定。课堂问题行为,简单地说,就是学生违反课堂教学规则所表现出来的行为。这些行为是那些在特定的情境中教师认为阻止或威胁到学习活动的学生行为,它破坏了课堂学习活动的连续性。[1]

但在行为主体的界定上学术界还存在一定的争论。一些学者认为行为主体只有儿童即学生,而另一些学者认为行为的主体不仅包括学生,还包括教师。由于课堂问题行为是"课堂"这一师生互动场所的产物,因此本教材认为,课堂问题行为的主体仍是学生。

(二)课堂问题行为的类型

课堂问题行为按照其严重程度,可以分为以下五种类型:第一种是游手好闲型,主要表现为上课注意力不集中、不做作业等;第二种为课堂干扰型,主要表现为大声说话、大声叫喊、在教室走动、扮鬼脸、乱丢东西等;第三种为反抗权威型,主要表现为拒绝完成老师布置的任务;第四种为品德不良型,如欺骗、说谎、偷窃等;第五种为攻击他人型,对老师和同学进行语言上或身体上的攻击。[2]

(三)课堂问题行为的处理技能训练[3]

课堂上学生的问题行为不仅会影响课堂教学的顺利进行,还会对学生的身心发展产生一定的消极作用。学生在课堂表现出的问题行为主要有以下几种:获得注意、寻求权力、寻求报复、表现无能、态度异化。面对这些问题行为,教师应该如何处理呢? 一般而言,教师对课堂问题行为的处理会直接影响到课堂教学的效果,为了保证课堂效果,教师可从以下策略处理课堂问题行为。

1.“获得注意”的处理策略

学生的行为如果在课堂教学中无法得到其所需要的认同和重视,他们就会对自己在班级的重要性产生怀疑,因此会通过一些不良行为来促使自己获得别人的注意,由此来证明自己被接纳和被认可。这些学生为了吸引老师的注意,有时会扰乱课堂秩序或者提出特别的要求,例如,大声喧哗、持续要求教师的帮助等。因此,当教师觉察到学生正过度要求获得注意时,应尽量在学生没有要求注意时给予肯定和关注。如果学生的行为已经干扰了正常的课堂教学,教师就不能忽视这种行为,必须制止。

【实战演练】

在数学课上,李老师要求全班同学独立完成课堂作业。但是每隔几分钟,小芳就举手要求老师过来一下,她问李老师这样的一些问题:是不是应该把题目编号? 是否要把名字写在习题纸上? 这样做对不对? 等等。

小芳的行为是“获得注意”的实例,你认为李老师应该怎样处理?

2.“寻求权力”的处理策略

学生的不良行为往往会引起教师的注意,并招致教师的处罚,对此,学生会觉得受到伤害,他们会认为要获得他们想要的、唯一的方法就是对抗。他们会表现出争辩、反抗、

---

① 杜萍:《有效课堂管理:方法与策略》,教育科学出版社 2008 年版,第 95 页。
② 李家清:《新理念地理教学技能训练》,北京大学出版社 2010 年版,第 122 页。
③ 李家清:《新理念地理教学技能训练》,北京大学出版社 2010 年版,第 125—128 页。

说谎、发脾气和攻击等不良行为,其目的就是干扰教师,以获得教师的注意。在课堂上,在师生之间的权力对抗中,如果学生占优势,就会使学生更加确信权力的重要,使其不良行为得到强化;如果教师占优势,学生可能为了获得权力,产生更严重的不良行为——寻求报复。此时教师不需要与学生争斗,也不要让步,应当采取以下一些措施:

首先,不要以权威的身份来压制学生;其次,教师可以让这些学生参与决策或者赋予他们一定的责任,改变他们追求权力的方法;最后,教师可以公开地质问学生的不良行为,并要求学生提出解决问题的办法,如果学生提不出办法,教师就可以提出一些建议。

3．"寻求报复"的处理策略

如果学生的前两种错误的行为目标没有实现,他们常常会表现出凶恶的、粗暴的、残忍的行为。教师越处罚他们,越会增强他们的不良行为。他们认为自己制造的问题越大,就越能使自己受到重视,并认为被人讨厌就是胜利。报复的目标与寻求权力的目标联系紧密。这种类型的学生需要的是了解和接纳,教师应当尽量满足他们的需要,并要求全班同学支持与鼓励这些学生。教师可以在班级中选出一位品学兼优的学生与他们建立友谊,并协助其发展出良好的行为;同时,教师也可以创造一定的情境,使他们有展现其才能或长处的机会,让他们以良好的表现在班上获得别人的认可与他们希望得到的地位。

【实战演练】

在英语课上,小刚没有认真听讲,而是在低头玩手机游戏,陈老师严厉地批评了小刚。等教室里安静下来,陈老师继续讲课,当陈老师面对黑板写板书时,他发现有人向他扔纸团。陈老师非常生气,责问这个恶作剧是谁干的,然而没有人愿意回答,但是从同学们的眼神中陈老师感觉到是小刚做的。

如果你是陈老师,你认为应该如何处理这种情况?

4．"表现无能"的处理策略

如果学生因为种种不良行为受到了惩罚,会感到气馁,觉得自己很无助,认为自己是个完全的失败者,没有必要再去尝试获得自己的班级地位,这些学生会拒绝或者被动地参与课堂活动,不与任何人互动,以在心理上远离或者退出使其产生失败感的情境,维护自己的尊严。教师不应该放弃这些学生,即使这些学生所付出的是最小的努力并忽视教师的要求,也要给予他们鼓励和支持。尤其是当这些学生犯错误时,更需要鼓励,教师更应该重视他们的努力过程,而不要仅仅强调他们努力的结果。因此,教师应当与其他同学一起努力使他们体验成功的感觉。

5．"态度异化"的处理策略

在课堂教学过程中,学生应当以积极主动的态度投入学习,但是实际情况并不总是这样。例如,可能会出现学生在课堂上做其他学科的作业、看课外书籍等现象。处理这种类型的问题行为,教师需要做耐心细致的工作。在发现学生有这种问题行为时,教师应当首先以平静的语气要求学生将注意力集中到课堂学习中,然后弄清楚学生出现这种行为的原因,根据不同的原因,再采取相应的措施。注意不要急于求成,而是要慢慢地使得学生对这门课程产生兴趣。

【拓展阅读】

当代课堂管理的变革走向①

一、在课堂管理理念上,由注重教师中心向注重以生为本发展

与传统教师中心的课堂管理理念不同,当代教育改革逐渐确立了以生为本的课堂管理理念。具体而言,主要体现在以下几个方面:

(1)以学生发展为本的课堂管理目的观。当代课堂管理理论认为,课堂管理的根本目的不是为了控制学生的行为,而是为了促进学生的发展。为此,在课堂管理中,应以学生为中心,时时考虑学生的需要,在全面分析学生实际情况的基础上,通过师生的课堂管理活动充分调动学生课堂学习的主动积极性,让课堂焕发出生命活力。

(2)人性化、无痕式的管理方式观。与传统的强迫纪律不同,现代课堂管理强调要实行人文化的管理,使课堂管理方式呈现出人文特性和无痕境界。例如,近年来,国外在课堂管理中特别强调"健康课堂管理"的思想,主张通过为每个学生营造一种以相互信任和尊重为基础的愉快、健康、高效、融洽的课堂氛围,激发学生自强、自尊、自立的心理,从而使学生在课内外过一种健康、幸福和有意义生活。当代课堂肯定型纪律理论也认为,好的纪律并不依赖于更多的规则和苛刻的惩罚,而是来自师生间的互相信任和尊重,课堂管理的核心是要在师生之间建立相互信任、尊重和帮助的关系,以人性化的管理方式营造和谐的课堂氛围,密切关注和满足学生的学习需要。

(3)追求有序、自由、快乐、高效和创造的课堂纪律观。现代纪律理论强调,课堂纪律不能只看形式上的热闹或安静,而应追求学生思维的活跃和自由;好的纪律表现为热闹与安静的有序转换、自由与严格的和谐、"放"与"收"的辩证统一,是"形散神不散"的纪律,是学生在对学校纪律认同、接纳和内化基础上对纪律的超越。

(4)课堂生态管理观。生态的观点,强调把人、自然、社会都看成是具有内在普遍联系的有机整体,强调生态内部各因子之间的平等性。从这个观点出发,生态式的课堂管理主张师生平等民主的新型关系,追求课堂管理的整体功效,而不仅仅是管理中某个方面的效率或某个组织、个人的成长。

(5)促进性的课堂管理目标观。课堂管理目标通常表现为两种取向,一是规范性目标,也称维持性或保障性目标,一是促进性目标。规范性目标注重课堂纪律和秩序的维持,从而确保课堂活动的顺利进行。与此不同,促进性目标不仅重视纪律和秩序,而且更关注通过课堂管理活动最大限度地满足师生的合理需要,推进课堂不断地生长和学生生命的发展。课堂管理的规范性和促进性目标是相辅相成的,前者是后者的基础和前提,后者是前者的发展和最终价值追求。那种为规范而规范、为秩序而秩序的管理目标观是错误的。正因如此,近年来,课堂管理越来越从注重规范性目标转向注重促进性目标,并通过促进性目标达成规范性目标,实现二者的统一。当然,这并不是要废除所有的课堂规则、制度和秩序,而是要改变以往那种以强迫纪律和表面秩序为目的的管理体制,真正促进课堂的有效生长和学生的主动发展。

---

① 节选自宋秋前:《当代课堂管理的变革走向》,载《教育发展研究》2005 年第 17 期。

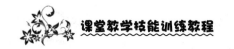

二、在课堂控制方式上,由注重外在控制向注重内在控制发展

以学生为中心,以学生的自我管理为目标,努力促进学生主动积极性的发挥,激发和引导其内在动机,实现内在控制,已经成为当代世界课堂管理改革的一个发展趋势,也是当代课堂管理的一个革命性变革。为了加强学生的内在管理,提高学生内在管理的有效性,当前一个普遍的做法是加强对学生自我控制和管理能力的培养和训练。

(1)加强对学生集体自我控制和管理的训练。学生集体既是教育的对象,也是一种有效的教育力量,教师在培养学生集体自我控制和管理能力时应注意形成良好的班风、促进学生之间人际关系的和谐和加强对学生的各种活动的指导。良好的班风和人际关系,既可以促进课堂教学的顺利进行,也是促进学生自我管理能力发展的一个积极因素。

(2)促进学生个体自我控制和管理能力的提高。现代认知心理学认为,学生自我监控的构成可以从静态和动态两个维度进行分析。从静态角度分析,自我监控可分为自我监控知识、自我监控体验和实际自我监控三个方面。其中,实际自我监控是指主体在进行实践活动的全过程中,将自己正在进行的实践活动作为意识对象,不断地对其进行一系列积极、自觉的监察、控制和调节。制定计划、执行控制、检查结果和采取补救措施等都是实际自我监控的典型表现。从动态角度分析,自我监控可划分为计划、监察、检查、评价、反馈、控制和调节等一系列连续的环节和实践活动前的自我监控、实践活动中的自我监控和实践活动后的自我监控三个阶段。因而,学生个体自我监控和管理能力的培养也可从上述两个维度的各个环节和方面展开。

(3)课堂教学管理要重在引导而非控制。课堂教学监控是一种自组织行为,自组织系统内的管理主要是一种自我调节而不是一种来自外力的控制。因而,在这个过程中,教师的主要作用是通过为学生提供独立学习、合作交往、发现探究和展示表现的空间,引导和激励学生进行自主建构和内在控制。

【学习资源】

[1]刘文阁,谢尧臣.课堂教学管理改革的探索与实践[J].卫生职业教育,2007(10).

[2]王敏.我国当代教学观的反思与重建[J].课程·教材·教法,2003(5).

[3]纳卡穆拉(R. M. Nakamura,).健康课堂管理:激发、交流和纪律[M].王建平,译.北京:中国轻工业出版社,2002.

[4]琼斯(V. F. Jones,),琼斯(L. S. Jones).全面课堂管理:创建一个共同的班集体[M].方彤,等,译.北京:中国轻工业出版社,2002.

[5]周德军.提高课堂教学管理的创新与实践问题研究[J].中国成人教育,2011(14).

[6]唐红娟.大学课堂中自我和谐认知与社会适应性渗透教育[J].中国成人教育,2011(10).

[7]栾雪梅.权威重塑:课堂教学中的教师定位——基于雅斯贝尔斯的"权威"论[J].中国成人教育,2010(22).

[8]杜萍.有效课堂管理:方法与策略[M].北京:教育科学出版社,2008.

[9]戴维.课堂管理技巧[M].李彦,译.上海:华东师范大学出版社,2002.

教学评价与反思篇

第十六章　课堂教学效果评价技能训练

【内容导航】
※ 课堂教学效果评价概述
※ 课堂教学效果评价技能训练
【学习目标】
1.能够说明课堂教学效果评价的含义和意义。
2.能够举例说明课堂教学效果评价的原则、特点、基本类型、基本过程及注意事项。
3.能结合具体实例说明课堂教学效果评价基本方法及注意的问题,并在此基础上,能对课堂教学效果进行评价。

第一节　课堂教学效果评价概述

一、课堂教学效果评价的含义

课堂教学效果评价又称课堂教学评价,专指对课堂教学实施效果所进行的评价活动。其评价范围包括教与学两个方面,其价值在于促进学生成长、教师专业发展和提高课堂教学质量。由此,如何科学有效地进行课堂教学效果评价也成为现代教学的基本组成部分,它不仅是成功教学的基础,而且是进行各种教育决策的基础。

二、课堂教学效果评价的意义[①]

课堂教学评价的目的不仅仅是对教师的课堂教学进行评价,更是激励教师有目的性、有针对性地不断学习、改进、提高的过程。简要地说,开展课堂教学评价具有如下重要意义。

(一)课堂教学评价具有导向功能,能够促进课堂教学改革

课堂教学评价体系的建立和实施,可以充分发挥评价的导向作用,促进教师尽快转变教育思想,在课堂教学中更好地发挥教师的教育创新意识,达到改进课堂教学的目的。评价体系的建立,意味着对课堂教学中与教和学相关的各种因素的选择和侧重点不一样,这些不一样的地方将促使教师在今后的课堂教学中,更加注重评价所侧重的各种相关因素,并将其作为课堂教学中展示和发挥的重点,发挥评价的导向功能。

---

① 潘惠琴、常生龙:《现代学校课程与教学的有效管理》,同济大学出版社2012年版,第192—193页。

（二）课堂教学评价具有激励功能，可以加强教师之间的相互交流

课堂教学评价能够有效地评析教师课堂教学的状况和优缺点。只有让教师了解了自己在课堂教学实践中的优点、亮点、特点和弱点，才能找到今后努力发展的基点和方向。课堂教学评价正是教师了解自己教学情况的一条关键途径。同时，课堂教学评价还可以使教师在相互之间的听课、评课活动中增进了解，互相学习，在听课、评课的交流中激发内在的需要和动力。

（三）课堂教学评价是促进教师专业发展的重要途径

对于教师而言，课堂教学水平和能力是教师立足的基点。如何有效提高教师的教学水平与能力，是教师教育最重要的课题之一。我们的课堂教学评价正好可以为广大的教师提供一个科学了解自身教学状况的窗口，使其明了自己教学中存在的不足和今后努力的方向，为教师的专业发展提供一个很好的平台。

（四）课堂教学评价具有决策和鉴定功能，是学校管理工作的重要组成部分

课堂教学评价是教师工作评价的重要组成部分，也是学校评价体系的核心内容。通过开展科学有效的课堂教学评价，能够有效地鉴定教师的教学态度、教学质量、工作能力、业务水平等，使学校的管理工作更加系统化，决策更加科学化。

（五）课堂教学评价是对一个教师的肯定，是对学生的责任所在

对一名教师来说，课堂教学评价是对其工作态度及成绩的肯定，所以，课堂教学评价一定要科学、公平。

三、课堂教学评价的原则①

（一）多维性原则

多维性原则指的是在课堂教学评价中，应该从多种角度、运用多种方法对课堂教学的过程和课堂教学的结果进行评价。具体而言，多维性主要体现在三个方面：评价内容的多维性、评价主体的多维性以及评价方法的多维性。

（二）过程性原则

过程性原则指的是改变以往评价中过分重视总结性评价的倾向，要把评价对象当前的状况与其发展变化的过程联系起来，由一次性评价改变为多次性评价。过程性原则强调以教育教学过程中评价对象的表现作为评价的主要内容，以促进评价对象的发展为根本目的，体现满足社会发展需要与个体发展需要的辩证统一，使评价过程成为促进发展和提高质量的过程。

（三）真实性原则

真实性原则指的是课堂教学评价，特别是学生学习结果的评价，强调在真实生活情景下对学生的发展进行评价。在真实性评价中应该包括有真实性任务，即某一具体领域

---

① 傅春晖：《外语课堂评价理论与实践》，湘潭大学出版社 2010 年版，第 56—60 页。

中专家可能遇到的那些真实的生活活动、表现或挑战。

美国学者格兰特·威金斯(Grant Wiggins)认为真实性评价有五个特征:一是评价既指向学生学习的结果,也指向学生学习的过程,凸显评价的诊断与服务功能;二是强调在现实生活(或模拟现实生活)的真实情境中,给学生呈现复杂的、不确定的、开放的问题情境以及需要整合知识和技能的活动任务(即有意义的真实性任务)来对学生进行评价;三是任何一个真实性评价都必须事先制定好用以评价学生的"量规"或"检核表";四是真实性评价承认个体差异,主张对不同的学生提供不同的评估策略,以适应能力、学习风格以及文化背景各不相同的学生,为展示他们的潜能与强项提供机会;五是评价通常被整合在师生日常的课堂活动中,成为教师教学、学生学习的一部分。在真实性评价中,评价是师生共同的任务,学生不再是被动的测验接受者,而是评价活动的积极参与者,学生参与评价(包括对同伴的评价或自我评价)是学生学习的一种形式。

(四)发展性原则

发展性原则指的是课堂教学评价着眼于促进学生发展,侧重于观察和衡量学生的表现,着眼于促进教师教学水平的不断提高,激励教师转变观念,进行课堂教学的改革。

课堂教学评价的目的尽管不排除其检查、选拔和甄别的作用,但其基本目的在于促进学生发展、提高和改进课堂教学实践,在于反馈调节、展示激励、反思总结、积极导向等基本功能。因此,课堂教学评价应该坚持发展性评价原则。

发展性原则有以下特征:第一,发展性原则着力于人的内在情感、意志、态度的激发,着力于促进个体的和谐和发展,强调以人为本;第二,发展性原则强调评价主体多元化;第三,发展性原则在重视教学过程中的静态、常态因素的同时,更加关注教学过程中的动态变化因素和由师生之间情感等的交互作用使得课堂教学出现的偶发性和动态性;第四,发展性原则更加强调个性化和差异性评价;第五,发展性原则在重视指标量化的同时,更加关注质性评价的作用,强调用质性评价去统整定量评价。

第二节 课堂教学效果评价技能训练

一、课堂教学效果评价的类型①

(一)奖惩性评价和发展性评价

按评价目的可以将教师课堂教学的评价分为奖惩性评价和发展性评价。奖惩性评价的目的是根据评价的结果对教师进行奖惩,它将课堂教学评价的结果与教师的奖惩相结合,并以此作为教师晋级、嘉奖、降级、解聘等的依据。这种评价是目前我国教育领域中运用较多的评价方式,但存在一定的弊端。

发展性评价的目的则是期望通过对教师的课堂教学进行点评、讨论、反思,让被评教

---

① 余林:《课堂教学评价》,人民教育出版社 2006 年版,第 345—346 页。

师的教学技能和水平得到提高,评价结果不与奖惩挂钩,而是为教师之间相互交流、发现各自的优缺点提供机会,为制订教师发展的目标和对策提供依据。

(二)外部评价和内部评价

按评价主体可以将教师课堂教学的评价分为外部评价和内部评价。这种分类方法以评价者是否参与课堂教学活动为依据。外部评价是指由教育行政主管部门的人员,如教研员、评价专家、学校领导、教务人员以及教师同行等不参与课堂教学活动的评价者对教师的课堂教学进行的评价;内部评价则是由直接从事课堂教学活动的教师本人和学生群体所进行的评价。

无论是外部评价者还是内部评价者,在评价的过程中都会遵循一定的评价标准,不过不同评价者的评价标准可能会有所不同。如同行更多地会从学科的角度对课堂教学提出要求,学校领导则会从学校管理角度提出要求,教师本人则会从自我教学风格方面进行评述,而学生则可能从教学内容的多寡和教学中的情绪反应等方面进行评价。

(三)现场观察评价、监视监听评价、录像评价、量表评价

按评价资料的收集手段可以将教师课堂教学的评价分为现场观察评价、监视监听评价、录像评价、量表评价等。

现场观察评价是评价者进入课堂,实时实地听教师讲课并及时进行评价的方法。这种评价方法在实际运用过程中往往表现为随堂听课、评课。这种评价资料的收集方法具有很强的时效性,而且能够对各种临时发生的情况进行评价,对教师的教学激情和学生的参与积极性有较深的体会。缺点在于会受到评价者注意力分配和记录速度等的限制,而且由于评价者的出现往往会让被评教师和学生在心理和行为上发生一定变化。

监视监听评价则是利用单向玻璃或摄像设备等进行的实时课堂评价的方法。评价者不直接进入课堂,这样可以在很大程度上避免给师生带来压力,使获取的信息更加真实。缺点在于可能会受到观察角度等的影响,无法全面了解整个课堂的情况。

录像评价则是利用录像将教师的教学过程和学生的活动记录下来,进行课后的评价和分析的方法。其优点在于可以多人反复观看和讨论,在评价的过程中也可以让被评教师参与讨论,从而使得整个评价资料更为全面、客观、准确。而且还可以将不同教师的教学录像进行对比,或者将同一个教师的教学录像进行对比,分析教师教学的进步情况。

量表评价则是采用事先编制好的评价量表,由教师和学生根据他们对教学过程和效果的主观映象进行回答的方法。这种评价方法的关键是评价量表的编制,它有时也被称为问卷评价法。问卷评价是目前进行课堂教学评价最主要的方式,也是实践中应用最广泛的一种方式。

二、课堂教学效果评价的基本过程与训练①

(一)准备阶段

准备阶段主要就"为什么要评价""谁来评价"和"评价什么"等问题做充分准备。这

---

① 余林:《课堂教学评价》,人民教育出版社 2006 年版,第 30—32 页。

一阶段的主要工作包括组织准备、人员准备、方案准备以及评价者和被评价者的心理准备。

1. 组织准备

组织准备包括成立专门的评价领导小组或组建评价工作小组。

2. 人员准备

人员准备主要是指组织与评价有关的人员学习评价理论和有关文件，做好评价工作的知识与技能储备。

3. 方案准备

方案准备主要是指评价的组织者根据课堂教学评价的目的，在教学评价实施前拟定有关教学评价的目的、内容、范围、方法、手段、程序和预期结果的纲领性文件。

通常方案具有以下几方面的特性：第一，以评价标准为核心；第二，以评价程序的科学性、规范性和可操作性为根本。方案通常包括以下内容：评价目的，评价对象，评价标准，评价方法，实施期限，评价报告完成的时间，评价报告接受的单位、部门或个人，以及预算等。

4. 评价者和被评价者在准备阶段的心理现象与调控

在评价的准备阶段，评价者和被评价者会出现诸如晕轮效应、成见效应、应付心理、焦虑心理等一系列的心理现象，这些心理现象不仅会影响到评价者与被评价者之间的关系，而且还会影响评价的信度和效度，因此需要进行有效的调控。

【实战演练】

如果你要去评价一位语文教师的课堂教学情况，请根据课堂教学评价的基本原则设计一份课堂教学评价计划书，主要涉及评价的目的、准备（包括评价的组织、人员、方案、心理调控等），并分组讨论每一份计划书的科学性和可行性。

（二）实施阶段

实施阶段是教学评价活动的中心环节，这个阶段的主要任务是，运用各种评价方法和技术收集各种评价信息，并在整理评价信息的基础上做出价值判断，同时对评价者和被评价者的心理进行调控，以保证评价工作的顺利进行。

1. 收集评价信息

根据先前制定的评价方案，利用相应的评价方法、手段、工具、仪器等收集所需要的评价信息。这里的评价工具非常重要，如评价表、量表、问卷等，它的科学性直接影响到信息收集的有效性。

2. 整理评价信息

对收集到的评价信息，通常需要进行审核和归类。前者是指需要对评价信息的有效性进行判断，如回答问题是不是敷衍了事或随心所欲，判断评价信息是不是被评价对象的真实反应；后者是指根据评价信息的共同点进行归纳，以减少信息的杂乱和无序。

3. 分析处理评价信息

在这个过程中，要注意以下问题：首先，要掌握评价标准及其具体要求；其次，评价者应该使用事先规定的计量或其他方法来处理评价信息，在评价结果中要给出明确的相应分数、等级或定性描述等评价意见；最后，在条件许可的情况下，应该对评价者的测量或观察结果进行认定、复核。

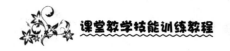

4.做出综合评价

综合评价是将分项评定的结果汇总成综合评价的结果。它要求评价者根据汇总的评价结果,对评价对象做出准确、客观的定量或定性的评价结论,形成评价意见。必要时,可对评价对象做出优良程度的区分,或做出是否达到应有标准的结论。

(三)评价结果的处理与反馈阶段

1.评价结果的检验

评价结果的检验,一方面要检查评价程序的每个步骤,看其是否全面、准确地实施了评价方案;另一方面则要运用统计检验方法,对评价结果进行统计检验。

2.分析诊断问题

评价的目的不是简单地对被评价者进行等级分类,而是为了有效地促进课堂中的教与学,因此需要对所收集的资料进行细致分析,并对被评价者的优劣状况进行系统评论,帮助被评价对象找出存在的问题以及问题的症结所在。

3.撰写评价报告

评价报告一般包括三大部分,即封面、正文和附件。

封面应提供下列信息:评价方案的题目、评价者的姓名、评价报告接受者的姓名、评价方案实施和完成的时间、完成报告的日期。

正文则包括五部分:概要、评价方案的背景信息、评价方案实施过程的描述、结果及分析、结论与建议。

4.反馈评价结果

反馈评价结果是指把评价结果返回给被评价对象或上级主管部门,以引导、激励评价对象不断改进、完善自己,同时为教师或教育管理机构提供决策依据。反馈评价结果的方式有多种,如个别交谈、汇报会、座谈会、书面报告等。

【实战演练】

请随机选择一位老师作为对象,对其课堂教学进行评价。要求:

(1)按要求撰写评价计划书(包括详细的准备情况);

(2)选择合适的评价方法,并注意多种方法的综合应用;

(3)写出规范的评价报告,重点反映评价过程的科学性,并根据结果与分析提出意见和建议。

三、课堂教学效果评价的方法及训练[①]

(一)随堂听课

这是获取课堂教学信息的重要途径。采用随堂听课这种方法,通常要做好以下几方面的事情:

1.事先准备

事先准备,一方面是评价者与被评价者之间就时间、地点、方式、观察重点等事项进行事先约定;另一方面,评价者需要在听课之前了解所听课的教学内容、教学目标和教学

---

① 余林:《课堂教学评价》,人民教育出版社 2006 年版,第 32—37 页。

设计等,合理确定听课的重点。此外,事先的沟通也有助于消除被评价者的焦虑,让其能够尽量保持教学的自然状态,减少人为表演的成分。

2.课堂观察

在课堂观察中可以进行全过程观察和有重点观察。前者是指评价者全方位地观察课堂教学过程。在观察过程中,评价者应不放过任何一个细节,对一些特殊行为保持高度的敏感,并对这些行为进行及时的记录和分析。通常这一类观察的难度较大,要求观察者有熟练的观察技能和丰富的观察经验。有重点观察则是指根据事先确定的观察重点,有针对性地进行观察和记录。在观察过程中,观察者往往会借助一些事先准备的观察工具。有重点观察还包括评价者事先与教师拟定评价重点,如重点学生、重点事件等,在随堂听课中有意识地围绕这些重点内容进行观察。

【实战演练】

如果你要到小学对一名语文老师进行课堂观察,请你设计一份课堂观察表,重点反映观察的目的和要求,并说明你这样设计的意图和设想。

3.课堂记录

课堂记录是伴随课堂观察进行的,通常有两种方式:一是利用事先选择或研制的观察工具进行记录,如弗兰德斯的相互作用分析系统等;二是描述记录法,它需要对课堂中的语言和非语言都进行记录,描述记录要求记录时应尽可能把看到的和听到的所有内容都完整地记录下来,即进行课堂教学实录。当然也可以有重点地进行记录。在记录过程中还要注意对一些非预期事件的记录,这些事件及其处理往往能够更清楚地反映评价者的行为动因。

【实战演练】

表16.1是一份课堂教学观察记录表,请结合课堂观察与课堂记录的要求进行评述,如果有问题,请尝试修改完善。

表16.1　课堂教学观察记录表

学科				课题					
教师		_____学校_____老师		学生		_____学校_____学生			
时间		_____年_____月_____日		地点					
观察视角		观察分析要点		简要记录		等级评价			
						A	B	C	D
学生的学	状态	学生学习的投入		定量:约有(　　)%的学生始终投入					
	活动	学生参与独立思考、同桌商议、小组交流的情况		定量:整课自学学习时间约(　　)分钟,独立学习(　　)次,同桌学习(　　)次,小组学习(　　)次 定性:					

学生的学	发言	学生课堂发言的情况	定量:共计( )人次个别发言,发言学生约占全班人数的( )% 定性:			
	倾听	学生聆听教师讲解、同学发言的情况	定量:教学讲解、同学发言时,专注倾听的学生约占( )% 定性:			
	成果	学生对本课知识的达成度	定量:巩固练习中的正确率约为( )% 定性:			
教师的教	状态	教师执教的热情度、民主性及亲和力	定量:教师实施人文性评价( )次 定性:			
	策略	教师采用的教学方法	定量:"互动生成"式的教学时长约( )分,"讲解启发"式的教学时长约( ) 定性:			
	提问	教师组织课堂提问的情况	定量:教师共计提问( )个,其中有效提问约占( )% 定性:			
	引领	教师突出教学重点、突破教学难点的过程、方法及效果	定量:重难点教学中,教师有效的提问启发( )次,讲解演示( )次,生成妙用( )次 定性:			
	理答	教师对课堂现场生成性问题的处理过程、方法及效果	定量:教师有效理答生成性问题( )次,无效理答生成性问题( )次 定性:			
	媒体	教师使用的媒体手段	定量:教师运用课件辅助教学时长约( )分 定性:			
	检测	教师加强目标达成度检测、反馈、矫正的情况	定量:完成新授后,教师用于目标达成的训练时间约为( )分 定性:			
总体评价						

观察记录者:_____ 学校_____ 老师

4.课堂快速调查

常用的快速调查主要有两类：一是简单测试题，这可以了解学生的学习接受情况；二是微型问卷调查，向学生询问一些简单的问题。

5.评价结果的反馈

对教师评价结果的反馈往往以课后讨论的形式出现，其主要方法就是评价面谈。一般来说，评价面谈包括下面几个步骤：

（1）明确评价面谈的目的，这有助于消除被评价者的顾虑，让其能够畅所欲言；

（2）让被评价者阐述本节课的总体安排、设想及其实现的程度，并对照评价标准进行自我评价；

（3）评价者根据听课记录指出这节课的优势和不足，依据评价标准进行初步的评价，提出改进的意见；

（4）在被评价者对评价者所做的评价和建议基础上，二者就双方存在分歧的问题展开讨论；

（5）双方达成共识后，提出对以后课堂教学的要求。

（二）量表评价法

它是指通过编制评价量表来对课堂教学进行评价的方法。在课堂教学评价中使用量表评价法时，量表中的指标或指标体系是评价的基础。指标是指具体的、行为化的、可测量或可观察的评价内容，即根据可测量或可观察的要求而确定的评价内容。

1.评价指标体系设计的程序和技术

指标体系设计的基本程序通常包括三个阶段：

（1）发散阶段。这一阶段的主要任务是分解教育目标，提出详尽的初拟指标。在这个阶段通常可以采用头脑风暴法和因素分解法。前者是指在专家会议中，各抒己见，即席发言，初拟评价指标。后者是指将评价指标按照评价对象本身的逻辑结构逐级进行分解，把分解出来的主要因素作为评价指标的方法，在分解的过程中需要使用统一的分解原则，而且分解出来的指标在上下层次之间应该相互照应，按照由高到低的层次逐级分解。

（2）收敛阶段。即对初拟指标体系进行适当的归并和筛选。这个过程可以采用经验法、调查统计法和模糊聚类法，同时应该遵循以下一些基本原则，即指标应具有重要性、独立性，指标应反映被评价对象的本质属性。

（3）实验修订。即选择适当的评价对象进行小范围的实验，并根据实验的结果，对评价的指标体系及评定标准进行修订。

2.指标权重的确定

权重是指根据各组成指标在指标体系中的重要性和作用大小，所分别赋予的不同数值。权重代表了评价指标的重要性程度。

指标权重的确定可以采用关键特征调查法、两两比较法、专家评判平均法和倍数比较法。

关键特征调查法是先请被调查者从所提供的备选指标中找出最关键、最有特征的指标,对指标进行筛选并求出其权重的方法。两两比较法则是对指标进行逐对比较,并加以评分,然后分别计算各指标得分的总和。专家评判平均法则是对已经确定的指标,分别请专家评判其重要性,然后以专家评判结果的平均数为各指标的权重。倍数比较法则是对已确定的指标,以每一级指标中重要性程度最低的指标为基础,计为1,然后将其他指标与之相比,做出重要性程度是它多少倍的判断,再经归一化处理,即可获得该级指标的权重。

(三)标准化测验

这是进行学业测试的传统方式,也是一种非常有效的方式。标准化测验要经历一系列的基本程序。

1. 明确测验目标

只有明确测验目标,才能保证有向性,避免盲目性。通常测验目标就是教育目标,它是教、学、评、督、考的共同依据。

2. 确定测验内容

通常这是在内容抽样和测验目标的基础上形成的。一般而言,这个过程由双向细目表来确定测验内容中所涉及的每一内容范围的相对比例、测验目标中每一层次目标的相对比重、每一测验目标层次在每一测验内容范围上的相对比重。双向细目表通常由测验目标、测验内容和权重构成。在收集测验材料的过程中要遵循以下原则:

(1)测验材料要适合测验目的;

(2)测验材料要能够代表该教材的全部内容;

(3)测验材料要有普遍性;

(4)测验材料要适合学生的程度并能鉴别学生的学习水平;

(5)测验材料要能激发学生的进取心。

3. 测验设计

测验设计主要包括以下几方面的工作:

(1)测验形式的确定,即测验采用何种形式的问题;

(2)测验题目形式的确定,主要有主观题和客观题两种类型;

(3)测验具体题型的确定与题目编制,即确定主观题和客观题的具体形式并进行相应的题目编制;

(4)测验题目的确定;

(5)测验时间的确定;

(6)测验题目的编排。

4. 测验的技术分析与鉴定

测验的技术分析与鉴定主要包括以下三个程序:

(1)编写复本与进行预测;

(2)测验的质量分析;

(3)测验的标准化。

（四）替代性评价

替代性评价是在标准化测验的基础上发展起来的,可以用来评价那些在传统测验中表现不佳或受到限制的学生,以帮助教师做出关于这种学生的有效推论。由于替代性评价通常需要测验学生应用先前所学知识、经验解决新异问题和完成特定任务的能力,因此通常也被称为表现性评价。在评价的过程中,替代性评价往往需要运用真实的生活或模拟的评价练习来引发始发行为,由高水平评价者按照一定的标准直接观察、评判,其形式主要包括建构式反应题、书面报告、作文、演说、操作、实验、资料收集、作品展示。因此可以说,替代性评价强调让学生在具体的真实或模拟生活情境中完成一定的任务,通过对学生在任务过程中的具体表现和完成任务的成果来评价学生。

（五）课堂观察与调查

课堂观察是研究者带着明确的目的,凭借自身感官及有关辅助工具(观察表、录音录像设备),直接(或间接)从课堂上收集资料,并依据资料做相应研究。课堂观察是搜集资料、分析教学实施的有效性、了解教学与学习行为的基本途径。

课堂观察的内容包括:师生交往的方式,教师提问的次数和问题类型以及学生对问题的反应,教学过程的开放性和探索性,教室的空间布局、班级规模等因素对学生认知、情感、态度和行为的影响。课堂观察的技术方法和手段主要有课堂教学录像、录音,以时间标识进行选择性课堂实录,座位表法,提问技巧水平检核表,弗兰德斯语言互动分类表,学习动机问卷调查和访谈,学习效果的后测分析等。

调查也是一种非常重要的获取课堂教学评价信息的手段。调查是一类方法的总称,根据不同的标准有不同的调查方法,而不同的调查方法所适于收集的评价资料也是不同的,即不同的评价内容需要用不同的调查方法。在实际的课堂评价中,还有其他的一些评价方法,在这里不再赘述。

【拓展阅读】

时动分析法:课堂教学分析与评价的新技术①

一、研制的背景与创意

对课堂教学分析和评价的最终目的,在于提高教师的教学技能技巧,从而取得更好的教学效果。目前大多数学校的课堂教学分析与评价一般均采取现场听课评述的方式,研究(听课)人员直接进入课堂现场,观看教师的"即时表演",课后再得出有关的结论。这种方式所存在的弊端是显而易见的:

1.上课时师生(特别是不经常开课的班级学生和新教师)将由于分析与评价人员的介入而变得紧张起来,这或多或少会影响到一节课的正常教学。

2.听课人员只能凭零星的笔记和课后回忆来对教师下结论,这常使分析与评价的结论出现因滞后而引起的不准确性。

---

① 张国荣:《时动分析法:课堂教学分析与评价的新技术》,载《上海教育科研》2001年第3期。

3.反馈课堂教学结果时,由于一般教师课后常无法清楚地记起上课时的言行(由于不能自视),这就使分析与评价人员的结论显得单向性,缺乏清晰的指向目标,因而无法保持反馈信息对教师直接的和即时的教学技能的提高。

4.当日后出现需要时,无法提供更为客观、准确的分析依据,即听课人员记忆中的教师授课场景由于时日的增加无法准确重现。

5.由于场景的无法重现,分析与评价人员将无法从容地作出判断,更无法分心作适当的交流而使结论更为客观。这一方面使听者与被听者有一定的距离感,另一方面分析人员常常由于单位时间听课任务的繁重(有时一个单位时间得参评3~4节课)而在后段出现疲累,这同样也影响结论的准确度。

在分析了传统课堂分析与评价方式的诸多弊端后,我们试图借鉴美国工程心理学家M.E.蒙代尔(M.E.Mundel)的管理理论与方法(他在他的《动作与时间研究》中,对工程合理设计、行动高效操作及时间高密测算等做了一系列详尽的描述),使用视像设备摄录教师整节课的教学现象,然后从时间与动作两个维度,结合评课人员的集体智慧和经验,对教师的教学做客观、细致的分析与评价,即课堂教学的时动分析法。该方法的目的在于建立相对稳定的课堂教学分析与评价体系,并力求使得这一体系具有较强的可操作性和较高的可信度,以改变以往靠主观回忆的经验感觉型的评价方式,提高课堂教学分析与评价的客观准确性,同时加速教师的课堂教学技能的提高过程,促使新手教师成为专家教师的成熟期减短,从而提高教学的质量和效率。

二、操作的分解与统合

时动分析法就是将某一教学课时按教学流程的内部安排,划分成若干时间单元(时段),这些时间单元亦即教学的一个步骤(大的步骤可再细分成更小的段落);或者,将某一教学课时划分为相等的几个时间单元(时段)(一般为6~8个);或者,在某一教学课时中以一定时间截取一个段落或若干段落。可以知道,每一时间单元(或段落)均由一系列的动作组成。然后由分析与评价人员(一般由专业教研员、学校教师骨干和教育理论工作者三方面人员组成)对所划分的各个时段里的动作单元进行客观的分析评价,规范出规范动作(或提出应该调整的动作),并同时提供减少完成某段教学所需时间的依据,进而提高教学效率,提高教师教学技能。这种方法在具体操作时,首先使用摄像设备对教师授课过程进行全距跟踪记录(一般使用两台摄像机,分别录下教师方面的和学生方面的,分析与评价时两台放像机可以同时播放,这样师生双方的情景均可得到反映)。分析与评价人员根据录制的材料对划分的时间单元进行逐节分析,这样就可以清晰地指出在每一时间单元中,执教者对于课堂教学目标的达成度及各类动作的规范程度。具体操作步骤如下:

1.摄录。普通教室可在前后架设两台摄像机,同步摄下教师的教学全过程和学生的反映过程。对学生的摄像可固定架设,对教师的摄录最好采用追踪式,包括其言语、手势、行走、板书等。实际上这样的摄录仅一个人操作便行。如有条件,则放在特殊的教室进行,这种教室带有的摄像设备与另外的播控室连接在一起,摄录方法同上。这样就可以避免摄录人员所带来的影响,能比较真实地记录一节课的教学情况。

2.取样。一般的课在结构上不外乎由课始、课中、结束三部分组成,而每部分又可以由具体的教学内容和课型进行分段。以数学新授课为例,一般由引起注意、激活旧知、引探新知、操作练习、反馈巩固、总结内化等组成,并表现为较明显的时段,这样,就可以把一节课划分为相对独立(又彼此联系)的6个时段。每一时段都是一个时间单元。当然,这里的单元在时间分配上长短不尽一样。此谓以步骤法划分时间单元。

其他还可以有等分法、截取法等。所谓等分法,就是将一节课的总时间(40~45分钟)划分为几个时段(一般为8~9个),每个时段的时间均等,并分别标为第一时段、第二时段……截取法则显得较为灵活,或可根据教学的环节安排取某一部分或某几部分,如截取"激活旧知"部分或"总结内化"部分等;或截取某两个环节的交结部分,如"引探新知"与"操作练习"的过渡部分。这样截取的内容可以是1分钟、几分钟甚至十几分钟,由评课人员酌情选择。以哪种方法对课堂的流程时间进行划分,依评价的内容、对象、任务而定,所选择的整节课或某一时段即为评价的样本(参见图1)。

图1 时间单元划分法

3.定标。分为两级指标系统,一级是按课堂教学总流程来评价,依"课堂教学时动分析表"进行。该表共有19个项目,1~3项为时间方面,包括教师行为时间和学生活动时间安排的合理性及课堂总时间的可压缩性。4~18项为动作方面,其中第4~9项从教学内容处理的角度评价,第10~16项从课堂管理的角度评价,17项和18项则从教具使用和板书设计的合理性方面对教师进行考察。最后一项就教师的教学风格成熟程度进行考察。

另一级则按课堂教学的某环节来评价,评价项目由教师言语和动作的内容与效果两个维度组成(参见图2)。

图2 动作单元分列内容

根据言语与动作双维模型中的内容和效果可以制定相应的表格,再根据教师的实际情况结合教学的总体方向规定相应的分值,确定恰当的标准(应得分)。对于不同级类的教师,以及不同科目不同类型的课,分值(应得分)可以有所变化,而非一成不变的固定值。

4.赋分。先确定某教师的应得分,再将两台摄像机摄录的内容同步放映,评者(一般由三或五人组成)面对屏幕所呈现的内容,再根据教师课堂上的实际表现赋予相应的分值。一般以播放两遍以上为宜,不清楚处可倒带重放。这里需注意的是,赋分时对于不同的教师对象,对于不同的课型,除了客观地定量分析和定性分析外,还应及时将所存在的问题和改进方案适当地提供给评价对象,以体现评价的帮助作用。

5.统合。教师的课堂教学,可以分为课内功和课外功两部分,前述的时动分析法属于课内功的评价,课外功的评价则主要考虑以下7个方面的21项指标:

教学目标设计	教材内容处理	教学方法设计	教学手段选用	教学时间安排	教学场所定位	课堂活动组织
合理性	组织性	认同感	必要性	依从性	示意性	数量
准确度	实际性	参与度	合理性	节奏感	形式美	密度
可达成度	可接受性	时效性	简约性	灵活性	情意性	质量

　　课外或与课内功仅以对某知识教学的时序先后来划分,实际上两者是紧密联系在一起的。课堂里的表现是以课外的准备和基础为背景的。当然,在现实的教学中,有些教师在具体的执教过程中往往很难完全体现教案中的设计及思想,而其中的原因又是需要经常予以探寻的。课堂教学的时动分析如果仅限在一节课的教学以内,评价与分析将会是片面的;但另一方面对一节课的分析与评价却又会显示出"窥一斑而知全豹"的功效。以上对课内功和课外功的阐释,实际上已大致勾画出以时动分析法为主进行操作的总体评价流程。这里需要说明的是,如果是针对新手教师,2～3轮的分析与操作常常是必要的,并且实际施教时最好是用同一教学内容,在一轮结束时将修正后的教学设计对同一年级的平行班再次施教,这样做将会取得明显的效果。图示如下:

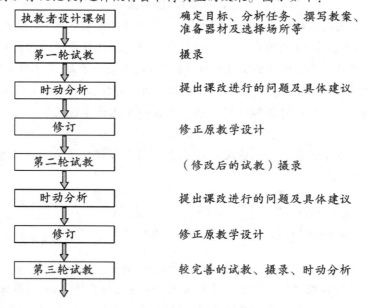

图3　多轮次课堂教学的时动分析流程

　　三、方法的优势与功效

　　采用时动分析法进行教学的分析与评价,由于具有很强的直观性和可重复性,使得对分析与评价所得的结果的解释显得更具说服力和针对性。比如教学步骤安排精当与否,时间分配科学与否,对于学生的反馈的即时处理稳妥与否等。另外,对于讲授各类知识时的语言表述、示教动作规范与否,以及练习操作的适当调控、学生学习兴趣的激发、各部分之间的衔接,都可以通过一段一段的时间单元及其间一组一组的动作单元,给予详细的解说。因此这一方法具有以下的特点:

1. 分析与评价者可以反复操作而避免传统的凭主观记忆的笼统、粗略和指向模糊等缺陷。传统的听课者常采取的是笔记和脑记(临场默记)相结合的方式。有时,还需一边记录内容,一边记录时间,这样笔记时漏记和错记是难以避免的。同样,脑记也有无法克服的缺陷,一是前后内容的干扰,致使出现某种程度的误判;二是遗忘,特别是当一个单位时间听课的量较大时,干扰和遗忘必然引起课堂教学分析与评价在客观上的准确性不高。

而时动分析法由于录像资料可以重播,且可以短时段重播,这可以有效地避免由笔记和脑记所造成的弊端。不仅如此,听课者还可以切下一块内容做分析,这样由于包容的时间及内容相对较少从而使许多细节的指出亦成为可能。使用此法可以使得传统听课时常见的许多争议亦可以避免,使得分析与评价更为客观、公正、准确。

2. 与时动分析法配套的各指标系统,传统评价法将难以适从。由以上的陈述可知,如果要对评价表中的应得分与实得分准确定值,传统教学需边听课边打分,但一方面由于需定值的内容如此详尽,在这么多的分析评价指标上评价者将难以适从;另一方面教师一节课中的言语和动作常非定模,即前后会时常出现一定程度的不一致的情况,需听课人员做出综合评判定分,这样,一次性的即时定分常会顾此失彼。而坐在屏幕前,第一遍观看时可以先预记一个分值,然后可以从从容容地对预定分进行调整,这样的分值其可信度无疑会大大提高。

3. 分析与评价终究是一种手段。课堂教学时动分析法可以通过细腻的分析与评价过程,找出教师在某方面的优势或不足,帮助教师了解自己的教学优缺点。更重要的,这种方法一是可以为教师本人提供自审察——录像片可以复制,实际上,在教师本人带回家看的时候,在无任何指导或点评者在场的情况下,他们同样可以将自己当作第三者来观察自己的教学活动,在对录像片的观看中直接发现一些明显的问题,而这种刺激印象常常非常深刻。二是特别当某学校同年级有几个平行班,则同一教师可以将同一教学内容根据一次次的评价人员的反馈修改,在各班进行同课平行轮流施教,经过三四次反复的修改与操作,相对于新手教师来说,较易产生出经过评价(或分析)结论而修正的较规范的某类知识的课堂教学施动模型,并可方便地迁移至其他知识的教学上去。因为一般来说,教师在进行调整后的下一教学课时的操作时,改进过的教学安排往往会给其带来一定程度上的异体验,从而产生强烈比照改善型授课方法后的教学内驱力,这种日积月累的体验与及时外化,无疑会加速其教学水平与教学质量的有形上升。

4. 由上述三点亦可知,通过这种方法,倘执教者为新手教师,其本人亦参与自己所教功课的分析与评价,则专家对他的帮助会更直接与明了。并且执教者与评课人员在平等地位上进行共同分析时,行家与行家之间,教师与行家之间,可以随时停机进行商讨甚至争议。实践证明,对新教师的某知识点教学进行三轮的时动分析以后,他们在认识上均会产生起码三方面的变化:一是学生主体观与教师主导观的较明确树立;二是有了较清晰的"课"的观念;三是"课"的可改进性思想的形成,并且这一思想还可以迁移到别的学科。课堂教学中,他们开始关注自己的每一句话的作用和效果,关注每一行为的规范、得体及对学生产生的可能的影响。而在教学计划的设计与准备时,更多地考虑到了目标的合理与准确、过渡的自然与巧妙、方法的灵活与高效、手段择用的简约与必需以及内容处

理的合理性与达意性等等。

四、适用的对象与思考

时动分析法以充分的科学事实和对操作材料的理论归纳,并以此作为依据进行逻辑的论证而形成结论,研究的整个过程强调目的性和计划性,其方法本身是可辨认的,运用过程和研究结果经得起较严格的检验,突出了研究的科学性;而这一评课体系的合理性则主要表现为该方法在人员的组合上、在时间的花费上、在操作的运行上等都是一般的学校可以接受的,同时它较之于以往的评价方法显现出一定的兼容性、独特性和先进性;它只要按照操作说明进行对一节课的具体分析与评价,简便易行,各指标项目只要稍做说明,仅具备一般的评课资格的人员就可以完全理解并不大可能会产生歧义。这种评价体系,无论是对新教师的课堂教学,还是优质课公开课的分析、造型、评价、遴选等,都会大有帮助。因而它适合于各地教育行政部门尤其是教研部门应用于教师的课堂教学分析评价及新教师教学技能的提高,同样,这一方法也适合于师范院校培养教师时使用。

对时动分析法存在的异议将是难以避免的。也许有人会就教师教学的人文观这一点上提出异议,认为教学既是知识的授受过程,也是情感的交流过程,因而无法规定出教师的言语和动作,否则将会使教学陷入僵化。这种观点对于"微格教学"的批评或有一定的合理性,但时动分析法重在对教学过程和结果的双重分析与评定,而不是如"微格教学"的事先示范,它强调的是客观性,同时又兼顾到了主观的课前设计,在涉及课堂教学评价的同时也涉及教师的基础背景,这可以克服"微格教学"所无法避免的"封顶效应",所以可以不必过多地存在这方面的顾虑。

当然,也应该指出,任何评价方式都不可能是完美无缺的,实践过程中我们发现,课堂教学时动分析法在操作中由于常需反复操作而费时较多。而且由于教学毕竟不同于工程机械性,它对师生情感方面的交流而产生的内心体验的检阅较为困难,如果刻板使用这一技术将会引起一些负面效果。但无论如何,时动分析法除了在经济、设备方面有一定的要求之外,其他的都将在经过不断的使用和不断的修正过程中更臻完美。

【学习资源】

[1]余林.课堂教学评价[M].北京:人民教育出版社,2006.

[3]李经天,王小兰.教师教学技能训练教程[M].武汉:华中科技大学出版社,2012.

[3]卫建国,张海珠.教学技能导论[M].北京:北京师范大学出版社,2012.

[4]周小蓬.语文课堂教学技能训练教程[M].北京:北京大学出版社,2010.

[5]刘幸东.师范生教学技能训练教程[M].东营:中国石油大学出版社,2008.

[6]张建华.课堂教学评价维度探析[J].湖南教育(教育综合版),2007(6).

[7]蔡永红.当代美国另类评量的改革[J].比较教育研究,2000(2).

[8]柳夕浪.课堂教学临床指导[M].北京:人民教育出版社,1998.

[9]刘要悟.教学评价基本问题研究[M].兰州:甘肃文化出版社,1997.

[10]夏正江.论课程观的转型及其对新课改的影响[J].课程·教材·教法,2005(3).

[11]张国荣.时动分析法:课堂教学分析与评价的新技术[J].上海教育科研,2001(3).

第十七章 学生学习结果的测量与评价技能训练

【内容导航】

※ 学生评价概述

※ 学生学习结果的测量与评价技能训练

【学习目标】

1. 能够说明学生评价的含义、功能和基本类型。

2. 能结合具体实例说明三大领域的学业成就测量与评价的基本方法及遵循的原则。

3. 能够说明学科测验编制技能构成的要素和实施测验的基本环节。

4. 能够举例说明教师自编测验中测题的基本形式以及每种测题的编制要求。

5. 能够结合学科特点编制一份符合要求的测试题。

第一节 学生评价概述

一、学生评价的含义

学生评价是在系统地、科学地和全面地搜集、整理、处理和分析学生信息的基础上，对学生在德、智、体等方面的发展和变化做出价值判断的过程，目的是使学生得到全面发展。学校教育的根本目的是促进学生的全面发展，学生的学习结果也是课堂教学效果评价的主要指标，因此，学生评价是学校教育评价的核心，也是学校其他各项工作评价的基础。

二、学生评价的功能①

1. 导向功能

学生评价的全面导向功能有助于学生在德、智、体等方面全面发展。学生评价是以"培养德、智、体等方面全面发展的社会主义事业的建设者和接班人"的教育方针为依据的。这一综合评价目标和标准，对学生的全面发展起着指导方向的作用。它不仅指引学生朝这个方向发展，而且要求教师、家长及社会都按照这个方向培养、教育学生，为学生的全面发展创造有利条件并提供有效指导，使学生在认知、情感、行为等各方面都向着预

---

① 王爱兰：《教育学》，甘肃文化出版社 2002 年版，第 329—330 页。

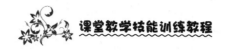

期的目标发展。

2. 反馈功能

学生评价的反馈功能有助于改进教与学。学生评价贯穿教育、教学活动的始终,是连续不断进行的。通过评价信息反馈,学生可以及时、准确地了解学习效果,知道自己的进步、不足及原因所在,有针对性地进行弥补;教师可以发现自己教学中存在的问题并予以改进,从而使教学不断完善,使教学质量不断提高;学校及教育管理部门可以增进对教育、教学状况的了解,在进行教育教学改革时能够从实际出发,使教育教学工作的改进落到实处。

3. 强化功能

学生评价的强化功能有助于调动学生的积极性。处于成长发育期的学生,受外界评价的影响很大。他们往往为了获得他人的肯定评价而为某一活动付出努力。中肯的学生评价,既肯定学生的每一闪光点和点滴进步,又指出学生的薄弱之处和改进措施;既能使学生产生成就感,提高学习热情,又能使学生明确努力方向,产生前进动力。

4. 鉴定功能

学生评价的鉴定功能有助于选拔合格人才。根据德、智、体全面发展的教育目标,对学生进行的综合性评价,可以为学生的升学、就业及各级各类人才的选拔提供客观真实的依据,评价标准的统一也保证了人才选拔的公正性。科学、合理、公正的评价所区分的优良和鉴定的等级,是教育管理决策科学化的基础。教育行政管理部门特别重视评价的这种功能。

5. 激励功能

由于评价结论往往直接影响到学生的形象、荣誉和利益等,因而常能激发被评学生的成就动机,使他们追求好的评价结果,激励他们全力以赴做好有关的各项工作,创造更大的教育成就。如果评价和其他一些管理措施结合起来,如在评价结论的基础上进行表扬、奖励、资助、批评、处罚等,评价的激励功能就会得到更好的发挥。在评价中,若能在肯定成绩和优点的同时,诚恳地、富有建设性地指出学生存在的缺点和问题,则会激励他们进一步改进和完善有关的工作。

三、学生评价的类型[①]

(一)按评价基准划分

1. 相对评价

相对评价是指以评价对象群体中的平均状况为基准,然后把评价对象与基准进行比较,得出这个被评对象相对于基准的位置,或者用某种方法将被评对象排列出等级顺序的评价。通过比较,可以确定被评价对象在对象群体中的相对位置,以分优劣。相对评价主要用于选拔性和竞赛性活动。其特点表现为:第一,适应性强,应用面广;第二,能反映个体的差异。

---

① 王爱兰:《教育学》,甘肃文化出版社 2002 年版,第 331—333 页。

2.绝对评价(达标评价)

绝对评价是在被评价对象群体之外,预先确定一个客观标准,将评价对象与该客观标准进行比较,判断其达到标准程度的评价。绝对评价的评价基准不是在被评对象中产生的,是由评价者根据教育目标制定的,它可以独立地存在,故称为客观标准。绝对评价的主要目的是了解被评对象是否达到标准和达到的程度。其优点是,通过绝对评价,可以明确评价对象与客观标准的差距,激励被评者积极上进。绝对评价的缺陷是,标准很难制定,对评价的目标分类及评价标准等难以做到真正合理、客观。

3.个体内差异评价

个体内差异评价是以被评对象的过去为基准,与现在相比较;或者以被评对象具有的几个方面中的一个方面为基准,其他方面与这个方面进行比较的评价。它在运用时常会遇到两种情况:一种是把被评价对象的过去和现在进行比较。例如,某学生期中数学成绩是70分,期末是85分,说明该生数学成绩上升了。另一种情况是把被评价对象的某几个侧面进行比较。例如,一个学生的外语水平有听、说、读、写四个方面,可以通过全面的考察比较其哪些方面好一些,哪些方面差一些。

(二)按参与评价的主体划分

1.自我评价

自我评价就是评价者根据一定的标准对自己进行评价。自我评价的对象既是评价的主体,又是评价的客体;既可以是学生个人,又可以是学生集体。

自我评价的优点主要表现在:第一,自我评价有利于全面收集信息,形成准确的判断;第二,自我评价有利于学生改进自己的学习。

2.他人评价(外部评价)

他人评价是由被评价学生以外的人进行的评价。如教师对学生的评价、同学之间的评价等。一般来说,他人评价比自我评价客观、严格。但同学之间的评价需要教师的组织和正确指导。

(三)按评价的功能划分

1.诊断性评价

诊断性评价是指在某项教育活动进行之前,为使其计划更有效地实施而进行的预测性、测定性评价,或对评价对象的现状和存在的问题做出鉴定的评价。诊断性评价一般是在教育活动进行之前,通过对评价对象的主要要素进行测验,对他们的问题及发展情况在价值上给予判断,为改进和提高下一步教学活动提供依据。

2.形成性评价

形成性评价是在教育活动进行过程中进行的教育评价。它具有对问题的诊断、信息反馈、计划调节的作用。一般说来,形成性评价不太强调鉴定评定的作用。形成性评价的目的是为了了解教育教学过程中的情况,以便及时调整工作的状态。

3.总结性评价(终结性评价)

总结性评价是指在教育教学活动告一段落时,对学生表现和变化的最终结果做出价

值判断的评价。也就是以预先设定的教育目标为基准,对被评价学生达成教育教学目标的程度,即最终取得的成就或成绩进行评价,主要用途是对被评价学生做出鉴定,区分等级、名次,了解学习目标的实现程度等,并为教师和行政管理人员提供教育决策的参考依据。就教学目标而言,终结性评价是指在一门学科的重要部分或整个教学结束时,对学生的学习效果和成绩所进行的全面评价。

(四)按评价对象的度量方式划分

1. 定量评价

定量评价是指对教育教学进行全面深入的定量分析后,在量化的基础上制订出量化标准,按一定的量标对学生学习情况进行的评价。它用一定的数量反映学生学习表现所处的数值或状态。定量评价常用加权定量评分法、统计分析法、模糊综合评判法等。

定量评价能使一些模糊概念精确化,较好地避免评价的主观性和随意性。但也有局限性,因为有些指标无法进行定量评价,不应强求每一项评价或条目都要量化。

2. 定性评价

定性评价是指不采用数学的方法,而是对评价对象现实的状态进行特性描述和材料分析之后,确定定性的一定标准,按标准进行的评价。对于那些定量有困难的内容,如对学生品德的评价,比较难以确定量化指标,用定性评价较适宜。常用的有等级评定法、写评语等。教育活动是十分复杂的,具有模糊性,存在着许多难以量化的因素。因此,定性评价是不可缺少的。

定量评价和定性评价各有其优缺点,各有其适用范围,两种评价并用,才能使评价更科学。现代评价理论和实践发展的趋势就是将定量评价和定性评价结合起来,求得更客观和更全面的评价结果。

(五)按评价对象的存在状态划分

1. 静态评价

静态评价指在学生处于相对稳定状态下对其所进行的评价。例如,对学生学习态度、行为习惯、个性品质的评价等。

2. 动态评价

动态评价指在一定的时间、空间和情境序列上,考查学生诸要素变化的结果,对其进行价值评判。动态评价要立足于学生的进步、发展、变化,把近期状态和远期变化情况结合起来进行评价。

(六)按评价考查的范围来划分

1. 分析评价

分析评价指预先根据评价的观点,把评价内容分解成若干项目,分别进行的评价。例如,评价学生,可以分为思想、学习、身体、心理素质等项目进行。

2. 综合评价

综合评价指对评价内容进行的整体性评价。在教育评价中,综合评价占有十分重要的地位,它可以反映被评学生的整体状况,如评选优秀学生等。进行综合评价,应科学地确定评价的层次、结构以及相应的指标体系和方法,并制订相应的实施方案。

第二节 学生学习结果的测量与评价技能训练

学生学习结果的测量与评价就是对学生学习的质量和品德的发展变化进行的评价，是指以教育目标为依据，运用科学的工具和方法，系统地搜集学生学业和品德方面的变化信息，并进行价值判断的过程。学业和品德评价是教育、教学过程中不可缺少的重要环节，它具有诊断实态、传递信息以及资格认定等功能，在教育过程中发挥着调节和鉴定作用。学生学业和品德评价的内容很多，这里择其要者进行简要论述。

一、学生学习结果的测量与评价的基本内容[①]

学生学业结果的测量与评价即学习评价，也称学力评价，是对学生的学习水平及其学习潜力所进行的评价。根据布卢姆等人的教育目标分类，学生的学习活动可分为认知、情感和技能三类活动。心理学家则根据学习的结果把学习分为认知学习、动作技能学习和态度学习。由此，当代学习评价理论把评价主要放在认知活动、技能活动和情感活动三个方面。

（一）认知领域的学习评价

设定认知领域的评价目标（标准），一般有两种做法：一种是根据教学经验从外部特征提出经验领域的认知目标，如某学科可提出某年级或某单元的基础知识和基本技能的具体目标。另一种是根据心理学原理从心理机能和特征提出心智领域的认知目标，如布卢姆等人确定的六个能级的学习成果：[②]

知识水平：知道、记住、背出、说出、背诵、再认、列举、复述等。

理解水平：转换、改写、举例、说明、解释、归纳、计算、摘要、推断等。

应用水平：解答、解决、证明、计算、操作等。

分析水平：指出、找出、识别、区别、分类、分析等。

综合水平：归类、总结、创作、拟定、设计、编制等。

评价水平：评定、评判、评价、鉴别、欣赏、比较、选择、反驳等。

【实战演练】

请结合布卢姆等认知领域评价目标所列出的学习成果和行为动词，陈述小学语文《小猫钓鱼》一课的学生学习评价目标，要求评价目标具体、可操作。

---

① 班华：《中学教育学》，人民教育出版社2000年版，第465—467页。

② 柯孔标：《教学评价》，知识出版社1999年版，第23页。

这里简要提出以下认知评价的目标。

1. 知识的测验评价

知识测验就是测验学生回忆或认知具体事实、规则或概念的水平。学生在学习过程中,如果没有知识的保持,就无从掌握知识、发展智力、提高能力,所以知识的保持是衡量学生学力水平的基本指标。在评价学生对知识的保持时,可以从学生对知识的记忆速度、记忆的准确程度和能否应用等来衡量。在测验的方式上,如果内容是简单的知识,可利用客观测验形式的再认法去评价(如填充、选择、配合等);如果知识的内容较复杂或具有概括性,则以论文式测验为宜。

【实战演练】

请编写小学语文《丑小鸭》一课中关于字、词、句学习目标的知识测验题。

2. 理解力的测验评价

评价理解力,主要从两个方面着手:一是测验学生能否将学习材料从一种形式转换成另一种形式;二是测验学生能否解释学习材料,说出其道理,不但知其然,而且能知其所以然。测验评价理解力的最好方法是论文式测验,即主观测验。此外,客观测验(选择法、配对法)、观察法、谈话法(口试)等也是测验评价理解力的重要方法。

3. 解决问题能力的测验评价

解决问题的能力是评价认知学力的中心目标。布卢姆六个能级目标中的应用、分析、综合及评价四级,实际上就相当于四种思考过程和解决问题的过程,评价这四个能级,都可以通过对解决问题能力的测验,给予总的评价。评价解决问题能力的最佳用具就是"问题情境测验",即在提供一种未学过的复杂而困难的情境下,提出要解决的任务,以测其能力。

由于解决问题能力的范围比较广泛,评价的方法可以采取多种方式。有的心理学家从这样几个方面来定性评价学生解决问题的能力:①在"从何入手的要点上"是否果断;②是否能集中注意力于所要解决的问题,较少注意那些与该问题无关的方面;③是否能让自己已有的知识发挥作用;④是否有主动而且有力的探索精神,探索方法是否被动、肤浅;⑤进行问题探索时是否仔细、有条理;⑥对自己解决问题的能力是否充满信心。

(二)技能领域的学习评价

技能领域的学习包括动作技能和智力技能两个部分。技能主要包含读写算技能、社交技能、使用工具的技能、动作技能、实验技能等。许多科目之中,可以说任何一科都有技能部分。技能大致可分为以下10余种:①阅读;②书写、笔记;③口语表达、听;④写作;⑤计算;⑥图表或统计表制作、统计;⑦利用辞典、索引目录;⑧实验;⑨积累资料;⑩音乐、美术;⑪劳动;⑫体育运动。技能的评价,一要看在有关方面有无知识,是否理解;二要看所形成的技术是否熟练、定型。重点在行动的定型化,即技术的熟练程度上。评价学习技能的方法主要有观察法、作品表现法、表演评价法、谈话法等。最为常用的还是以直接行动观察为主的方法。

(三)情感领域的学习评价

学生的学习活动是认知活动与情感活动的统一过程,认知可以改变情感,而情感也同时会影响认知。情感目标因素包括兴趣、爱好、态度、习惯等。如果说前面所研究的学力评价目标构成一个人的才能或才华,那么情感领域的目标则是形成和运用这一才能的动力和力量。因此,这类评价目标是现代教育评价极为注重的学力评价目标。

评价情感领域的学力,要特别注意所用方法的效果。如态度的评价,有的是用言语表现出来的,可借助作文、交谈、日记、通信、写作等形式进行评价,评价可用问卷法、论文式测验、问题情境测验或谈话、作文、检查日记等方法。有的是用行动表现出来的,应直接从行动的表现予以观察、记录、评定。评价兴趣,可以用观察法、问卷法、谈话法、评定量表法等。

情感学习评价应注意的几个问题:

(1)学生情感学习的评价一般采用观察法、问卷法;

(2)应尊重学生的学习情感表现;

(3)应保护学生的个人隐私权。

总之,学习评价的方法要根据目标和学生的发展特点,选择最佳的方法或结合学科教学实际创造出更新的评价方法。

二、实施测验的基本环节及训练[①]

(一)设计测验

在设计测验时,首先要确定测验的目的,确保测验与教学目标和课堂教学相一致。在实际的教育工作中,这是一项比较困难的工作。因此,在设计测验时教师除了确定测验目的外,还要仔细考虑测验要考查的学习结果,这可以通过列一些双向细目表来完成。在双向细目表中,表中数字为题数,表是根据以下步骤编制的(如表17.1):

(1)表头列出一般的教学目标;

(2)在表中最左边的一列填上主要的内容;

(3)确定每个目标和每项内容上的题目比例。

表 17.1　几何测验的双向细目表

教学目标 教材内容	知识	理解	应用	分析	综合	评价
直线、射线、线段	1	1	1	1		
三角形	1	1		1	1	
全等三角形	1	2	3	1	1	2
……						

【实战演练】

假如你是小学三年级的语文老师,请你根据双向细目表的要求及上面案例,编写小学语文第六册期中考试试卷的双向细目表,并在小组内由同学相互评价和修改。

① 吴庆麟:《教育心理学:献给教师的书》,华东师范大学出版社2003年版,第357—358页。

（二）帮助学生准备测验

为了使学生在进行测验时焦虑程度最低，教师可以帮助他们准备测验。这一工作主要从帮助学生了解测验过程、测验形式和内容，以及帮助他们掌握应试策略和技巧等方面入手。

（三）实施测验

在实施测验的过程中，首先，教师要安排好适当的测验环境；其次，在测验进行前要向学生详细说明测验的内容、形式以及答题要求，还要说明交卷的要求；最后，在测验进行过程中，教师要做好监督工作，既要督促学生集中精力完成测验，也要防止学生作弊。

（四）分析结果

测验完成后，教师要及时进行评分，还可以与其他教师讨论结果，之后及时向学生提供反馈。这一过程有助于学生及时了解自己的学业成绩，并激发他们的学习动机。

三、对认知目标的测量

（一）编制测验的基本原则和步骤①

对课堂教学中的认知目标的测量一般采用学业成就测验，即自编测验来测量和评价学生的学业情况。这种测验的目的在于检验学生的学习结果是否达到预定的教学目标。

从测验本身的角度来看，编制测验的基本原则有：①测验的内容符合评价的目的。教学评价有多种形式，如诊断性评价的测验内容只能包括开展新的教学活动之前学生应掌握的学习内容，形成性评价的测验内容只能包括新近学习的内容，总结性评价的测验内容则包括一学期的学习内容。②测验编制的科学性。一份测验要有适宜的效度、信度、难度和鉴别力等。③测验的使用必须具备一定效果。教师自编的测验既要有助于教学，也要能促进学生的学习。所以测验结束后，教师一定要及时向学生提供反馈。

基于以上基本原则，教师编制测验可遵循以下步骤：

（1）确定测验目的；

（2）选择测验材料；

（3）编制测题；

（4）预试和测题分析；

（5）试卷的编辑；

（6）鉴定测验的基本特征。

以上为教师编制测验的一般步骤。根据不同的测验目的，教师在编制测验时可以略过一些步骤，但大多要经过前三步。

【实战演练】

请结合各自的学科专业设计一份单元检测题，请注意教师自编测验的一般步骤和要求，并说明测验的目的、题型、难度、信度等的设计意图和思考。

---

① 吴庆麟：《教育心理学：献给教师的书》，华东师范大学出版社 2003 年版，第 359—360 页。

(二)不同的测题形式

在教师自编的测验中,测题的形式大体可分为客观题和主观题。

1.客观题的测题形式

客观题因其评分客观而得名。其特点是出题明确,答案唯一,评分客观,不同评分者对其的评定结果相同。这类测题包括选择题、是非题、匹配题和填空等。[1]

(1)选择题。具体来说,选择题是针对一个问题,要求学生从几个可能答案中选择一个或多个答案的试题形式。它由题干和两个或更多的选择项构成。题干可以是直接提问或以不完整的句子的形式出现;选择项提供若干项供选择的答案,其中一个或多个为正确选项。根据正确选择项的个数,选择题可以分为单选题(一个正确)和多选题(多个正确)。

选择题的编写原则和要求如下:[2]

①题干意义完整并能表达一个确定的问题。

有不少不完全陈述式选择题的题干,直到读完全部选项才能了解其意义。品质良好的选择题,应该是在遮盖选项部分,即在没有选项的情况下,也是意义完整的。

【例题】(不妥试题)一个双向细目表:

A.可以提供一个内容更平衡的内容取样　B.指出一个测验如何用来促进学习

C.确定一个所使用的记分方法　　　　D.必须按照教学目标重要的顺序来排列

本题的题干意义不清楚,应将试题修改为以下形式:

【例题】(较妥试题)当拟定一个成就测验的编制计划时,使用细目表的主要目的是:

A.减少所需的时间　　　　　　B.使试题编制更容易

C.改进内容的取样　　　　　　D.增加测验的客观性

②题干简明。

题干尽量不要使用过于复杂的字词与语句结构,也不要使用过长的语句。

【例题】(不妥试题)当缺乏与中心观念有关联的似真但非正确的选项时,则在编制下述哪一类型的试题时会遇到困难?

　A.是非题　　　B.简答题　　　C.论述题　　　D.选择题

此题的题干,陈述过于复杂,堆积一些不切题的材料陈述,若改为下述形式,则较为合理:

【例题】(较妥试题)编制哪类试题时,如果缺乏似真而非正确的选项时,会遇到最大的困难?

　A.是非题　　　B.简答题　　　C.论述题　　　D.选择题

③题干不要滥用否定结构,要尽可能地采用正面陈述。

过多采用否定结构,往往给被试带来阅读上的困难。同时否定结构也不利于教师了解被试到底掌握了多少正确知识。另外,肯定结构比否定结构从某种程度上来说更富有

---

[1]　吴庆麟:《教育心理学:献给教师的书》,华东师范大学出版社2003年版,第361—362页。

[2]　黄光扬:《教育测量与评价》,华东师范大学出版社2012年版,第85—87页。

教育意义。

【例题】(不妥试题)在耳的下列结构中,哪种与听力无关?

A.鼓膜 　　　B.卵形窗 　　　C.半规管 　　　D.耳蜗

修改后的试题,则更能直接地测量教师想要测的知识。

【例题】(较妥试题)在耳的下列结构中,哪种有助于保持平衡?

A.鼓膜 　　　B.卵形窗 　　　C.半规管 　　　D.耳蜗

④干扰答案应具有似真性。

所有选项都应与题干有一定的逻辑联系,选项中的干扰答案(诱答项)应具有很高的似真性或似乎合理性,不能错得太明显。

【例题】(不妥试题)在下列元素中,哪一种元素存在于蛋白质中,而不存在于碳水化合物或脂肪中?

A.二氧化碳 　　　B.氧 　　　C.水 　　　D.氮

此题的 A 与 C 两选项都是化合物,而不是元素,很容易被剔除。

⑤不能对正确答案有任何暗示。

⑥同一测题中,每一个测验试题之间应该相互独立,避免牵连。

⑦选项的文字表述力求简短精练。

⑧应当尽量避免"以上皆是""以上皆非"的选项。

(2)是非题。是非题是要求学生对一个或多个命题进行是非判断的一种试题形式。其优点主要表现在:编制容易,可以适用于各种教材;记分客观,取样广泛。但是也有缺点,例如,仅能测量知识层次中最基本的结果,无法测量高层次的学习结果,受猜测因素的影响很大,只有两种可能的选择,学生凭猜测都有 50% 的机会获取正确答案。

编写是非题的基本原则有:

①考核的内容应是重要的知识,应有考核价值。

②应多测量理解能力,而不应测量记忆性的知识,更不要直接抄录教材中的句子。

③一个题目只能有一个中心问题,或一个重要概念。

④试题应做到是非界限分明,用词准确,避免模棱两可的词语。

⑤题目陈述应简单明了,避免使用复杂的句子结构,避免学生因阅读困难而对测量产生不良影响;尽量采用正面叙述,避免用否定或双重否定的语句。

⑥正句和误句的排列要随机化,而且数量应大致相等。

(3)匹配题。匹配题是要求学生从两组或多组选项中寻求意义相互配合的一种试题形式。其优点表现在:第一,可以用于测量对多个事物与知识的理解能力和对其相互关系的能力;第二,可以在较短时间内测量大量相关联系的事实材料;第三,匹配题在编制上也较为容易。缺点表现在以下几个方面:第一,仅能测量低层次的教学目标,而且易提供额外的线索;第二,较难找到一些符合教育目标和学习结果的同质材料。

编写匹配题的基本原则有:

①在一道题中,要求各个题干(包括选项)具有相同或相近的性质,这种同质性可以

保证所有的选项都能称为任何一个题干的似真答案。

②为了大大降低学生成功猜测的概率,选项的数目应多于题干的数目,而且不限制每个选项被选择的次数。

③题干和选项之间如果有逻辑顺序,就按逻辑顺序来安排选项。

④以清晰的指导语指出题干与选项之间的匹配关系,以及对每个选项可以被选择的次数的规定。

⑤选择的词语要短,相对于选项而言,题干的词语应较长些,并且每一试题的配对数目不能超过 10 个,通常以 4~7 个配对数目最为合适。

⑥一个试题的所有部分应该安排在试卷的同一页上。

【实战演练】

下面是一道匹配题举例,这是一道不妥题目,请说出不妥之处,并进行修改。

我国最长的河流是	( )	A. 孙中山
我国最大的城市是	( )	B. 1949 年
我国近代革命的先行者是	( )	C. 长江
中华人民共和国成立的时间是	( )	D. 上海

(4)填空题。填空题的常用形式是呈现给学生一句或一段不完整的话,或是直接提问,要求学生简单作答,它主要测量的是学生的记忆能力。其显著的特点是可以用来考查学生对知识的记忆和理解能力,受学生猜测的影响小,评分比较客观。但填空题偏重于测量学生的知识记忆程度,使用过多容易养成学生死记硬背的习惯。

在实际的教学中填空题编制的基本原则如下:

①题意明确、限定严密,空白处应填的答案是唯一的。

【例题】(不妥试题)只有_____,才能学好英语。

本题的限定不严密,所填的答案不唯一,学生也不知道到底是考核哪些方面的知识。

②空白中所填写的应是关键词语,并且要和上下文有密切的关系,使学生不至于填写困难。

【例题】(不妥试题)2002 年我国科技界有_____新发明。

③题目中空白的地方不能太多,以免句子变得支离破碎,不利于学生理解题意。

【例题】(不妥试题)连接_____市与_____的是_____河。

这样的试题容易导致题意不完整,无法填写,即使勉强填上,也难于判断对与错,无法评分。通常一个填空题不应超过两个空白。

④尽量将空白放在句子的后面或中间,而不要放在句子开头,因为按照人们的思维过程,应该是先提供充分的证据,然后再要求学生做什么或这么做。

【例题】(不妥试题)_____发明了蒸汽机。

本题应改为"发明蒸汽机的是_____。"

⑤所有空白处的线段长度应当一致,不能随正确答案文字的多少而长短不一,以免产生暗示作用。

⑥若答案是数字,应指明单位和数字的精确程度。

2.主观题的测题形式

主观题要求学生自己组织材料,并采用合适的方式表达、陈述出来。论文题即为这类测题。论文题又分为限制反应题和自由发挥题,具体形式如表17.2所示。

表17.2 不同形式的论文题

题 型	举 例
限制反应题	请简述马斯洛的需要层次理论
自由发挥题	就现行的中国基础教育改革的情况,陈述自己的看法

限制反应题要求学生在题干所限制的范围内发表意见。与限制反应题相比,自由发挥题给予学生较大的自由,要求按题目的限制条件自由发表意见。为了改进论文题中评分标准的主观性的缺陷,教师可以采取一些方法进行弥补或避免。例如,限制反应题的答案有一定的限制范围,因而教师可以采取分点法的评分方式。即教师事先列出答案的要点,并确定各要点所占分数;在阅卷的时候,根据学生是否答对各题的要点给分;最后,合计各题的分数点,以此作为学生的成绩。对于自由发挥题,其答案没有任何限制,教师可以采取评估法的评分方式。即对学生答案整体进行批阅和考虑之后,教师才给予分数。可采用两种方法使评估法的使用更为合理:

(1)评分之前先设几个等级(如优、良、中等、一般、差五级),并规定各等级分数的范围(如优代表90及90分以上,良代表80~89分,中等代表70~79分,一般代表60~69分,差代表60分以下),通过这一方式,教师可以在相互比较的情形下,给予学生较为客观的评定。

(2)用分题阅卷的方式代替整体阅卷的方式,即教师先批阅所有试卷的第1题,然后批阅所有试卷的第2题,以此类推。这种方式可以避免同一试卷中各题之间的影响。

另外,论文题还会受一些非答案性质的其他因素的影响,如文字的工整和流畅,行文的条理性和逻辑性、回答字数的多少、对学生的印象,等等。在对限制反应题的评分过程中,教师可以尽量避免这些因素的干扰。而在对自由发挥题的评分中,这些因素的影响必然存在,有些甚至左右教师的评分(如行文的条理性和逻辑性等)。在这种情形下,教师可以考虑:问题回答是否切合学习内容? 是否有自我独特的见解? 等等,这样可以降低以上所提到的因素所造成的不利影响。

四、对情感目标的测量

(一)情感目标的测量特点

1.跨学科性

情感教学不属于任何一门学科,它的效果可能产生于任何一种学科的教学活动。例如,情感教学范围中的态度、兴趣、习惯等内容多蕴含在文科类(语文、政治、历史、地理、音乐、美术、体育等)教学活动中。情感教学的效果也同样可产生在理科类(数学、物理、化学等），例如，数学理论的严密性可以建立学生的科学态度，物理的奇异性可以培养学生的求知兴趣，等等。由此看来，情感教学的测量是所有学科的教师都应该承担的责任。

2.质性描述

在认知教学的测量中，教师自编测验，通过量化的分数来标识学生认知能力的高低，这种测量结果不存在好坏之分。但在情感教学中，量化的分数虽然重要，但其测量形式大多为质性描述，描述所欲测量的情感类教学目标，其结果往往存在好坏之分。例如，在历史学科中，对史实的掌握程度的测量可以用分数来表示，其结果是分数的高低代表掌握度的多少；而对历史学科态度的估计只能通过观察法、谈话法等质性描述方法，其结果是态度的正确与否。

（二）情感目标的测量方法

对学习态度进行测量的方法有观察法、问卷法、访谈法、情境法和语义分析法等。这里主要介绍观察法、情境法和知情意合一法。

1.观察法

观察法是在自然教育场景下，教师观察学生的行为表现，并加以评定的一种方法。观察法可被用来客观、正确地评价学生的某些学习态度。但观察得来的资料不易量化，而且容易受到教师主观因素的影响，在使用观察法时应注意这些问题。观察法有自然观察法和实验观察法。无论用哪一种方法都要进行周密的计划，并伴随记录。最常用的记录方法有行为记录法、逸事记录法、评定量表法。

（1）行为记录法

教师观察学生的日常行为表现，并伴随以记录。这可用于评价学生的情感发展。这些日常行为表现反映出学生对学校学习、某一学科或某一学习内容的态度或兴趣等心理特征。对于这些行为的记录，可采取横向评价的方法（比较同一组学生的学习态度异同），也可采取纵向评价的方法（经过一段时间，再比较某一学生或某一组学生在学习态度上是否发生改变）。教师可使用行为检查单来记录其在教学中的观察结果。检查单一般包括一系列教师认为重要的目标行为，通常采用有/无的方式记录，但有时也记录次数。

【实战演练】

请参照下面的《学生对教师提问的行为反应检查单》（表17.3）的形式，编写一个评价学生《课堂注意保持的行为反应检查单》，请注意行为记录的可观测性与可检性。

表17.3　学生对教师提问的行为反应检查单

姓名：　　　时间：　　　教学科目：

授课内容：_____　观察教师：_____

行为表现	出现左边的行为,请画√	备注
一接触问题马上回答		
认真思考一段时间后再回答		
回答问题较偏		
回答问题较新颖		

（2）逸事记录法

轶事记录法是教师随时记录日常活动中学生的行为表现，以后以此为依据评量学生的情意成长。逸事即学生参与学习活动时在言行举止上表现的一些小事。这些小事代表了学生的习惯、态度和兴趣等心理特征。经过一段时间的记录，前后比较学生的行为表现，就可以发现学生情意表现上有没有改变。逸事记录法不需要特殊技术，教师比较容易施行。但为了所记录的资料在情感教学测量上最具效用，教育心理学家对使用逸事记录法的教师提出以下建议：

①事先设定所要观察的学生行为表现的事项范围，但也要随时记录学生所表现的不寻常行为即偶发性的特殊行为（如打架）；

②清楚描述学生行为发生的特征及当时情境，以便日后了解该行为的意义；

③观察到学生行为后应尽快记录，以免事过境迁产生遗忘；

④每次只记录单一学生的单一行为，避免将数人或数事混淆；

⑤将观察到的事实部分和教师的意识部分分两段记录，分清事实和教师的解释；

⑥在记录中同时记录学生行为好与坏的两方面，使记录保持客观；

⑦从累积的记录中分析判断学生的行为，避免只凭一次观察记录就断定学生行为的好坏。

（3）评定量表法

评定量表法是采用预先设计的评定量表分项记录学生的行为，再以此为根据分析学生行为特质的一种方法。评定量表是一种间接的观察技术，通过量化所观察到的信息，可以迅速简便地获得概括化的信息。评定量表的设计分为两部分：一是欲评定的该项学生行为特质的名称，二是供做评定用的等级。评定量表通常使用一系列数值来表示从"不好"到"好"或从"不满意"到"满意"之间的几个等级（平常设计是 3～7 等级，以 5 个等级为宜）。然后用这些数值对一些项目或描述进行评判。例如，下面的表 17.4 即表示了教师对学生行为的一项评定。

17.4　在社会性活动中人际关系的表现评定量表

学生姓名：　　　评定日期：　　　行为特质：在社会性活动中人际关系的表现

1	2	3	4	5
对人极不友善，总与人冲突	对人缺少尊重，有时与人冲突	对人表情冷淡，但不与人冲突	对人相当友善，但少与人来往	热情待人且与人合作

为了使评定量表法最有效用，教育心理学家提出以下四点建议：①所要评定的学生行为特质应与教学目标相符合；②所要评定的学生行为特质必须是可以观察到的外显行为；③用于各等级的文字说明，必须清楚明确；④如一个学生由数位教师评定时，应以按各次评定的平均分点为标准。

2. 情境法

情境法来自心理学中的投射测验。教师提出一些反映情感教学目标的问题，要求学生解决，或者让学生设想自己成为故事情境中的主人公，据此观察学生的言谈举止。这种方法有造句测验、不完全故事、两难问题等。表 17.5 即举例说明了情境法的测题。

表 17.5　情境法的测题举例①

测题类型	举　　　　例
造句测验	当＿＿＿＿＿＿＿＿＿时,我对教师的讲课非常感兴趣。 教育心理学的内容,我最喜欢看＿＿＿＿＿＿＿＿＿部分。
不完全故事	记忆这一章的理论观点很多,你作为教师,应如何吸引学生听课?
两难问题	父母亲反复强调学习英语的重要性,我知道这些。但我对数学感兴趣。现在外语老师也教得不好,整天要我们背单词,我都烦死了。我是继续学习英语还是学数学呢?

3.知情意合一法

近年来,教育心理学家建议采用知情意合一的评定方法。其基本假设是:第一,在师生交感互动的教学活动中,学生是主体,学生的认知学习和情意学习交互作用的结果决定了教师教学的成败。学生知识的增加是认知学习结果的表现,是客观量的增多;而学生行为特质的改变才是情意学习结果的表现,是主观的质的变化。第二,教师教学之后,除根据认知教学评量结果以决定学生认知学习的成败之外,在学生的心理上自然也将随之产生积极的(喜欢学习)、中性的(无所谓)与消极的(不喜欢学习)三种情意形态。就教师教学是否成功的观点而言,学生的第一种情意心态自然是最理想的;第二种情意心态虽不理想但仍可接受;第三种情意心态,教师的教学是失败的。表 17.6 就是根据以上两重假设所设计的让学生填写的表示学生学习结果的评定表。

表 17.6　学生学习结果评定表②

填答日期:＿＿＿＿＿＿

学科名称	
学生填答的问题	1.我在本科目得到的成绩:优　甲　乙　丙　丁
	2.我的成绩与我所希望的相比:较好　较低　一样
	3.我从本科目学到了:很多知识　一些知识　很少知识
	4.我在学习时感觉到:非常快乐　无所谓　很不快乐
	5.我感觉教师授课时:速度太快　适中　速度太慢
	6.我希望教师给我的帮助是(说明):

全班学生填写完这一评定表,经整理分析之后,教师将会发现学生对自己学习结果的评定,主要有以下四类情形:第一类,从学科中学到很多知识,而且喜欢该学科;第二类,从学科中学到很多知识,但不喜欢该学科;第三类,从学科中学到的知识不多,但是喜欢该学科;第四类,从学科中学到的知识不多,而且不喜欢该学科。第一类学生,认知与情意的教学目标均已达到,所以教师的教学是成功的。第四类学生,认知与情意的教学目标均未达到,所以教师的教学是失败的。对于第二类与第三类学生的反应,将因教师对教学观点的差异而有不同的看法。如教师所持观点属教材中心主义,即认为教学生知

---

① 吴庆麟:《教育心理学:献给教师的书》,华东师范大学出版社 2003 年版,第 370—371 页。
② 吴庆麟:《教育心理学:献给教师的书》,华东师范大学出版社 2003 年版,第 317 页。

识本来就是教师的责任,因而认可第二类,不一定认可第三类;如教师所持观点属学生中心主义,认为教学生喜欢知识胜于教他学到知识,他将认可第三类而不一定认可第二类。

为了使知情意合一法最具效用,使用时应考虑以下条件:①采取匿名方式;②让学生充分了解评定的意义,向学生保证不会因负面反应使其受惩罚;③教师要有接受学生批评的雅量,而且认定由学生反应所得到的反馈将有助于以后教学的改进。

【拓展阅读】

质性评价及其理性思考①

以培养学生的创新精神和实践能力为核心的素质教育如何进行科学的评价? 有关创新精神和实践能力,我们的考试能评价吗? 如何在平时的学生学业评价中,充分地体现《纲要》《课标》的精神,是当前中学数学教育界努力探讨的问题,评价的定位,即目的是为了全面了解学生的数学学习历程,激励学生的学习和改进教师的教学。具体包括以下几方面:反映学生数学学习的成就和进步,诊断学生在学习中存在的困难,及时调整和改善教学过程;全面了解学生数学学习的情况,帮助学生认识到自己在解题策略、思维或习惯上的长处和不足;使学生形成正确的学习观,形成对数学的积极态度、情感和价值观,帮助学生认识自我,树立信心。让新型的评价方法缔造学习者,让新型的评价方法来解放学习者。

要达到上述要求,必须注重如下几个方面的变化:

关于学生数学学习评价应加强与削弱方面对照表

加强的方面	削弱的方面
评价的诊断和促进功能	评价的甄别功能
评价是教学过程中一个有机的组成部分	评价简化为单一的终结性评价
对学生知道什么、他们是怎么思考的评价	评价学生不知道什么
关注学生自身的发展	与他人的比较
数学情感与态度的形成和发展	仅关注数学知识和技能的理解和掌握
学生在学习过程中的变化和发展	仅关注学生数学学习的结果
使用多样化的手段	仅用纸笔测验
评价主体多样化	仅有教师对学生的评价
定性评价与定量评价相结合	只有定量评价

质性评价方法充分地体现了上述评价需要加强的方面。

一、质性评价的认识

质性评价,就是通过自然的调查,全面地提示和描述评价对象的各种特质,以彰显其中的意义,达成理解。质性评价也叫自然主义评价(Naturalistic Evaluation),它反对把复杂的教育现象简化为数字,认为这种做法可能会丢失重要的信息而且反馈的结果往往在

---

① 节选自周光剑:《质性评价及其理性思考》,http://blog.sina.com.cn/s/blog_721a95f80100nof8.html.

一单元或一学期结束后才给出,落后于教学活动。质性评价主张评价应全面反映教育现象的真实情况,为改进教学提供真实可靠的依据。也就是说,评价应关注学生的学习过程,及时发现问题加以纠正。

质性评价中的"质"是指该事物区别于其他事物的属性(性质或特质),是该事物区别于其他事物的特征和组成部分。质性评价的主要特点:一是自然性,质性评价必须在自然的情境下进行,对评价对象在他的"学习世界"中的学习过程情况进行评价。如果要客观地、深入地、全面地评价学习对象的学习情况,必须把他们放到丰富、复杂、流动的自然学习情境中进行观察。评价者和评价对象必须要有较长时间的直接接触,评价者才能了解评价对象学习的全过程,质性评价的自然性特点强调评价结果的真实性和可靠性。二是解释性,评价需要在自然的情境中进行,评价者了解评价对象在自然情境中的学习情况,即学习态度、学习思想、学习动机、思维水平等各种特质,从而对评价对象的学习成就寻找最切合评价者的诠释。

二、质性评价的理性思考

任何一种评价方法都有一定的局限性,质性评价也不例外,质性评价虽然有它的种种好处,但是评价的客观标准难以掌握,评价标准掌握的准确程度取决于评价者的评价水平,经常会有一些不严密之处,并不能完全替代量化评价,质性评价不是对量化评价的简单否定,而是对量化评价的补充、革新和反思,更为逼真地反映了教育现象。就操作的层面、理论层面、评价层面来讲,质性评价仍有许多问题值得我们思考,如何客观地、公正地对学生学业成绩进行评价,必须把定量评价和定性评价结合起来,必须建立目标多样化、评价方法多元化的评价体系。

理性思考之一:评价者的教育观、评价水平决定质性评价的水平

课程改革专家站在提高民族素质的高度设计课程,努力培养具有创新精神和实践能力的人才,基于此设计的教材注重基础学力、拓展性学力和创造性学力,把促进人的发展作为最根本的目的。不转变教育观念,不以新的教育理念来指导教学评价,质性评价将变得没有信度、效度,仍是一种形式化的评价。当前教育理念的核心是采用人本和发展的模式来理解教育和人类发展的关系。新的评价理念应运而生:评价是与教学过程并行的同等重要的过程;评价应体现以人为本的思想,建构个体的发展;评价提供的是强有力的信息、洞察力和指导,旨在促进发展;评价主体互动化;评价内容多元化;评价过程动态化。

理性思考之二:质性评价的操作性对大班化教学有待于进一步研究和探索

质性评价操作的主要特征是通过观察、调查来描述评价对象的特质,对大班化的教学适应程度不高,必须加强研究,基于目前认识水平,主要有以下论点:工作量大,教师负担重;主观性太强,很难达到客观、真实;容易走形式化,走过场;很难保持公平、公正。质性评价最重要的意义在于个性化地关注学生的成长过程,使学生在体验成功、感受进步中得到激励;质性评价是对学生人性的关爱,是对学生个性的张扬。

理性思考之三:质性评价如何综合量化评价结果

评价过程要注意定性与定量相结合。反映学生学业上的进步纵向相对评价,我们简

单的做法是将两次考分进行比较,由于试卷的信度、难度、区分度不一样,其实是不可比的,可用标准分进行比较,也叫个体内差异评价。量化是准确的定性评价的前提。评价结果的呈现要将定性与定量相结合。量化评价的分数或等级描述的是学生学习的行为或目前具有的水平,分数与等级表明的是学生中的行为表现,而不是解释原因。因此,必须用评语来补充评分的不足,尽可能使用鼓励性的语言客观、较为全面地描述学生的学习状况,充分肯定学生的进步和发展,同时指出学生在哪些方面具有潜能,哪些方面存在不足,使评语有利于树立学生学习的自信心,提高自己的学习兴趣,明确自己的努力方向,促进学生进一步的发展。为此,可采用"分数或等级+评语+成长记录袋"的形式,因为这关系到质性评价结果的表达方式。

三、建构促进学生发展的数学学习评价体系设想

促进学生发展的评价体系应包括以下四个工作环节:①明确评价的内容和评价的标准;②设计评价工具;③搜集和分析反映学生学习情况的数据和证据;④明确促进学生发展的改进要点,并制订改进计划。而要做好四个环节,首先要做好下面的工作:

1.建构多样化的评价目标。如学习内容及其具体行为目标,课程目标,人的发展目标。

2.选用多元化的评价手段。如口试、笔试、观察、讨论、作业等。

3.选用多种形式的评价方式。如形成性评价、终结性评价、表现性评价、诊断性评价等等。

【学习资源】

[1]柯孔标.教学评价[M].北京:知识出版社,1999.

[2]教育部基础教育司.走进新课程:与课程实施者对话[M].北京:北京师范大学出版社,2002.

[3]唐晓杰.课堂教学与学习成效评价[M].南宁:广西教育出版社,2000.

[4]余林.课堂教学评价[M].北京:人民教育出版社,2007.

[5]黄光扬.教育测量与评价[M].上海:华东师范大学出版社,2012.

第十八章 听课、说课与评课技能训练

【内容导航】

※ 听课技能训练

※ 说课技能训练

※ 评课技能训练

【学习目标】

1.能够陈述并说明听课、说课与评课的基本内涵。

2.能够结合具体的实践课堂分析并准确地说明听课、说课与评课的基本内容和主要环节。

3.能够结合自己的实践课堂说明听课、说课与评课的基本要求,并学会分析实践课堂中教师的教学行为。

4.能够解释并说明听课、说课以及评课对课堂教学的提高和改善的重大意义,学会听课,学会评课,并能够说明一堂好课的标准。

第一节 听课技能训练

一、听课概述

(一)听课的含义

听课是教师或研究者凭借眼、耳、手等自身的感官及有关的辅助工具(记录本、调查表、录音录像设备等),直接地(也有间接地)从课堂情境中获取相关的信息资料,从感性到理性的一种学习、评价及研究的教育教学方法。① 听课,看似简单的活动,却包含了多方面的内容和要求,下面就从听课的准备、听课的内容、听课的要求四个方面来谈听课的技能。

(二)听课的准备②

1.专业准备

听课之前的专业准备并不仅仅停留于熟悉大纲、教材和上课教师的教案层面,它是一个包含多方面的综合体:既要对教学理念、学科教学前沿信息有所把握,又要对所听课

---

① 周勇、赵宪宇:《新课程说课、听课与评课》,教育科学出版社 2004 年版,第 64 页。

② 彭小明、郑东辉:《课堂教学技能训练》,高等教育出版社 2012 年版,第 265—266 页。

的教学目标、教学内容、教学方法等方面有所了解；既要调查上课教师、学生和教室的基本情况，又要检视自己的教学观念。为此，需要做好以下几方面的工作：

（1）了解教材结构和学科教学前沿信息；

（2）制订较为科学的听课标准或指标；

（3）了解执教教师的相关情况；

（4）了解学生的实际状况；

（5）勾勒教学框架。

2. 物质准备

进入课堂之前，听课教师需要做好物质资料方面的准备：要携带听课专用的笔记本和笔，并填好听课需要记录的基本信息，以便在听课时专心听课。此外，听课者一般要自备教科书、参考书、纸张等，特别是跨学科、跨年级的同校教师听课，准备工作更要做细。

3. 心理准备

心理准备指的是听课者在进入课堂之前做好情绪上和态度上的准备。听课者应切记：在听课过程中，本着对执教教师劳动尊重的底线，无论课堂教学中出现任何"事件"，听课者都不能高声评论或者相互讨论，从而影响到课堂秩序，更不可出现中途退场的现象，以此来维护听课者的职业身份。听课应该保持一个平常的心态，善于在听课中发现问题，并结合自己的情况进行反思。

【实战演练】

阅读案例《不要"跪着听课"和"骑着听课"》，结合案例谈谈听课者应该抱着怎样的心态去听课。

不要"跪着听课"和"骑着听课"①

深深赞赏一句话——我们既不能"跪着听课"，也不能"骑着听课"。我们在听名师的课时常常丧失了自我，因为是名师就盲目崇拜，失去了辨别力；而在听青年教师的课时，往往是看缺陷多，看错误多，提意见多，挑刺多，是骑在人家脖子上去听。拖着这两种心态去听课，无论是对教学研究，还是对我们自身的发展，都是不利的。

用"不卑不亢"这个词语来概括我们听课的态度似乎十分恰当，抱着一颗平常心来听课，不失去自我，不盲目崇拜，也不高高在上，不盲目自大。让我们以平视的眼光看名师的课，多一分理性，多一分坚持，给自己一个思维的空间；让我们以包容的心态听年轻教师的课，多一分尊重，多一分欣赏，给青年教师留一个成长的空间！

二、听课的内容②

（一）听语言，看教学功底

教学功底是教师上好课的一个重要方面，所以听课还要看教师的教学功底。通常，教师的教学功底主要包括以下几个方面：

---

① 节选自杜艳芳：《不要"跪着听课"和"骑着听课"》，载《上海教育》2006年第21期。

② 彭小明、郑东辉：《课堂教学技能训练》，高等教育出版社2012年版，第268—269页。

语言。教学是一门语言的艺术,教师教学语言的运用妥当与否有时关系到一节课的成败。首先,教学语言的内容要准确简练,生动形象,富有启发性;其次,教学语言的语调要高低适宜,快慢适度,抑扬顿挫,富于变化。

板书。好的板书,首先,要求字体大小适中,字迹工整美观;其次,要求板书内容言简意赅,条理清晰;最后,要求板书设计科学合理,依纲扣本,富有艺术性。一般来说,板书的整体设计要追求详略得当,重点突出,起到提纲挈领的作用。层次分明、脉络清晰的板书有利于引导学生由形象思维向抽象思维的过渡。此外,板书还有助于调动学生的随意注意,也便于师生的课堂小结和课后复习。

教态。教师课堂上的精神面貌要饱满,富有感染力;仪表力求端庄,举止力求从容,态度力求热情,教学的整体场域追求师生情感的交融。

(二)听内容,看教学关键

一节课的教学重点能否突出,教学难点能否突破,是这节课成功与否的重要标志。教学重点内容通常是指在教材中或因讲述详细所占篇幅大,或是归纳的结论、规律所占地位突出。难点是指大部分学生难于理解、掌握、运用的内容,有来自教材的难点,也有来自学生的难点。听课时就要聆听执教教师是怎样通过多种教学方法、教学策略突出重点、突破难点的。联系学生已有知识、启发引导、举例说明、化难为易,这些往往是他们积累多年教学经验的所得。

(三)听艺术,看教学策略

评析教师教学方法、教学手段的选择和运用是评课的又一重要内容。

看是不是量体裁衣,优选活用。我们知道,教学有法,但无定法,贵在得法。教学是一种复杂多变的系统工程,不可能只有一种固定不变的万能方法。一种好的教学方法总是相对而言的,它总是因课程、因学生、因教师自身特点而相应变化的。

看教学方法的多样化。教学方法最忌单调死板,再好的方法天天照搬,也会令人生厌。教学活动的复杂性决定了教学方法的多样性。所以听课要看教师能否面向实际调用恰当的教学方法,同时还要看教师能否在教学方法多样性上有一番作为,使课堂教学超凡脱俗,富有艺术性。

看教学方法的改革与创新。评析教师的教学方法既要评常规,还要看改革与创新,要看课堂上的思维训练的设计,要看创新能力的培养,要看主体活动的发挥,要看新的课堂教学模式的构建,要看教学艺术风格的形成等。

(四)看学生反馈,看课堂情境

课堂气氛是弥漫、充盈在师生之间的一种教育情境氛围。这种氛围如果是和谐融洽、民主平等的,就能激发学生的潜能,树立学习的信心,培养学生的创新能力。一位好教师能够创设一种愉悦、和谐、充满人文情怀的课堂情境场域。在这种场域中,师生能够平等对话,完成情感交流;在这样的交往中,师生能够相互激发,唤醒各自沉睡的潜能。因此,课堂教学应该以学生的学习为中心,通过创设富有情趣的教学情境组织学生参与学习活动,激发学生的学习激情,体现学生主体,尊重学生个性和人格,鼓励学生大胆尝

试和探索,主动发现与创新。听学生反馈应该关注:①

1. 参与状态

看学生是否主动参与,是否全员参与,参与的面有多大。

2. 交往状态

看课堂上是否有多向联系与反馈,学生的活动时间是否充足,人际交往是否有良好的合作氛围,交往过程中学生的合作技能(合作的方式、合作的态度、合作的成果)怎样。

3. 认知状态

看学生是否具有问题意识,敢于发现问题,提出问题,发表自己的见解,看学生提出的问题是否有价值,探究问题是否积极主动,是否具有独创性。

4. 情绪状态

看学生是否有适度的紧张和愉悦感,能否自我控调学习情绪。有时因课堂上会突然爆发笑声而戛然而止,有时会从激烈的讨论转入冷静专注的聆听。这就是一种良好的情绪状态。

四、听课的要求②

听课是一项复杂的脑力劳动,需要一定的方法和技能。听课笔记也绝非是执教蓝本的翻版,而应该是寓看、听、写、思于一体的研究文本,是执教者与听课者双方智慧的结晶。听课者要充分调动自己的感官,才能做到听、看、记、思有机结合,才能真正达到听课的目的。

(一)听的要求

(1)听教师是否能在课堂教学中体现新课程的理念、方法和要求;

(2)听教师所讲的内容是否重点突出,详略得当;

(3)听教师的语言是否流畅,表达是否清楚,对专业性术语的应用是否得当;

(4)听教师的讲述是否有知识性错误,对所讲的内容是否熟练,理解深刻;

(5)听教师对该专业前沿的知识是否了解,是否有创新的地方;

(6)听学生的发言是否准确,对知识的理解是否到位。

(二)看的要求

听课不仅要用耳朵听,还应用眼睛仔细观察,用心体会课堂教学的每一个环节。

一看教师上课的情绪是否饱满,是否有激情,师生互动、生生互动效果如何。教师的情绪直接影响学生的学习情绪,教师情绪高涨,课堂才能生动活泼,才能调动起学生学习的积极性和主动性。不然,课堂效果就无法保证。学生是课堂教学的主人,教师的教学情绪应化作学生努力学习的动力。师生的双边活动,学生之间积极合作、主动探究,应成为评价一堂好课的基本要素。

---

① 沈智勇:《新课改之说课听课》,新疆青少年出版社 2009 年版,第 175—176 页。

② 彭小明、郑东辉:《课堂教学技能训练》,高等教育出版社 2012 年版,第 269—273 页。

二看教学环节的设计及实施情况。看教师是否根据教学内容的特点和学生的学习特点,整体把握设计本节课的教学内容。在实施教学设计的过程中,是否按照事先的教学设计进行并有所创造,根据课堂教学过程中学生学习情况改变教学策略,达到知识传授和能力培养的双重目的。

三看教师对重点知识的强调,教学难点的突破,教学细节的处理,语言的点拨作用。看教师能否准确理解和把握本节课的教学重点,并以重点知识为切入点,有目的、有针对性地突破难点,教学环节紧凑;教师是否能用通俗易懂的、画龙点睛的语言,帮助学生解决学习困难,并能调动学生的学习情绪,富有感染力;对一些教学细节的处理,对教学突发事件的处理是否机动灵活。

四看教师对课程资源的开发与利用。看教学资源的开发,不能局限于网络和课件,新闻、图片、影片、歌曲等,都可用来辅助教师丰富课堂教学内容,并为学生打造多彩的学习环境。此外,来自学生的信息,也是教师在课堂教学活动中不能忽视的资源。

五看本节课与前节课和后节课的联系,看这节课对学生的知识拓展和能力培养是否具有积极的促进作用。可以通过学生课堂的表现和课堂的教学效果反馈,通过调查学生、翻阅教师教学笔记等方法,考察教师的本节课与前后课的关联度,推断授课教师的教学思路与脉络。

(三)记的要求

听课中发现的问题要及时记录,以免课后遗忘。听课记录是听课者素质的体现,它反映了听课者的品德、态度、能力、水平等方面的基本素质。在做听课记录时要注意以下几点:

1.记教学环节

听课者在记录教学环节时要条理分明,层次清楚。各层次知识内容、课堂小结、习题和作业题的选配、提高升华与知识的规律总结等,都应该一目了然。听课者要善于抓住授课教师的思路,理清教师的教学步骤,并在笔记中用不同符号加以标识。听课者最好能记录各个教学环节所花费的时间,这样可以考查教师教学时间的安排和分配是否合理、教学重点是否突出等。

2.记重点教学细节

一般要重点记录的细节包括:教师的重点提问及对学生答问的引导、评价,学生典型答问和质疑,重点时段的师生活动以及教师在教学过程中出现的失误和语误等。听课者还应该对教师独特、有效的具体教学手段或做法进行记录。

3.记板书设计

一个好的板书能有效地提高课堂教学效率,也会反映教学程序、教学步骤、主要教学内容,还能体现授课者优秀的板书设计思想。所以要尽可能地将板书的主要内容、形式记录下来。板书最好是集中记录在专门的一张纸上,否则就不能形成完整的板书。

4.记点评批语

听课者会对听课过程中的所见所闻有所思考,并用点评、批语等随堂记录的形式把瞬间思考的内容及时记录下来。这种及时、准确的评价是教师间相互学习的依据。特别是在听课过程中,对授课教师的教学组织环节、突破重点分散难点的方法、学生的课堂反应等,听课者要及时进行思考整理,并迅速做出反应。把自己独到的看法、合理的改进建议等适时加以简要记录,评课时才能够做到有的放矢、言之有物、突出重点。

(四)思的要求

教师听课中的思考主要是针对教师"教什么,怎样教,为什么这么教"和学生"学什么,怎样学,学得怎么样",结合教学情景所做出的切实中肯的分析和评价,并对课堂中所发生的一些现象做出正确的解释。这是促进教师相互研讨、共同成长的根本所在。听课中的思考主要包括文本性思考、过程性思考和效果性思考,换位思考是其主要方式。

1.对教材处理的思考

这要求听课教师侧重想一想:教师是怎样处理教材的? 他这样处理好不好? 换种思路行不行? 教学的起点找准了吗? 新课程改革增强了教学的开放性和弹性,重视教师教学的创造性和个性特征,这为教师的教学设计和创新提供了新的展示平台,同时对教师的要求也大大地提高了。新课程改革要求"用教材教"而不是"教教材"。教师要按照新课程理念的要求,创造性地理解和使用教材,积极开发和利用课程资源,灵活运用多种教学策略实施教学,从而全面提高学生的综合素养,促进学生全面发展,为学生终身发展打下坚实的基础。

2.对教学过程的思考

通过考察一堂课的教学过程,应该思考教学目标设定是否符合学生发展;教师是否积极组织、引导、启发学生参与学习活动;是如何为学生提供讨论、质疑、合作、探究、交流、创新的机会的;是如何营造良好的课堂气氛的;是如何引导学生在学习活动中感受、体验、领悟的;是如何让学生在不断参与问题的提出与解决中形成良好的学习方式与习惯,并促进发展的,等等。概而言之,就是关注教师组织课堂教学的每一个环节是否都是围绕学生的发展来展开的,在每一个环节中学生是否都是活动的主体。

3.对教学理念的思考

新课程强调在教学中要全面把握和贯彻学生终身发展的理念,要树立新的学生观,尊重每一位学生的人格和个性,教师上课时要关注每一位学生的情感体验和人格养成。因此,听课应该根据新课标的要求,既要关注讲授,更要关注给谁讲、讲什么、怎么讲。也就是说,听课的关注点应该是学生在课堂的行为表现、情绪体验、过程参与、合作交流以及知识获得等方面;是学生知识与技能的掌握情况,情感、态度与价值观的形成和发展情况;是学生学习的过程和学习方式的变革。

总之,听课教师应根据听课的要求和目的,有所侧重地将听、看、记、思的内容有机而灵活地结合起来,我们只有不断学习思考,深入实践,才能融会贯通,也才能真正听好课,以此促进教师的专业成长。

【实战演练】

请仔细阅读下面《一波"四折"设情境,知识海洋尽情游》的案例,完成几个问题:

1.根据听课稿内容具体分析听课者遵循了哪些听课要求?

(提示:有明确的学习目的,观察他人在课堂引入、重难点处理、问题设计、语言技巧、课堂氛围等方面的独到之处,学习名师的长处和闪光点,为我所用;并且通过交流、对照,对自己的教学进行深刻反思,做到听、看、记、思的有机结合。)

2.试根据案例分析听课的内容。

(提示:听课要重点关注课堂的教学结构,关注教材的加工,关注学生的学习状态,关注教师的教学基本功。要善于透过教学形式的表面看本质,不仅关注教师的教,更要关注学生的学。)

一波"四折"设情境,知识海洋尽情游①

——听《从现在开始》有感

河南省济源市克井柿槟小学 苗红霞 张小娟

有幸聆听河南省小学语文优质课大赛上新乡陈苗青老师的一节课,深深地被陈老师充满童心的教学设计,高超的引导艺术,新颖的激励方法所折服。小记精彩之处,虽不能完全,但足可以供我们回味良久。

一、一折——讲故事,创情境

"先声夺人"用在陈老师的这节课上真是再恰当不过了。请看陈老师是怎样在开课之初就把学生带到文本中的。

师:小朋友,喜欢听故事吗?

生(异口同声):喜欢!

师:今天,老师就给大家讲个故事,好吗?

而后,伴随着和谐、优美的乐曲,教师声情并茂地讲述着故事——也就是课文内容了,学生津津有味地倾听着。教师抑扬顿挫的讲解,适时地搭配手势,大屏幕上及时出现的故事内容和美妙的画面,仿佛把学生带入了故事中。他们似乎正漫步在森林里,完全忘记了自己还坐在千人汇集的礼堂舞台上,完全忘记了师生初识的羞怯。他们的思绪也跟随着教师的情感飘飞:你看,那个扎"马尾巴"的小女孩听得多么认真,大眼睛一动不动盯着老师;一个小男孩似乎听到了自己最感兴趣的地方,他情不自禁跟同桌交流起来……常言道:"良好的开端是成功的一半。"以讲故事导入并不新颖,新颖的是教师有效地使用了多媒体教学手段,将磁性的声音、精美的画面、动听的音乐巧妙糅合,为学生营造了浓厚的学习氛围,极大激发了学生的学习兴趣。"一举多得",使教学达到润物无声的佳境。

二、二折——巧激趣,学生字

老师们都知道生字学习是语文教学非常重要的部分,特别是对于二年级学生。如何让学生既愿学又乐学,而且学得扎实是一直困扰我们的问题。听了陈老师的课,我找到了很多巧妙、新颖、实效性的方法。

1.新颖的识字卡

使用字卡进行生字教学是我们低年级教师惯用的一种方法,但我们通常所采用的字卡不是黑板小卡片就是一个方块纸。而陈老师设计的字卡就别具一格了,她把生字写在

---

① 节选自 http://blog.163.com/lbmhxlzm%40126/blog/static/26532277200722135711304/.

一个形态酷似苹果的卡片上,这样既达到学习的目的,还特别能够吸引学生的注意力,真正使学生主动参与到学习当中。

2.奇妙的智慧树

为了检测学生学习生字的效果,陈老师又出示了一棵"结满了"生字的奇妙"苹果树",树上的一个个苹果全部是由生字组成。只要小朋友读对了某个"苹果"上的生字,它就会奇妙地"掉"下来,并由老师当作奖品奖励给学生。学生听到有奖励兴趣陡然大增,纷纷"摘苹果"。当大家把"苹果树"上的生字都"读下来"之后,不可思议的一幕出现了:有3个"苹果"竟又飞到了"树"上,学生的好奇心与注意力又一次被唤醒,他们议论纷纷。

师:原来,有3个"字宝宝"最难记,也最淘气,想再考考大家。它们就藏在苹果的后面。请你赶快看看字表,如果猜对了,苹果就会飞下来,飞到你的怀里。

学生恍然大悟,急不可待地再次识记生字,当然他们选择的都是自己认为比较难记的"字宝宝"。究竟是哪3个"字宝宝"?在不知道答案的情况下,学生往往回顾的是全部生字。这种设计既新颖,又独特,再一次让学生"心甘情愿"地记忆了生字。如此独具匠心、水过无痕的设计赢得听课教师的阵阵掌声。

三、三折——巧变身,学课文

怎样体会文章的思想内容,如何领会作者的表达方式是语文教学的重要任务,也是老师们使尽浑身解数想要达到的目标,人人都有自己的"法宝"。陈老师对于这方面的处理匠心独运,通过朗读的指导使文章情感很好地凸现出来。

(学生充分读课文,整体感知后。)

师:原来狮子想找一位森林之王。同学们,你们想和小动物们一起参加大会吗?轻轻打开桌斗,发现了什么?

(学生迫不及待地打开,每个同学都惊喜地发现自己的桌斗里竟有一个栩栩如生的小动物头饰!而且各不相同!大家怎能不欢欣鼓舞?他们赶快戴上属于自己的头饰,兴奋地对同桌说:"我是……"学生的学习兴趣高涨,以最大的热情投入到表演之中,使课堂教学再一次达到高潮。)

师:小动物都集合齐了,我们开始开会吧!

(课件出示狮子的话。接着教师引导学生依次读猫头鹰、袋鼠、猴子当大王的段落。)

在黑板上贴好"猫头鹰"头饰,标志着即将着手研读"猫头鹰当大王"部分。(自由读该段后,教师叫上戴着猫头鹰头饰的学生并请他朗读本段。)

师:老师想采访"猫头鹰",当你做大王时,是什么心情?

生:高兴,得意,激动!(在教师的引导下,学生从课文中找到形容猫头鹰初做大王时的表现——"神气极了"。)

师:请你带上这样的感情,配上动作朗读猫头鹰的话。(该生读。)

师:听了猫头鹰的话,你有什么想法?把想法告诉周围的小朋友。

(由于每位学生都是小动物的"代言人",设身处地感受到猫头鹰安排的不合理,所以大家都在向伙伴"大倒苦水"。)

师:老师看到大家的表现,真正知道了什么叫"议论纷纷"。请读出无奈的语气。

接下来,师生共同根据猫头鹰的安排,以表演的形式"度过了一天、一星期","小动物们"更不情愿了,教师乘机以燕子姐姐的身份谈心声,博得大家的一致认同。在学习了"袋鼠当大王"的部分后,"小动物们"更加无奈了,大家都盼望着有一位"尊重别人意愿"的大王。

师:谁又当上了大王? 小猴子最喜欢做什么? 他要当大王,你有什么想法?

学生用读表达了自己的担心,但"小猴子"可比"猫头鹰"和"袋鼠"理智多了:"从现在开始,每个动物都照自己习惯的方式过日子。""小猴子"的话立刻获得一片真挚的赞同声,学生已经与课文融为一体,不待老师讲,在读读、演演、说说中理解了文章的思想内容。

不难看出,学生从戴头饰开始,就不知不觉地走入了角色之中,他们和森林中的小动物一起无奈,一起高兴,设身处地体会了文章的内容。

四、四折——结束语,味无穷

新课标指出:"学是为了用,学生能把学到的知识用到生活中才算成功。"陈老师的结束语使这个理念得到了充分体现。

师:同学们,聪明的小猴子懂得尊重别人,按别人喜欢的方式做,希望你们今后也能尊重别人,按别人喜欢的方式做。这节课就上到这儿,希望你们按自己喜欢的方式离开座位。

第二节　说课技能训练

一、说课概述

(一)说课的含义[①]

到目前为止,学界对说课的定义还没有完全统一。在众说纷纭的表述中,比较典型的表述有如下三种。

说课是指执教者在特定的场合,在精心备课的基础上,面对同行或教研人员讲述的对某节课或某单元的教学设想及其理论依据,然后由听者评议,说者答辩,相互切磋,从而使教学设计趋于完善的一种教研活动。

说课是用教育理论指导课堂教学实践的一种述说,是把教师在备课过程中的创造性劳动置于集体监督之下,把教师在备课过程中的隐性思维活动变为显性过程,是有目的、有计划、有组织地协助教师备课,是运用现代教育理论指导课堂教学的一种教研活动。

说课是指在授课之前或授课之后,让教师面对同行或教学研究人员,系统地谈自己的教学设计及理论依据,口头表述一节课的教学设想,然后由听者评析,以便相互交流、共同提高的一种教研活动。

① 彭小明、郑东辉:《课堂教学技能训练》,高等教育出版社2012年版,第312—313页。

综合上述观点,我们可以发现说课需要具备四个要素:说课的目的、说课的内容、说课的形式、说课的对象。说课可以认为是上课人运用教育教学理论对教材和学生展开分析,确立合理的教学目标,提出具体的教和学的方法、教学设计方案和实施策略,然后面对同行或科研人员系统地阐述"教什么""怎么教""为何这样教",并通过说听双方的专业对话,提高教师专业发展水平和课堂教学效率的、合作的、日常的研究活动。

(二)说课的目的

说课是依照教学内容、教学对象等主要因素,把备课、上课等主要过程从教学理论角度进行阐述,安排教学内容与程序,选取教学方法与手段的一种教学研究形式。说课的目的是提高教师知识水平与教学能力。由于说课中不单要说出教师教什么和学生学什么、教师怎么教和学生怎么学,更要从理论角度说出教师为什么要这样教和学生为什么要这样学。所以,说课不仅能体现出一位教师的教学基本功,而且能表现出教师的教学理论水平。它不仅能促进教师的业务素质和教治理论水平的提高,而且还能增大教研容量,提高教研活动的效率。目前,说课在各层次的教研活动和教学评比中,已作为一项主要手段被普遍接受和广泛采用。

二、说课技能训练①

(一)说教材

教材是教和学最重要的资源,全面深入地分析和把握教材是教学设计的基础。对教材的理解和运用是衡量一位教师学科知识与教学能力重要的依据,也是教师能够实现轻负高效教学理想的基本前提。所以,说课者必须向听众说明"教什么"及"教什么的原因",这就是"说教材"的实质。

1.说教材版本及章节

新一轮国家基础教育课程改革的一个重要变化是,改变了过去"一纲一本"的大一统的局面,出现了"一个课程标准,多个版本教材"的新格局。这给了教师在教材选择上更大的自主权。因此,说课首先需要说明的是所教内容的教材版本和具体所在的章(单元)节,以便听众对所教内容有整体的了解。

2.分析教学内容

每本教材都有其编写的思想和体系、方法与技巧,对教材的分析,重点应该是全面深入地分析该课教学内容所涉及的学科知识及知识结构、学科思想与方法、内容的呈现方式和特点、学力要求、情感价值等。一般来说,对教学内容展开分析后,最好能说明教材处理的设想以及修改、增减的理由和依据,这样的教学内容分析就比较完整了。此外,对教学内容的分析与表述,还应根据学科特征、教材内容特点等有所侧重。所以,对教材内容的分析是通向深刻理解、准确把握、灵活处理教材的必由之路,也是说课时为什么需要首先分析教学内容的原因。

---

① 彭小明、郑东辉:《课堂教学技能训练》,高等教育出版社 2012 年版,第 317—335 页。

3.确立教学目标

教学目标是教学的核心要素,制订教学目标的依据主要有三个方面:

(1)课程标准中的内容标准。说课者必须清楚所说的章节在国家课程标准中的内容标准是什么,本节课最终要达到的内容标准是什么。只有这样,才能确立合理的教学目标。

(2)教学内容及各知识点的作用与地位,能力与情感要求。

(3)学生认知水平与思维特征。

所以,确立教学目标的基础是对课程标准的研读、对教学内容和学情深入细致的分析。

4.确立教学重难点

确立教学重点和难点的目的,主要是为了在教学设计和实施中分清主次,合理分配教学时间和精力,为采取适切的教学方法与学习方法做好准备。教学重点是指在该课的教学目标中起决定性作用的内容。从知识的角度看,是该教学内容的知识结构体系中的关键节点;从过程与方法角度看,是获得知识最关键的方法与技能;从情感态度看,是影响学习效率最核心的思想与价值观。教学难点则是指该课的教学目标中学生难以理解和掌握的内容。也就是说,教学重点确立的依据主要是某教学目标在本课知识结构中的作用与地位,而教学难点确立的依据主要是某教学目标与学力水平的关系。

【实战演练】

请你分析以下两个片段教材分析的说课稿,谈谈它们的优点与存在的问题。

如何分析教材?

以下是两段有关《小石潭记》一课教材分析的说课稿。

片段Ⅰ:

一、教材分析

第六单元选的课文都是历来传诵的名家名篇。《小石潭记》是柳宗元的著名山水游记"永州八记"中的第四篇。作者从不同角度描绘了小石潭的各种景物,着意渲染它的寂寞、凄寒、幽怆的气氛,借景抒发自己在贬官失意时的悲凉、凄怆的情感。全文不足200字,却清晰地记叙了作者出行、游览、返回的全过程,描写生动、细致,充满诗情画意。

新教材选入这篇文章,意在让学生学习名家名篇,培养学生阅读古文的能力,品味文章的优美意境,提高审美情趣,激发学生对祖国大好河山的热爱。

二、教学目标及重点、难点的设定

根据新课标提出的"阅读浅易文言文,能借助注释和工具书理解基本内容""诵读古代诗词,有意识地在积累、感悟和运用中,提高自己的欣赏品味和审美情趣"等要求,结合本单元的教学和课文自身的特点,本篇文言文的教学目标设定如下:

1.能正确朗读课文,疏通文义,积累常见的文言实词、虚词,提高阅读文言文的能力。

2.学习对景物入微地观察并抓住特点写景、借景抒情的写法。

3.理解作者在贬居生活中孤独悲凉的心境。

4.通过对课文的品读,感受祖国山河的美,提高对美的鉴赏能力。

本文个别语句晦涩,词语活用现象较多,是学生理解课文的一大障碍,因而疏通文意,积累文言实词、虚词是本课的重点;由于年代久远,加之本文作者感情流露又很含蓄,理解文中的乐与忧是本文教学的难点。

片段Ⅱ:

一、教材分析

《小石潭记》是人教版八年级语文下册第六单元的一篇古代借景抒情散文。课文作者通过仔细入微的观察,运用多种技巧,生动地描绘了小石潭环境景物的幽美和静穆,抒发了作者贬官失意后的孤凄之情。这一单元是本册课本的第2个文言文单元,选入了4篇写景记游的古代散文,编入这类文章意在继续培养学生借助提示、注释和工具书读懂课文的能力,积累常见的文言词语,增强语感,同时能体会游记散文借景抒情的特色,触摸文中所蕴含的思想情感脉搏,陶冶学生的思想情操。教学这篇美文,应注重在诵读中品味语言,体验情感,发展语感,结合亲身体验加深对写景抒情类文章的体会和理解。

《小石潭记》是柳宗元"永州八记"中的一篇游记散文。山水游记,这是柳宗元散文中的精品,也是作者悲剧人生和审美情趣的结晶。他的山水游记在意境构造与表现技巧上很有特色。对景物的描绘不仅能肖其貌且能传其神,常结合自己的遭遇寓情于景,别具味外之味。由意在宣泄悲情到艺术地表现自然,将悲情沉潜于作品之中,形成了柳氏山水游记"凄神寒骨"之美的特色。教学《小石潭记》,既要培养学生阅读文言文的能力,又要帮助学生体会柳宗元游记散文的凄美特色,体会其意境美、艺术美。

二、教学目标及重点、难点确立

教学本课主要是培养学生阅读古代游记散文的兴趣和能力,学会阅读文言文的方法,提高对游记散文的欣赏能力。对初中文言文教学,新课标提出了这样的基本要求:"阅读浅易的文言文,能借助注释和工具书理解基本内容。背诵优秀诗文80篇。"它又在"实施建议"中强调,初中阅读教学的重点是"培养学生具有感受、理解、欣赏和评价的能力"。

根据课程、单元要求,结合课文特点及学生的发展需要,我预设了以下三维教学目标:

1. 知识能力:能借助工具书阅读文言文,积累文言词语;能熟练地朗读课文;培养学生观察、质疑、鉴赏能力,学会多种描写景物的技巧。

2. 过程方法:通过诵读品味,在自主合作探究中展开学生与文本、学生与学生、学生与教师的对话。

3. 情感态度:领略小石潭寂静、幽美的景色,培养健康的审美情趣,理解作者失意被贬、寄情山水的抑郁忧伤的感情。

本课的重点是培养阅读文言文的能力,理解作者寄情山水的思想感情。难点是理解作者的感情变化原因,并尝试将情景交融的写法学以致用。

(二)说学情

学情分析可以围绕以下四个方面的问题展开:①学生学习该教学内容需要具备哪些知识与技能基础?已具备了吗?②本授课对象具有怎样的智力特征和思维水平?与本教学内容的结构特征相匹配吗?③学生学习该教学内容面临着怎样的困难?④授课班

级有怎样的班级文化和学科学习特征?(说明:在研究性说课中,这点是必须说明的,而在评比性说课中则不必要。)

【实战演练】

如何分析学情?

以下是两段有关《小石潭记》一课学情分析的说课稿。

片段Ⅰ:

我所任教的两个班,人数均在55人以上,且学生语文素质参差不齐,有一部分学生在课堂上乐于表达自己的阅读体会,而另一部分学生则习惯于在课堂上保持言语沉默,甚至思维"休眠",因此不断激发其学习兴趣,使他们获得成就感尤为重要。

片段Ⅱ:

我所任教的八年级学生通过近两年的文言文学习,初步掌握了学习文言文的方法,已基本养成查阅资料、圈点勾画、归纳整理的良好习惯,也具有一定的分析、概括、赏析能力,自主、自立、自学的意识逐渐增强,但学生的这种习惯能力参差不齐,部分学生对学习文言文的兴趣不浓,学生的理解、欣赏、迁移能力有待进一步提高。

这两个片段分别从哪些方面分析了学情?你有何体会?

(三)说教法

一般认为,教学方法是师生为了实现教学目标、完成共同的教学任务,在教学过程中运用的方式与手段的总称。教和学似一枚硬币的两面,不论是理论还是实践,教学方法与学习方法也总是如影随形,密不可分的。但在说课这一教研活动中,为了突出"怎么教""为何这样教",将教法和学法分开讲似乎更为合理。

1.说教学理念和教学策略及依据

教学理念是教学设计的灵魂,统领教学策略与教学方法。强调教学理念是新课改的特点之一,每个学科的课程标准中都有教学理念的阐述,说课时必须向听众讲明。教学策略是指教师在教学过程中,为达到一定教学目标而采取的一系列相对系统的行为。制订教学策略时,除教学环境和教学内容的特点是非常重要的影响因素之外,教学目标是决定性因素,学习者的初始状态是基础,教师自身的特征是重要条件。而这些也应该以适当的方式反映在说课的过程中,它们构成了教学策略采用的理论与现实依据。

2.说教学方法及依据

教学方法是教学策略的下位概念,教学方法随教学策略不同而异。选择教学方法的依据是教学目标、教学内容特点、学生的特点、教师的自身素质、教学环境条件等。说课时,应阐明每种教学方法的使用目的(想解决什么问题)以及选择该教学方法的依据,以便让听众对教学方法的采用做出判断。

3.说教学方法的优化组合及依据

教学方法具有多样性、综合性、发展性、可补偿性等特点,这为教学方法的优化组合提供了理论基础。教学活动的复杂性和多样性客观上为教学方法的优化组合提出了实践上的需要。特别是突出教学重点和突破教学难点时,常常会运用多种教学方法和手段的优化组合,以达到教育效果最大化的目的。因此,教学方法的优化组合的依据是教学目标的地位、教学内容的特点、教师自身特点、学生的认知特点、授课班级的文化特点等。

【实战演练】

下面是一位教师说教法的稿件,请你分析该教师选用的教学方法的依据是什么,如果你是该教师,你还会采用哪些教学方法上这节课,并说明原因。

《詹天佑》说课稿①

在诸多的教育教学论著中都强调:在课堂教学中,教师是主导,学生是主体,学生的学离不开教师的教。那如何才能充分发挥教师的主导作用,运用恰当的教学方法让学生积极、主动地学习呢?教无定法,我根据本课的教学任务,结合高年级学生的知识结构和认知水平,运用以下几种教法来提高学生的学习效率。

1.情境式教学法

兴趣是最好的老师。如何在一堂课的一开始就吸引学生的注意力,激发学生的兴趣呢?我设计了猜一猜人物,讲故事的情境教学。上课伊始,我便以"我的偶像"为题,让学生自由说自己的偶像;接着出示詹天佑的挂图让学生猜一猜图上画的是谁;之后教师再讲詹天佑的故事。通过"偶像"引出詹天佑,这样的设计符合当代学生心理,从他们熟悉的偶像引出他们不太熟悉的人物来,大大激发学生的好奇心,从而为学习课文内容奠定基础。

2.自主式教学法

《语文课程标准》指出:"学生是语文学习的主体,教师是学习活动的组织者和引导者。"在教学课文第二段时我设计了"我当小记者"的自主式的教学方法。我让学生自由组合小记者团,学生根据课文内容设计问题采访其他同学(被采访者则当詹天佑)。课堂通过这一形式一下子就活跃了起来,有的学生问:"请问詹天佑工程师,为什么清政府刚提出修筑计划,帝国主义国家就出来阻挠呢?"学生质疑问难的火花一下子被激发起来,体现了学生是语文学习的主人。

3.探索式教学法

"语文教学应以自读自悟、自学探究为基础,大力倡导自主、合作、探究的学习方式。"为此我在教学4~5两自然段时设计了探索式教学。首先让学生自学4~5自然段去发现问题;然后学生再以小组为单位,研究、探究、解决问题;最后师生共同总结学习方法。有的学生说:"我是从关联词中知道的!"有的说:"我是从重点词中知道的!"学生学习的欲望被充分发挥,这也符合课堂教学以学生为主体的教学教育思想。

(四)说学法

传统意义上,学习方法是教学方法的一部分。但学习方法并非就是教学方法,两者的主体不同,学习方法是学生在完成学习目标时特有的学习方式和手段的总和,有其自

---

① 节选自 http://yuwen.chazidian.com/xiangxi-75404/.

身的内在特征。另外,新课程实施后,引导学生"学会学习"是新课改的重要目标之一。要求在教学实践中,加强学习方法的指导和学习习惯的培养;加强思维方法的引导,培养与发展他们的思维能力。因此,把"说学法"作为说课中的单列项目,旨在突出学法指导的重要性。"说学法"的实质是说明学生要"怎样学"和"为什么这样学"。"说学法"主要围绕三个问题展开:一是通过何种途径激发和培养学生的学习兴趣;二是说明教学目标与学习方法之间的逻辑关系;三是依据学习方法,教师如何开展学法指导。

【实战演练】

如何分析学法教法?

以下是两段有关《小石潭记》一课学法的说课稿。

片段Ⅰ:

一、教学方法

罗素说过:被动地接受老师的智慧,这种习惯对一个人的未来生活是一种灾难。新课标指出,"充分激发学生的主动意识与进取精神,倡导自主、合作、探究的学习方式","应让学生在主动积极的思维和情感活动中,加深理解和体验,有所感悟思考"。因此,在课堂上,我十分重视引导学生主动参与课堂以唤起他们的切身感受,激发他们质疑、辨疑的意识,在体验学习与探究学习中整体把握课文,从而达到提升个人语文素养的目的。

根据该课的教学的目标、教材特点和学生的心理特征,我采用的教学方法有诵读教学法、课前资料交流、开放式讨论、提问法、练习法等。

二、学习方法

新课标提出"学生是学习和发展的主体"。对于初中生来说,学法的指导和习惯的培养尤为重要,这是他们走向主体性学习的最根本的途径。通过教学应使学生能熟练朗读课文并能在课后背诵,能运用已有的学习文言文的基本方法进行自主的学习。在本课教学中贯穿自学探究,引导学生自学、教会学生学习是我们的目的,只有这样才能真正提高学生学习语文的能力。为此我设计的学习活动有:

(1)多形式朗读课文,培养语感,激发学生学习文言文的兴趣。

(2)借助工具书和注释,在自己领悟的基础上与学习伙伴合作疏通文义,提高阅读文言文的能力。

(3)利用合作、讨论、探究的方法,采取师生互动的形式,与作者同游、与作者对话,体会课文抓住特点描写景物、借景抒情的写法,提高写作能力。

(4)人人都来当导游,写写导游词并与同学、老师交流,提高写作、口语表达能力。

片段Ⅱ:

文言文教学中选择学生需要的有效的学习方式进行教学,既要"求活",又要"求实"。为此我对学生文言文学习的情况做了调查。根据调查结果,我选择了老师启发引导下的"自主式学习模式"。这种自主式学习着眼于学生的自主意识和自主能力的培养,学生活动体现自主性,教师活动重在激发思维性,课堂在于问题探索、交流、生成。著名教育家苏霍姆林斯基说过:"人的心灵深处总有一种把自己当作发现者、研究者、探索者的固有需要。"因此,在阅读教学过程中倡导"自主探究"的学习模式,是将学生"被动接受知识的容器"转化为"主动学习的探索者"的有效途径。在此,我主要采用了以下几种方式:

(1)朗读式。朗读之于文言文,犹如活水之于游鱼,必不可少。运用多种形式的朗读,引发朗读兴趣,提高朗读效率,感受语言文字的魅力。

(2)质疑式。对文章的词句疏通、内容理解、写法意境等方面的疑难提出问题进行探究。

(3)鉴赏式。利用图片鉴赏及情境重现的形式引发对课文的深入探究。

(4)整理式。利用"研讨与练习"梳理文章的游览顺序、景色特点、作者感受,从而更好地理解课文内容,也为背诵做铺垫。利用反思笔记整理文言文的重点词句,总结学习过程、结果及方法。

本文由于时代背景遥远、文言词汇艰深、作者寄情于景的写法难以把握,因此设计了自主预习这一环节(自主预习设计略,编者注),消除阅读障碍。

请分析以上两个片段"说教法、说学法"的特点,谈谈自己对"说学法、说教法"的体会。

(五)说教学程序

教学程序是说课的核心部分。说课人理论素养、实践经验、教学智慧、教学风格等在这个环节中将得到真实而具体的体现。

1. 说教学思路

教学思路中最为关键的是教学的逻辑线索,它直接决定了一节课的教学品质和课堂效率,这在说课时必须清晰地向听众说明。除此之外,说课者必须向听众说明教学思路确立的依据,这些依据主要是说执教教师对教材、学情、课程标准、相关教学理论的理解。而这些依据在前面的说课环节都有详细分析,因此,本环节只要"点到为止"即可。

2. 说教学环节

说教学环节主要围绕以下八个问题展开:①教学环节的导入;②该教学环节解决什么问题,即设计意图;③该教学环节主要采用什么教学方法和学习方法;④该教学环节师生的双边活动安排;⑤该教学环节所需时间;⑥如何知道该教学环节的教学目标实现了;⑦各教学环节间的逻辑关系(从教学环节的先后顺序中可以看出各环节的逻辑关系);⑧各教学环节如何指向知识体系的构建。

3. 说课后作业布置

课后作业是教学评价的主要内容,基于标准的教学评价是新课程实施过程中的核心问题之一。课后作业的设计应考虑以下三个问题:①课后作业(教学评价)设计的原则;②课后作业设计的依据;③课后作业设计的要素。

4. 说板书

说课人需要向听众介绍板书的结构、形式、板面设计等,特别需要说明的是板书的意图、板书与其他教学手段的配合、学生板书的安排。

【实战演练】

如何说教学流程?

以下是两段有关《小石潭记》一课教学流程的说课稿。

片段Ⅰ:

一、教学流程

《语文课程标准》指出:"应引导学生钻研文本,在主动积极的思维和情感活动中加深理解和体验,有所感悟和思考,受到情感熏陶,获得思想启迪,享受审美乐趣。"因此,本课的教学设计如下:

1.利用插图进行直观教学,整体感知课文,在读和问答中加深对课文字词及内容的理解。读插图,了解大体内容,培养学生想象和口头表达能力。

2.研读讲解、品味。

为了培养学生感受、理解、欣赏和评价能力,我们在体会优美的景色时,注意培养学生健康的审美情趣。小石潭的美景定格在课文的插图上,令人触景生情,浮想联翩。要求学生说出小石潭的魅力所在,我们可以从潭四周的景致、潭的水质和鱼的状态以及中心人物的神态来考虑。

先研读课文前三段,从见闻感受与写作技巧等多角度探究。

再研读第四自然段,如此优美的景色,应该是流连忘返呀,为什么"以其境过清,不可久居,乃记之而去"?

一切景语皆情语。我们可从文章开头语、写作背景、作者身世等方面来寻求答案。

再深入挖掘,我们可以看到作者表露心迹的高妙之处在于他的联想,你看那犬牙差互的岸势,怎能不触景生情? 这是突破教学难点的契机,需适时提醒学生注意。

这些内容通过讲解引导,让学生在聆听中感受到大文豪复杂的心理和巧妙的笔法,在感悟记述真切、流露自然的写法时,学会该怎样去写人们喜闻乐见的记叙文。

二、板书设计

板书设计应本着直观、易懂、有用的原则,为突破重难点服务。学生透过板书,可以了解文章结构,加深对课文的理解。

可以依据下列要点勾画草图:西行、伐竹取道、下见小潭、全石、青树、潭中鱼、潭西南而望、坐潭上、四面竹树环合。

也可用文字构建下表,领会并仿写出类似游记:

移行:心乐之   ↓自

步见:潭、水、石、树、鱼   ↓然

写望:岸势(引发联想)   ↓生

静坐:凄神寒骨,悄怆幽邃   ↓发

片段Ⅱ:

整体思路:自主预习—导入新课—朗读疏通—质疑积累—鉴赏诵读—总结拓展[读—思—赏(悟)—结]。

1. 自主预习。(略,编者注)

2. 导入新课。以欣赏余秋雨的点评导入,它提示了写作背景、文章内容、作者情感,余先生的深情评述,易感染学生,像导游一样引领学生饶有兴趣地进入课堂学习。

3. 朗读疏通。基本流程:①教师朗读,示范激情;②学生自读,读准读顺;③全班齐读或推荐朗读好的学生读,体验语感;④四人小组交流,相互帮助,解决疑难。

4. 质疑积累。生生互动,师生互动,释疑解惑。

5. 鉴赏诵读。①出示图片鉴赏,引导学生准确把握文章内容、意境、感情基调,进行还原性阅读,突破难点;②复述赏析;利用"研讨与练习二",品读第二自然段,用自己的话复述一下这种景致,当堂展示评价,引导学生形成个性化阅读,积累语言,培养语感。

6. 总结延伸。①整理反思笔记,练习检测(课内完成);②选读"永州八记"中的文章,选择自己喜欢的篇目或段落写好书面复述;③配乐朗诵并录音(可回家作业)回校展示播放;④推荐阅读余秋雨《柳侯祠》。

这是我这堂课的追求,也是我努力的目标。努力使课堂变成"教师、学生、教材、环境"四因素的整合,让课堂变成一种动态的生长的"生态环境"。

请分析以上两段"说教学程序"的说课稿,谈各自的特点。

综合以上我们可以得出:说课主要包括说教材、说学情、说教法、说学法、说教学程序几个环节。这几个环节看似很简单,实则要清晰、透彻地说清楚还是比较困难的。所以要求教师要对自己的教学进行深入的研究,在课前要做好充分的准备,了解所教内容的学科背景和知识目标,挖掘所教内容的深层内涵,再明晰学生的认知水平,选用合适的教学方法,有条理地展开。要说好一节课是比较困难的,但是只要教师懂得说课的基本环节,对说课技能有所了解,还是可以说好的。

第三节 评课技能训练

一、评课概述

(一)评课的含义[1]

所谓评课,是指对课堂教学成败得失及其原因做中肯的分析和评估,并且能够从教育理论的高度对课堂上的教育行为做出正确的解释。具体地说,评课是指评者对照课堂教学目标,对教师和学生在课堂教学中的活动以及由此所引起的变化进行价值的判断。评课是教学、教研工作过程中一项经常开展的活动。评课的类型很多,有同事之间互相学习、共同研讨评课;有学校领导诊断、检查的评课;有上级专家鉴定或评判的评课等。

---

[1] 冯明义:《师范生必读》,科学出版社 2012 年版,第 30 页。

(二)评课的意义①

在当前新课程改革的背景下,客观、公正、科学地评价课堂教学,对探讨课堂教学规律,提高课堂教学效率,促进学生全面发展,促进教师专业成长,深化课程改革等,都有着十分重要的意义。

1.有利于促进教师转变教育思想,更新教育观念,确立课改新理念

教育思想人人有之。教育思想有层次之分:教育认识、教育观念、教育理念。教育理念是教育思想的最高境界。教育理念也称为教育理想、教育信念、教育信条等。教育理念是一种思想,一种观念,一种理想,一种追求,一种信仰。所以,教育理念是一种理想化、信仰化了的教育观念。教师一定要确立自己的教育理念,它是教师的主心骨。先进的教育思想不仅是课堂教学的灵魂,也是评好课的前提。所以,评课者要评好课,首先必须研究教育思想。在评课中,评课者只有用先进的教育思想,用超前的课改意识去分析、透视每一节课,才能对课的优劣做出客观、正确、科学的判断,才能给授课者以正确的指导,从而促进授课者转变教育思想,更新教育观念,揭示教育规律,促进学生发展。

2.有利于帮助和指导教师不断总结教学经验,形成教学风格,提高教育教学水平

经常可以看到,同样的一个学科,同样的一节课或同样的教学内容,不同的教师表现出的教学风格则不同。有的教师的教学风格是精雕细刻,把课上得天衣无缝;有的教师的教学风格是大刀阔斧,紧紧抓住重点难点,使疑难问题迎刃而解;有的教师的教学风格是善于归纳推理,用逻辑思维本身的魅力把学生吸引进去;有的教师的教学风格是运用直观、形象、幽默的优势,使学生在课堂上感到轻松愉快,充满学习的乐趣。同时,还可以看到,同一个班的学生,面对不同的教师上课,有不同的表现。平时表现异常活跃的班级,面对新教师,表现出沉默寡言;平时不愿参与课堂教学的班级,却在新教师的引导下积极、主动地学习。

3.有利于信息的及时反馈、评价与调控,调动教师教育教学的积极性和主动性

通过评课,可以把教学活动的有关信息及时提供给师生,以便调节教学活动,使之始终目的明确、方向正确、方法得当、行之有效。首先,通过评课的反馈信息可以调节教师的教学工作,了解、掌握教学实施的效果,反省成功与失败原因之所在,激发教师的教学积极性、创造性,及时修正、调整和改进教学工作。其次,通过评课的反馈信息,可以调节学生的学习活动。学生从评课中获得自己学习的有关信息,加深了对自我的了解,为下一步的学习提供了帮助,矫正以往学习中的错误行为,坚持和发扬正确的学习方法与作风,提高学习效率。

评课的目的不是为了证明,而是为了改进,以有利于当前新课程的教学。它集管理调控、诊断指导、鉴定激励、沟通反馈及科研为一体,是研究课堂教学最直接、最具体、最有效的一种方法和手段。

---

① 戴风明:《数学教学技能与训练》,南京大学出版社 2011 年版,第 197—199 页。

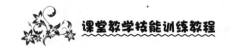

三、评课技能训练

（一）评课的内容①

1. 从教学目标上分析

（1）从教学目标制定来看，要看是否全面、具体、适宜。全面，即是指要从知识、能力、思想感情、学习策略、文化策略等五个方面来确定教学目标；具体是指知识目标要有量化要求，能力、思想情感目标要有明确要求，体现学科特点；适宜是指确定的教学目标，能以大纲为指导，体现年段、年级、单元教材特点，符合学生年龄实际和认识规律，难易适度。

（2）从目标达成来看，要看教学目标是不是明确地体现在每一教学环节中，教学手段是否都紧密地围绕目标，为实现目标服务。要看课堂上是否尽快地接触重点内容，重点内容的教学时间是否得到保证，重点知识和技能是否得到巩固和强化。

2. 从处理教材上分析

评析一节课上得好与坏不仅要看教学目标的制定和落实，还要看教者对教材的组织和处理。评析教师一节课时，既要看教师知识教授的准确性、科学性，更要注意分析教师教材处理和教法选择上是否突出了重点，突破了难点，抓住了关键。

3. 从教学程序上分析

（1）看教学思路设计。教学思路是教师上课的脉络和主线，它是根据教学内容和学生水平两个方面的实际情况设计出来的。评课者评教学思路，一要看教学思路设计符不符合教学内容实际，符不符合学生实际；二要看教学思路的设计是不是有一定的独创性，能否给学生以新鲜的感受；三要看教学思路的层次、脉络是不是清晰；四要看教师在课堂上教学思路实际运作效果。

（2）看课堂结构安排。课堂结构也称为教学环节或步骤。计算授课者的教学时间，能较好地了解授课者授课重点、结构。安排授课时间设计包括：①计算教学环节的时间分配，看教学环节时间分配和衔接是否恰当；②计算教师活动与学生活动时间的分配，看是否与教学目的和要求一致，有无教师占用时间过多、学生活动时间过少的现象；③计算学生的个人活动时间与学生集体活动时间的分配；④计算优、中、差生活动时间；⑤计算非教学时间，看教师在课堂上有无脱离教学内容做别的事情，浪费宝贵的课堂教学时间的现象。

4. 从教学方法和手段上分析

（1）看是不是量体裁衣，优选活用；

（2）看教学方法的多样化；

（3）看教学方法的改革与创新；

（4）看现代化教学手段的运用。

---

① 孙菊如：《课堂教学艺术》，北京大学出版社 2006 年版，第 221—223 页。

5. 从教师教学基本功上分析

(1)看板书。设计科学合理,言简意赅,条理性强,富有艺术性,字迹工整美观,板画娴熟等。

(2)看教态。教师课堂上的教态应该是明朗、快活、庄重,富有感染力的;仪表端庄,举止从容,态度热情,热爱学生,师生情感交融。

(3)看语言。教学也是一种语言的艺术,教师的语言有时关系到一节课的成败。教师的课堂语言,要准确清楚,精当简练,生动形象,有启发性。教学语言的语调要高低适宜,快慢适度,抑扬顿挫,富于变化。

(4)看操作。看教师运用教具,操作投影仪、录音机、微机等的熟练程度。

6. 从教学效果上分析

课堂效果评析包括以下几个方面:一是教学效率高,学生思维活跃,气氛热烈;二是学生受益面大,不同程度的学生在原有基础上都有进步,知识、能力、思想情感目标达成;三是有效利用45分钟,学生学得轻松愉快,积极性高,当堂问题当堂解决,学生负担合理。课堂效果的评析,有时也可以借助于测试手段。即当上完课,评课者出题对学生的知识掌握情况当场做测试,而后通过统计分析来对课堂效果做出评价。

【实战演练】

阅读下面的评课稿,请说说:作者是从哪些方面进行评课的?你认为还有哪些方面作者没有评价?根据他的评课稿,请你写出对执教者教学方面的建议。

《狼牙山五壮士》评课稿①

今天听了陈利玉老师执教的《狼牙山五壮士》这一课,整节课教者都落实了新课程改革的理念,全面提高学生的语文素养,积极倡导自主、合作、探究的学习方式。课堂开放而有活力。

一、学法迁移,合作探究

合作探究能激发学生的创造力,有助于培养合作意识和合作技能,有利于学生之间的交流与沟通。课堂中,陈老师充分调动学生的合作学习精神。如学习完"顶峰歼敌"这一部分后,老师了解到学生已经掌握了学习方法,因而把学法迁移到第五段。让学生运用学法自由组合学习小组,经过小组讨论,最后由学生汇报学习结果。整个过程都是学生自主合作探究,这不仅调动了学生的积极性、自主性,而且增强了创新的意识和团结协作的精神。

二、情境营造,激发兴趣

语文教学中的情境营造不仅在于提供刺激物,增强气氛,还在于语文学习需要熏陶感染。这一节课就体现了信息技术全程营造情境的特色。教者在教学一开始,就利用课件,通过放映录像,把学生带进硝烟弥漫的战场上,诱发学生追踪故事情节,调动学习兴趣。

三、自读自悟,自主学习

———————————

① 节选自 http://www.doc88.com/p-28231148580.html。

学生是学习的主人,教师是学习活动的组织者和引导者。语文教学应注重培养学生自主学习的意识和习惯,为学生创设良好的自主学习情境,尊重学生的个体差异,鼓励学生选择适合自己的学习方式,引导学生在实践中学会学习。这方面陈老师在课堂中也处理得很好。例如,在学习"顶峰歼敌"这部分时,教者灵活运用多种教学策略,首先让学生初读课文,想象画面整体感知,再用成语概括五壮士的光辉形象,然后自由朗读课文,找出最让自己感动的语句去品读体味。其中一个教学片段是这样的:

生:我喜欢的句子是"班长马宝玉受伤了,子弹都打完了,只有胡福才手里还剩下一颗手榴弹。他刚要拧开盖子,马宝玉抢前一步夺过手榴弹插在腰间。他猛地举起一块磨盘大的石头,大声喊道:'同志们,用石头砸!'"

师:(追问)你为什么选这句读?你朗读的成功经验如何?

最后,让学生归纳学习方法,有感情朗读。通过读学生把心中的疑问提出来:为什么马宝玉要夺过他的手榴弹?为什么要用石头砸?还有一个环节是让学生自选一个镜头配上动作边读边演。整段的教学教师没有做任何烦琐的分析,这种开放、灵活的形式给了学生更多自主学习的空间,课堂上充满了生动和乐趣。

四、以情促读,读中感悟,加强读书方法的指导

语文新课标注重了读中理解、读中体会、读中感悟,让学生充分地读。在读中整体感知,在读中有所感悟,在读中培养语感,在读中受到情感的熏陶。陈老师这节课不但注意指导学生朗读,还教给学生"初读想象画面—品读体会感情"这一读书方法,体现了新课标"以人为本,着眼未来"的精神。如在指导学生朗读"这是英雄的中国人民坚强不屈的声音,这声音惊天动地,气壮山河"这一句时,陈老师注重了学生自读自悟,通过品读,让学生体会出这是亿万中国人民的共同心声。

在指导学生读好课文上,陈老师更是下了功夫,如在指导朗读"顿时,石头像雹子一样,带着五位壮士的决心,带着中国人民的仇恨,向敌人砸去"这句时,陈老师注意把学生引入情境中,一边播放录像一边说:同学们,你们瞧,无恶不作的敌人正爬上来,现在你就是五壮士,面对着这样的情景,你该怎么读?这样一点拨,学生的内心就能与当时的情景相通,读的劲头更高了,真正从读中领悟感情。

五、积累迁移,将规范语言内化为学生的语言

小学语文改革方向"读得进、记得住、用得出"。陈老师这一节课在最后安排了背诵第五自然段,至于怎样背才能记得牢:一是抓住重点词,二是通过想象画面,这体现了注重学生的积累,让学生记得住。让学生用成语概括五壮士的英雄形象,还安排了学生对五壮士说心里话这一环节,无疑是注重学生的口头表达,注重了学生的表达迁移。教语文实际上就是让学生能动地把课文的规范语言内化为自己的语言过程。学生内化语言的过程就要靠读悟积累的。

六、作业的布置也十分灵活

学完了这篇课文,陈老师让学生给自己布置作业,这也是自主学习的一个体现。这样不但给学生留一个学习的空间,更有利于不同程度的学生的发展与提高。如果能将这项工作扎扎实实地落实在课堂教学中,对提高中学生的发展更有帮助。

(二)评课的标准[①]

一节好课的基本要求是什么？也就是怎样的一堂课才是好课,每个人的尺度都不相同。为此,叶澜教授认为,一堂好课没有绝对的标准,但有一些基本的要求。就她倡导的"新基础教育"而言,大致表现在以下五个方面。

1. 一堂好课应是有意义的课

也就是一堂扎实的课,而不是图热闹的课。叶澜说,在这节课中,学生的学习首先是有意义的,初步的意义是他学到了新的知识,进一步锻炼了他的能力;往前发展是在这个过程中有良好的、积极的情感体验,产生进一步学习的强烈要求;再发展一步,是他越来越会主动地投入到学习中去。她说,这样学习,学生才会学到新东西。学生上课"进去以前和出去的时候是不是有了变化",如果没有变化就没有意义。一切都顺利,教师讲的东西学生都知道了,那你何必再上这个课呢?换句话说,有意义的课它首先应该是一节扎实的课。

2. 一堂好课应是有效率的课

也就是充实的课,有内容的课。叶澜介绍,有效率表现在两个方面:一是就面上而言,这节课下来对全班学生中的多少学生是有效的,包括好的、中间的、困难的,他们有多少效率;二是效率的高低,有的高一些,有的低一些,但如果没有效率或是只对少数学生有效率,那么这节课就不能算是较好的课。从这个意义上说,这节课必须是充实的课,整个过程中,大家都有事情干,通过教师的教学,学生都发生了一些变化,整个课堂的能量很大。

3. 一堂好课应是有生成性的课

一节课不应该完全是预先设计好的,在课堂中应有教师和学生情感、智慧、思维和精力的投入,有互动的过程,气氛相当活跃。在这个过程中,既有资源的生成,又有过程状态生成,这样的课可称为丰实的课。

4. 一堂好课应是常态下的课

不少教师受公开课、观摩课的影响太深,一旦开课,容易出现的毛病是准备过度。教师课前很辛苦,学生很兴奋,到了课堂上就拿着准备好的东西来表演,再没有新的东西呈现。当然,课前的准备有利于学生的学习,但课堂有它独特的价值,这个价值就在于它是公共的空间,需要有思维的碰撞及相应的讨论,在这个过程中,师生相互生成许多新的知识。叶澜教授倡导的"新基础教育",反对借班上课,为的就是让教师淡化公开课、观摩课的概念。在她看来,公开课、观摩课更应该是"研讨课"。因此,她告诫教师们:"不管是谁坐在你的教室里,哪怕是部长、市长,你都要旁若无人,你是为孩子、为学生上课,不是给听课的人听的,要'无他人'。"她把这样的课称为平实的课,并强调,这种课是平时都能上的课,而不是有多人帮着准备才能上的课。

5. 一堂好课应是有待完善的课

课不可能十全十美,十全十美的课造假的可能性最大。只要是真实的就会有缺憾。公开课、观摩课要上得没有一点点问题,这个预设的目标本身就是错误的,这样的预设给

---

① 赵国忠:《评课最需要什么》,南京大学出版社 2010 年版,第 9—10 页。

教师增加很多心理压力,然后做大量的准备,最后的效果往往是出不了"彩"。生活中的课本来就是有待完善的,这样的课称之为真实的课。

【实战演练】

全班同学以 6 人为一个小组,自由选择时间和地点去听小学教师的课,听完后 6 个人之间对此教师的课进行评价,相互讨论,看是不是一堂好课,原因是什么。

(三)评课的要求①

1.评课要有准备,切忌信口开河

评课时的准备工作主要是对听课时所获取的感性材料进行细致的分析综合,使之上升为理性的东西。听课时往往会发现一些问题或经验,评课时要对这些看起来似乎是各自独立的问题加以仔细的分析研究,发现它们之间的本质联系,还必须注意揭示那些被表面现象所掩盖着的本质问题,切忌信口开河,想到什么说什么,不假思索。

2.评课要有重点,切忌吹毛求疵

评课的重点应主要围绕教学任务的完成情况、课堂教学的组织结构、课堂信息的传递结构、学生思维活动的密度和质量、教师的基本功等方面进行,不要在琐碎问题上吹毛求疵。有的评课者在听课时往往抓不住课堂教学中的要害问题,总喜欢对教学中出现的偶发性错误抓住不放,这是一种舍本逐末的做法,应该尽量避免。

3.评课要全面衡量,切忌以偏盖全

心理学研究表明,不管任何性质的心境都具有强烈的弥散性,也就是说,这种愉快和失望的心境使人们在其他问题上也会带上同样的感情色彩,产生"一好遮百丑"或"一丑遮百好"的心理感觉。因此,如果在听课时发生这种情形,那么在评课时要特别注意防止感情用事,以偏概全。

4.评课要因人而异,切忌程式化

评课的角度和深度要根据被评教师的实际情况来定。评课时应特别注意以下三点:

(1)要注意年龄差异;

(2)要注意教师的性格差异;

(3)要注意教师的素质差异。

5.评课要实事求是,切忌片面性和庸俗化

既充分肯定成绩,总结经验,又要揭露问题,提出错误。有些评课中的庸俗化要注意避免,如只谈成绩不谈缺点,或者对一些明显存在的缺陷,讲一通模棱两可的话,甚至把缺点也说成优点,讲假话,吹捧。这些评课中的不正之风,无论对授课者本人,还是对于参加评课的其他教师,都是十分有害的,要坚决反对。

【实战演练】

阅读下面的评课稿,说一说:作者是从哪些方面进行评价的? 读后有什么样的感受和体会?

---

① 刘振山:《教研手册》,华夏出版社 2001 年版,第183—185 页。

"水的相关问题探究"评课稿①

各位同人：

上午好!

首先,感谢王老师为我们呈现了一堂精彩的研讨课。下面就王老师这堂课谈谈我个人的体会,不妥之处请各位领导、老师批评指正。

《水的相关问题探究》这节课是以第三单元水的相关内容为基础,整合初中有关水的方面内容,是初中阶段要掌握的重点内容之一,我们在每个单元都能找到水的影子。本节课对二轮复习具有示范和指导意义。

1. 教学设计思路清晰,教学内容整合合理,教学目标明确

大到一个工程,小到一节课都需要精心设计,可以这么说:一节好课主要来源于好的教学设计。教学思路是教师上课的脉络和主线,它是根据教学内容和学生水平两个方面的实际情况设计出来的。本节课整合了教材中各单元有关水的内容,以水为主线来组织本节课教学,从水的微观构成、宏观组成、水的性质、水的用途、水的污染与净化、防治、节约等方面来组织教学内容,教学思路非常清晰明了,环环相扣,层层深入,便于学生达成认知目标;本节课通过水的检验和除杂装置的质疑、讨论和探究使学生达成了能力目标;通过对水的污染、防治以及节水方法的介绍让学生达成了爱惜水、节约用水的学科情感目标。

2. 课型特征明显、教法多样、学法有效

本节课是一堂有关水的专题复习课,通过点击中考引入问题,然后对水的相关知识进行了回顾、总结、提炼,构建"网络化"的知识结构,使知识体系融会贯通,最后进行迁移应用以及变式训练。本节课各种教学方法相辅相成,有讨论法、合作探究法、启发式教学法、师生互动教学法、问题启发教学法、自主探究法等。王老师注重对学生的学习方法的指导与学习习惯的培养。从学科内容、学习方法、学习能力、思维特点和学科情感都进行相应指导。

3. 学科素养较浓、训练得法、教学效果佳

本节课所体现出的化学学科素养有:从微观和宏观不同的角度来认识物质(如对电解水的讨论);物质的结构、性质和用途之间的辩证关系(水的化学性质和水的应用的归纳整理);从定性到定量(对水的组成的测定);探究守恒思想等(对水的组成的测定)。本节课注重知识与能力整合的"程序化"。同一考点由"容易题—中等题—较难题"依次构建解题能力不同层次的水平,通过师生互动,准确而快速地"搜索"出解题所需的知识和方法。从本节课的反馈来看,效果比较理想。

4. 气氛和谐、教态亲切、过渡自然

教师教学语言清晰亲切,处处体现对学生的鼓励、启发、点拨,学生积极、主动地参与学习,配合默契,课堂气氛和谐,各知识板块间过渡比较自然。

5. 几点建议。

(1)有些地方应再严谨些,如第一道选择题 A、B、C、D 后面用的是圆点和小括号,而后面的选择题 A、B、C、D 后面跟的是顿号和中括号;氨水中间不是圆点是方点;学案上氯气和氧气的下标不对。

(2)要整合好习题,课堂上不一定非要中考原题,可以截取其中的一部分,也可以进

---

① http://www.chinadmd.com/file/wi63aoucccсsovea6uso3e36_1.html.

行整合改编,所选取的题目一定要为课堂教学服务。

(3)课本上一些有关水方面的隐含内容,有待于挖掘。如用排水法收集气体、检查装置气密性中水的作用;用水来鉴别物质、药品的保存、灭火等。

以上这些,是我个人的不成熟的几点看法,不对之处,期待共同探究。

【拓展阅读】

指向课堂教学改进的听评课①

随着基础教育课程改革的逐步深入,人们越来越认识到课程改革的关键是教学改革,而教学改革的真正发生依赖于教师对日常课堂教学的不断改进和完善。在我国,各级教育行政部门和中小学已经形成了一套常规的教学研究制度。作为学校最常见的一种教研活动,听评课对改进课堂教学、提升教师教学水平和促进教师专业发展具有重要作用。然而,在现实中,听评课也存在着一系列问题,使得其对课堂教学的改进功能不仅得不到有效落实,甚至还会被忽视。因此,亟须明确听评课的"教学改进"目的,以形成一种指向课堂教学改进的听评课模式。

一、听评课的现状和存在的问题

1. 流于形式,有"走过场"之嫌

目前,很多学校关于听评课的制度仅仅规定每个教师一学期的听评课数量,对其他方面则无要求。这就使得大部分教师把听评课当成任务,流于形式,只是走走过场而已。具体表现有:一是进入听评课现场时,听评课者无计划、无准备,很少有人事先考虑"听什么""怎么听"和"如何评"等问题;二是在听课过程中,听课者往往忙于做其他事情,而不是为后续的评课收集相关的证据;三是评课时,参与听评课的教师往往保持沉默,即使发表意见,也是说些场面话,或者指出几处笼统的、大而全的教学问题,难以给出合理的、具有可操作性的改进意见和建议。

2. 内容广泛,缺乏针对性

目前,在听评课应该"听什么"和"评什么"方面,尚缺少共同认可的标准。听评课的内容主要依据教师自身的经验和各个学校采用的课堂教学评估表来确定。从教师的评课情况来看,他们习惯于关注课堂教学的各个方面,即对一堂课进行"全科式诊断";从学校课堂教学评估表来看,评估表的内容虽十分全面,但各项评价指标较为笼统,在具体操作上没有明确的要求,缺乏针对性。实践表明,听评课时,如果关注的内容过于广泛,就很有可能拘泥于一些明显的细节问题,而难以聚焦于某一个或某几个评价指标,难以发现深层次的教学问题。

3. 止步于听和评,缺少教学改进环节

目前,听评课通常是以听课—说课—评课的形式展开。这样的听评课程式看似很完整,其实不然。一方面,对于听课者提出的问题和建议,被听课者不一定都能认同,这就需要双方进行交流讨论,就出现的问题和改进建议达成共识,并形成框架性的改进方案。另一方面,在实际的听评课活动中,即使形成了改进方案,也很少有后续的改进行动,致使听评课仅仅停留于听课和评课,缺少后续的、针对具体问题的教学改进环节,而改进环节恰恰是最为重要的。

---

① 周坤亮:《指向课堂教学改进的听评课》,载《教育理论与实践》2011年第9期。

二、听评课的目的:旨在改进课堂教学

要解决听评课存在的问题,首先必须澄清听评课的目的。听评课是围绕着特定的一堂课展开的教学研究活动,其追求的旨趣不在管理或评价,而在于教学本身。目前,学校规定教师要完成一定数量的听评课任务,在某种程度上是一种让教师更多地参与听评课活动,以优化课堂教学、提升教师的专业水平。但大多数管理者和教师却将其当成了最终的目的。在听评课过程中,无论听课者还是被听课者,都会比较多地关注"这节课"的状况:被听课者会精心准备,力求表现得最好;听课者要就这节课进行评价,这给人造成的错觉是听评课的目的是评判上课教师的教学水平。

其实,听评课的真正价值并不只是关注被听课者的教学表现,对其教学能力做一实际判断,更主要的是借助同行的专业力量使被听课者获益,并形成一种合作、互利的机制。听评课实际上是对一堂课的教学进行诊断、反思和改进。类似医生看病时的诊断——开处方——吃药,病人只有吃药或接受治疗,方能尽快恢复健康,否则,再精确的诊断、再好的药方都是没用的。也就是说,听评课的关键在于相当于"吃药"的后续改进环节,其目的最终指向教师的课堂教学改进。

当把课堂教学改进作为听评课的起点和归宿时,就需要重新审视听评课的整个过程。首先,参与听评课的教师要提出有证据、有针对性的问题。这就要求教师在听课中足够认真,并积极思考,而非敷衍了事。其次,听评课中要形成针对问题解决的改进方案。由于一次改进难以做到面面俱到,因此,评课者和上课者有必要选择某个突出的、能反映教育教学基本法则和特征的问题作为改进的对象,并提供改进方案。最后,听评课后要基于改进方案实行改进性教学,直到问题解决。如果没有改进环节,听评课也就失去了其最重要的意义。

三、指向课堂教学改进的听评课:一种实践模式

听评课是一项完整的、专业的教学研讨活动,但在开展过程中往往被简单化处理,如重要的环节被省略或缺少必要的改进性反馈等。指向课堂教学改进的听评课重在"改进",重点关注常常被人遗忘的教学改进环节,其一般模式如图1所示。

上课 → 自我评述 → 同行评课 → 形成改进方案 → 再上课

图1 听评课活动的一般模式

这一模式的活动流程如下:①教师上完课后,首先向听课者评述自己的课,如为什么要这样设计、设计的意图有没有实现、还存在哪些问题等;②听课者就本节课提出问题,围绕问题及原因展开交流和讨论,并对如何解决这些问题提出改进建议;③对于提出的改进建议,听课者和被听课者要达成共识,形成共同认可的改进方案;④被听课者再上课,落实改进方案,呈现改进结果。

该模式从理论上为指向课堂教学改进的听评课提供了一个框架性的操作程序,指明了学校开展听评课活动的合理路径。然而,在实践中,该模式的各个环节存在着一些有待解决的具体问题。

学校最常采用的方式是上课教师公开展示某堂课,其他教师就这堂课进行全方位的评价:首先,指出其不足之处——主要是各种细节问题,针对这些问题进行"打磨";其次,在另外一个班级就相同的教学内容再讲授一遍,直至学校领导和大多数教师满意。虽然这种听评课方式也是为了改进课堂教学,但所带来的问题是,上课教师不能就同一个教学问题和教学内容举一反三,不会考虑其能否迁移到其他不同内容的课堂教学中,以达

到"类问题"的解决。也就是说,在听评课活动中,教师应思考以下几个问题:①应针对何种问题进行改进?②由谁、如何来改进?③怎样确保改进效果达到最大?鉴于此,笔者以"共性问题"的解决为核心,在一般模式的基础上,提供了一种具体的实践模式。在一般模式的基础上,提供了一种具体的实践模式(见图2)。

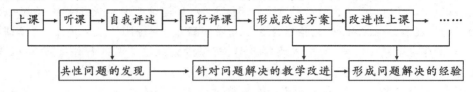

图2　听评课活动的实践模式

这一实践模式的基本思路是,评课教师通过听课,发现该教师教学过程中存在的共性问题;为解决这一共性问题,由同一个教师就相同的或不同的教学内容,或是由其他教师就相同的或不同的教学内容公开授课,落实教学改进,直至这个共性问题最终得到解决,并总结问题解决的经验。也就是说,听评课活动的实践模式的操作程序是发现共性问题,针对共性问题进行教学改进,形成问题解决的经验。

1. 发现共性问题

所谓共性问题,是指能反映教学基本法则和特征的问题。这种问题不仅是某个教师在教学中存在的问题,也可能是某个学科的教师或是这个学科所共有的问题,解决这类教学问题可以达到举一反三的效果。以往听课时,教师关心的问题一般都比较直观和琐碎。如教态不够得体、板书不够规范、知识点落实不够到位等。针对这些问题的评课往往呈现两种形式:一种是就事论事式的评课;另一种是关注细节、蜻蜓点水式的评课。显然,这样的听评课不易触及更深层次的、具有普遍意义的教学问题。听评课时,教师不仅要关注那些直观的和琐碎的问题,更要思考其产生的原因,从而发现教学中存在的反映教学基本法则和特征的问题,即共性问题。关于共性问题的发现,笔者在上海市 X 中学数学教研组进行了实践尝试。

这是 X 中学 Z 老师上的一节课,授课内容是"圆的周长"。Z 老师上完课后,参与听课的教师开始评课。教师们认为这节课主要存在三个问题:①教师在课堂上提出的问题90%左右都是教师自己回答的,没有给学生留以足够的时间去思考和回答,这样的提问对学生来说是没有任何帮助和意义的;②整个教学过程都借助多媒体,以幻灯片的播放代替黑板板书,加快了整个课堂的教学节奏,学生只要稍不留神,"上一张幻灯片"(上一个知识点)就过去了,根本没时间思考和消化;③3 个例题都用同一种教学方式讲解,教师只是按部就班地向学生展现自己预设的解答过程,学生也只能机械地跟着教师的思路走。至于学生是否理解、是否有自己的思考、随堂可能生成的问题是否得以解决,教师几乎不予关注。通过分析讨论,发现根本问题是教师留给学生思考的时间不够。课堂的时间是有限的,那给不给学生思考时间、给多少思考时间、什么时候给学生时间思考等等,这样的问题各门学科教师在不同的课堂中都会碰到。因此,"没有给学生足够的思考时间"正是 Z 老师这堂课所反映出的共性问题。

2. 针对共性问题进行教学改进

找到共性问题后,教师需共同商讨解决问题的措施,并达成一定的共识,形成可操作的改进方案,然后依据改进方案,实行针对共性问题解决的教学"改进"。这种"改进"既可以由被听课教师自己来落实,也可以由参与听评课的其他教师来落实,即被听课教师或其他教师就相同的或不同的教学内容在别的班级里再上课,或就不同的教学内容在同一个班级里再上课。

在改进性教学的过程中,同样有教师在听课,听完后也要评课。这时,听评课的关注点应聚焦于先前发现的"共性问题",听课者以此问题为观察点,听课时有目的地收集相关的"证据"以证明问题解决的程度。当一次"改进"效果不佳时,紧接着进行第二次、第三次……的"改进"。以上述 X 中学 Z 老师讲授的那节课为例。

通过听评课,教师们发现了"没有给学生足够的思考时间"这一共性问题,并形成改进方案。于是,Z 老师选择了另一个教学内容"扇形的面积"在另外的班级进行改进性教学,可效果不是很好,虽然有所改进,但还没有完全解决。为此,数学教研组决定让另一位教师再上课,直到这一共性问题得以完全解决为止。

3. 形成问题解决的经验

指向课堂教学改进的听评课以解决课堂中存在的问题为导向,在针对共性问题进行教学改进的过程中,必然会产生一些行之有效的、值得借鉴的做法,教师要对它们进行系统的整理和总结,以形成经验。总结后形成的经验成果,一方面,可以避免类似问题的发生;另一方面,当碰到相同的或类似的问题时,教师就可以取而用之。随着这些经验的不断积累,教师对于课堂教学的理解将越来越深刻,对于课堂教学中出现的问题,解决起来也更加胸有成竹。由此看来,一个共性问题的解决过程,凝聚了教师们的集体智慧。

指向课堂教学改进的听评课关注课堂教学中存在的问题以及所出现的问题是否得到有效的解决。一次听评课之后会紧跟着一次甚至数次的针对发现问题的"改进",在一次又一次的"改进"过程中,不断完善教师的教学实践,从而提高课堂教学的质量。

【学习资源】

[1]沈毅,崔允漷.课堂观察:走向专业的听评课[M].上海:华东师范大学出版社,2008.

[2]林存华,郁琴芳.听课之前说准备[J].教学与管理,2007(5).

[3]曹洪辉.教师怎样听课[J].新课程研究(教师教育),2007(2).

[4]顾志跃.如何评课[M].上海:华东师范大学出版社,2009.

[5]余文森.有效备课·上课·听课·评课[M].福州:福建教育出版社,2008.

[6]王荣生.听王荣生教授评课[M].上海:华东师范大学出版社,2007.

[7]周勇,赵宪宇.新课程说课、听课与评课[M].北京:教育科学出版社,2004.

[8]方贤忠.如何说课[M].上海:华东师范大学出版社,2008.

[9]胡惠闵.教师专业发展背景下的学校教研活动[J].全球教育展望,2006(3).

[10]罗树华,李洪珍.教师能力学[M].济南:山东教育出版社,2000.

[11]顾学明.新课改听课要三问[J].中小学教师培训.2006(1).

[12]杜艳芳.不要"跪着听课"和"骑着听课"[J].上海教育,2006(21).

[13]彭小明,郑东辉.课堂教学技能训练[M].高等教育出版社,2012.

[14]章士藻.数学教育研究导论[M].北京:中国科学技术出版社,2000.

[15]郭友.新课程下的教师教学技能与培训[M].北京:首都师范大学出版社,2004.

[17]周坤亮.指向课堂教学改进的听评课[J].教育理论与实践,2011(9).

第十九章 教学反思技能训练

【内容导航】
※ 教学反思概述
※ 教学反思能力的培养与训练

【学习目标】
1. 能够说明教学反思的基本内涵与特征。
2. 能够说明教学反思对教师专业发展的重要意义。
3. 能够分析教学反思的理论与实践体系。
4. 能结合案例分析教学反思的有效性。
5. 能在教育教学中应用教育日志反思、教育叙事反思、课例观摩反思、合作对话反思与教育博客反思,并学会撰写教育日志、教育叙事以及教育博客。

20 世纪 80 年代以来,"教师专业成长 = 经验 + 反思"这一观点普遍被人们所认同。教师专业成长的过程不仅仅是教师备课、上课、作业布置与批改、学生学业成绩测量与评价等各种工作日复一日、年复一年的"量"的积累过程,更是教师通过教学反思来实现"质"的提升过程。美国全国教师专业评估委员会于 2001 年提出了实现高效率教学的五项主张:教师能够适应学生及其学习;教师应该通晓所教科目并把它传授给学生;教师应该负责管理学生并指导其学习;教师能够系统地反思自身的教学行为,总结经验,利于教学;教师能够参与团体学习。[1] 其中第四项"教师能够系统地反思自身的教学行为"被认为是实现高效率教学的重要策略。教师通过教学反思,不仅可以提高课堂教学的有效性,间接地促进学生发展,而且还可以提升自身的专业水准。另外,在教学反思的过程中,教师通过顿悟与思考、发现问题、有效学习、寻求改进等方式对学校反思文化的形成,学校学习共同体的建立,新课程改革的推进都具有积极意义。

第一节 教学反思概述

一、教学反思的内涵

(一)反思

《现代汉语词典》(第 6 版)中这样界定反思:"思考过去的事情,从中总结经验教

---

① [美]鲍里奇(Borich. G. D.):《教师观察力的培养:通向高效率教学之路》,么加利、张新立译,中国轻工业出版社 2006 年版,第 3 页。

训。"这一概念强调人们日常生活中的反思活动。在西方哲学中,反思也是最广泛使用的概念,其用意一般是指精神的自我活动与内省的方法,可以看出在西方哲学语系中反思的概念非常强调其心理活动基础。但在心理学中又常把人们的反思活动理解为"元认知",即指个人对自己的认知加工过程的自我觉察、自我评价、自我调节,这三者共同构成了人的元认知系统,表现为一种综合的心理能力。

概括起来,人们对反思内涵的理解主要有两种看法:一是将"反思"理解为内省,即反思是对思维的思维,或强调反思是以"思维活动的过程"为思维的对象,或强调反思是以"思维活动的结果"为思维对象;二是将"反思"看作是一种高级认知活动,是一种特殊的问题解决方式。①

（二）教学反思

关于教学反思的内涵,以下几种观点具有一定的代表性。

华东师范大学的熊川武教授认为,反思性教学即"教学主体借助行动研究,不断探究与解决自身和教学目的,以及教学工具等方面的问题,将'学会教学'(learning how to teach)与'学会学习'(learning how to learn)结合起来,努力提升教学实践合理性,使自己成为学者型教师的过程"②。需要说明的是,熊川武教授所论述的反思性教学与教学反思还有所不同,在下面会有所分析。

张立昌认为,"教师的反思是指教师在教育教学实践中,以自我行为表现及其行为之依据的'异位'解析和修正,进而不断提高自身教育教学效能和素养的过程"③。这一概念泛化了教学反思的意义,但其强调教师教学反思的实践性、针对性、反省性、时效性、过程性的特点。

申继亮、刘加霞认为,"教师的教学反思是教师教育教学认知活动的重要组成部分,它贯穿于教育、教学活动的始终。具体地说,教学反思指教师为了实现有效的教育教学,在教师教学反思倾向的支持下,对已经发生的或正在发生的教育教学活动以及这些活动背后的理论、假设,进行积极、持续、周密、深入、自我调节性的思考,而且在思考过程中,能够发现、清晰表征所遇到的教育教学问题,并积极寻求多种方法来解决问题的过程"④。这一概念最大的意义在于能让我们清晰地认识到教学反思的过程及其要素。

分析以上对教学反思的相关概念界定,我们不难发现虽然不同的学者对教学反思的理解强调的侧重点不同,但对于教学反思的认识,我们应该处理好以下几对关系:

1. 教学反思与教学实践

这两者的区别在于,教学实践,顾名思义,是人类的特殊的实践过程,而教学反思则属于特殊的、专业的思维活动。但两者之间又有非常深刻的联系,教学反思是以教学实践为基础的反思,是在教学实践的过程中反思,为了改进教学实践的反思。

---

① 申继亮:《教学反思与行动研究:教师发展之路》,北京师范大学出版社2006年版,第61—62页。
② 熊川武:《反思性教学》,华东师范大学出版社1999年版,第3页。
③ 张立昌:《试论教师的反思及其策略》,载《教育研究》2001年第12期。
④ 申继亮、刘加霞:《论教师的教学反思》,载《华东师范大学学报》(教育科学版)2004年第3期。

2. 教学反思与反思性教学

教学反思侧重于反思,它是教师个体或群体为了提高教学质量,促进学生发展而对教育教学活动及其相关因素反复思考、认真分析并加以归纳总结的一种思维活动,是一种感性经验上升为理性经验的过程。它是伴随着人类教学活动的出现而出现的。反思性教学侧重于教学,是 20 世纪 80 年代在欧美教育界兴起的。它是教师群体或由教师、理论专家组成的研究小组,借助于行动研究,不断探究与解决自身、教学目的、教学工具等方面的问题,将"学会教学"与"学会学习"结合起来,努力提升教学实践合理性,使自己成为学者型教师的过程。前者是对教学的反思,并把反思结论用于以后的教学,而后者是教学的一种特殊方式。

3. 教学反思与教学反思能力

教学反思和教学反思能力的区别在于,前者是教师依据一定的教育教学理论,对自身教学过程和结果的一种思考和改进的过程。它既是一种思维活动,又是一种行为实践。而后者则是教师应具备的对自身的教学进行反思、监控和提高的一种能力。

教学反思和教学反思能力的联系在于,后者作为一种教师必须具有的教学能力并不是与生俱来的,而是在前者这一特定的思维活动和行为实践中得以慢慢培养的。教学反思是教师教学反思能力得以提高的根本途径,只有不断地对自身的教学理念、方式、过程、结果等因素进行有效的反思,教师对教学的自我把握、监控和调节能力才会不断地加强。

二、教学反思的特征①

分析教学反思的概念界定可以发现,虽然我们对教学反思的理解不同,但是教学反思不同于一般的教学思维,它具有问题性、研究性、辩证性、发展性等鲜明的特点。

1. 问题性

反思来自于自我意识的觉醒,而自我意识的觉醒产生于在旧有理念导向下的实践的困惑和迷茫,反思产生于"问题"或"无知境界"。在这里,问题的内涵应该扩大化,凡是能引起自我信念的疑难或心理上的不适都应该看作是问题,无论它是多么轻微和平凡的困惑和挑战。

2. 研究性

反思需要意识的积极参与,需要智力和情感的投入。反思不等同于自发的、无意识的回顾和总结,它需要教师针对教学实践中出现的问题,从多方面分析问题,多角度寻求解决问题的策略,它是一项"长期工程",具有明显的研究特征。

3. 辩证性

在这里,"辩证性"包括如下内涵:理解知识的相对性而非绝对性的本质。反省思维的重要特征就在于它能够接受相互不相容的知识系统,了解到要发现绝对真理是不可能的,以及能够知觉到自己的假设与思考方式影响他们所获得的知识。不同的系统对于真理有不同的建构方式。当个体不可避免地面临冲突、对立的观点时,开始知觉到矛盾的

---

① 申继亮、刘加霞:《论教师的教学反思》,载《华东师范大学学报》(教育科学版)2004 年第 3 期。

出现,但是这种矛盾却无法通过摒弃其中一个观点来解决这种对立,也不能采取防卫性的抗拒或压抑,具有反省思维的教师就能够接受这种矛盾存在的必然性。具有反省思维的教师能够考虑如何去组织、整合这些矛盾的、对立的知识,他们能够将不同形式系统间的矛盾、对立的信息整合为更具有包容性,而且内部又协调一致的更广阔的系统。

4.发展性

教学反思的发展性是指个体的教学反思具有过程性,在反思过程中,不同的教师可能经历或达到不同的发展阶段。教学反思的第一阶段是自发性的、下意识的反思,在该阶段,教师并非完全的智力(意识)投入,依靠的是教师的直接经验。在第二阶段,教师的反思逐步达到理性化水平,教师有意识地参照一定的教育理论和自我的教学经验,但不是固守于自己的经验,能将经验与理论、实践的真实情况进行比较、判断。在第三阶段,经历了前两个阶段,教师能比较清晰地、准确地将发现的问题表征出来,从而多方面、多角度地寻求解决对策,进而监控、调节自己的教学活动。

三、教学反思的类型

(一)教学前的反思、教学中的反思与教学后的反思[①]

这种划分方式是以教学反思的时间为维度划分的,其主要特点是在不同的时间教师进行教学反思,无论其内容、方式、途径及反思所产生的价值均不同,教师应该有意识地注意到不同时间段应该有不同的教学反思。

1.教学前的反思

教学前的反思,主要是在课前准备的备课阶段。教师在备课时,先要对过去的教学经验进行反思,反思自己或他人以前在讲授这一教学内容时曾遇到过哪些问题,有哪些经验,应该采用什么策略和方法解决,效果如何,然后进行新的教学设计。在进行教学设计的同时还要考虑学生的实际情况。教师要把备课阶段的教学设计当成是自己的自主学习、研究的过程,这样才能在备课的过程中获得知识和经验,才能在之后的教学中充分发挥自己的角色作用。同时,教师在备课阶段也要注意不死守成规,要善于发现和创新。因此,教学前的反思具有前瞻性、预测性、自主性和创新性。

2.教学中的反思

教学中的反思,主要指教师反思自己的教学行为,调整教学策略并解决课堂教学中出现的问题。教学中的反思具有及时性和很强的监控性,它能使教学高质高效地进行。因此,在教学中,教师要特别关注学生在课堂教学中的情感与行为。根据课堂中出现的新情况,教师应及时反思,机智地处理发生的意外,灵活调整教学方案,改善教学活动,提高教学调控和应变能力。这样才能达到理想的教学效果,不断地提高教学质量。

3.教学后的反思

教学后的反思,是指在教学活动结束后,教师对整个教学过程进行理性的回忆、反

---

① 仇珍玲:《小学教师教学反思的实践研究——以上海市黄浦 S 小学为例》,华东师范大学硕士学位论文,2012 年。

思,包括对教学观念、教学行为和教学效果的成功和失败等情况的分析。这种具有批判性和总结性的反思能使教学经验理论化、系统化。教学前无论教师经过多么细致周密的反思性研究,课堂中的创生性事件的发生也会令其始料不及。在课后教师应该认真地进行反思并做记录,使其成为日后教学的经验参考。同时,无论多么完美的教学设计都会有不足之处,这样在课堂教学之后,教学效果会与理想效果有偏差,教师也应该对其进行深刻的分析,使日后的教学能够从中吸取教训。教学后的反思,能促使教师形成自我反思的意识、自我监控的能力和自我批判的精神,能有效地提高教师的教学能力,能够促进教师迅速成长。

(二)技术性反思、实践性反思与解放性反思①

这种划分方式是以哈贝马斯(J. Habermas)、范梅南(M. Van Manen)有关教师反思的水平理论为依据,其特点是根据教学反思水平反映出不同教师专业发展的自主意识水平,也为不同层面的教师提供了专业发展的方向和水准。

1. 技术性反思

教师在技术性反思中,重点是寻找更经济、更有效的途径达到预期目的。对手段的精雕细琢远远超过对结果的价值追问。假设直接运用以技术理性为认识论所产生的一系列理论、原则、方法和技术就能够促进课程发展,达到预定的课程目标。知识来源于外部的权威,而不是课程实践。这种知识必须以命题的形式呈现出来,是技术化的。反思者希望自己的实践能够与研究发现一致,对学生的学习产生积极的作用。

2. 实践性反思

实践性反思认为每个人都是知识生产者,关注情境对于实践的意义。认为技术性反思中的每次选择,都是在课程发展过程中具有价值承诺的诠释性框架中进行的。反思需要分析和澄清课程行动中的经验、意义和假设。反思的焦点是教育经验的本质和质量。反思的对象不仅是外在课程实践者的知识如何有效地运用于实践,还重视对自身实践进行深入的理解和诠释。反思作为对不同教学观点在特定背景下的慎思,外部权威仍然是知识的来源之一,但是却需要和实际的教学环境紧密结合起来。

3. 解放性反思

解放性反思是慎思理性的最高水平,认为课程实践中不仅负载着价值,而且这些价值由于社会、政治、文化和历史的原因而被扭曲,具有压迫性,主张教学反思在检视和解释所依据的价值系统和公平概念基础上,必须批判意识形态,寻求揭示具压迫性和支配性的事物。并且要把批判性的意识付诸行动,课程目的不能依赖于外在的权威,实践者具有自我决定性。实践者通过对行动情境,对自己作为教师的意象和对习以为常教学假设的重建来进行经验的重建。

(三)个体独立反思与群体协作反思

这种划分的依据是教学反思的过程是由教师个体独立完成,还是由其他合作主体

---

① 赵明仁、陆春萍:《从教学反思水平看教师专业成长》,载《课程·教材·教法》2007 年第 2 期。

(学生、同事、专家)共同参与完成。其特点是反映了教师专业成长的"自我反思、专家引领、同伴互助"的成长模式。

1.个体独立反思

个体独立反思,其反思的主体是教师个体,反思的问题也带有较强的个性化色彩,反思的形式不拘泥于正式形式,比较多样,对反思所需要的时间与空间环境也没有严格的限制与要求。其最大的特点是教师在整个反思过程中都需要依靠个体的力量独立地发现问题,探究问题,提出解决问题的方案,判断、评估自己的实践行为。

2.群体协作反思

群体协作反思,其反思活动的主体是教师与同事或教师与专家,反思的问题往往带有普遍性,反思的过程是教师更多地借助于同事、专家之间的相互观摩、相互切磋及交流与对话而不断改进自身教学行为的一种教学反思类型。其最大的特点是教学反思的过程就是教师个体教学智慧与群体教学智慧的贡献与分享的过程。

以上对教学反思类型的划分只是具有一定代表性的划分,还可以从教学反思的阶段、教学反思的性质与特点等方面进行划分。对教学反思类型的认识有助于我们从诸多层面认识教学反思,也有助于中小学教师在教学实践中广泛地运用教学反思改进教学。

四、影响教师教学反思能力的因素

(一)教师的学习能力

反思的本质是学习,反思的过程就是学习的过程,教学反思的本质则是教师需要向实践学习。教师只有具备了学习的热情和能力才能去反思自己的教育教学。教育教学活动具有相对的重复性,往往会造就教师"闭门造车"的生活与工作状态,而一个因循守旧、只知道机械重复、不善于通过学习来寻求变革的教师则一定缺乏反思教学的主动意识。

(二)教师的教学热情

教学反思过程需要教师以积极的情感、专业的态度、百折不挠的进取心、敢于打破常规的勇气、对教育教学的责任心等情感因素参与。这些情感因素都源自于教师对教育教学的热情与需要,是促进教师反思的强大精神动力。当教学反思变为教师的需要时,教师就会乐于反思、主动地反思,而不是把反思当成任务与压力。

(三)教师教学实践经验

教学反思是"基于实践反思、为了实践反思、在实践中反思"。所以,教学实践经验既是教师教学反思的对象,又属于教学反思的素材与基础。当然,教学经验对教师教学反思具有双重意义,如果教师个体把教学经验当成反思对象,反思则会促进经验的改造;如果教师把教学经验当成反思的资源,教学经验则有可能会成为教师教学反思的羁绊。因此,教师在教学活动中既要善于积累教学经验,又要善于利用批判性思维回馈自己的教学经验。

(四)教师教学反思技术

教学反思需要依靠一定的方法、途径、手段、程序与环节,这些因素相互整合在一起体现了教师教学反思的技术,对教学反思技术的运用则体现了教师教学反思的能力。有效的教学反思需要教师运用科学的反思方法、标准化的操作规范、恰当地表达反思效果的手段等。教师对这些技术的熟练掌握才能让教学反思常态化并发挥其实际效用。

(五)教师教育教学理论素养

教学反思需要以先进的教育教学理论作为先导,在教育反思的过程中,教师的相关教育教学理论或理念是其进行教学反思前的潜意识,而教师的反思则离不开教育教学理论的指导。在教师教学反思的过程中,只有用科学的教育理论知识作指导,才能帮助教师对教育教学中出现的问题进行理性的分析和思考,仔细观察分析教育现象,正确揭示教育教学中的规律。

(六)教师开放的心态

开放的心态是教师为教学反思所做的心理准备。一方面,教学反思既有教师对自己优秀或成功经历的回顾与总结,也往往意味着教师需要对自己以往的教学进行否定或质疑,而否定质疑则需要教师要有足够的勇气和开放的心态来面对自己的教学。另一方面,群体协作的教学反思需要教师在合作的过程中敢于承认问题与缺点,勇于面对批判与质疑,这些体现了教学反思对教师开放心态的需要。

(七)学校组织氛围

组织氛围潜移默化地影响着组织中的人与事。教师长期生活在学校环境中,学校组织的文化氛围、人际关系、管理思维与方式都会对其产生重要的影响。教师教学反思看似是教师的自发自觉行为,其实也是教师自身内在因素与学校组织氛围相互作用的结果。学校的教研制度、对教师的评价制度、教师之间的人际关系都会对教师教学反思产生影响。

五、教师教学反思的意义

(一)教师进行教学反思有利于提高教师专业化水平

首先,教师的教学反思能够充分激发其教学实践的积极性和创造性,并为其专业发展提供机会和条件。其次,教学反思有助于教师逐步培养和发展自己对教学实践的判断、思考和分析能力,教师通过教学反思能深化自己的实践性知识,直接形成比较系统的教育教学理论。同时,有效的教学反思可以帮助教师将教育教学理论知识、实践经验进一步内化,逐步理论化、系统化,使教师对其教学活动形成比较深刻的认识和理解。这样,教师不仅提升了教学经验,而且还能将其升华为实践智慧。再次,教师通过教学反思将教育教学理论与教育教学实践进行沟通,可以有效地提高自己的教师专业水平。最后,教学反思也有利于增强教师的道德感和责任心。

(二)教师的教学反思有利于间接地促进学习者的发展

教师的教学反思看似是教师思维活动,其实质产生的效应最终可以惠及学习者。当教师开始思考怎么教、教什么、教得如何诸如此类问题时,其出发点和归宿点都应着眼于学习者以及学习,这样的教学反思才能产生本质意义。可以说,教学反思的主体是教师个体,反思的过程是高级的思维活动,反思的对象是教育教学活动的人与事,教学反思的受益者是教师与学习者的双方。

(三)有利于实现学校学习共同体的愿景

"学习共同体"是 21 世纪学校发展的愿景。这一概念是为学校再生为如下场所而设计的:学校成为儿童合作学习的场所;学校成为教师作为专家相互学习的场所;学校成为家长与市民参与学校教育并相互学习的场所。[①] 学习共同体强调把学校变为多元、民主、平等、安全的开放式学习环境,不仅能促进学习者认知的发展,同时也催生了学习者的主体性,从而提高学校、课堂教学实践的质量。教师的教学反思的实质就是教师的学习,通过教学反思,塑造一种合作与反思的校园文化,有利于学校学习共同体的愿景生成。

(四)有利于推动新课改的顺利实施

新一轮的课程改革,就教学方面而言,是基于原有课程的基础,在教材编写、课程设置、教学目标、教学结果、教学对象、教学内容、教学方法、教学过程、教学评价等方面给予教师以更大的发挥空间,新课程更加注重知识与能力、过程与方法、情感态度与价值观的形成与培养,更加注重科学探究方法的"灌输",因此,在教师的教学中就存在着更多的不确定性。面对扑面而来的这种种变化,教师最困难的一点就是如何同习惯性的教育观念和教育模式做斗争,这就需要教师积极参与到新课改中去,以研究者的眼光审视和分析教学理论与教学实践中的各种问题,不断对自己的教学过程进行反思,对积累的经验进行总结,这是教师角色适应与发展的必要条件。新课程改革的主体是教师,改革的成败在教师,教师作为教师队伍的成员,更应该成为把理想课程转变成现实课程的载体,通过增强自身的反思意识和反思能力,以新的课程理念为指导,教师才能积极审视、质疑、研究和改进教育教学实践,从而积极推进国家新一轮基础教育课程改革的顺利实施。

(五)有利于全方位地提高教育教学质量

学校教学质量的高低在很大限度上取决于教师教学水平与整体素质。教学反思要求教师建立科学的教学理念,并促使教师由"经验型教师"向"反思型教师"转变,教师通过对教学实践的反思,可以及时发现新问题,从而做出更理想、更有效的教学决策,并加深对教学活动规律的认识和理解,在此过程中,教师不断积累教学经验,教师的教学能力和水平才能够不断得到提高。

---

① 〔日〕佐藤学:《学校再生的哲学——学校共同体与活动系统》,钟启泉译,载《全球教育展望》2011 年第 3 期。

第二节　教学反思能力的培养与训练

教学反思既是教师的教学思维活动,也是教师的教学实践活动。有效的教学反思不仅要有反思之"形",更应该有反思之"实"。有效的、实质性的教学反思必须对教学反思的内容、教学反思的心理活动过程、教学反思的方法等问题予以探讨,这也是教师提高教学反思能力的关键。

一、教学反思的内容

在整个教学反思的体系建构中,"反思什么"应该是所有教师最关心的问题。关于教师教学反思的内容非常广泛,课堂组织与管理、师生关系、教材教法、教学设计、教学手段运用、教学模式选择、教学环境创设、学生学习方式、教态等,只要有关课堂教学的要素都可以作为教学反思的对象与内容。虽然教学反思的内容广泛,但是概括起来,教学反思的内容主要体现在关于教学理念的反思、教学行为的反思与教学效果的反思这三个方面。

（一）关于教学理念的反思

教学理念是人们对教学和学习活动内在规律的认识的集中体现,同时也是人们对教学活动的看法和持有的基本的态度和观念,是人们从事教学活动的信念,教学理念具有主观性、生成性与完善性等特点。理念是行为的先导,教学理念是教师从事教学活动的指导思想和行动指南,有什么样的教学理念,就会产生什么样的教学行为。教师的教学行为受到教学理念的支配,所以教师对于教学理念的反思是非常必要的,只有教师对自己的教学理念不断进行反思,教学理念才能不断进步,教师才能不断地改进自己的教学行为,使自己的教学行为达到一种合理性。

【案例分析】

会了,可以"不听"!①

——学习中的自主选择

单元检测过后,照例是一节试卷讲评课。上课不到10分钟,王谨同学就在翻来覆去地摆弄试卷,批着"95"分的试卷像风中的塑料袋上下翻动着。我用严厉的目光看了他一眼,他稍有收敛。过了一会儿,他又低头在桌下翻找着什么,此时看到其他同学也大多东倒西歪,像是在听,实际上并没在听。说实在的,这个801班还真令人头疼,同学们基础都还不错,反应也较快,但物理成绩总是不能令人满意。今天我终于找到了答案——主要是部分同学上进心不强,也不够虚心,看来只得"杀一儆百"了。

"王谨,"我大声喝道,"你在干什么?"

---

① 傅道春:《新课程中教师行为的变化》,首都师范大学出版社2001年版,第52—53页。

只见他摇摇晃晃地站起来，一脸的不在乎。

"刚才还表扬你，怎么马上就翘尾巴了？"

他脸陡地涨红了，旋即一梗脖子："我不想听！"

我听了气不打一处来，"你……"竟一时语塞。

尽管我怒火中烧，但考虑到教学任务还没完成，于是我深深吸了一口气，竭力平复自己内心的愤懑。

"你，既然不想听，那就请到我的办公室休息一会吧！"我故作轻松地说。

他可能考虑到刚才的态度，也有些后悔，于是走向办公室，尽管极不情愿。

由于发生了刚才的一幕，同学们听课状态似乎也比先前好了一些，但并非真的专心致志，我能感觉到。好歹在下课铃响之前，我还是认真地完成了试卷讲评的教学任务。

事后，在班主任老师的帮助下，王谨同学向我承认了错误，甚至还在班会课上当着全体同学的面作了书面检讨。但从他的眼神里可以读出他的不服气：此事不能算完。

于是，我继续找王谨谈心。

"你认为自己真的错了吗？"

他低着头，一声不吭。

"你尊重老师的劳动吗？本次测验32道题，我一张试卷一张试卷、一道题一道题地分析统计，你知道老师为了这节课花费了多少时间，可你倒好，却不想听课。"

最后，他说："我其实在测验后就已经找出所有错误的原因，既然我已经全会了，为什么还要听？"

是啊，全会了为什么还要听？这个问题一连几天在我脑海中盘旋。

经过认真反思，终于在一节晚自习上我向全班同学作了自我批评，承认自己教学的不足，没想到竟引来了全班同学的热烈掌声，只见王谨红着脸站起来说："对不起，老师，我也太骄傲，太没礼貌了！"这时掌声更热烈了，同时我注意到这次王谨眼中流露出的是真诚与感激！

趁着同学们情绪高涨之际，我顺势问道："还有哪些课同学们不愿听？"因为受我坦诚态度的感染，同学们纷纷发表自己的看法：

老调重弹的复习课不愿听！

新课一看就会的内容，老师仍按部就班讲授，我们不愿听！

上实验课前老师总喋喋不休地交代个没完了，使实验操作变得索然无味，我们不愿听！

……

我的思考并没有从此结束。王谨同学的那句"既然我已经全会了，为什么还要听"始终萦绕在我的脑海。对于一个班级来说，同一个知识点有的同学已经会了，但也可能有的同学并不会。对于会了的同学教师可以不教，但不会的同学怎么办？如果教师讲了，已经会了的同学干什么？看来，要成为一名合格的教师并非是一件容易的事情。我们做教师的往往根据教材内容编写教案，这本无可厚非，但知识是相对稳定的，而我们的教学对象——学生却是存在个体差异的，是各具特色的。如何解决这个问题呢？

（安徽省中学一级教师 裴立新）

"教师上课为什么要讲?"这个看似简单的问题有的教师却从来没有思考过。教师讲授是为了完成教学任务还是为了寻求一种工作充实感,抑或是为了让学生学得更多。案例中的裴老师就经历了从"完成教学任务"到"会了,就不用讲"的转变,这种转变的实质就是经过反思,教师具备了从"以教为本"转向"以学为本"的人本主义教学理念。

(二)关于教学行为的反思

教学行为是教师在教学过程中有意识的活动,包括教师教的行为,教师准备、引起、保持与促进学生学习的所有行为,也包括言行、举止等外在动作,还包括内在心理活动。学生"向师性"的发展特点决定了教师的教学行为对学生的影响是直接而深远的,教师在教学过程中的行为甚至能潜移默化地内化为学生的行为表现。在基础教育课程改革的背景下,对教师的教学行为从教师个人修养、教师角色、教师个性品质、教师专业道德等方面都有了新的要求。教师对自己教学行为的反思不仅可以提升自己的专业水平,而且也对教育教学质量的提高有着重要意义。教师通过反思自己的教学行为,发现教学中存在的问题,并能进一步改进教学,从而实现有效教学。

【案例分析】

珍视学生的自主阅读[①]

我在教《西湖的绿》时,按常规把分析描写灵隐的绿作为第一课时的重点来处理。一上课,在让学生们理清文章的游踪之后我就迅速把课堂切入到对这一段描写的品味之中。我先是让学生读课文,再让他们看相关的风景图片,然后让学生品味语言、感受意境,说一说自己体会到了怎样的美。可是无论我怎样启发,学生们都无动于衷,没有响应。心急课程进度的我只好自己一一讲来。于是一篇优美的散文被我教得味同嚼蜡,40分钟也似乎有一个世纪那么长。

下课之后我认真反省自己:为什么会上出如此失败的课来? 为什么学生对这么美的文章丝毫没有兴趣? 是他们感悟不到吗? 想自己课前那么用心地备课、查资料、做课件,难道心思都白费了吗? 突然,一道电光在我脑中闪过。是呀,我花了多少时间呀! 从备课时一遍一遍认真地阅读课文、品味语言、感悟文章内涵到参考教学资料,从琢磨教学设计、安排教学手段,再到上网查找图片,制作课件,自己与这篇文章打了多少时间的交道?起码也有一天了吧。正是在这一遍遍的交流之中,自己才能将文中优美的文字幻化成图像印入脑中,才能感悟到那清凉幽谧的境界,才能赏析到作者语言的魅力。自己也是经历了一个悠长的体验过程呀。可为什么面对学生,就不肯给予他们自主感悟的时间而变得那么急功近利了呢? 如此粗暴地剥夺学生自由学习的权利,硬生生地在他们的"鼻子"上穿上一个"铁环"强拉着他们跟着自己走,怎么会激发起他们学习的兴趣? 这样的教学不失败还会怎样? 看来自己还是犯了长期困扰教学的重认知轻感情、重理性轻感性、重分析轻综合的弊病,把传授知识和理性分析作为了终极目标,而没有真正强调学生阅读行为的自主性。造成了学生阅读体验、情感、态度、价值观诸方面陶冶的流失。这不但是对教育资源的一种浪费,更是对学生的不负责任!

……

---

① 节选自李媛:《珍视学生的自主阅读》,载《中学语文教学》2006 年第 7 期。

为此,我又做了新的尝试。教《斑羚飞渡》时,我让学生先初读课文,强调注意自己在阅读时产生的感觉,准备在读后交流。读后有的同学说感到太悲惨了,有的说太可敬了,还有的说太可恨、太惭愧了。这些感觉,都是来自直觉,有些粗糙,却是理解主题的基础。接着我再让学生细读课文,强调理解。"你感到太悲惨了,你是从哪儿感到的?"进而让学生细读课文有关段落。感受斑羚们在被人类逼上绝境、遭遇灭族之灾时,不得不选择靠牺牲一半来保全另一半的悲壮。就这样,在对可悲、可敬、可恨的深入体会中对文章的主题也有了较深的理解。第三步,赏读课文。强调欣赏文中优美的形象、深刻的意蕴、丰富的情感。让学生有感情地朗读课文,在欣赏中想象,在想象中感悟。最后,再读课文,强调评价。在学生们的情感体验达到了满足的基础上,让他们谈自己的感想。自然而然地同学们谈到了对生命的珍视,对人类行为的反省。这一次的课堂,不再是我一个人唱独角戏了,连平时不喜欢语文的几个学生也和我有了多次目光与语言的交流。在学生品味的时候,我也有提问,但它是顺着学生的思路自然产生的质疑和深入,在经过细致的研读和推敲之后,学生原来比较笼统的印象开始变得明确而扎实。在学生们谈感想的时候,我也讲了自己听到的一个真实的故事,虽然讲得很简短,但还是忍不住有些哽咽,而学生们的反应也都或是皱起了眉头,或是轻轻地叹息。这个时候,没有同学觉得这堂课空洞乏味,因为那些都是他们自己表达的;没有人觉得我做作煽情,因为我和他们的感情是相通的。

案例中的教师通过对比自己前后两节课的教学行为发现了自己的教学变化,在教《西湖的绿》这节课时,教师粗暴地剥夺学生自由学习的权利,硬生生地在他们的"鼻子"上穿上一个"铁环"强拉着他们跟着自己走。经过反思后,在教《斑羚飞渡》时,教师通过同理心,没有剥夺学生对教材的理解,重视学生的体验与感受,正是这种经过反思后而产生的教学行为的变化,使得该教师的语文课正经历着"静悄悄的革命"。

(三) 关于教学效果的反思

追求有质量的教学是所有教学的最终目标。评价有质量的教学的核心指标就是学生的学习效果,其往往可以通过课堂教学目标的达成度,即学生在课堂教学中所获得的知识与技能、学生获取的学习方法、学生参与学习的体验与感受、学生价值观的变化等诸多方面来体现。有质量的教学会使教师在反思过程中积累教学经验,相反,低效甚至无效的教学也会使教师总结不足之处,从而改进自己的教学理念和行为。对教学质量的反思不仅使得教师对自己的教学行为是否合理有反思,更重要的是学生是教学活动中的主体,对于教学效果的反思也能够让教师反思学生的发展情况,进而调整自己的教学,不断使教学更适应学生的发展要求,最终使学生得到全面的发展。

【案例分析】

"一次函数复习"课后反思①

本节课将一次函数的知识分为概念、图像及其性质和应用三大部分,授课过程中体现在板书设计、知识回顾、例题讲解及练习巩固等环节,让学生对一次函数有一个系统、直观的复习思路。

在复习知识点时,让学生自己联想回顾,变被动接受为主动学习。例如,在"图像及

---

① http://www.zx98.com/jaoshi/zkbk/200801/5740.html.

其性质"环节中,老师不急于提问,而是让学生自己说出一次函数图像的形状、位置及增减性,不完整的可让其他学生补充。这样,使无味的复习课变得活跃一些,增强了学习气氛。

在处理典型例题A练习中,发现绝大多数学生对于简单题型能自己解答,而一部分学生对综合性、开放性题目有些无从下手,透露出了思维不灵活,应变能力弱等不足。所以要想达到高效高质,必须要分层次教学,让不同水平的学生在同一节课中得到应有的发展,课前必须对每一个环节,每一个题型,每一个学生作充分、细致的研究。

在教学过程中,我发现理论与实践在学生身上很难统一。学生习惯于做纯理论性的问题,而对于实践中蕴含的数学问题即便很简单,也挖掘不出。这与要求的"人人学有价值的数学"相差甚远,而且需要很长的时间来解决。

教学反思的出发点和归宿点应该是学生的学习效果。案例中的教师对本节课的反思没有仅仅停留在自己是怎么教的、自己教了什么,而是更深入一步从学生学了什么、学的效果如何、存在的问题是什么等方面反映出一次函数教学的困难,其启发在于教学反思的效果最终应该指向学生以及学习。

二、教学反思的过程

教师对教学反思过程的理解和掌握可以为其理解教学反思提供理论依据,也对培养自身教学反思能力有非常重要的意义。关于教学反思过程的研究是一个热点问题,许多研究结果也都勾勒出了有关教师教学反思的过程模型,比如杜威的反省思维"五阶段"[①],Ross的反思过程模型[②],申继亮、刘加霞等人以"观察或回忆"为起点所总结的反思过程模型。对这些教学反思过程模型的分析可以发现,以下这几个阶段在教师教学反思过程中不能省略,也是培养教学反思能力最关键的阶段。

(一)教学理念先导

教师的教学理念包括其学生观、学习观、课堂观、教材观、评价观等。可以说任何教学反思活动的背后都是教师的教学理念在作支撑,一个没有教育理念的教师,就不可能对自己的教育教学活动有自觉而自愿的反思,一个没有先进教育理念指导其教学行为的教师,也没有可能对其教学活动做出有效的反思。所以,任何教学反思活动都是以教师的教学理念作为先导,这也是教师教学反思前的潜意识活动。

(二)教学观察或回忆

教学观察就是教师观察自己或他人的教学,从而得到启发,改进自己的教学的过程。在学校教学活动中的教学观察模式是多样的,但大多数的观察都是以评价教师为目的

---

① [美]杜威(Dewey,J.):《我们怎样思维·经验与教育》,姜文闵译,人民教育出版社2004年版,第93—102页。

② Ross,D.(1989). First steps in developing a reflective approach. Journal of Teacher Education,V140(23).

的。而在教学反思中所谓的"观察或回忆",是通过教学观察、体验不同风格的教学,让自己置身于不同的教学风格和方法中,反思自己以及别人的教学,做自己的老师。正如杜威所认为的,一个人进行反省思维时需要从观察开始,以便审查种种情境。有些观察是直接通过感官进行的,另外一些是回忆自己的或别人的旧经验。同理,教师的教学反思也不例外,教学反思也始于教师对课堂教学中师生活动的观察或教学后对教学过程以及自身或他人教学经验、理念的回忆。

(三)心理冲突引发观念重建

当教师已具备的教学理念与通过观察或回忆自己和他人的教学行为发生矛盾时,教师的心理冲突就自然发生了。"我的教学与我期待的教学有何不同""我的教学与课程改革的理念要求有何差距""我的教学与别人的教学孰优孰劣""别人的教学对我的教学有何启发""我应该如何改进自己的教学"……此类问题的实质就是教师关于"理想的教学"与"实际的教学""前台教学的我"和"后台教学的我",以及"我的教学"与"他人的教学"的心理冲突。教学心理冲突的直接影响就是教师重新整合自我的教学观念,亦即在比较自我前后、自我与他人的过程中引发观念重建,这属于教学反思的心理准备阶段。

(四)形成新的问题解决策略

当有了教师积极的心理准备过程,教学反思则提升为教师为解决问题而有意识地选择新的策略阶段。当教师先入为主的教学观念、教学行为遭遇到来自自身的自我否定、新的教学理论的挑战以及同行对自我的启发时,教师这时首先需要扮演学习者的角色,重新审视自己的教学问题并认清问题背后的成因,在最大范围内通过各种途径搜寻与当前问题相似或相关的信息。另外,教师还要扮演好决策者的角色,当教师的已有观念和行为遭遇到挑战时,要有选择和提出新的解决问题的策略和能力。

(五)尝试行为改进

教学反思的最终目的是教师通过反思来改进教学。所以教学反思的最后一环还是要回归实践,对教师的教学行为有所改进。评判教师教学反思是否有效的唯一标准就是教师是否能利用新的问题解决策略来尝试改进自身的教学行为。在这一阶段,教师依据提出的解决问题的策略来尝试改进自己的教学行为,以检验这些策略是否有效。当然在检验过程中,教师的教学理念又会遇到新的挑战,教学行为又会从其他媒介中获得启发,自身的教学理念与行为又会遇到新的挑战与心理冲突,新的解决问题的策略又会出现,这样,教学反思便循环往复在教师教学实践与教学体会中。

【实战演练】

请阅读资料《记我的一次反思教学经历》,讨论分析案例中教师的教学反思经历了哪几个阶段,每个阶段教师教学反思的重点是什么,通过写读后感的方式分析你对教学反思过程的认识。

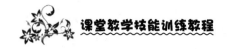

记我的一次反思教学经历①

缘起

"坑人"事件

二年级上册数学(义务教育课程标准实验教科书新世纪版)中有关于概率的初步认识——"可能、一定"。大家都在研究如何上好这节课。有的研究课我觉得上得有点偏,主要偏在教学定位上。这节课的编写意图是让学生通过活动感受到有些事件的发生是可能的,有些事件的发生是一定的,也就是初步认识可能事件和确定事件,仅此而已。而有的老师上这节课的时候,把"可能性有大有小"和列举可能性的若干种情况都纳进来了。这主要是因为不太清楚教材的结构体系而造成的。

我在上这节课的时候,先让孩子们从装有三个黄球和三个白球的盒子里摸出一球,让孩子们感受"可能"——可能是黄球也可能是白球。然后再让孩子从装有6个黄球(没有白球)的盒子里摸出一球,让孩子们感受"一定"——一定是黄球,不可能是白球。但事先不告诉孩子们盒子里装的什么球,而是——

师:刚才同学们摸球了,有趣吗?

众生:有趣。(声音不高。)

师:现在还想摸吗? 好,(拿出事先准备好的盒子)如果你摸出的是白球,将会得到这个奖品(出示奖品),一个很好玩的小东西。(学生的情绪一下子被调动起来,都举起了手,好多孩子竟站了起来。)谁来摸呢? 看谁坐得端正!

(我指名一男生到讲台前来摸球,孩子的手刚要从盒子里拿出来却被我按住。)

师:他摸到的是什么球?

生1:黄球。

生2:是白球。

生3:可能是黄球。

师:他用上了"可能"这个词,真好! 请你拿出来吧。

(男生将球拿出,是黄球,孩子们发出一片惋惜声。再指名一女生,又摸出了一个黄球,孩子们又是一片惋惜声。这时学生情绪高涨,争先恐后。)

师:(再指名一女生)这一次摸到白球了吗? (停顿,让孩子们在脑子里猜测)好,请拿出来。

(她摸到的也是黄球,她自己笑了,同学们也笑了。)

师:(再指名一男生)他能得到华老师的奖品吗?

(他拿出来的还是黄球。孩子们有些骚动。)

师:还想摸吗?

(还是有不少孩子举起了手。)

师:有没有人有意见? 有没有想法?

---

① 华应龙:《记我的一次反思教学经历》,载《人民教育》2004年第22期。

女生:我觉得这盒子里全部都是黄球。第一,您怕同学得到奖品在课上玩。第二,这奖品是买来的,您以后还要用。所以,我觉得这盒子里全部都是黄球。我肯定这一点了。

师:真的吗?你想知道真实的情况是怎样的吗?

众生:想!

(我打开盒子,让学生看到了6个黄球,众生哗然。猜对的同学大喜。我将球一个一个拿出来,最后将盒子倒扣过来,孩子们都笑了。有一个男生的声音:"上当了!")

师:上当了?是,这是华老师跟大家开了一个玩笑,这个盒子里面装的都是黄球,可能摸出白球吗?

众生:不可能!

师:(板书:不可能。)从这个盒子里面摸出一个球——

生1:百分之百是黄球!

生2:一定是黄球!

(我板书:一定。)

接着,我又创编了一个看连环画、听故事的活动,让学生用上已形成的"可能"和"一定"来分析和判断。

出示连环画,画外音:一个公司老板急需招聘一些员工。于是,他就在公司的门口贴出了一张特别具有诱惑力的广告。上面写着:"来我公司工作,工资高,每天你可能得到8枚金币。"这个广告贴出去之后好多人都看到了。它真是太具有诱惑力了。于是真的有很多人来到公司打工。大家辛辛苦苦干了一个月,该拿工钱的时候,却发生了这样一件事——老板提着一袋金币过来,打工的人刚想拿,老板说:"不许动!要想拿到金币,还得做一件事情——你们把它抛起来掉在地上的时候全部正面朝上,你们才能把这袋金币拿走!"打工的人能拿到这些金币吗?

接下来就让学生说想法。

……

男生:如果是和盒子里的一样的话,那些人也只有一个答案,只有反面。因为我猜测金币两面都是反面。如果在盒子里的话,盒子里有两个字,你也能猜到。

师:让我来猜哪两个字?

男生:(点头)就在盒子里面,你自己应该能猜到。看是看不见,但你脑子里面应该能想到。

师:挺厉害的!盒子里的两个字是什么?

女生:(善意提醒)没有。

男生:(重重地说)坑人。

(全场哄堂大笑。)

师:(放声大笑之后)对,华老师就是想让大家知道:刚才那个摸球游戏就是坑人的!

(全场掌声和会意的笑声。)

……

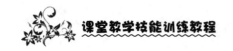

上完这节课，我深深地为孩子们积极的参与、独特的体验、大胆的表达而高兴。新课程下的孩子们真是了不得！

反思与再实践

为什么她说"肯定"

那个女孩果然判断出了盒子里都是黄球，但她是从前4位同学摸出的球的情况来判断的吗？不得而知。因为从她的解释来看，却是另一个判断过程："我觉得这盒子里全部都是黄球。第一，您怕同学得到奖品在课上玩。第二，这奖品是买来的，您以后还要用。所以，我觉得这盒子里全部都是黄球。我肯定这一点了。"或许，这位女孩的思维两者兼而有之，但表达出来的却是来自她课堂生活积淀的合情推理，并不是根据摸出的球的情况而做出的"可能"猜想。

她为什么会这么说呢？

新课程实施以来，有一股非常好的潮流，就是我们数学课堂尽可能地和孩子的生活接近，取材于孩子们的生活，这样既调动了他们的学习积极性，又让他们体验到数学的价值。但是，有的老师为了让学生围着自己转，许诺奖给学生卡通玩具；有的老师让学生运用所学的知识为老师、为学校、为市长"排忧解难""出谋划策"……然而却忘记了兑现、不予兑现或根本不可兑现。这让学生们积淀下何种情感呢？我曾在一个礼堂听过这样一节"设计方案"的课——在课的最后一个环节，老师说："我们刚才是坐车来的，现在我们一起来设计一个坐车回去的方案，大车最多坐几个人，中巴车最多坐几个人，小车最多坐几个人。"学生们设计得很好，老师的组织和引导也很好。临下课前，大家评议出了一个最佳方案。下课了，我跟在学生们后面一起下了楼。结果看到的是上课的学生和讲课的老师挤上了一辆大巴车。

我们的一堂课犹如一场足球赛。要有绝妙的攻防方案、流畅的传切配合，更要有踢好"临门一脚"的意识和功夫！

回味"坑人"二字

"有奖摸球"是有意设计的。设计的意图：一是调动孩子们参与的积极性，摸到白球有奖，孩子们会更来劲；二是孩子已经形成了"可能"的概念，那么他想自己摸到白球的愿望会更强烈，未能如愿，就会迫使他做出猜测。原先摸到白球的愿望越强烈，后面"从这样一个盒子里摸出来一定是黄球"的体验也就越深；三是促进孩子的社会化。西安的"宝马车案"不就是这样的吗？街头摊贩就常有这样的把戏。

不过，我没想到学生会诘问出如此激烈的"坑人"二字。小学生，特别是低年级的孩子对老师非常敬佩，他们觉得老师特别高大。可是今天的这个活动做完以后，他们觉得"上老师当了"，他们觉得老师在"坑人"。这样对于教师形象的负面影响是很大的。亲其师才能信其道，怎么解决这样一个问题呢？

如果没有奖，就没有这样的问题，学生是不会说老师"坑人"的。但没有奖又怎样让学生参与兴致高呢？后来想到：摸出一个黄球，就不放进去，然后再去摸的时候，摸到白球的愿望也就会越来越强烈。但我后来再想:这样的设计不好,它和后面将讲到的统计概率的游戏规则相冲突。摸球这类游戏的规则是摸出来还要放回去才能再摸。不放回去,样本就不一样了。

我还是不想把"有奖"去掉,那怎么办呢?

想了两天以后,我儿子的一句话启发了我。我到学校后面的小商店里拍了一张相片,小商店的货架上是琳琅满目的商品。开始上课时,有意不穿外套。到"有奖摸球"前,我穿上外套,投影那张相片。然后说:"我是这个商店的老板,你看我这里有吃的,有喝的,有玩的,还能摸球得奖呢!"然后,组织学生摸球……当孩子们情绪开始激愤、有意见、要说"坑人"的时候,我把外套脱了。"同学们,老师来了,你有什么话想说?"相当于是一次采访,让学生谈感受。一件外套,将老师保护了起来,还这类游戏的本来面目。

第二次上这节课时,我这样做了,真有效,没有学生再说"上老师当了"。为什么这么有效呢?这就是一种角色扮演。有没有这种角色的扮演,效果就是不一样。正像我们讲"方向和路线"的时候,会设计问路的情境一样。如果老师一边问话一边伸手做打电话的动作,那一下子就把学生带入一个打电话问路的情境。有伸手做打电话的动作,你就是一个问路人;而没有伸手做打电话的动作,你就是一个老师。

有时候一件小小的道具、一个小小的手法的作用是挺神奇的。

后来我又想,还有没有更好的办法?不久想到一个办法:把两次摸球的先后次序颠倒一下,还是有奖,先摸6个黄球,再摸3个黄球、3个白球。先摸6个黄球,当孩子感觉"没有白球""上当了"的时候,老师有一个很好的解释就是:"对不起,老师拿错盒子了。"不是老师有意而是老师的疏忽。分析、揭示"一定"之后,接着再来摸3个黄球、3个白球,感受"可能",真把奖品奖出去。

"大道至简。开始怎么没有想到呢?"先后次序的调整,往往就会别有洞天。

第三次讲这节课,我尝试了新的设计,效果却不好!

这是怎么回事呢?我想最主要的原因就是次序调整后,孩子们没有先摸装有3个黄球和3个白球的盒子,还没有形成"可能"的概念,摸一个球出来会是什么结果呢?学生心中是无数的。同时,事先没法交代盒中球的情况,真有点"盲人骑瞎马"的味道。所以这样设计的教学效果就不好。

看来还是要先摸3个黄球、3个白球,再摸6个黄球。摸6个黄球有奖但不可能得到,如果后面能再设计一个活动,让学生有可能得到这个奖品就好了。我在思索……

顾盼四幅连环画

回头看看创编的看连环画听故事,挺欣慰。那是费了两天的工夫才编成的,可以达到多个目的:尝试课程标准中提出的改变题目呈现方式;让学生在饶有兴趣的情景下,运用"可能、一定"来进行分析、判断;在富有挑战性的情境中,积累应对智慧。

再细想,觉得这样一个故事也有不妙的地方。金币落到地上有没有可能全部正面朝上?从理论上说应该是有的,只是可能性太小了。这个微乎其微的可能性,能让二年级的学生来认识吗?

有一天,看中央电视台的《今日说法》,突然悟出撒贝宁讲的故事可以"拿来"一用。于是,我将录像剪成两段。

撒贝宁:古代有一个将军打了败仗,他和他的手下被敌军追到河边,走投无路的时候,将军决定拼死一战,但是手下的人都觉得凶多吉少,将军拿出一枚铜钱说:"如果抛出去是正面,那么我们就必定胜利;如果抛出去是反面,你们就跟着我投河自尽。"

故事播放到这里,挺悲壮的。然后组织学生发表感想:铜钱落到地上可能正面朝上,也可能反面朝上;将士们可能胜利,也可能投河自尽。

撒贝宁:结果铜币抛出来是正面,士气大振,他们把敌军杀得片甲不留。最后,将军拿出铜钱给大家一看,两面都是正面。

再让孩子在笑声中分析:如果两面都是正面,那会怎么样? 一定是正面。

这样,用一个现成的故事,把"可能""一定"很好地串起来。

感悟

教学的生命力在于"刷新"

面对变化不定的课堂,面对课堂上发生的教学事件,当我们以经验的方式无法化解的时候,就需要通过反思来提升我们的教育智慧。同时,反思教学会使我们从"日常教学"中觉醒过来。叶澜教授说,一个教师写一辈子教案不一定成为名师,如果一个教师写三年的反思,有可能成为名师。有学者指出:对教师而言,能否以"反思教学"的方式化解教学中发生的教学事件,这是判别教师专业化程度的一个标志。不断地反思,我们的教育智慧也随之不断增长。

反思之后当以再实践来检验。实践才是检验真理的唯一标准。再实践以后再反思:为什么有的方法是行的,有的方法是行不通的? 再寻求新的解决方法。在这样的循环往复中,就可以提升我们的专业素养。

反思之后要学习。孔子曰:"学而不思则罔,思而不学则殆。"思而后学,学得更有效,思得更深刻。捧读专著是学,请教同人是学,观天赏花看电视也是学。

实践、反思、学习应当是一个不间断的循环,是相互融合的。正如《中庸·问政章》所言:"博学之,审问之,慎思之,明辨之,笃行之。有弗学,学之弗能弗措也;有弗问,问之弗知弗措也;有弗思,思之弗得弗措也;有弗辨,辨之弗明弗措也;有弗行,行之弗笃弗措也。人一能之,己百之;人十能之,己千之。果能此道矣,虽愚必明,虽柔必强。"

新课程要求我们教师具备的不只是操作技能技巧,还要有直面新情况、分析新问题、解决新矛盾的本领和在更高的起点上不断实现自我超越的精神。我们教学的生命力不是"复制"而是"刷新"。

三、教学反思的方法与训练

教学反思方法是教师进行教学反思的过程中采用的途径与手段,所应遵循的程序与步骤。教学反思方法与教师的教学风格、教师所任教的学科、教师教学经验的成熟度、教师个体的教学智慧等因素密切相关,教学反思方法对教师个体而言一般具有程式化与固定化的特征。下面介绍一些常见的教学反思方法及其训练要求。

（一）教育日志反思

1. 教育日志反思的内涵

教育日志也称为教育日记、教学日志、教师日志等，是最常见的教学反思方法之一。教育日志是指教师对自己的生活事件和教育行为进行定期的记录，在此基础上对自己的教学活动中有价值或有意义的事件进行深入反思和批判性分析，探寻有效解决教育教学问题的具体方法。教育日志一般有随笔式日志、主题式日志、课例式日志和点评式日志等几种类型。

2. 教育日志撰写原则①

（1）及时性原则。在时间和条件许可的情况下，日志应该在事后尽快撰写及时记录、详细描写。

（2）持续性原则。教师应该有规律地持续地撰写教育日志，凡是与研究问题有关的事件、感想和反思都应该被记录下来，及时准确地写日志和做记录可以为教师事后分析教育问题提供基本的文本资料。

（3）对话性原则。写日志作为一种学习活动，是探索与塑造自我、重建个体内部经验的过程，也是建构自我与他人关系的活动，它体现了教师与自我的对话，与他人的对话。

（4）反思性原则。教师应该时刻保持一种反思和怀疑的态度，结合研究实际情况，对教育活动进行理性的、批判性的分析和建设性的思考。

（5）规范性原则。教师撰写的研究日志没有固定的记录格式或统一的体例，但是都应该 清楚、有条理，方便日后阅读和查看。每一篇研究日志应包含如下基本信息：事件的日期，主题或小标题，脉络笥资料，如时间、地点、参与者、研究地点以及其他与研究相关的重要事项。

【实战演练】

下列表格中是一份有关教师反思日记的报告单，阅读后请分析：报告单形式的教学反思有何优点？其存在的问题是什么？并试着完善报告单中的内容。

反思日记报告单②

授课题目 _____ 授课时间 _____ 日记记录时间 _____
1. 教学的成功之处：
（教学目标是什么？为什么达到了教学目标？课堂教学过程中学生精彩回答，对课堂教学中的偶发事件的精彩处理等）
2. 教学的遗憾之处：
（描述事实，对之进行分析）
3. 自己最深的感受、最想说的一句话 _____

---

① 王攀峰：《浅析教育日志》，载《教学与管理》2013 年第 4 期，第 5 页。
② 刘加霞：《以"反思日记"为载体的教师反思》，载《中小学管理》2005 年第 4 期。

（二）教育叙事反思

1. 教育叙事反思的内涵

"叙事，就是讲故事。教育叙事，就是讲述教师的日常教育生活的故事，以讲故事的形式来表达自身对教育的理解与解释。讲故事的过程本身就是一个对自己亲历的教育生活进行观照、反思、寻求意义的过程，它让我们把自己过去教育生活中司空见惯的幽微细节重新审视，去发现其中细微的教育蕴涵，从而把作为叙事者的教师自身的思维触角引向自我教育生活的深层，使看似平淡的日常教育生活显现其并不平凡的教育意义。"①教师叙事反思就是教师在讲述自己的教育故事的过程中，看似是对自己教育教学情景的回忆或再现，实质上是教师自己先前的教育教学行为与教育教学观念之间矛盾所引发的心理冲突，需要教师"一吐为快"。以叙事的方式来表达自己对教育教学的思考与总结，其已经萌生出教师为改进自己的教学而去做充分的心理准备的念头。讲自己的教育故事，看似教师是以讲述者的角色存在，其实讲述的过程隐含着教师反思主体的这一真正角色。

2. 教育叙事反思的要求

（1）叙事要"真"。真实性是教育叙事的重要特点，教师所叙述的故事定是亲身经历的教育事件，故事发生的环境与过程、涉及的人物也都源自于教师的亲身经历，这样的叙事才更具有鲜活的生命力。教育叙事最忌讳的就是教师对教育教学情节、人物、发生的过程与环境的虚构。

（2）故事要"活"。生动鲜活的故事本身就具有一定的感染力和积极的教育意义，也能在最大范围内发挥其示范效应，体现教师独特的视角和善于发现的教学智慧。

（3）反思要"深"。教育叙事反思，叙事是材料，叙事是依据，反思则是目的。教育叙事不仅叙述故事本身，还要对此进行反思、总结、研究，教育叙事最大的特点就是教师通过事件的描述来反思自己的教育实践和总结经验。

【实战演练】

阅读以下材料，请根据材料中教学案例与教育叙事的对比，撰写一则教育叙事。

教育案例与教育叙事的区别②

1. 教育案例通常由教育叙事、案例分析与问题讨论和反思若干部分组成，而教育叙事则主要是案例中的叙事部分。

2. 文本构成要素上教育案例突出六个要素：主题、背景、案例问题事件、效果、诠释与研究、有待继续讨论的问题。而教育叙事则只突出三个要素：鲜明和引人入胜的问题、师生活动描述、解决问题过程中或过程后的理性反思。

3. 教育叙事研究报告不像案例那样一定要有主题，而只需要有问题即可。它通常只有一个典型教育事件。但是，教育案例通常有反映与主题有关的不同问题和不同案例事

---

① 刘铁芳：《教育叙事与教师成长》，载《河北师范大学学报（教育科学版）》2005年第6期。

② 节选自王庆灿：《教育案例与教育叙事的区别》，http://blog.sina.com.cn/s/blog_79652c0501016swd.html.

件,目的是串联和整合。

4.教育叙事研究报告一般只需要反思,而教育案例除了反思(案例分析)外,往往还要在此基础上提炼出"启示"。

(三)课例观摩反思

1.课例观摩反思的内涵

课例观摩反思即教师借助观摩自己或他人的教学录像和其他教师的课堂教学从而反思自身的教学实践的反思法。通过观摩自己的教学录像,教师以旁观者的身份反思自己的教学过程,这样教师可以反思自己的教学成功、失败之处,总结教学经验,努力增强教学机智和教学能力。同时,教师也可以听取他人对自己教学观摩后的建议,通过观摩他人的教学录像和他人的现场课堂教学,教师可以将他人的教学与自己的教学对比,吸收、借鉴好的教学方法,同时反思他人的教学不足,以作警示。

2.课例观摩反思的要求

(1)选择恰当的课例。课例反思的关键在于选择恰当的课例。那么,什么样的课例才具有反思价值? 什么样的课例反思才会给教师的教学和教师个人的发展带来裨益? 适合于教师进行反思的课例应是那些形式典型、内容集中,能既反映当下教与学的矛盾,又能让教师借鉴的课例。

(2)合理"对比"。课例反思看似是以某节课为范本进行教学探讨与反思,其实反思过程隐含着教师"预设的课"与"生成的课"、"理想的课"与"实际的课"、"自我的课"与"他人的课"、"前面的课"与"后上的课"的对比,其实质就是教师在对比的过程中进行反思。既然是对比,就需要教师首先敢于承认自己的教学尚存在某方面的不足或需要有所改进的问题,这需要教师的勇气。另外,对比的过程也需要教师有虚心请教的态度与谨慎的行为。

(3)正确处理模拟与自我行动的关系。虽然教师可以通过课例反思自己的教学,但是课例反思如果不当,也有可能对教师教学产生一些负面的影响。其中最常见的问题就是教师在自己的课堂教学过程中没有考虑到教学情境的差异性,而是"生搬硬套"地模拟一些教学课例。例如,2006 年 9 月 29 日的《中国教育报》曾登载这样一个课例:"一位教师在看过省级骨干教师的教学录像后,在执教《荷叶圆圆》这节课时,模仿地做了一个画面艳丽、配乐朗读、课文文字闪现三者结合的课件。一上课,教师让学生打开书本,同时放了这个课件,要求学生边听边欣赏。同学们的眼睛不知该看哪儿,只得一会儿看看书,一会儿又看看多媒体,无法兼顾文本和多媒体,所以只能游离于文本与多媒体之间,结果什么也没看清楚。"像这样盲目模拟一些优秀课例而没有考虑自己教学对象实际情况的现象举不胜举。课例反思需要教师正确处理模拟与自我行动的关系。

【实战演练】

下面是一篇关于教师课例反思的材料,阅读思考后请分析:课例反思的要素与特点是什么? 教师应该如何正确地进行课例反思?

培养学生物理探究能力的一些感悟①

作为一名物理教师,我在物理课上不仅要告诉学生世界是什么,更重要的是告诉学生世界为什么是这样的,最重要的是让学生学会怎么样去研究未知的世界。那么,什么是探究能力呢?

探究能力是指学生在教师的指导下,从自身生活和社会生活中选择并确定研究问题,以类似科学研究的方式主动、积极地获取知识,应用知识解决问题的学习活动。它与传统的接受式教育相比,强调了积极主动的学习态度,改变了过去课程实施过于强调接受学习,死记硬背,机械训练的状况,倡导学生主动参与、乐于探究、勤于动手。同样,知识点——平抛运动,常规的教学模式是告诉学生什么是平抛运动,它的本质是什么,然后配合大量的习题进行强化训练,学生自然能够掌握平抛运动的知识。如果改变一下教学模式,我们可以让学生通过实验来探究什么是平抛运动,用实验的数据来说明平抛运动的本质。从知识的掌握层面看,后者与前者没什么区别,后者解题的正确率甚至还不如前者,但是从能力的培养角度看,两者相去甚远。有例为证:在分析斜抛运动时,前者需要教师再上一节课,而后者学生就可以通过对比自己分析。下面是我对培养学生探究能力的一些感悟。例如,我设计了"平抛运动",主要的教学环节是把现代化战争中的飞机轰炸坦克引入,让学生思考什么样的运动是平抛运动;再通过平抛运动实验仪器采集平抛运动的实验数据,把它制成表格;接着由学生展示各自的实验数据,并对实验数据进行归纳和总结,探究平抛运动的水平射程与水平初速度及下落高度的关系,从而揭示平抛运动的实质。

在学生做实验之前,我特地讲解了实验的操作过程。但是,在实验操作过程中还是出现了大问题:学生实验操作的速度太慢。在预设的 15 分钟实验时间里,只有个别学生能够完成实验,大部分学生的实验时间超过 25 分钟,还有一些学生甚至到下课也没能完成实验。由于学生的实验数据没有出来,归纳概括环节就无法进行。又因为学生在实验中的不规范操作,在展示实验数据的时候,很多数据都有明显误差,在这种情况下要总结出实验规律更是难上加难。眼看时间就要接近下课,我不得不把自己事先准备的数据拿出来。由于前面耗时太长,最后我的教学任务没能完成。到底哪里出了问题?课后我反复地问自己。应该是教学设计出了问题,但是,问题又出在哪个环节?

我认真回想这节课。找到了问题所在——学生是在实验操作上出现了问题。那么,能不能删去实验环节呢?显然不行。因为在物理学科中,实验是探究过程的一个重要特色。怎样才能让学生在培养探究能力的过程中不被实验束缚?带着疑问我上了"平抛运动"的"补课",在我提供的数据下,学生很快找到了数据的规律,总结出了平抛运动的特点,而且课堂练习的正确率也非常高。我忽然明白了,如果把前一节课作为实验课起铺垫作用,那么这节课的任务就是对学生探究能力的培养,这两节课毫无疑问都是成功的。还有一个问题,那就是在实验不成功的情况下,学生的探究能力有没有得到锻炼呢?

在接下来的教研组谈论过程中,我们几位物理老师都谈了各自的想法,凝聚了集体

---

① 马清菊:《培养学生物理探究能力的一些感悟》,载《教育教学论坛》2011 年第 13 期。

的智慧,总结了经验,达成了共识。二期课改的教学目标是三维目标,即知识与技能目标,过程与方法目标和情感、态度、价值观目标。实验其实是学生用来研究问题的一种手段或者途径,属于技能目标;而探究有一个过程,也是解决问题的一种方法,它属于过程与方法目标。所以探究课并不等于实验课,整个探究的过程可以分为若干个环节,如提出问题、理论推测、实验验证、分析讨论、归纳概括等,而实验只是整个探究活动中的一个环节。换言之,实验是基础,它是探究过程中需要用到的一种技能,也是探究过程的一部分。如果教师设计的某一堂课,目的在于培养学生的探究能力,那么教师应该引领学生经历、体验整个探究过程,这其中的每个环节都非常重要,不应该把大量时间花在一个实验上,而无暇照顾到其他环节。如果一节课需要辅助的实验比较复杂、耗时较多,教师应该尽量将其简化,或者另外开设一节实验课,不应该在实验上耗费过多的时间,影响整个探究的进程。物理探究离不开实验,而实验需要的时间应该在课前,课堂上的时间要照顾到探究的各个环节。

在理解了探究与实验的关系后,教学设计也得到了优化,一些繁杂的实验被单独拿了出来,成为一节纯正的实验课,而原本的一些探究课也因为摆脱了实验的束缚,教学的其他环节显得更加充实,教师的发挥和把握更是游刃有余。

(四)合作对话反思

1.合作对话反思的内涵

合作对话反思主要是指教师通过合作组成研究小组,对教学观念、教学行为或教学效果,共同进行审视和分析,通过对教学中的成败得失等的分析,帮助每位教师积累教学经验。在新课程改革背景下,教师之间需要通过合作、交流、对话来形成"合作性同事关系",并在此基础上产生合作、开放的教师群体文化。教育叙事、教育日志的反思属于教师个体的独立反思,而合作对话则属于教师群体的协作反思。合作对话反思的价值在于在合作与对话的过程中,教师同事之间的关系是一种积极互依而非消极的对抗,教师群体的团体目标推进代替了"孤单、孤独、孤寂"的生存状态,教师之间实现的是教育的合力效应,合作对话的反思也变成了群体的协作行为,能在最大程度上发挥群体的教育智慧。目前,在中小学教育教学实践中,以教研组、班组等为依托实施的集体备课、校本教研、听说评课、同课异构等都属于教师群体间的合作对话反思。

2.合作对话反思的要求

(1)反思建立在合作要"实"。合作作为一种基本的社会互动方式,是指个人或群体为达到某一确定目标,彼此通过协调作用而形成的联合行动,参与者须有共同的目标、相近的认识、协同的活动、一定的信用,才能使合作达到预期效果。但是反观学校生活中教师之间的合作,大多数合作行为的过程是合作者往往"坐"在了一起,但却不会发生实质性的关系,更不会有实质性的对话行为。真正意义上的合作反思不仅需要教师形式上"坐"在一起,更需要教师之间通过共同的目标、协同的活动来共同应对教育教学活动中的困难与挑战,分享成功与喜悦。

(2)反思建立在"能"对话。在学校生活中,期待利用各种形式的对话来促进教师反思的名目很多,但最后却没有出现预期的结果,究其原因,主要是教师间的合作对话过程并没有积极关注教师个体的行为,相当多的教师尚不具备在专业活动中与同事对话的能力。当教师个体还并不具备实现与他人对话的能力时,对话就会变为泡影。在教师间合作对话的过程中,当个体的观念、行为方式与同事或者团体性的目标、行为发生冲突时,需要教师个体具备会宽容、会表达、会倾听、会沟通、会分享的品质和能力。

【实战演练】

阅读下面这段话,请谈谈你对教师合作对话反思存在问题的认识,并至少列举五点解决此类问题的策略。

在我们学校,教师之间最常见的合作是教研组组织的一些活动,不过说实话,我觉得这些活动都只是形式,教研组组织的这些活动我自己反正不做什么准备。例如,我们语文教研组组织的集体备课活动,一般都是分工制,就是每个老师负责一块,然后把大家准备的那一块教案组织到一起,就成了集体备课的成果,与原来个体备课相比,教师们反而觉得轻松了,因为现在几个人备一份教案,然后大家共用,反而省事省力,少了很多麻烦……

(五)教育博客反思

1.教育博客反思内涵

在信息化普及的时代,教育博客反思是一种现代化、信息化的反思手段。虽然目前教育博客反思并不十分普及,甚至在严格意义上并不能称之为反思方法,但是教师通过抒写、阅读网络日志,在实施自我学习、交流、反思,提高自己的教育教学行为,实现自身专业发展的速度等方面,却发展得异常快,并深受教师欢迎。作为一种新兴的记录教师专业成长历程、反思教师教育教学的手段与方法,教育博客之所以深受教师欢迎,是因为教育博客作为网络媒体的一种具体表现工具,具有承载多媒体信息量大、信息重现力活跃、信息传送力强、不受时空限制、参与性强等特点,正是这些特点使得教学反思的发生随时随地,并且能够逐渐成为部分教师的自觉自愿行为。

2.教师利用教育博客反思的要求[1]

(1)端正写博客的态度;

(2)提高信息素养和能力;

(3)探索和掌握写博客的规律;

(4)注重博客的教学适应性。

【实战演练】

通过网络阅读某教育者的教育博客,创立自己的教育博客,并试着撰写教育博客。

【拓展阅读】

教师反思的内容和策略[2]

(一)反思什么:内容的广泛性和关联性

教师从事的教育教学活动是涉及面较多、较广的复杂性社会实践活动。这种活动在客观上与多种职责的履行和多种任务的完成紧密相关;在主观上与履行职责完成任务所

---

① 赵银生:《促进教师博客发展的再思考》,载《教育理论与实践》2008年第3期。

② 节选自张立昌:《试论教师的反思及其策略》,载《教育研究》2001年第12期。

依赖的自身的知识、能力、态度和具体采取的行为、策略、方式方法紧密相连。显然，如果对于这些都要进行反思的话，那么，教师反思的内容具有广泛性的特点。而且，主客观两方面的多种因素之间的相互交错和影响，又决定了反思具有关联性的特点。有的学者由哲学界比较认同的"合理性"见解出发，结合"反思性教育实践的落脚之处在反思性教学"的假设，从教学主体合理性、教学目的合理性和教学工具合理性等三个方面给予了论证阐发，见解独到、鞭辟入里，具有较高的学理价值和意义，并基本上涵盖了教师反思内容的广泛性及其各因素之间的关联性。

在这里，笔者按照系统论中的层次分析原理，把教师反思的内容划分为两个层次：一个是一般性和相关的背景性问题层面，另一个是具体性和确切性问题层面。这种划分的理由是，一方面，任何一个个体教师的教育教学活动都是在一定的社会背景下的规范性活动，具有时代性社会性的一般性要求，这是客观存在的。同时，在任何教师具体的行为模式中内隐着一定的理论和策略，这些理论和策略会导致其某项行为的情感和取向、拟出其试图解决具体问题的方式以及在社会大背景下如何去构建自己的角色等。另一方面，教师在教育教学活动中又有其情景（境）性特点，他们面对许多可预测和不可预测的各种随机性偶然性变化，这些变化和情况是具体的确切的并且是不能回避的现实，它要求教师必须做出某种判断和选择。也就是说，教师的生活与经验并不是刻板的而是丰富多变的。所谓一般性背景性问题，包括教育教学的目的、目标和价值观、学生观、师生观等理念层面的问题，以及教师自身所拥有的哲学、社会学、心理学基础等。具体性确切性问题是指，教育教学目标和教师的现实关心与特别关照，尤其是与课堂内的事件紧密相关，包括课堂内的行为选择、方法选择、多方互动策略选择以及判断等。不难看出，一般性背景性问题与具体性确切性问题既存在着因果关系、抽象与具体关系，又反映出互动影响和相互制约的关系。

此外，非常有实际意义的是，我们还可将教师的反思范围和内容直接地和简化地分为教师的理念（或知识）领域和行为（或操作）领域两个方面。其中，前者侧重于理论，后者侧重于实践。这样的划分更为方便和逼真，在实际的反思训练中也更能通俗和容易地为教师加以理解和接受。尽管教育理论与教育实践的关系问题复杂而烦冗，但在实际的教育教学中，我们很容易觉察到：一方面，教师已有的一些观念（知识）是深深地植根于他们的经验、习惯、先例、意见或者仅仅是印象之中。而且他们通常很容易地认为理论就是一整套有组织的知识，常常把理论看作某种同真理相关的东西，是确定的、完全的和不容怀疑的。另一方面，教师行为模式的形成与确立常常受一定"先在"观念（或知识）的导向性支配和影响，他们也很容易把自己的实践想象成习惯性的、自我显露的或不可避免的。况且我们还看到，教师的观念和行为一旦形成某种结构或体系，便处于一种"自以为是"的"固执"状况，除非受到有意的挑战或者在实践中碰壁，否则难以改变。这也不难理解，因为观念是一种主体性、个人化的认识和信念，习惯是人的第二天性。

从这两个方面的实际觉察，似乎给予我们这样的启示：教师的反思只有当理论和实践能够以一种统一的方式被教师自我看成是有问题的时候才是可能的。也只有这时，通过反思与评价进行辩证地重新建构才有意义。因此，必须恢复和重现两者中有问题的成分，而且必须重新唤起那种实践智慧的道德意向、科学品质，即合理的、真实的、谨慎的、随着条件变化而变化的行为意向才有价值。反思来自于自我意识觉醒，而自我意识的觉醒产生于在旧有理念导向下的实践的困惑和迷茫。于是，反思作为自我认识和实践，只有以自我实践中所暴露的问题为基础和前提，才是有力量的和有效果的。这也就是说，反思产生于"问题""无知境界"。"问题"就是"悖论"。人们的认识有层次性，而人们又不可能同时全面地把握客观世界的各个层次及其各个方面。相反，人们总是一个层次一个层次地推进，一个方面一个方面地探索。当人们还没有认识新的层次之前，总是用旧的层次去说明新的层次，去践行，这就产生了所谓的"悖论"。"无知境界"既是理论迷茫的表现，也是实践困惑的表征。

这样一来，教师反思的起点便更为具体和真切：自我实践中的"问题"，这是本文的一个重要观点。实践已反复证明：纯粹着眼于教师某些不合宜的行为改良，由于不能达及灵魂（实为观念或知识）深处而不能奏效，旧有的不合宜行为"卷土重来"在所难免。因为一个人难于改变某种习惯、个性或者活动方式，这似乎有这样的一个原因：几乎所有试图改变的努力都集中在所谓行为模式而不是意识结构上，从来没有想到改变这种状况的自我认识，自然是低效的。另外，实践还证明：纯粹地着眼于教师某些过时的观念的改造更新，往往流于空泛甚至玄妙，教师难以把握和接受，形而上的理论灌输的结果往往是"涛声依旧""江山依然"。

观照一下实际的情况。这里我们从具体教师在教育教学过程中对自己教学能力和师生关系的看法，来说明"问题"产生的情境和反思的必要性。

对于特定的教师而言，教师对学生的看法和对自己教学能力的看法是教师教育观念中的核心内容，它支配着教师的教育教学行为，决定着教师的教育态度和相应的教育教学方式，也决定着师生在教育教学中的相互关系。我们调查发现，多数教师对自己教育教学能力表示自信。特别是优秀教师，他们对自己的教学能力表现出"自豪"和"孤芳自赏"，他们认定学生可以通过教师的教育成才，学生具有很强的可塑造性和对教师的依赖性。教师的这种对自己教学能力的自信、自豪甚至"孤芳自赏"来自于：第一，由于有较为丰富的教学经验，他们在教学上具有系统性、科学性、规范性、基础性等特征，在教学实践中，他们能够较好地组织和控制课堂教学及其过程，能够较顺利地完成教学任务，能够使学生有效地掌握一定的知识和技能。也就是说，传统优秀教师有比较强的教学能力。第二，校长、家长和社会的赞誉性评价。这种外在的评价对于他们的自豪感和优越感起到了鼓舞和强化的作用。第三，学生在考试中取得好的成绩。

然而，如此的结果并不能说明一切，优秀教师的教学能力和他们所持的学生观仍有反思的必要。其一，对于传统优秀教师的"成功"和"荣耀"，如果考察他们的教学过程，可用两个字加以概括，那就是控制。他们是"严师"，在他们的严格要求中，或多或少地表现出严酷的成分。据调查，被学生视为"亲切者"的不多，而更多是"敬畏""恐惧"，甚至是"理性的冷血者"。其二，他们以拥有知识、精通专业而在教学中处于居高临下的权威地位，视学生为知识的容器和仓库，是拿着本子和笔等待教师对知识有逻辑地系统地输入和同化的人。并且，在教学过程中，教师常常习惯于按自己的观点和理论去解释学生提出的各种问题，把学生的意见和问题同化到自己的思想体系中，以至于常常抑制学生的创新性思维，压抑个性发展，同时也使自己失去了不断进步的机会。我们发现，不管是小学还是中学,低年级学生的问题还比较多,越往高年级问题越少,不会提问题,不敢提问题,这实际上已影响到我国创造性人才的培养。其三,校长、家长和社会的赞誉是以学生、孩子对书本知识系统掌握而能够顺利升学为根据,而不是以素质或人格的全面养成为标准的,具有很明显的局部、个人的功利色彩,于是对于教师对学生某些严酷的控制往往忽略,甚或给以鼓励。

正是由于教师自认为骄人的成功,他们不愿反思自己的教学能力及其实践的合理性,不怀疑自己的学生观出了问题。也正是因为如此,随着社会的发展、教育民主化进程的加快和教育作为人格生成途径理念的确立,使得他们在"孤芳自赏"中表现出观念的僵滞和停留,其实践合理性不知不觉地降低了。第一,不利于民主、平等、和谐的师生关系的建立。从师生关系的现实发展看,教师和学生的"我与他"的控制和被控制、支配和被支配的关系必将被"我与你"的平等交往和对话关系所取代。而且在教育实践的发展中,我们已经觉察到也应该敏锐地意识到,如果教师把学生当成某种对象,而让自己充当主体时,那种企图获得的主体感就会随即化成为一厢情愿的幻觉。在新时期和未来,教师权利的制度赋予将在民主化的进程中削弱。因此,教师应将自己的角色定位在"平等中的首席",从外在对学生情景的控制转向到与学生的情景共存,是师生交往交流和对话的内在情景的领导者,而不是外在的专制者。同时要树立起新的师生关系的观念,即不仅是业务关系——基础性关系,而且也是伦理关系——社会性关系;还是情感关系——心理性关系。第二,教师的知识权威在信息化社会中必然降低。以大众传媒为主干的社会因素的教育功能的发挥,必将打破教师在传授知识中的一元垄断地位,使得教师的专业权威的获取、巩固和发展变得日益艰难。现实教学中,我们已经发现教师在知识上捉襟见肘的现象经常发生,即使是优秀教师也有这样的经历。如果教师一味地在教学中维护自己的知识权威,其结果可能是遭到学生的嘲笑和拒斥,威信下降得更快。所以,现有在职教师应敏锐地意识到这一点,并不断地充实和完善自己的知识结构和智能结构。第三,不利于学生创新能力的培养。在教学过程中,教师不仅要以同化的眼光看待学生在学习过程中对于知识、理论的各种观点和见解,而且更应该以一种顺应的态度学习和接受不同的意见和看法,有意识地培养学生多角度、多侧面、多方向地去思考问题,通过求异和发散思考多样性的解答方式,通过顿悟、直觉、灵感、智慧、想象形成多元开放的思维态势,从而使学生的思维具有深刻性、创造性、批判性、广泛性。在教学上,既要强调系统、科学、规范,还应适当强调开放、探索和个性化。

(二)怎样反思

前已述及,反思是一个过程。作为一个过程,应有相应的模式展现,以作为反思者操作的凭借。关于这方面的研究和实践,已取得了一定的成果。如熊川武先生在《反思性教学》一书中介绍了反思性教学的若干种典型的模式,是具有特定的价值和意义的。笔者认为,在现实条件下对教师进行的反思性训练可以从以下几个方面着手:

第一,典型剖析,样板指引。典型具有教育性,榜样的力量是无穷的。在现实的中国教育领域中,涌现出了一批卓有成效的教育实践家,在他们的教育教学思想、模式、策略和方法中,是具有极高的理论蕴涵的。他们的成长过程表现了自我反思的价值和意义,展现了一个专家型教师的理论素养和实践智慧,可以构成经验型教师超越的思想库。对这些典型的剖析可以为教师提供一个活生生的教育教学思想和方法的范型。这些教育实践家的成功所包含的实践智慧中涵容了教师反思内容的所有方面,体现了教育事业之价值的广博和丰富。实践智慧就是在个人经验和性格之上生长出来的甜美之果,它为教育教学提供了丰富的、连贯的理念。我们的一项调查发现,专家型教师时刻对自己的教育教学表现出审慎的态度、品格和习惯,他们习惯于以开放的姿态把他人的成功之因素嫁接到自我经验的相应部位。如果教师把自己的同类经验与之联系起来,便获得了产生必要知识的某种性格;同时,也促使自己的感觉、表达与行动都介入其中。

第二,自我诘难,筛选并淘汰不良的行为习惯。反思涉及一系列相应的态度和德行。教师完成整个教学任务,实现教育目标,一方面需要以科学的理性态度和方法对教育教学的本质给以深刻的理解,并在此基础上建立起观念理性和相应技术理性的结构体系,这自然必须对自己已有行为和习惯进行重新审视和考察,筛选并保留好的行为习惯,淘汰和改造坏的行为习惯。另一方面,需要更宽泛的个人素质的提高。这就要求教师必须认真地检讨自己的言行:在教学过程中是否表现了适当的谦恭、足够的勇气、公正的品质、豁达的胸怀、丰富的情愫,以及敏锐的判断力和丰富的想象力,是否有耐心、自知之明、亲切感和幽默感等。在这诸多的品质风格之中体现着教师的教育教学观、师生观、知识观、评价观,也表达着教师的智慧素质。调查发现,优秀教师的"教后感"则是包含着对这些问题的深刻思考,表明了他们在"教后"对"教中"反思修正的执着情怀和热切愿望。在他们的成长过程中,其言行中的不良表现会渐渐消失。当然,随着教师经验的逐步积累和丰富,教师在教育教学过程中会随时对自己的教学实施有效的监控和调控,这正是专家型教师成长的途径和标志。

第三,系统的理论学习。要做到反思意识的觉醒、能力的增强,系统的理论学习是必要的。对教育教学真谛的理解和把握需要教育教学外在价值标准的内化,这是新观念确立的标志。实践的困惑和迷茫反映出对理论理解的浅陋和偏离,只有将实践中反映出来的问题上升到理论层面加以剖析,才能探寻到根源,使主体的合理性水平得到提升和拓展。这是一个漫长的和持续的修炼过程。因为任何新观念的内化一般都要经历接受、反应、评价、组织和个性化等五个由浅入深、由不稳定到稳定的过程。然而,现实中教师对教育教学基本理论的态度,着实令人焦虑。须知,实践的超越性很大程度上依赖于理论对现实的反思精神,当理论消失了其指导性之后,那些表面上看上去在联系实际的做法在本质上很可能背离了实践的要求,导致教育实践对教育理论的偏离甚至有悖于目标达成,则成为必然的和预料之中的事情了。

【学习资源】

[1]熊川武.反思性教学[M].上海:华东师范大学出版社,1999.

[2]申继亮.教学反思与行动研究:教师发展之路[M].北京:北京师范大学出版社,2006.

[3]杜威(Dewey,J.).我们怎样思维·经验与教育[M].姜文闵,译.北京:人民教育出版社,2004.

[4]傅道春.新课程中教师行为的变化[M].北京:首都师范大学出版社,2001.

[5]教育部师范教育司.教师专业化的理论与实践[M].北京:人民教育出版社,2003.

[6]叶澜.教师角色与教师发展新探[M].北京:科学教育出版,2001.

[7]张立昌.试论教师的反思及其策略[J].教育研究,2001(12).

[8]申继亮,刘加霞.论教师的教学反思[J].华东师范大学学报(教育科学版),2004(3).

[9]余前利.学会反思——新教师加快成长的有效途径[J].中小学教师培训,2002(5).

[10]赵昌木.教师在批判性教学反思中成长[J].教育理论与实践,2004(5).

[11]赵明仁,黄显华.从教学反思的过程看教师专业成长——基于新课程实施中4位老师的个案研究[J].教育研究与实验,2007(4).

第二十章　教学研究技能训练

【内容导航】

※ 教学研究概述

※ 教学研究的方法和基本程序

【学习目标】

1. 能够说明教学研究的基本类型和基本方式。

2. 能够结合实例说明中小学教学研究的性质与特点。

3. 能说明调查法、观察法、教学实验法、行动研究法的运用,并学会设计简单的问卷、访谈提纲、观察记录表,学会制订简单的行动研究计划。

4. 能结合具体实例说明掌握教学研究的基本程序,并且通过训练,能够准确地选择与确立课题,进行科学、规范的表述;选择研究方法进行研究设计,能够尝试进行课题研究方案的设计;能够对教学研究过程中搜集的原始事实材料进行分析与处理;能够撰写合格的学术论文、研究报告、教学课例、教育案例、教育叙事的故事等,达到准确性、规范性和科学性。

随着教育理论与教育实践的不断发展,在世界教育改革的大潮中,人们对教师的角色定位、对教师专业活动的理解已经发生了巨大的变化。"教学工作者不仅要熟悉教学,还要精通教研。英国学者劳伦斯·斯滕豪斯(Lawrence Stenhouse)在 20 世纪 80 年代就提出过'教师作为研究者'(Teachers as Researchers)的理论,认为研究会使教师成为真正的教育行家,而不仅仅是经验和技术的传授者。因为教师作为研究者,不仅能自觉实践教学理论,而且能把自己的课堂教学经验上升为教学理论,从而推动教学和教研的共同发展。"①联合国教科文组织在一份报告中曾指出:"在今天,从教师在教育体系中的作用看,教师与研究人员的职责趋向一致。"这意味着课堂教学需要具有科研素质的学者型教师,这是现代教育发展的必然趋势。② 如今,教师成为研究者已是大家公认的主流教育思想,这意味着一种全新的教师形象的确立,即教师必须改变长期以来习以为常的职业生活方式,从习惯性生存走向研究性教学,由单一的教学实践者变成教学的研究者,这对于广大中小学教师来说无疑是一种挑战。

---

① 彭小明、郑东辉:《课堂教学技能训练》,高等教育出版社 2012 年版,第 350 页。

② 徐桂金、刘明鉴:《素质教育需要高素质的教师》,载《历史教学》1998 年第 8 期。

第一节 教学研究概述

一、教学研究的认识

（一）教学研究的内涵

教学研究，顾名思义就是对教学工作的研究，是指教师运用科学的理论和方法，有目的、有计划地研究教学问题，寻求解决问题的有效途径，揭示教学规律，为提高教学质量提供理论依据和实践指导的活动。

教师的教学研究可以分为日常的教学研究和规范化的教学研究。

日常的教学研究贯穿于教师的日常教学工作中，既可以是教师个体的研究，也可以是群体的研究，如备课、上课、说课、评课、观课、议课等教研活动。一般步骤是发现问题、研究问题、解决问题、撰写研究论文或研究报告。

规范化的教学研究主要指课题研究，一般是把日常教学研究中亟待解决的问题上升为课题，以类似科学研究的方式进行课题研究，要经历制订课题研究方案、研究课题开题、实施课题研究和课题总结等步骤。具体来说，就是选择课题、制订研究计划、收集资料、统计分析、撰写教学研究论文和研究报告。

（二）教学研究的基本类型①

按研究对象、内容和性质的不同，根据中小学教学研究实际，教学研究可以分成案例研究、叙事研究、行动研究、文献研究、调查研究和实验研究等六种。

1. 案例研究

案例研究是围绕一个教学案例所进行的摆事实讲道理的教育科研活动，其目的是讲清一个教学或教研道理，给教学工作者以启示。案例研究的特点，一是研究对象是"案例"，二是研究过程是叙议结合的过程，三是研究目的是"说理"。

2. 叙事研究

叙事研究是一种通过叙述教育教学故事来讲清某种教育教学经验和道理的教育科研类型。同时它也蕴含着操作层面的叙事研究方法，也即叙事研究的程序与步骤。叙事研究这种科研形式特别适合于中小学教师，因为它是教师们对自己熟稔的教育教学生活的体验和表述，是自己可以牢牢掌控话语权的研究方式。真实性、过程性、生动性和感悟性是其特点。但叙事研究者需要注意的是，教育教学叙事重点在叙事，核心却是叙事背后的观念和道理。

---

① 彭小明、郑东辉：《课堂教学技能训练》，高等教育出版社2012年版，第350—356页。

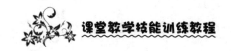

3. 行动研究

所谓行动研究,就是教学实践者(行动者)在教学实践中发现行动问题,研究行动问题,以求改善教学行动的教育科研类型。同时它也蕴含着操作层面的研究方法,也即行动研究的程序和步骤。

4. 文献研究

文献研究,是指通过对文献记录的事实及记录本身的事实研究来形成对历史事实的科学认识的科研类型。文献研究中也同时蕴含着操作层面的文献研究方法,也即文献研究的程序与步骤。文献研究的研究对象是"文献",研究的目的是从文献研究中获得科学的道理或对现实的启示。

5. 调查研究

调查研究是教学研究者通过观察、问卷、访谈等手段有目的地搜集有关教学研究对象的现实资料,借以了解教学现状,发现教学现象背后的本质和规律,用以指导教学并促进教学发展的一种教育科研类型,其中蕴含着操作层面的教育科研方法,即教学调查的程序与步骤。调查研究的常用方法是调查法。

6. 实验研究

实验研究是一种通过人为的实验确认事物间因果关系的科研类型。它揭示的是事物之间的某种必然性。实验研究所运用的操作层面的研究方法叫实验研究法,这种方法是指人为地控制或改变某些条件,使研究对象产生一定的变化,并通过变化研究条件和结果间的关系,从而找出规律用来指导科学实践的研究过程与程序。

(三)教学研究的基本方式①

教学研究的基本方式主要有七种:备课、说课、公开课、研讨会、课题、论文、专著。

1. 备课

备课即研究如何上课,或者说,研究如何进行教学设计。它是教学过程和行为的研究。"备"即研究,"课"即上课或教学。新课改之后,教学研究者和教师们才正视备课的研究性和复杂性,认为备课既是预设的事,也是课堂生成的事,还是有多种可能性的事,因此备课就变成了研究方式,成了一种富有创造性的教学科研工作。

2. 说课

说课,即对备课或上课的陈述与反思。对备课的陈述与反思叫课前说课,对上课的陈述与反思叫课后说课。说课是一种元教学,是对同行阐释自己的教学方案和教学主张,简要陈述教学设计或实际教学的过程,但关键是"反思",反思就是一种说理,说明之所以这样设计或这样教学的理由。而"说理"是对教学过程本质的思辨,因此,这个环节体现了强烈的研究性。

3. 公开课

公开课是一种公开展示上课全貌而让同行观摩与评论的课。它是一种借公开课的形式而开展的集体性教学科研活动。因为"如何上好公开课"需要研究,"公开课上得怎

---

① 彭小明、郑东辉:《课堂教学技能训练》,高等教育出版社2012年版,第356—362页。

么样"也需要研究,所以公开课充满研究性,是学科教学科研的常用方式。

4.研讨会

教学研究中的研讨会是专门针对教学领域或某一具体的教学主题在集中场地进行研究、讨论交流的会议。研讨会上有观点的表达与论证,有思想的碰撞与交锋,而在这表达与论证、碰撞与交锋中,自然地就提高了教师对某个教学问题的认识,甚至解决了长久困扰自己的教学难题,所以说研讨会也是科研,并且是一种高效率的集思广益式的现场科研。

5.课题

课题研究是教学科研的最重要的方式。在某种意义上,甚至可以说,课题研究是教学科研的起点,也是教学科研的终点——因为所有类型的研究都可以看作某种课题(专题)研究。教学课题研究是一种在教学过程中发现研究专题,用调查、实验、文献、思辨等方法来分析和解决研究专题中的问题以促进教学发展的科研方式。其特点是研究问题较大,参与人数较多,研究目的性强且研究完成的时间有明确要求。

6.论文

严格说来,论文不是一种科研方式,而是科研成果的一种表达方式。但如果我们把论文当成一种研究对象、一种研究领域,这时的论文就变成了一种科研方式而不是其他科研方式的成果表达方式。论文作为科研方式,我们可以称之为"教研的科研方式",它不是一般的教学研究,而属于教学科研研究。

7.专著

在专著成为一种研究的对象和领域的时候,它也成了一种科研方式,而不是其他科研方式的成果表达方式。研究专著这种科研方式,主要是研究其内容和形式特点,而研究的目的和意义不仅在专著这种科研方式本身,更重要的是让科研工作者明白专著的特点,从而用专著这种形式为自己的科研服务。从内容特点看,专著所涉及的内容是教学科研方式中规模最大、难度也是最大的一种,因为它是一种综合研究,并且是一种理论性和独创性较强的综合研究。

二、中小学教学研究的性质与特点[①]

(一)中小学教学研究的性质

1.实践性

从研究类别看,中小学教师所从事的教学研究是一种实践性的研究活动,基本上以师生的课堂生活为基础,是对课堂生活的探究。从研究目的来看,教师教学研究应致力于沟通科学世界与生活世界之间的鸿沟,让教学回归生活。从研究过程来看,教师教学研究是在具体的课堂教学情境之中进行的,与师生所处的生活世界不可分割地交织在一起。因此,实践性和应用性是其研究的目的特征。中小学教师的主要工作是教育教学,因此,中小学教师进行教学研究的价值目标在于重视教学研究对实际教学的指导意义。

① 潘海燕:《教师怎样开展教育科研》,中国文史出版社 2007 年版,第 29—34 页。

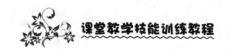

2. 行动式与叙事式

从研究方式来看,较之理论研究者"书斋式""实验室式"的研究而言,中小学教师的教学研究更多地表现为一种"行动研究"与"叙事研究",或者称"做中学"式的研究。教师行动研究是教学过程中问题解决的一种特殊形式,是一个能动的、审慎的认知加工过程,具有自主实践性、理论应用性、整体合作性、动态生成性等特点。教育叙事研究给教师解决教学与科研共进的两难问题提供了途径,使教育真正走上了教学与科研一体化的道路。中小学教师要能结合教学行为、教学活动、教学措施等逐步产生新的思考,形成有创意的教学札记、教学案例、论文、研究报告等,这些成果,要在教学中得到检验和应用。

3. 价值性

教师教学研究是一种价值反思和意义追问的探究活动,而不是一种"价值中立""价值无涉"的活动,它具有明确的目标指向性——改进课堂教学实践,促进学生全面、充分、自由地发展。从这个意义上讲,教师教学研究是一种价值负载的活动,是一种充满价值反思和意义追问的探究活动,是一种关涉人的精神价值和生命意义的活动,具有明显的人文性、价值性和反思性。[①]

(二)中小学教学研究的特点

1. 教师即研究者

由于受传统的"教育研究"观念的影响,许多中小学教师缺乏研究教育教学的意识,认为研究就是理论研究工作者的专利。2012 年 2 月教育部颁布中小学教师专业标准,在《小学教师专业标准(试行)》和《中学教师专业标准(试行)》中,就有对教师"反思与发展"能力方面的要求,具体要求包括中小学教师要能"主动收集分析相关信息,不断进行反思,改进教育教学工作""针对教育教学工作中的现实需要与问题,进行探索和研究"。这些都说明了教师要在教学实践中,要全面贯彻这些理念,充分发挥创造性,强化研究意识,研究教材、教法、学生的心理及个性等。

2. 问题即课题

中小学教师开展教学研究的目的和任务就是为了提高教育教学质量,最终要落实到为教学服务这个根本上,因此,教师们在教育教学中遇到的问题就应该是要研究的课题。教师在实践中遇到的问题可以分为三种类型:一是直接性问题。即明显存在、需要直接面对并想办法解决的问题。如学生学业不良问题、课堂教学管理问题等。二是探索性问题。即将教育理论、教育观念、教育成果转化为具体的教学实践活动时所遇到的问题。如启发式教学怎样操作,综合实践活动如何开展等。三是反思性问题。这是教师为提高专业水平而对自己的教学行为的回顾和检讨所发现的问题,比如,为什么会这样,高效课堂应该做哪些调整和改进等。中小学教学研究就应该注重自己的教学实际,以小的课题研究为主,做到一个课题能解决一个教学实际问题即可。

3. 教室即研究室

中小学教学研究是以中小学教学现象和规律为研究对象的。课堂是教育教学诸多

---

① 王攀峰、张天宝:《从合法性走向合理性——中小学教师教学研究的定位问题》,载《河北师范大学学报(教科版)》2005 年第 1 期。

热点与难点的汇集场所,诸多教育教学思想、观点常常在这里相互碰撞、相互促进,许多教育教学经验和成果在这里产生,课堂是萌生、孕育、展现先进教育理念和教改实验方案及实施的研究基地,中小学教学研究的"主阵地"理所当然在课堂,教室即研究室。中小学教学研究以课堂为主阵地,课堂教学过程就是一种有目的、有计划的探索过程,教师应该把教学和研究有机结合起来,将课堂作为研究室,用科学的态度及方法去发现、去实践、去探索、去检验,在工作中研究,在研究中工作。

4.教师群体即研究共同体

教学研究不应只是教师个人行为、分散行为,它更应是一种群体行为。如果学校教学研究成为一种群体行为,教师群体成为一个研究共同体,那么,这种教师人人参与的教学研究必然会充满生机与活力。学校一旦形成了群体性的教学研究氛围,教师就会积极投身于教学研究之中,就会不断地接触新的理论,及时反思自己的教育教学行为,就会敏锐地发现和分析教学现象和问题,就会有意识地去探索。

5.成长即成果

中小学教学研究成果既有目标指向性,又有过程性和生成性。在研究结束时,写出的研究报告或论文是研究成果。同时,在研究过程中,由于教师不断地主动学习最新教学理论,积极进行思考和创新,认真寻找有效解决办法和教学策略,由此促进了教师思维的改变、教育观念的转变、专业能力的发展、教学水平的提高,教师的整体素质得到了全面的提升。这也是研究活动带来的,也应列入研究成果的范畴,甚至可以说,教师的成长和发展是最大成果,这也是中小学开展教学研究的意义和目的之所在,研究报告和论文不过是其能力的物化表现形式而已。

三、教学研究对教师个体专业发展的意义

(一)教学研究有利于教师解决教育教学中出现的问题,提升教学能力

在中小学,真正有价值的课题,就是立足本校实际,立足于教育教学中遇到的问题,以这些问题为中心,收集理论资料,提出假设,开展研究,并进行对比反思,找到解决问题的办法,这就是课题研究的过程。经过这一过程,可以解决教育教学中出现的问题,提升教师的教学能力。

(二)教学研究有利于提高教师个体专业素养

从教育实践活动来看,教学研究是促进教师不断改进教学,提高教学质量和提高教师个体专业素养的有效方式。

首先,教师个体为了保持高效完成教学任务的专业水平,必须自觉地进行各种学习、探究、实验与反思活动。

其次,教育作为教师专业群体共同承担的事业,客观上要求教师互相交流、合作研究,方能使个体零星的成功经验,成为可以被众多教师分享的较为系统的专业知识,由此增强教师队伍整体的专业化水平,促进教育质量和效益的提高。

（三）教学研究是教师获得职业尊严的必要方式①

劳伦斯·斯腾豪斯认为，"教师即研究者"这一概念是专为教师解放而提出的。所谓"教师解放"，是指"通过专业判断把自尊还给教师，把他们从否认个体尊严的教育体系中解放出来"。教师常常是领导、顾问、研究人员、教科书、课程开发者、考试委员会或者教育管理部门的"奴仆"，他们总是发现自己处于被控制和服从命令的尴尬境地。通过采取研究的态度，教师正在逐步把自己从这种被动的教学中解脱出来。斯腾豪斯这样描述教师所应扮演的理想角色：好教师必定能独立进行专业判断，他们不需要别人告诉他们该做什么。在专业上，他们既不依附于研究人员或教育督导员，也不依附于教育革新者或是学科督导员。这并不意味着他们不愿接受他人提出的观点，也不是他们拒绝别人的建议、不征求他人意见或不接受帮助。但老师们确实明白那些教育理念和那些人起不了真正的作用，除非老师可以消化理解并做出自己的判断。教师也只有通过自主的专业判断，来摆脱执行外在指令的傀儡角色，找回自己的专业创造和自尊。"这样做主要是使老师更能主宰他们自己的职业生活。正因为不愿让别人告诉自己该做什么，也不愿连自己正在做的到底是什么都搞不清楚，所以进行研究的老师们才注重培养自己的专业判断能力，朝着解放自己和捍卫自己的专业自主权的方向不断迈进。"也就是说，这种自主进行专业判断能力的形成，靠的就是教师自身的研究。

（四）教学研究是教师自身专业成长的必由之路②

在促进教师专业成长方面，传统的方式大多是对教师进行各种各样的培训。近年来，随着人们对于教师专业发展的进一步重视，包括国培计划等在内的各种培训项目如雨后春笋般发展起来。但是，其效果并不尽如人意。事实上，国外也曾经走过这种类似的历程，其命运也基本相似。富兰指出："这种单纯依靠外部知识来影响课堂和学校变革的观念是这种行动理论的根本毛病……这些活动不是没有作用，而是不够有力，不够具体，不够持久，以至于无法改变课堂和学校的文化。"富兰的话，反映了当前教师发展的一种重要趋势，即从单纯的校外培训，转向对于教师在职场学习与研究的重视。事实上，目前从国际范围来看，教学研究正在经历如下一个发展过程：对教师进行研究→在教师中进行研究→与教师一起进行研究→由教师进行的，与其他教师、学生和其他人一起进行研究。由此可见，通过教师自身的研究促进其自主成长，是教师专业发展的不二法门。

第二节 教学研究的方法和基本程序

一、教学研究的方法

教学研究的性质和特点决定了它是一种实践性的研究。在研究方法上，更多采用结

---

① 李经天、王小兰：《教师教学技能训练教程》，华中科技大学出版社 2012 年版，第 239 页。
② 李经天、王小兰：《教师教学技能训练教程》，华中科技大学出版社 2012 年版，第 240 页。

合教育教学实际的实践性的研究方法。教学研究的方法很多,这里主要介绍调查法、观察法、教学实验法、行动研究法。

(一)调查法

调查法是通过观察、问卷、访问、座谈、查阅文献资料等方式,有目的、有计划地收集研究对象的有关资料,通过整理、分析,得到结论的研究方法。研究者通过调查法,能有效了解教学工作某方面的实际情况,探索教育教学的一般规律;或者通过调查发现新问题,提出解决问题的方案。调查法是一种使用十分广泛的教学研究方法,主要有问卷调查法和访谈调查法。

1.问卷调查法

问卷调查是以书面形式提出问题并搜集资料的一种研究方法。这种方法的优点是简单易行,省时省力省费用,并且可以在很大的范围内展开调查。

(1)问卷的结构。一份完整的问卷,一般包括标题、指导语、问题、选择答案、结束语等。

(2)问题的设计。问题的设计必须考虑到:①问题的范围;②问题的内容;③问题的数量;④问题的文字表达;⑤问题的排列顺序;⑥问题中隐含的心理因素。

(3)问题的表现形式。问卷中的问题一般以下面几种形式出现:

①填空式。

如:你最喜欢的老师是(　　　)。

②是否式。

如:我每天在学校过得都很快乐。A. 是　　B. 否

③多项单选式。

如:你最喜欢的球类运动是(　　　)。

A. 篮球　B.排球　C.足球　D. 网球　E.乒乓球　F.羽毛球　G.其他

④多项限选式。也就是从给出的选项中选出要求的答案数量。

⑤排序式。就是将所给的所有答案按要求排列顺序。

⑥表格式。把题目设计在表格里,按要求作答。

【实战演练】

1.设想你是班主任,要了解学生的家庭背景,你最感兴趣的是哪些问题? 请设计一份问卷,用于家长填写。

2.以小学生的欺负行为为例,可以将欺负行为分为:直接的身体攻击(包括打人、踢人、推撞等);语言攻击(包括骂人、给人起绰号、造谣等);排斥他人(包括不让某人一起玩、不让某人一起说话等);损坏东西(污损他人作业本、弄脏他人衣服等),等等。请设计一份问卷(尽量设计成量表题目),用于调查学生的欺负行为。

2.访谈调查法

访谈调查法又称访问法或谈话法,是指研究者与被调查的对象进行直接的、面对面的口头交流,从而了解事实的真相或者被访问者的各种心理、行为倾向。如何进行访谈,关键要做好以下几点:

(1)设计好访谈提纲;

(2)与访谈者沟通和协商有关事宜;

(3)创造轻松的访谈氛围;

(4)尽量使用开放型问题;

(5)学会倾听;

(6)及时回应;

(7)适当追问;

(8)做好访谈记录。

【实战演练】

在正式访谈时,应当先问一些事先准备好的问题,但也要根据被访者的回答适当追问,甚至问一些临时想到的问题,以获得想要的资料。请分组进行一次集体访谈,由一个同学扮演访谈者,问另一个同学(扮演被访谈者)问题,其他同学作为听众。访谈的问题:在中小学阶段,哪位老师对你的影响最大?他(她)任教哪科?你当时几年级?能否说一件你和这位老师的往事?等等。

(二)观察法

1.观察法的含义

观察法是研究者凭借自身的感觉器官和其他辅助工具,在教育活动的自然状态下,对研究对象进行的有目的、有计划地考察与研究的方法。其中,运用自己的感官获取资料,称为直接观察;借助于摄像机等仪器进行的观察,称为间接观察。

观察法既可以作为一种独立收集资料的研究方法单独使用,也可以作为调查的开端环节,或与文献研究、实验研究结合进行。此外,观察法是研究教师非言语行为的一种重要方法之一。

2.观察的步骤

(1)明确观察的目的。观察目的是根据科研任务和观察对象的特点而确定的。为了明确观察目的,正式观察前应做试探性观察,确定通过观察需要获得什么材料、弄清楚什么问题,然后确定观察范围,选定观察重点,具体计划观察的步骤。

(2)制订观察计划与方案。观察计划一般应包括如下内容:①观察目的;②观察的对象;③观察的内容;④观察过程;⑤观察的记录表格、速记符号;⑥观察手段和工具;⑦观察的注意事项。

(3)实施观察。观察者进入现场,按照观察计划,有步骤地进行系统观察。进行实际观察应尽量按计划进行。教师观察的途径与方法主要有:①在实际工作中观察;②参观;③听课;④参与其他教育活动。

(4)记录并收集资料。做观察记录,应符合准确性、完整性和有序性的要求。一般的记录方式有等级记录、频率记录和行为核查记录等。

(5)整理、分析观察资料。对记录资料的初步整理主要包括以下几项工作:删去一切错误材料,补充遗漏材料,及时纠正和修补资料。

3. 运用观察法的要求①

(1)客观性。尊重事实,不带个人成见、偏见。

(2)全面性。周密、全面、系统地观察事物的各个侧面、整体、全过程。

(3)目的性、计划性。有目的、有计划、有步骤地进行,不因个人兴趣而随意进行。

(4)典型性。对象要有代表性,不以偏概全。

(5)科学性。观察手段要科学,观察步骤要正确,记录要准确,资料整理和分析要科学。

【实战演练】

下面是小学低年级学生上课时注意力集中时间和程度的观察研究的案例。请对该案例进行初步地分析。

记一次 20 分钟的语文字词抄写作业②

时间	学生表现	百分比(%)
开始~5分钟	全班学生踏实认真书写,没有任何声音动作	100
5分钟后	3人开始看别人的作业,并提出别人的书写毛病	7.8
6~10分钟	7人开始有动作,或开始发愣,有的玩铅笔、橡皮等学习用具	18.4
10分钟后	20人开始有动作、发愣,有的开始出声音	52.03
13分钟时	6人完成作业	15.79
20分钟时	14人完成作业(24人未完成作业)	36.84
又延续5分钟后	又有30人完成作业(4人未完成)	52.65

(三)教学实验法③

1. 教学实验法概述

教学实验法是为了解决某一教学问题,依据一定的理论和假设,有目的地控制和操纵一定的条件,创造出一种研究所需要的教学情境,以观察、研究教学现象的变化,认识教学情境和教学现象之间存在的某种因果关系,探索教学规律,改进教学实践的研究方法。

2. 教学实验的基本方法

(1)单组实验法。这是向一个或一组实验对象施加一个或数个自变量,然后测量其发生的一种或数种变化,借以确定因果关系的方法。

(2)等组实验法。以不同的自变量分别施行于两个或几个情况基本相同或相等的组,然后比较其发生和变化的方法。

(3)轮组实验法。亦称循环实验法。它把几个自变量轮换施行于各组,然后根据所有自变量所引起的变化的总和来决定实验结果。

---

① 吴萍:《新编教师教学技能训练教程》,北京师范大学出版社 2011 年版,第 298 页。

② 裴娣娜:《教育研究方法导论》,安徽教育出版社 1995 年版,第 191 页。

③ 吴萍:《新编教师教学技能训练教程》,北京师范大学出版社 2011 年版,第 299—300 页。

3.教学实验法的一般程序

(1)教学实验设计;

(2)实施教学实验;

(3)整理实验资料;

(4)统计分析实验结果;

(5)撰写实验报告。

4.运用实验法的基本要求

(1)实验者必须以高度严谨的科学态度提出实验假设,对实验方案做严密的科学论证,确保实验的科学性。

(2)根据研究的性质与任务,适度控制实验条件,采取有效措施,尽可能地避免或减少无关因素的干扰。

(3)根据实验的目的、问题的性质和所采用的形式慎重选择实验对象。

(4)实验过程中实验者要严格控制操作过程和正确使用操作方法,保证实验各阶段的测量准确无误。

(5)实事求是地报告实验结果。

【实战演练】

从刊物上找一篇发表了的实验报告,尝试区分实验中涉及的变量。

(四)行动研究法

1.行动研究概述

教学行动研究是指教师在自然、真实的教育教学行动中基于解决实际问题的需要,将问题发展成研究课题,按照一定的操作程序,综合运用多种研究方法与技术,与专家、学者或组织中的成员合作,进行自我反思性的螺旋式上升的系统研究,是一种以解决问题为目的的研究。

与传统教学研究相比,教学行动研究可以概括为为行动而研究、对行动的研究、在行动中研究。为行动而研究是说目的不在于推演理论、归纳规律,而是针对教育教学实践中的问题,在行动研究中不断地探索、改进和解决教育教学实际问题。对行动的研究则是指研究的对象是教师及有关人员具体的教育教学实践"行动"。这就要求研究者(亦即实践者)具备问题意识和研究意识,通过反思和合作,学会发现和界定问题,并探讨可能的解决策略。在行动中研究指明了行动研究的环境是教师工作于其中的教育教学环境,是教师在实践过程中对自我的活动做出的观察和反思,强调"行动"和"研究"的统一,教学活动和探索活动的统一。[①]

2.行动研究的类型

行动研究主要是适用于教育教学实际问题的解决,而不是理论问题的研究。类型大体上有两种:一是独立进行的行动研究;二是联合性的行动研究。具体可分为三个层次。

(1)单个教师的行动研究;

---

① 吴萍:《新编教师教学技能训练教程》,北京师范大学出版社 2011 年版,第 306 页。

（2）协作性的行动研究（教师间协作）；

（3）学校范围的联合行动研究；

3.行动研究的基本过程

（1）选择和确定研究课题；

（2）分析问题；

（3）研究拟定解决问题的可能策略；

（4）实践尝试行动策略；

（5）反馈与评价行动结果；

（6）总结。

以上每个环节都充满了行动与研究的色彩，通过教师在整个教育行动研究过程中不断地实践、反思、调整，从而使教育教学活动有新的改进。因此，教育行动研究是一个开放的循环的过程，是一个不会间断的过程。

【实战演练】

1.行动研究的主要特征是与实践紧密结合、注意协同合作和反省思考。你认为这些特征在教学工作中实践起来会遇到什么困难？有没有克服的办法？

2.假如你在听课的时候，发现这样一个现象：被老师叫起来回答问题的总是那三五个学生。为什么会形成这种情况？就这个问题设计一个行动研究方案。

二、教学研究的基本程序

规范化的教学研究就是课题研究，是指教师把日常教学研究中亟待解决的问题上升为课题，进行类似科学研究的方式进行课题研究。教学研究的基本程序是选择课题、设计研究方案，收集、整理、分析资料，课题研究成果表述。

（一）选择课题，设计研究方案

1.选定课题

教学研究的课题是研究或讨论教育教学的主要问题或亟待解决的重大事项，是教学研究的出发点和归宿。有了课题，教学研究就有了研究工作要主攻的方向、目标与内容，而且在一定程度上规定了研究应采取的方法和途径。

（1）选题的来源。如何发现有价值的研究问题是教师进行课题研究的关键环节之一。一般来说，教师的研究课题来自以下几个方面：[①]

一是在矛盾冲突中发现现实问题。教师在教学中经常会碰到一些令自己棘手的事情，这些事情如果处理不好，就会上升为一些激烈的矛盾和冲突，这些矛盾和冲突往往就是教师们值得研究的问题。

二是在教学情境中捕捉即时问题。在具体的课堂教学中，教师们会发现一些即时性的问题。比如说在一节语文课堂教学的导入时，教师习惯通过创设一个情境导入。但教师却发现自己创设的情境并没有引起学生的兴趣，取得预期的效果。于是这位老师提出

---

① 万伟：《微型课题：让教师的研究返璞归真》，载《中小学教师培训》2010年第10期。

了"如何在语文课堂教学中有效创设情境"的问题,这在教学中往往是一个稍纵即逝的问题,通过微型课题研究,教师就能及时把握这个问题,展开研究。

三是在教学研讨中生成共性问题。在教师的教学研讨、集体备课中教师们也经常能够发现一些问题,比如说通过教学研讨,老师们发现在某一类题目上学生容易答错,在某些知识点上学生不容易理解等,这些看似微小的问题却都非常有价值,都能成为微型研究课题。

四是在理论学习中发现潜在问题。不断的理论学习也是教师发现问题的重要源泉。

五是在教学反思中提炼常规问题。教学反思是教师寻找问题的重要环节。比如一位教师就习惯于把自己在课堂教学中的讲话都记录下来,课后对自己的话语进行分析。结果他发现自己的话非常啰唆,很多话都是不必要说的,由于话语不够简练浪费了很多宝贵的教学时间。为此,他展开了一项"如何在课堂教学中炼句"的课题研究,这样的研究对于提高课堂教学效率、促进教师的专业发展也是非常有价值的。

六是在生活细节中挖掘深层问题。教学问题不仅在学校的教学中才会出现,在日常的生活中也能挖掘出一些教学中存在的普遍问题。比如有一位语文教师跟朋友一起出游,驾车经过太湖边上,开阔的湖面,蔚蓝的天空一望无际。朋友突然在车上惊呼:"原来这就是水天一色啊,以前只是学过这个词,今天才算真正理解。"就这样一个生活中的细节,引发了这位教师很多的思考。生活是语言的源泉,是思维的源泉,而我们现在语文课上字词句段的学习基本上都是脱离生活的。从中我们也可以挖掘一些很有意思的研究课题。

(2)选题的基本原则。为保证选题的科学性和有效性,在选题时应遵循以下基本原则:

科学性原则。选题有严谨的科学理论依据和鲜明的客观事实依据、实践依据。只有这样,才能把握事物的本质和规律。

价值性原则,又称需要性原则。即选题要有价值,能满足教育教学理论发展需要和指导教学实践需要。

创新性原则。科学研究贵在创新。创新性是教学研究课题的本质特征。新颖、独特、先进,最好是别人没有论述过的"空白区",或别人虽然研究过,但可从新的角度、更高层次上提出问题的选题。

可行性原则。简单地讲,就是要选择一个自己能够完成的课题来进行研究,即根据自身的主观条件与研究现实的客观条件选择课题。就研究人员(主体)而言,课题必须与其思想状况、工作作风、知识水平、实践经验等条件相适应;就研究现实(客体)而言,课题必须与人力、物力、财力和时间的允许程度,与社会环境和技术条件等因素相符合。

具体原则。这是教研课题的操作问题,要求课题小一些、具体一些,切忌太大、太抽象笼统。

(3)选题的策略。① 一是建立日常"问题库"。注重平时积累,从小处着手。首先要

① 张晖:《幼儿园课题研究》,高等教育出版社2012年版,第16—17页。

有问题意识,要做教育教学的有心人,平时处处留心观察,在工作中多问几个"为什么",善于发现工作中的问题,总结自己的教学经验。教师可以自己建立一个日常"问题库",每天及时将自己教育教学中遇到的困惑或难题、观察到的其他教师遇到的问题、学生身上出现的新问题记录下来。当教师想进行课题研究时,就不必为找什么问题研究而费脑筋了。教师就可以从自己的"问题库"中选择当前自己最想解决,同时也是最需要解决的问题作为课题进行研究。

二是从成功经验和薄弱之处寻找生长点。教师在选题的时候,一方面,要善于反思在教学中的成功经验、自己的研究优势,这样选出来的课题更有利于教师展开研究,研究的水平和质量也越容易得到保证;另一方面,也可以从面临的现实问题和薄弱之处寻找突破点,学校、教师要发展,必须解决许多实际问题,教育科研的目的就是要解决问题。所以将两者结合起来,是学校、教师发展的最好出路,通过有计划的研究和实践,有针对性地解决问题,最终达到克服弱项、提升强项的目的。

三是以小见大,坚持有"根"的研究。教师最适合做"草根化科研",以自己的教学实践作为研究的"田野"。在实践中发现问题,自然地"长"出课题,"长"出成果,"长"出自己的教育精神。草根化是教师科研的本真状态,是一种扎根于课堂、扎根于教师、扎根于学生的平民化研究。选题遵从"小而实"的原则,在教学中发现问题,通过小问题入手进行研究,不要贪大求全,重点关注教育教学活动中问题的"某点"、某个细节,并由此层层深入,不断探究,寻求问题解决的最佳途径,从而达到研究的深度,揭示问题的本质和内涵。

四是立足学生,挖掘研究资源。课题研究的最终目的是为了促进每个学生的发展。在课题研究中,要树立"学生为本"的意识,可以通过设计调查问卷、访谈法、观察法等了解学生在认知、能力、情感等方面的现状,并进行分析,从而寻找课题研究的来源。

(4)从问题到课题。[①] 问题并不等同于课题,提出问题的过程是一个发散的、开放的过程。在众多的问题中选择一个有价值并且可以研究的问题并非易事。一般应包含以下过程:首先,初步选出要研究的课题;其次,对初选课题进行调查咨询;再次,对初选课题进行初步论证;最后,确定课题名称,规范表述。

【实战演练】

1.假设你是研究者,请按"有意义、可研究、有创新、问题明确"的要求评价下列课题。并回答:哪些课题适合你来研究? 为什么?

(1)低年级小学生产生错别字的心理分析。

(2)优生与后进生学习方法比较研究。

(3)小学生环保教育教材与课程设置研究。

(4)废品工艺品制作对创造性思维发展的影响。

(5)音乐氛围的创设对教学效果影响的研究。

(6)电脑与作文教学。

---

① 张晖:《幼儿园课题研究》,高等教育出版社 2012 年版,第 17—18 页。

（7）叶圣陶阅读教学理论研究。

（8）研究性学习与教育的未来。

2. 实验小学的王老师听到一些家长反映，现在学校给学生减负，孩子放学回家后家庭作业很少或者没有，因而孩子放学回家就是玩，甚至玩到很晚才回家，家长一时也不知道该怎么要求孩子。王老师想，课外和校外活动是学校教育的重要组成部分，是发展学生个性特长的重要阵地，如果能够有效地组织学生开展课外和校外活动，将对学生的个性发展和素质提高起到极大的推动作用。因此，王老师决心开展小学生的课外和校外活动的研究。请你帮王老师明确表述要研究的问题。

2. 设计研究方案

研究方案也称课题研究计划，是对某一研究课题从提出课题、实施课题研究到全面完成课题研究这一动态过程的系统、具体的设计规划。设计研究方案的主要内容和一般要求可大致归为以下几个方面：①

（1）课题研究的缘起和意义；

（2）研究问题的表述和研究假设；

（3）对研究中涉及的主要概念进行界定；

（4）文献综述；

（5）研究的目的与主要内容；

（6）研究对象；

（7）研究方法与研究工具；

（8）研究的程序和进度；

（9）主要阶段性成果和最终成果表现形式；

（10）完成课题的条件分析，包括人员结构、资料设备等；

（11）经费预算；

（12）参考文献；

（13）附录。

以上所列举的13个部分为课题研究设计提供了一个基本参照，代表了课题研究设计的常用模式，但这并不意味着所有的课题研究都是如此，也不一定完全按照这样的顺序来进行。不同的研究者应对不同的研究类型时，在研究的具体步骤和设计过程中可能会有些差异，研究者可以根据研究的需要进行适当调整。

【实战演练】

下面是一份科研课题申请书②，课题名称是职前职后教师专业发展一体化实践研究，通过阅读以下案例，请从选题、方案设计和研究方法等方面谈一谈你的认识。

一、基本情况（略）

二、选题

---

① 鲍传友：《做研究型教师》，高等教育出版社2009年版，第141—144页。

② 卫建国、张海珠：《教学技能导论》，北京师范大学出版社2012年版，第194—198页。

教师专业发展（Teacher Professional Development）自 20 世纪 60 年代被提出以来,经过 40 多年的理论研究和实践探索,已经发展成为国际教师教育研究领域共同关注的课题。教师专业发展的内涵研究、教师专业发展的阶段研究和教师专业发展的模式研究成了教师专业发展研究的热点问题。

教师专业发展的内涵研究和阶段研究,国内外都取得了不少成果,Fullan 和 Hargreaves 认为:教师专业发展是指在职教师在目标意识、教学技能和与同事合作能力等方面的全面进步。Fuller 最早提出了教师专业发展的五阶段理论,Katz 提出教师专业发展的四阶段理论,Burden 提出教师专业发展要经过三个阶段。Fessler、Huberman、Steffy、Berliner 等也从不同的角度对教师专业发展的内涵和阶段进行了描述。国内学者林崇德、申继亮、叶澜、钟启泉等学者也从不同的视角构建了教师专业发展的理论框架和体系,为我国教师专业发展的内涵和阶段研究奠定了理论基础。

教师专业发展的模式研究起步较晚,最具影响力的是美国的教师专业发展学校（Professional Development School,PDS）。Hlomes Groups 认为:PDS 是一所大学教育学院和教学实践者合作的学校,是大学教育学院和新任教师学习经验的地方,也是教育专家指导教育研究和实践的地方。Goodlad 认为,PDS 是伙伴共生关系。国内学者虽然也对教师专业发展的模式进行了研究,但是研究得还很不系统。本课题依托学校"顶岗支教实习—换岗教师培训"活动对职前职后教师专业发展一体化模式进行理论与实践研究。

百年大计,教育为本;教育大计,教师为本。振兴民族的希望在教育,振兴教育的希望在教师。在国际竞争日趋激烈的 21 世纪,全球政治、经济与文化生活都在急剧的变化,教育所扮演的提升国家竞争力的角色日益显著,教育革新已成为国家进一步发展的重要一环,社会对人才、教育质量和教师素质都提出了新的构想和要求。教师专业发展成了学校发展和教育改革成败的关键。

"顶岗支教实习"是我校教师教育改革的重要举措,2006 年 11 月正式启动以来,已顺利实施五批,取得阶段性成果。《光明日报》《中国教育报》等媒体都进行了报道。我校"顶岗支教实习"破解了"学生有书本知识无教学经验,中学教师有教学经验而缺乏书本知识"的难题,形成了教师职前职后一体化培养新机制。但是,在实施的过程中,职前教师岗前培训课程的内容还有待完善,职后教师的培训管理还有待加强,支教学生的指导还有待优化,职后教师的培训效果还有待持续。基于以上问题,本课题在进一步完善"顶岗支教实习——换岗教师培训"活动的基础上,在"顶岗支教实习"基地学校建立"合作研究共同体",使具有共同意愿、共同志趣的职前职后教师自愿组合,通过名师指点、同伴交流,真诚坦露自己的教学思想、教学尝试和教学困惑,从而对自己的教育思想和教学行为进行反思、重构和扩展,达到共同发展,互利双赢,职前职后教师专业发展一体化的目的。

"共同体"最早是一个社会学概念,在教育领域的研究始于 20 世纪 80 年代末,塞吉欧维尼（Thomas J. Sergiovanni）提出"学校共同体",布朗和埃批恩（Brown and Campione）提出"思考者共同体",李普曼（Lipman）提出"探究共同体",斯卡达玛亚和伯雷特（Scardamalia and Bereiter）提出"知识建构共同体"。近年来,以"共同体"为组织形式的教师专业发展(教师培训方式)相继出现,但是大多数相关研究仍停留在理论高度,实践研究还很不系统。本课题尝试在"顶岗支教实习"基地学校建立由大学教师、中小学教师、支教学生组成的"合作研究共同体",达到互利双赢,共同发展、优化"顶岗支教实习—换岗教师培训"的目的。

三、本课题研究的主要内容和重要观点

(一)本课题研究的主要内容

(1)健全"顶岗支教实习—换岗教师培训"制度,完善"顶岗支教实习—换岗教师培训"体系。

(2)在支教基地学校建立"合作研究共同体",优化"顶岗支教实习—换岗教师培训"项目。

(二)本课题研究视角和目的

(1)对"顶岗支教实习"学生现状进行调查,针对"顶岗支教实习"学生的知识结构和教学技能需求特点,完善其岗前培训和指导,摸索出一套师范生专业发展的新途径,提高师范生的教学能力,缩短适应期,为就业奠定基础。

(2)对山西省农村教师的发展需求、知识结构进行调查,针对农村教师的知识结构和发展需求特点进一步完善"换岗教师"的培训目标、培训课程、培训内容和培训方式等。通过对山西省农村"换岗教师"的学院式培训,摸索出一套山西省农村教师有效性培训的实践模式,提高"换岗教师"的教学能力,为"换岗教师"回到学校后加入"合作研究共同体"奠定基础。

(3)在充分调研的基础上建立由"顶岗支教实习"学生的专业指导教师(课程与教学论的教学和研究工作者)、"顶岗支教实习"学生和支教基地学校教师组成的"合作研究共同体",通过"合作研究共同体"的合作研究达到职前职后教师专业共同发展的目的。

(三)研究方法

(1)问卷调查法:对山西省农村教师现状和"顶岗支教实习"学生现状进行调查,了解山西省农村教师和"顶岗支教实习"学生的知识结构、发展需求等基本情况。

(2)访谈法:与农村教师、教师家属、各级领导等进行全方位的座谈,了解农村教师的教学和生活现状;与"顶岗支教实习"学生进行座谈,了解"顶岗支教实习"学生的从教意识、就业意识等。

(3)个案研究法:每个学校选择年龄、学历、教龄等有代表性的 3~5 名教师和 5~10 名"顶岗支教实习"学生作为"合作研究共同体"的成员进行个案研究。

(4)行动研究法:当前在教育领域,对教师成为研究者的呼声越来越高,"科研兴校"的口号越喊越响,教师作为研究者所具有的优势和中小学作为教育研究的实践领域所具有的独特魅力越来越突出。农村教师参与到"研究者"行列的步伐必须加快。本课题研究的"合作研究共同体"成员作为农村教师的先行者,用行动研究法"在教学中研究,在研究中教学"。

(四)研究途径

(1)对"顶岗支教实习"学生现状进行调研,了解"顶岗支教实习"学生的知识结构和教学技能需求等,为"顶岗支教实习"学生的岗前培训和指导提供本底资料,为"合作研究共同体"的研究实践提供理论基础。

(2)建立由"顶岗支教实习"学生的专业指导教师(课程与教学论的教学和研究工作者)、"顶岗支教实习"学生和支教基地学校教师组成的"合作研究共同体",通过"合作研究共同体"的实践研究达到职前职后教师专业共同发展的目的。

(3)对农村中小学教师队伍现状进行调研,了解农村中小学教师的知识结构、从教意识和发展需求等,为农村(换岗)教师培训提供本底资料,为建立"合作研究共同体"提供理论基础。

(4)完善农村(换岗)教师培训的内容体系和目标体系;构建具有山西特点的农村(换岗)教师培训模式和组织管理方式;使农村(换岗)教师树立教师专业发展新理念。

四、本课题创新程度和应用价值

(一)课题创新

在"顶岗支教实习"基地学校建立"合作研究共同体",优化"顶岗支教实习—换岗教师培训"工程,达到职前职后教师专业的一体化发展。

(二)应用价值

通过实践研究有利于职前职后教师专业的共同发展,有利于学校的教师教育改革,有利于支教学校的内涵发展。

(1)通过课题研究,可以加强学校与基础教育的密切联系,深化学校的教师教育改革。

(2)研究者通过贴近基础教育的课题研究,能够更加熟悉基础教育,对基础教育改革的引领能力可以加强。

(3)通过课题研究,"顶岗支教实习"学生的意志品质、教育教学理念、教学技能和就业能力都能够得到发展。

(4)通过课题研究,农村中小学教师的教育教学新理念能够形成,科研意识能够加强。"在教学中研究,在研究中教学"的行动能够得以实施,优化"顶岗支教实习—换岗教师培训"工程,达到职前职后教师专业的一体化发展。

五、研究基础(略)

六、预期成果

(一)研究论文

在核心刊物发表3篇以上论文。

(二)调查研究报告

(1)山西省农村教师培训需求情况的调查研究。

(2)山西省农村教师知识结构的调查分析。

(3)师范生教学技能需求的调查研究。

(4)师范生知识结构的调查分析。

(三)实践研究报告

(1)"合作研究共同体"实践研究报告。

(2)"换岗教师培训"实践研究报告。

(3)"顶岗支教实习"实践研究报告。

(二)收集、整理、分析资料

1.研究资料的收集①

课题研究过程中,资料的占有量及资料的客观性和真实性,是决定课题研究成果质量的重要因素之一。因此,全面地收集、整理和保存课题研究资料,是课题研究中的一项重要工作。一般来说,课题研究中的资料有如下几类:

(1)课题管理资料。包括课题申报表、课题立项通知书、课题研究方案(包括子课题研究方案)、课题开题论证报告、课题中期评估报告、课题结题报告(包括子课题结题报告)等。

(2)过程性资料。包括课题研究年度实施计划、课题研究各项规章制度、研究课教案、典型课纪实、课后分析研究记录、教学设计实施及学生学习情况、课题日常活动记录、教师研究的观察记录、听课笔记、教育随笔、教育日志、学习笔记等,子课题研究的相关资料,包括专题讲座、专题报告、专题研讨等以及调查问卷、访谈记录、实验情况分析等,阶段工作总结报告。

(3)成果性资料。包括学生成果资料,主要有竞赛获奖证书、小制作、小发明获奖以及学生发表的作品、录音、录像;教师成果资料,主要有各级公开课、优质课获奖证书(录像)、教学设计及教学案例、自制课件、论文、著作;课题组、学校所获成果,主要有学校获奖证书、实验研究报告、各项专题性报告、实验工作总结报告、调查研究报告、论文集、出版专著、自制教材等。

2.整理资料②

整理资料是按照课题要求,将收集的原始资料进行汇总、归类,使之系统化、条理化,以便于分析研究。收集和整理资料阶段的工作要点主要有三个方面:

一是注意研究方法的科学性和研究程序的规范性,以保证收集资料的科学性和有效性。

二是对收集到的资料的真实性、可靠性和价值大小进行鉴定、辨别并取舍。

三是整理收集到的资料,采用归类和统计分析的方法把散乱、无序的资料进行整理,使之条理化和明确化。

3.分析资料

这一阶段主要工作是运用分析、综合、比较、分类、类推、想象、假设、概括化和具体化等思维方法,对整理过的资料和形成的科学事实作进一步的分析和研究,经过一个去粗取精、去伪存真的思维过程,揭示包含在资料、现象和事实中的新规律,把教育经验加以概括和总结,并上升到理论高度,达到一种规律性的认识。这一阶段最重要的工作就是

① 张晖:《幼儿园课题研究》,高等教育出版社2012年版,第46—47页。
② 罗明东:《教育学:当代教育一般性问题概论》,云南大学出版社2006年版,第430页。

最终得出一定的结论。① 做教学研究工作,收集资料和进行研究是分不开的。收集资料的同时就要进行整理、分析研究,而最后分析研究工作,也是在收集和整理大量资料的基础上进行的。

【实战演练】

阅读下列案例②,请回答:如果你是研究者,案例中的收集研究资料的做法对于你在研究中收集、整理和分析资料有什么启示?

河北路金生老师如是说:我在实践中一旦发现某个问题可以作为研究的课题,就及时把它记录下来,或者只是一个题目,更多的时候是做出一个简要的分析说明它的研究意义。但是常常不可能马上撰稿,因为还需要不断积累资料,包括学习理论和实践体验。积累资料的方法很多,笔记、卡片、读书眉批等,现在使用电脑更方便了,过去多是做笔头卡片搞学问,现在可以在电脑上做卡片,建文档。随时敲上几句话,包括论著的内容、自己的分析认识。时间长了积累也就多了,认识也更趋于深刻。

为了研究必须认真积累个案资料,心理咨询和治疗很像医生的工作,很强调临床经验,而且没有相应的临床经验就无法形成条理性的认识。但是,整理个案却是很辛苦的工作。我们在进行咨询的时候不适宜现场记录和录音,在交流过程中要十分注意来访人表达的细节,因为千人千面,不是同一个公式可以代替的。所以,接待咨询之后颇感精神疲惫,很难继续回忆整理的工作。一般要等到第二天再进行追忆和整理,虽然消耗大量的精力,但是却必须完成。否则,无法进行下一次的接待,更无法进行严密的科学研究。

(三)教学研究成果的表述

研究成果是研究者对所从事研究的过程、结果的高度概括和科学总结的产物。教学研究成果的表述主要有学术论文、研究报告、教学课例、教育案例、教育叙事等形式。

1. 学术论文

学术论文是为了讲明道理,以阐述对某一事物、问题的理性认识为主要内容,针对某一问题表明自己的观点、表述自己的认识,其论述的重点不仅在于说明是怎么做的,而且要说明为什么这样做。一般学术论文由题目、摘要、前言、正文、结论、注释和参考文献等几部分组成。

【实战演练】

搜集优秀的学术论文,作为范本进行研习和模仿。

2. 研究报告

(1)调查报告。调查报告一般由标题和正文两部分组成。

标题。可以有两种写法。一种是规范化的标题格式,基本格式为"××关于×××的调查报告""关于××××的调查"等。另一种是自由式标题,包括陈述式、提问式和正副题结合使用三种。

正文。正文一般分为前言、主体、结尾三部分。①前言。前言有几种写法:第一种是

---

① 罗明东:《教育学:当代教育一般性问题概论》,云南大学出版社 2006 年版,第 430 页。
② 卫建国、张海珠:《教学技能导论》,北京师范大学出版社 2012 年版,第 185 页。

写明调查的起因或目的、时间和地点、对象或范围、经过与方法,以及人员组成等调查本身的情况,从中引出中心问题或基本结论来;第二种是写明调查对象的历史背景、大致发展经过、现实状况、主要成绩、突出问题等基本情况,进而提出中心问题或主要观点来;第三种是开门见山,直接概括出调查的结果,如肯定做法、指出问题、提示影响、说明中心内容等。前言起到画龙点睛的作用,要精练概括,直切主题。②主体。这是调查报告最主要的部分,这部分详述调查研究的基本情况、做法、经验,以及分析调查研究所得材料中得出的各种具体认识、观点和基本结论。③结尾。结尾的写法也比较多,可以提出解决问题的方法、对策或下一步改进工作的建议;或总结全文的主要观点,进一步深化主题;或提出问题,引发人们的进一步思考;或展望前景,发出鼓舞和号召。

【实战演练】

下面是一篇在教师指导下由中学生所写的调查报告。请仔细阅读此报告,从调查报告规范的角度对它进行全面评析,尤其要指出报告的不足之处。建议先阅读调查报告的写作要求和规范,再进行评析。

甘肃陇南武都区泥石流的调查①

甘肃陇南武都区旧城山中学 罗红 苏红 曹江

指导教师 张锦道

一、引言

武都古称阶州,是省内泥石流密度最大、暴发频率最高的土石山区,也属全国泥石流四大高发区之一(甘肃武都,云南东川小江、大盈江,西藏东南部)。我们作为生态环境兴趣小组的成员,2003～2004年利用假期参加了学校组织的武都区泥石流调查。

二、调查目的和方法

(一)调查目的

通过实地调查,了解武都区泥石流分布类型、危害情况,并对泥石流成因进行分析,从而提高我们对植被破坏、林线后退导致生态环境恶化的严重性及清源治本、防治并重、加强水土保持重要性的认识。

(二)方法

在市、区水保局的关心、支持下,我们由老师带领,利用假日,分三路在县城上下100公里的白龙江中游和北峪河流域30个乡镇进行实地调查;参加水保专家举办的实地讲课;拍摄泥石流场景;走访了当地乡民,调查了解泥石流相关情况,并查阅有关泥石流历史资料。

三、调查结果

我区地处甘肃省东南部、白龙江中游大断裂带。土地总面积为46 411.77平方公里,有泥石流活动的面积达2 611.9平方公里,占全区泥石流区域总面积的64.5%以上。20年来,我区泥石流频频发生,来势异常凶猛,破坏力很强,顷刻之间即酿成大灾。经调查,

---

① 金言、屠树勋、徐桦君:《研究性作文教与学:研究性学习的成功之路》,浙江大学出版社2006年版,第299—304页。

灾害性泥石流沟192条,绝大多数分布在全区上下100公里的白龙江中上游和北峪河流域30个乡镇。据资料显示,每逢泥石流暴发,平均输沙模数高达4 437吨/平方公里(嘉陵江下游输沙模数为1 000~3 000吨/平方公里)。

白龙江为长江二级支流,全长535公里,流域面积32 810平方公里,流域区因植被遭毁灭性破坏,水土流失严重,加之泥石流长期作用,江水浑浊。取样测定,含沙量均达3.83公斤/立方米,最高日测净峰含沙量超过1 370公斤/立方米。泥石流不仅危害本区工农业生产,也殃及白龙江下游碧口电厂,电坝自蓄水运营不足十载,淤积量已达1.25亿立方米,占设计总库容的24%,专家预言,照此下去,再过20年,即达到冲淤平衡,失去调蓄能力。

(一)泥石流分布类型

调查得知,全区较大的有灾害性的泥石流约192条,另有支毛沟2 000多条。这些泥石流沟谷,分布在上至白龙江中游武都、宕昌分界的角弓乡阎家村,下至武都、文县两界的外纳乡月亮坝间全长100公里的河段上,注入白龙江。泥石流每次暴发便堵断白龙江,抬高河床酿成灾害。其中火烧沟、泥湾沟、北峪河、东江沟、甘家沟、佛堂沟等泥石流危害最大。武都区泥石流以这些沟谷形态、固体物质补给状况和危害程度为主要指标,分成了危害强、一般、轻微三种级别和始发期、旺盛期、停歇期三个时期。

始发期:指流域面积小于1平方公里,没有明显的形成区、流通区和堆积区。我区正在发育的各种冲沟,根据统计,城区南北有23条,北峪河流域有888条,甘家沟流域50条,全区约1 900条。

旺盛期:指有明显的形成区、流通区和堆积区。支沟发育多呈"V"型,流域面积多在10~40平方公里,固体物质以滑坡、崩塌、泄漏等为补给,其形成的泥石流过程完整、历时长、规模大,冲积扇发展迅速、淤积快,正在向沟外扩张。此类沟有火烧沟、石门沟、马槽沟、寺背沟、汉林沟、甘家沟、佛堂沟、渭子沟等。

停歇期:流域内山体逐渐趋于稳定,植被有恢复,梯田面积增大,沟谷由"V"型向"U"型转化。这类沟扇面积较平缓(多改为农田),但遇到强度大的暴雨,仍会暴发泥石流,如肖坝子沟、角弓沟、盐土沟、庙沟、桑园子沟、新农村沟、宗家堡沟等。

(二)危害情况

1.对农业生产的危害

据考察,我区泥石流沟内的坡耕地多分布在陡山滑坡上,极易受害。1953年甘家沟泥石流埋没农田400亩;1968年东江沟泥石流冲毁1 000余亩农田,先后使丰收在望的水稻、小麦颗粒无收;1978年马槽沟村被泥石流蚕食破坏的梯田达390亩;同年何家村一次滑坡总土量为240万立方米,致使毛家山两个村庄81户、404口人住房倒塌,500余亩农田被埋压;1984年佛堂沟泥石流淹没蔡家湾土地1 000余亩,村庄3处……据不完全统计,自1984年至2004年20年间,泥石流毁林2万亩、毁草2.1万亩;毁谷坊1 500余座,冲田5.5万亩,冲走牲畜500多头;淌走客、货车及大小拖拉机30余辆、挖掘机1台;引起倒房5 137间,造成60多人死亡,100多人受伤。另外,冲毁河堤108公里、渠道88公里、电灌站53座、水轮泵站17座,损坏输电线路7公里、通信线路30公里、人畜饮水工程9处。由于严重的水土流失,全区土层变薄、肥力衰退、农业生产低而不稳,沟壑面积逐渐增大,土地利用率日趋降低。

2.对交通运输的危害

每到雨季,武都区通往外地的公路都要受阻。甘川公路平均每公里跨5条泥石流沟,最密的地区1公里跨14条泥石流沟。据武都公路总段的统计,近20年来,淤埋公路方量700万立方米,被毁路基15公里,毁坏涵洞156座,累计阻车487天,造成直接经济损失2 800万元以上。另外冲毁区乡公路3条60公里,乡村道路8条67公里,共塌方约60万立方米土石。

3.对城镇村庄的危害

我区山高谷深,自然和社会条件以河谷为优,因而河谷地区人口密集,城镇村庄多分布在泥石流冲积扇上,受泥石流危害严重。半山村庄多受滑坡陡山的威胁。肖坝子、汪家坝、清水沟、蔡家湾等村庄都因泥石流危害被迫搬迁;大坪山、潘家山、马槽沟、何家村、卯安子村等因山体滑坡危害搬迁。

城区比北峪河床低18米,比白龙江河床低1.45米,形成"河比城高"的地貌。1984年8月3日北峪河暴发泥石流,与白龙江洪水同时相遇,冲毁白龙江河堤首尾部两处共31.5米,洪水瞬间进入城区。钟楼滩一片江泽,教声坝成为湖泊,城内水深1.45米,倒塌房屋13 200余间,121个市、区机关被淹,幸亏指挥得当无人伤亡。

4.对河道和生态环境的影响

白龙江长期受泥石流左右,城区河段目前正以每年10~12厘米的速度淤积上升,致使白龙江基本丧失下切侵蚀能力,成为入盈出弱的特殊山区河流地貌。沿江岸泥石流沟,犬牙交错。在入江汇流处形成拦江潜坝,堵塞河床。河流弯曲,滩险相间,造成藕节河势,江水宣泄不畅。中小水时,水流散乱。河道宽深比大,成游荡性河段,给河道的开发利用和通航带来不利。由于泥石流的长期作用,坡面切割得支离破碎,形成沟壑纵横、峡岩嶙峋、崎岖不平的河谷地貌。此外,白龙江流域生态环境日趋恶化,植被破坏,林线后退,导致降水量减少,蒸发量增加,旱灾不断,冰雹剧增,受灾面积扩大,人畜饮水困难。

(三)形成泥石流的条件分析

我区泥石流的活动不但频繁而严重,且古已有之,它的存在和发展与自然环境密切相关。

1.地质状况

我区地处两个不同构造体系的交接部位,以南为松潘到甘孜东北向的褶皱带,以北属南秦岭印支褶皱带,活动性强,岩浆活动较强烈。地层从志留系到第四系均有出露,而以志留、泥盆、石炭二迭、三迭系分布较为广泛。区内峰峦起伏,群山陡峻,沟壑纵横,山坡坡度多为35°以上,海拔高度在700~3 600米之间,相对高差2 900米。

2.地震频繁强烈

武都地震频繁而强烈。据史载,近两千多年来,曾发生6~7.5级地震达数百次。其中7级以上有4次,造成山崩地裂、房屋倒塌、人畜伤亡的有15次。据《武阶备志》所记:"光绪五年五月十日地震,十二日大震,南山崩塌……各处石飞山走,山裂水出,杀9 881人,连震四天,成县、文县、舟曲等县城尽废。"断裂发育,地层产状紊乱相互交切,破坏了岩层的整体性,地质地貌为泥石流提供了大量的固体物质。因此,我区泥石流的形成除风化、剥蚀、侵蚀外,大量的固体物质来源是以滑坡补给为主。

3.气候特征

我区属季风气候,是北亚热带大陆性湿润、暖湿半湿润、高原湿润过渡带。受山高谷深的地形影响,气候垂直差异悬殊,立体性显著。"聚四季气候于一时,集南北生物于一身",具有"十里不同"的立体气候,也有夏热冬不寒的特点。由于山区气候的垂直变化明显差异大,也有"高一丈,不一样""天旱收山,雨涝收川,不旱不涝收半山"的说法。年内降水分配不均,夏多冬少。6月进入雨季到9月底结束。雨季天数占全年28%。据气象记录资料,雨季24小时最大降水均值40~45毫米,最大1小时降水112毫米(1984年8月4日汉王镇佛堂沟)。雨季便是泥石流期,独特气候特征,是造成泥石流多发的又一因素。

武都无连续的暴雨,且多呈一次雨峰,阵性和局部性较强,如有较好的植被覆盖,泥石流将会得到有效控制。实地考察得知,滑坡泥石流的分布与地质构造有关,但并非纯属自然制约。只要各乡镇从速治理,因害设防,功能互补,形成多层次、多功能综合防护体系,就可以稳定并削弱泥石流的危害程度。如马街乡大李家、柏林乡五角坪村等,坚持大搞水土保持,修梯田、造林、治坡、治沟,有效地扼制了水土流失局面;石门乡小山坪等村干部群众一条心,上下一股绳,投入大量人力物力修建石坝梯田和改道泥石流沟,效果显著;安化镇大鹿院虽处古滑坡上,坚持综合治理不动摇,在滑坡体上修梯田、造林,在沟道上修筑防护拦挡坝,受益匪浅。这些乡镇,虽几经暴雨侵袭,基本没有损失。

四、建议和体会

(一)建议

1.功能互补,综合治理。以泥石流沟为流域单元,工程措施为主,工程、生物、水保耕作措施相结合,形成多层次、多功能综合防护体系。

2.科学规划,联合治理,统一指挥,各业投资,相互协调,形成有重点、有成效、有规模的治理局面。

3.以退耕还林为契机,清源治本,防治并重,治理与开发相结合,形成良性生态经济系统。

(二)体会

1.通过此项活动,使我们对植被遭到破坏导致的气候失调,水土流失,土地瘠薄和河流、水库淤积,进而加剧了生态环境的恶性循环有了较深的认识,同时,深感全面治理泥石流、恢复植被的工作艰巨而紧迫。

2.通过实地考察、查阅资料等,学会了调查方法,开阔了视野,拓宽了知识,同时也尝到了调查工作的辛苦与甘甜,培养了严谨求实的科学态度和集体合作精神,加深了我们对生态学的浓厚兴趣。

(2)实验报告。实验报告是以书面形式反映教育实验过程和结果的一种方法。一份完整的实验报告一般由以下几个部分的内容组成:

题目。研究题目要简洁,题目要明确地表达研究的内容。

问题的提出与研究假设。说明为什么研究这个课题,即课题的理论意义和实践价值;现有的科研成果和研究中存在的问题;所研究问题的性质、实验的范围;实验研究的基本假设及其主要理论依据。

实验的方法与步骤。包括实验的设计与组织、主要概念的定义与阐述、资料的收集与处理、实验设备与条件等。

实验结果。主要是表述实验取得的数据和统计分析的结果。在展示实验结果的各项统计数字之后,要对统计数字所说明的问题进行分类和分析。

实验结论与讨论。一要说明结论与研究者所提出的假设是否相关,二要提出一些值得研究和讨论的问题。

参考文献和附录。实验研究中所用的主要参考文献,特别是研究报告中引用的参考文献,都应列入研究报告之后。

【实战演练】

请阅读下列材料,同学之间交流:如何撰写实验报告,要注意哪些问题。

怎样写实验报告①

写实验报告是搞教学实验的最后一环,也是收获成果的关键一步。应按照科学的程序和格式做好这一结尾工作。

中小学校教学实验报告的格式与内容如下:

标题:××实验报告

实验单位_____ 作者姓名_____

一、背景与目的(问题的提出)

(一)实验课题确定的过程

(二)实验的假说

(三)实验的目的及意义

这部分与实验计划的内容基本相同,但是如果在实验的实施过程中,对实验计划中的内容有所改变,那就要以改后的内容为准。

二、方法

(一)被试的选择方法与组织形式

这部分与实验计划中的内容一样。

---

① http://news.cersp.com/sLgjx/sJxzy/200709/2713_3.html.

（二）实验变量的操作方法及辅助措施

这部分内容一方面要根据实验计划的内容来写；另一方面更要以事实为根据，把实验变量的实际操作程序或特点，全面而详细地写出来。

（三）无关变量的控制方法

主要说明在实验中是怎样控制无关因素的，一般应指出具体的控制方法。

（四）因变量的观测方法

即说明用什么方法获得的关于因变量（反应变量）变化数据，采用的什么量表、什么仪器，参加的是哪一级的考试等。

三、结果

（一）实验中得到的原始数据的描述统计结果

（二）根据描述统计的结果，采用推断统计获得的结果

实验报告的结果部分常常是一些表格和图像以及根据这些数据表格中的数据推断出来的统计结果。有时也列出一些工作中的成就，如在竞赛中获奖，在地区统考中取得好名次等，作为必要的说明。

按要求，实验报告最好运用推断统计下结论，让数字说话，让事实说话，而不能仅仅依靠工作中的成绩，来作为实验成功的依据。

结果部分所列的全部内容必须来自本实验，既不能任意修改、增删，也不要添加自己的主观见解。

四、讨论与结论

（一）是否验证了假说，为什么？

（二）对实际教育教学有什么促进作用？

（三）有哪些新的发现？

（四）有什么建议？

讨论与结论有时分开写，有时合在一起写，现在多数报告都合在一起写，一边讨论，一边下结论，还有的结果和讨论放在一部分，把结果单列出来，有时甚至把结果、讨论、结论三部分合在一部写，这也是可以的。结论部分在保证写清所要求的四部分内容外，要特别注意以下两点：

第一，结论要简短，不要长篇大论。

第二，结论一定要以本实验的结果和分析为依据，不能夸大，也不能缩小，要确切地、客观地反映出整个实验的收获。

五、附录

实验报告的结果往往是很多表格图像，一般在实验报告里写不全，所以经常以附录的形式，把必要的材料附在报告的后面。

3. 教学课例

教学课例是教师研究成果的一种很好的表现形式。所谓教学课例，就是教师记载某节课或某些课教学的实际过程和完整场景，记述在教学过程中所碰到的问题和所采取的解决方案，以及教师自身对教学过程的反思。课例可以是完整的，也可以是片段性的，还

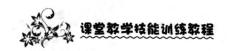

可以是几个相关片段的串接。但是,不管采用哪种形式,课例都是用来揭示某个基本的教学原理。因此,课例的长短和数量并不是最重要的,关键是课例自身是否具有说服力。

【实战演练】

1. 根据课例的撰写要求,尝试撰写一则教学课例。

2. 阅读下面的教学课例,并对该课例进行评析。

张张名片片片情
——一年级口语交际《自我介绍》教学实录①

一、面向全班自我介绍——说自己(略)

二、面向小组自我介绍——说自己

师:(笑眯眯地)小朋友,盛老师交了你们这么多新朋友,感到很开心。你们呢,只认识了盛老师一个朋友,想不想再交一些新朋友啊?

众生:想,想。

师:你们瞧,我们班一共有37位小朋友,除了你自己,还能交到36位朋友呢!

男生:(情不自禁地欢呼)啊,太好了!

(其他孩子也欣喜异常)

生:老师,我有个问题。先找谁交朋友呢?(一个胖乎乎的男孩子大声问)

师:(翘了翘大拇指)问得真好。你们看,我们不是有8个小组吗?你们先在小组里交朋友吧!记住,先说说自己叫什么名字,今年几岁,属什么,再说一说名字是谁给起的,为什么起这个名字,最后还可以说说自己最喜欢什么。

(孩子们分成8个小组,围坐在一起,你一言我一语地说开了。说到高兴的地方,整个小组的孩子一起哈哈大笑。我忙碌地在8个小组间巡视,听到特别有趣的就悄悄记在心里。)

三、面向全班自我介绍——做名片、送名片(略)

4. 教育案例

关于教育案例的含义,许多专家学者有过不同的表述。虽然说法不一,却也有一定的共识,如果概括为一个定义,即教育案例是一个教育情境的故事。在叙述一个故事的同时,人们常常还发表一些自己的看法,也就是点评。所以,一个好的案例,就是一个"生动的故事+精彩的点评"。②

【实战演练】

阅读下列教育案例,请在读后交流讨论:良好教育案例的标准是什么?

"两幅图画"的惩罚③

在英国的亚皮丹博物馆里,有两幅藏画特别引人注目。其中一幅是人体骨骼图,另一幅是人体血液循环图。说起这两幅图,还有一个动人的故事。原来,这两幅画是当年

---

① 盛慧、张亦华、吴永军:《在生活情境中提高口语交际能力》,载《语文建设》2003年第8期。

② 徐向阳、李哉平:《中小学教育案例的结构与成型》,载《教学与管理》2012年第4期。

③ 马际娥:《宽容的样子》,载《基础教育》2004年第2期,第31—32页。

一个叫麦克劳德的小学生画的。麦克劳德从小充满好奇心,凡事总好寻根究底,不找到答案决不肯罢休。有一天,他突发奇想,想看看狗的内脏到底是什么样的,于是便和几个小伙伴偷偷地套住一只狗,将其宰杀后,把内脏一个一个割离,仔细观察。没想到,这只狗不是别人家的狗,而是校长家的爱犬。校长十分恼火,感到太不像话,如不严加惩罚,以后还不知会干出一些什么出格的事。但是,到底该如何处罚,经过反复考虑,权衡利弊得失,校长采取了一个十分巧妙的方法:罚麦克劳德画出一幅人体骨骼图和一幅人体血液循环图。麦克劳德很聪明,知道自己错了,应该接受处罚,并决心改正错误。于是他认认真真仔仔细细地画好两幅图,校长和教师看后很满意,认为图画得好,对错误的认识态度很诚恳,杀狗之事就这样了结了。这样的处罚方法,即使麦克劳德认识到自己的错误,又保护了他的好奇心,还给他一次学习生理知识的机会,使他对狗的解剖派上了用场。后来,麦克劳德成了一位著名的解剖家,与医学家班廷一起,研究发现了医治糖尿病的胰岛素,两人于 1923 年荣获诺贝尔医学奖。

老校长对麦克劳德杀狗事件的处理独具匠心,对我们颇有启发。如果当初这位校长对麦克劳德简单、粗暴地严厉训斥,通知家长要他赔狗,那就有可能把麦克劳德身上闪光的探求欲和好奇心砍伐殆尽。正是因为他遇到了一位高明的校长,正是这个包含理解、宽容和善意的"惩罚",使小麦克劳德爱上了生物学,并最终因发现胰岛素在治疗糖尿病中的作用而走上了诺贝尔奖的领奖台。

5. 教育叙事

教育叙事的基本特点是研究者以叙事、讲故事的方式表达对教育的理解和解释。主要具有以下特点:[1]

一是叙述的故事是已经过去或正在发生的教育事件。它所报告的内容是实际发生的教育事件,而不是教师的主观想象。它十分重视教师个人的处境和地位,尤其肯定教师的个人生活史和个人生活实践的重要意义。在教育叙事研究中,教师既是说故事的人,也是他们自己故事里或别人故事中的角色。

二是叙述的故事中包含与事件密切相关的具体人物。教育叙事研究特别关注教师的亲身经历,不仅把教师自己置于事件的场景之中,而且注重对教师个人或学生的行为做出解释和合理说明。

三是叙述的故事具有一定的情节。叙事谈论的是特别的人和特别的冲突、问题,或使生活变得复杂的任何东西,所以,叙事不是记流水账,而是记述有情节、有意义的相对完整的故事。

【实战演练】

请阅读下面的教育故事,完成下列任务:

1. 讨论:教育叙事的基本要求是什么?

2. 模仿下面的教育故事,尝试撰写一则教育故事。

---

① 郑金洲:《教师如何做研究》,华东师范大学出版社 2005 年版,第 134—135 页。

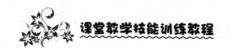

别抢话，学会等待①

在海口蓝天中学初二(3)班的数学课上，张老师和同学们正在一起探寻数学的奥妙。由于是初次接触"杜郎口中学理念"，张老师上课伊始参与的很少。也许是惯性使然，也许是不到台前去嗓子发痒、心里难受，课进行了不到 15 分钟，张老师终于按捺不住讲述的欲望，走上讲台，滔滔不绝讲评起来。张老师这边讲，学生那边出现了这样的情景：只见一个学习小组中的一位男同学双手托腮、目光呆滞，无神地望着窗外，似乎有所思，也似乎无所想；另有一个男生低头吃自己的手指玩；当我问第三个男同学，老师让他干什么时，他却说不知道，只有剩下的一位女同学在无奈地听，也许是给张老师一点面子吧！这就是教师参与的结果，试问：这样的课堂效果如何呢？

通常人们好为人师，教师亦如此，有时更甚之。就像一位教师所说：每当学生说不到点子上或讲得不到位时，教师往往沉不住气，往往是指点一番江山，激扬一番文字，可结果呢？如在初中二年级的一节语文课上，学生小形在说"滋润万物时"时把"润"读成了 yùn，但是她马上意识到自己读错了。没等教师开口，她已经抢到了话语权，因为她知道，她的语文老师好抢话，所以，这一次她比老师抢得快，只听她说到："同学们，刚才我读错了一个字，哪一位同学听出来了？"这时只见老师欲说无言，被噎在那里，可又不得不为小形的机灵而叫好，只好说道："是啊，同学们，谁听出来了？"试想，如果不是小形机灵，如果教师抢到了话语权，如果教师给学生纠正了，又会怎么样呢？小形心里又会怎么想呢？小形今后的学习积极性是否会受到极大挫伤呢？可见教师一旦抢话，学生的自尊往往就没有保障，学生的个性就难以张扬，学生的智慧更是无从谈起。所以，教师有时要学会"偷懒"，做一个智慧型教师，要学会等待，等待，再等待。等待不仅是一种智慧，更是一种美德。因为等待也是一种教育，有时是一种很好的教育。

教育叙事有如下基本要求：

一是客观真实。教育叙事必须展示研究者真实的自我，通过其独特生动的过程来引起他人的共鸣。只有真实的故事描述和真实的情感流露才能激发他人相应的情感。

二是突出主题。叙事尽管不说理，但却是以事说理。而这个"事"能否说出这个理，关键在于事件的叙述是否围绕一个明确的主题。

三是注意细节。教育叙事是以"事"来给人以启示的，因而，撰写教育叙事必须时刻注意回到事件本身，用事件本身来说话。因为，教育叙事就是通过作者自己的"事"去激发他人的思维，为他们提供生成意义的材料，而这些材料的基本内容就是叙事的细节。

【拓展阅读】

科研沙龙对教师专业成长的促进②

科研沙龙是教师在自愿组合基础上对某一个教育、教学共性问题进行自由研讨和漫谈的一种形式，其特点是畅所欲言、各抒己见、学习理论、互相研讨、寻求共识、探索规律、共同提高。在科研沙龙中，教师的智慧与思想发生美丽的碰撞，实践与探索实现亲切的

---

① 鲍传友：《做研究型教师》，教育科学出版社 2009 年版，第 203—204 页。
② 节选自郝振君：《通过教育科研有效促进教师专业成长》，载《现代教育科学》2013 年第 2 期。

交融。因此,科研沙龙既是教师互相交流的平台,也是教师教育科研的学术论坛,又是教师专业成长的重要途径和策略。

　　科研沙龙因其吸引力和开放性的特点,符合现代人强烈渴望自主、开放的心理特点,能深入教师的内心世界。因此,它深受教师特别是青年教师的喜爱和欢迎。开展科研沙龙能有效激发教师专业发展的内驱力,充分发挥教师专业发展的自主性,促进教师对教育教学实践的反思,使教师在思想碰撞和交锋中得到专业提升。

　　开展科研沙龙需要注意以下问题:一是科研沙龙要坚持教师自主、自愿和自发的原则,这是科研沙龙的基本特征。二是每次沙龙要有1~2个中心主题,这些主题一定要从教师真实的教育教学土壤之中提炼出来,它既是教师所关心的热点和重点问题,也是教师体验过的问题。三是教师要事先做好准备,围绕主题联系自己的教育教学实践进行反思、摆出问题、总结过去、理清思路、形成体会、提出困惑、寻求对策。四是沙龙的主持人要具备一定的教育教学理论水平和实践经验,这样才能把讨论和交流引向深入。沙龙开展前要做好充分准备,掌握研讨主题的有关材料,学习有关教育教学理论,寻找研讨主题在理论与实践中的联系点和结合点。沙龙开展时,要注意引导和点拨,使沙龙始终围绕主题展开;沙龙结束前,要进行精辟的归纳和总结。五是在沙龙进行时,要认真做好记录,以便沙龙结束后进行分析和总结,提炼出规律性的东西。

【学习资源】

　　[1]温忠麟.教育研究方法基础[M].北京:高等教育出版社,2004.

　　[2]张晖.幼儿园课题研究[M].北京:高等教育出版社,2012.

　　[3]潘海燕.教师怎样开展教育科研[M].北京:中国文史出版社,2007.

　　[4]杨小微.教育研究方法[M].北京:人民教育出版社,2005.

　　[5]袁振国.教育研究方法[M].北京:高等教育出版社,2000.

　　[6]朱保良.实践反思 同伴互助 专业引领——"三步实践课"校本研修模式的探索[M].上海:上海社会科学院出版社,2011.

　　[7]郑慧琦,胡兴宏.教师成为研究者[M].上海:上海教育出版社,2004.

　　[8]解腊梅.中小学教师怎样进行课题研究(一)[J].教育理论与实践,2008(2).

　　[9]解腊梅,王瑜.中小学教师怎样进行课题研究(二)[J].教育理论与实践,2008(5).

　　[10]岳亮萍.中小学教师怎样进行课题研究(三)——教育科研方法之教育调查研究法[J].教育理论与实践,2008(8).

　　[11]贾霞萍.中小学教师怎样进行课题研究(四)——教育科研方法之教育实验研究法[J].教育理论与实践,2008(11).

　　[12]徐冰鸥.中小学教师怎样进行课题研究(五)——教育科研方法之个案研究法[J].教育理论与实践,2008(14).

　　[13]张艳.中小学教师怎样进行课题研究(六)——教育科研方法之教育观察法[J].教育理论与实践,2008(17).

　　[14]李春青.中小学教师怎样进行课题研究(七)——教育科研方法之教育经验总结

法[J].教育理论与实践,2008(20).

[15]荆雁凌.中小学教师怎样进行课题研究(八)——教育科研方法之教育行动研究法[J].教育理论与实践,2008(23).

[16]宋艳.中小学教师怎样进行课题研究(九)——教育科研资料的处理与分析[J].教育理论与实践,2008(26).

[17]解腊梅,梁建梅.中小学教师怎样进行课题研究(十)——教育科研成果的表达[J].教育理论与实践,2008(29)